海部 俊樹（かいふ としき）　**自由民主党**

1989.8〜91.11 (818)

株価史上最高値の38,915円87銭に (1989.12.29)
湾岸戦争 (1991.1) 自衛隊掃海艇のペルシア湾派遣

宮澤 喜一（みやざわ きいち）　**自由民主党**

1991.11〜93.8 (644)　 自民党分裂

国連平和維持活動 (PKO) 協力法成立 (1992.6)
衆議院議員総選挙で自民党大敗、野党に (1993.7)

2 細川 護熙（ほそかわ もりひろ）　**日本新党**

1993.8〜94.4 (263)　 非自民連立政権

政治改革関連四法案成立 (1994.1)

3 羽田 孜（はた つとむ）　**新生党**

1994.4〜94.6 (64)　 非自民連立政権

4 村山 富市（むらやま とみいち）　**日本社会党**

1994.6〜96.1 (561)　 戦後50年

片山内閣以来の社会党首班連立内閣 (自・社・さ)
阪神・淡路大震災 (1995.1)

25 橋本 龍太郎（はしもと りゅうたろう）　**自由民主党**

1996.1〜98.7 (932)

消費税率を3%から5%に引き上げ (1997.4)
中央省庁等改革基本法成立 (1998.7)▶1府12省庁へ

26 小渕 恵三（おぶち けいぞう）　**自由民主党**

1998.7〜2000.4 (616)　 自民公連立政権

金融再生関連法成立 (1998.10)
日米ガイドライン関連法成立 (1999.5)
介護保険制度開始 (2000.4)

27 森 喜朗（もり よしろう）　**自由民主党**

2000.4〜01.4 (387)

28 小泉 純一郎（こいずみじゅんいちろう）　**自由民主党**

2001.4〜06.9 (1,980)　 聖域なき構造改革

9.11アメリカ同時多発テロ (2001.9.11)
　▶テロ対策特別措置法公布 (2001.11)
日朝首脳会談 (2002.9)▶拉致被害者帰国 (2002.10)
武力攻撃事態対処法成立 (2003.6)▶有事法制
郵政民営化法案をめぐり衆議院解散 (2005.8)
　▶衆議院議員総選挙で自民党圧勝 (2005.9)
道路四公団民営化／郵政民営化法案成立 (2005.10)

29 安倍 晋三（あべ しんぞう）（第一次）　**自由民主党**

2006.9〜07.9 (366)　 戦後レジームからの脱却

教育基本法改正 (2006.12)
憲法改正に関する国民投票法成立 (2007.5)

30 福田 康夫（ふくだ やすお）　**自由民主党**

2007.9〜08.9 (365)　 父は福田赳夫

日本郵政公社民営化 (2007.10)
後期高齢者医療制度開始 (2008.4)

31 麻生 太郎（あそう たろう）　**自由民主党**

2008.9〜09.9 (358)　 祖父は吉田茂

「リーマン=ショック」による世界経済危機 (2008.9)
衆議院総選挙で自民党惨敗 (2009.8)▶政権交代

32 鳩山 由紀夫（はとやま ゆきお）　**民主党**

2009.9〜10.6 (266)　 友愛

普天間基地移設問題など政治的混乱(社民党離脱)で辞任

33 菅 直人（かん なおと）　**民主党**

2010.6〜11.9 (452)

東日本大震災 (2011.3.11)▶福島第一原発事故
再生可能エネルギー特別措置法成立 (2011.8)

34 野田 佳彦（のだ よしひこ）　**民主党**

2011.9〜12.12 (482)　 どじょう内閣

衆議院議員総選挙で民主党惨敗、再び自公連立政権に

35 安倍 晋三（あべ しんぞう）（第二次〜四次）　**自由民主党**

2012.12〜20.9 (2,822)　 アベノミクス

「三本の矢」による株価上昇、景気回復
　▶アベノミクス
異次元の金融緩和▶空前のマネタリーベース (2013.4〜)
参議院選挙で連立与党が圧勝 (2013.7)
消費税率を5%から8%に

JN114013

▶「緊急事態宣言」、経済活動の大幅な停滞

36 菅 義偉（すが よしひで）　**自由民主党**

2020.9〜21.10 (384)　 安倍内閣の継承

東京オリンピック・パラリンピック開催 (2021.7〜9)

37 岸田 文雄（きしだ ふみお）　**自由民主党**

2021.10〜　 新しい資本主義　 岸田ビジョン

円安が加速、一時1ドル=150円台に (2022.10)
「安全保障関連3文書」を閣議決定 (2022.12)
「異次元の少子化対策」を提唱 (2023.1)
パーティー券問題で安倍派など解散 (2024.2〜)

4th edition

大学受験　一問一答シリーズ

政治・経済 一問一答【完全版】

東進ハイスクール・東進衛星予備校　講師

清水雅博（しみず　まさひろ）

東進ブックス

はしがき

　共通テストをはじめとした公民「政治・経済」で高得点を狙うには、単なる事項羅列型「一問一答集」では不十分！　**思想のキーポイント、制度・仕組みの存在理由、問題点とその対策までを含めた入試本番実戦型の「一問一答集」**でなければ、飛躍的な得点力アップは望めません。

　このようなコンセプトにおいて、予備校の現場で数多くの合格者を輩出してきた著者の信念から編集・改訂された**全2,299問**の「一問一答集」、それが本書です。

　過去の共通テストやセンター試験、一般入試、模擬試験、予想問題の出題内容を分析し、出題されているポイントを抽出、厳選しました。特に注力したのは、「受験生の弱点になりやすいもの」という観点で、テーマ別に問題を分類してあります。このような"合格メソッド"が集約されているがゆえに本書は【完全版】なのです。

　「確かに共通テストでは、ここが問われる！」
　「この時事テーマや重要テーマは一般入試でも出題されそうだ！」
　「こうすれば覚えられる！　理解できる！」

といった**学習の成果**を本書では実感できることでしょう。受験生の皆さん、「実戦力と得点力は、こうやってアップするんだ！」という実感を味わってみませんか？

　入試本番での実戦力と得点力が効率的にアップする本書の大きな特長は、以下の通りです。

①基本事項と時事問題の融合

　基本事項を過去問などからピックアップし、まずは、頻出度 ★★★ と ★★ を中心に、**重要なポイント**を押さえていくとよいでしょう。また、過去問などをもとに、共通テストで求められる力を想定した**完全予想問題**として改題または新作しています。「新たな出題傾向や時事問題には対応できないのでは……」という不安は無用です。試験に問われるであろう**「基礎」**から**「最新時事」**まで一気に学習することができます。

②統計・資料データ問題にも対応

　特に、「経済」分野では、**統計・資料データ問題**が大きな得点源になります。本書では入試で狙われるそれらの問題も掲載しています。また、複雑で覚えにくい内容や論点については、**図表**や**フローチャート**として自然に覚えられるように問題を工

夫しました。受験生の弱点を見抜いた作問を心がけています。統計・資料問題を苦手とする受験生は多いです。数字を覚えることは重要ではありません。制度・仕組みを理解した上で、**「現実にはどうなっているだろう」と考える際に必要なのが統計・資料**です。経済成長率や完全失業率の推移、貿易収支は黒字か赤字かなどのデータをチェックして現状を理解するのです。

③「得点差」となる理由・問題点・対策など背景や流れを重視

　従来型の「一問一答集」では完全に対応し切れない最大の理由は、**背景と流れがわからずに、単なる事項の暗記に陥ってしまうこと**です。**制度・仕組み**がなぜ作られ、対策がなぜ行われているのかといった**背景や流れ**にこだわって問題選びをしています。この点に実際の入試問題攻略のカギとなるという筆者の考えが込められているのです。

本書刊行によせて

清水 雅博

本書の使い方

　本書は、一問一答形式の政治・経済（政経）対応問題集です。赤シートやしおりで正解を隠す基本的な学習だけでなく、問題文の赤文字を隠す（正解は隠さずに見る）という応用も可能。右ページにある「スパイラル方式」の学習もオススメです。自分に合った学習法で効率的に用語の知識を固めていきましょう。

■ 正解を隠して学習する（基本）

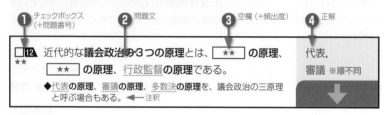

❶ チェックボックス（＋問題番号）　❷ 問題文　❸ 空欄（＋頻出度）　❹ 正解

□ 12　近代的な**議会政治**の3つの**原理**とは、　★★　の原理、　★★　の原理、<u>行政監督</u>の**原理**である。　代表, 審議 ※順不同
★★

◆<u>代表</u>の原理、<u>審議</u>の原理、<u>多数決</u>の**原理**を、議会政治の三原理と呼ぶ場合もある。◀— 注釈

■ 問題文の赤文字を隠して学習する（応用）

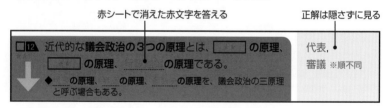

赤シートで消えた赤文字を答える　　　　　　正解は隠さずに見る

□ 12　近代的な**議会政治の3つの原理**とは、　　　　の原理、　　　　の原理、　　　　の原理である。　代表, 審議 ※順不同

◆　　の原理、　　の原理、　　の原理を、議会政治の三原理と呼ぶ場合もある。

―〈 凡 例 〉―

❶＝**チェックボックス**。間違った問題に✔を入れ、反復演習に活用してください。

❷＝**問題文**。大学入試問題をテーマごとに一問一答式に再編して収録しています。◆印では、上記の問題に関する「補足事項」や「より深く理解するための知識」などを記しています。

❸＝**空欄（＋頻出度）**。重要な用語や知識が空欄になっています。空欄内の★印は、大学入試における頻出度を3段階で示したものです。

※同じ用語で★の数が異なるものは、その用語の問われ方の頻度の違いによるものです。

※チェックボックスの下にも★印で頻出度を表示しています。問題文中の空欄と同じ★の数になっているので、「まず、どの問題から解くか、覚えるか」を選ぶ際に参照してください。

❹＝**正解**。原則、空欄と「同じ行の位置」に正解がくるようにしています。正解と正解の間は黒いカンマ (,) で区切っています。

◎ 「頻出順」とスパイラル方式学習

　本書の問題は、その重要度や頻出度を徹底的に分析した重要頻度を3段階に分けました。

頻出度3 ★★★ ▶ 最頻出レベル

　星3個の問題は、これらの知識が頭の中に入っていないと、入試で痛い目にあう（絶対に必須の）最頻出のものです。まずは星3個の問題だけでもやってみてください。なお、時事問題をはじめとして、今後の出題の可能性が極めて高いものも含まれます。星3個のものすべてが"基本中の基本"の知識となります。

頻出度2 ★★ ▶ 頻出レベル

　星2個の問題は、確実に合格点を取るために頭の中に入れておかなければならない知識です。星3個が完璧になったら、次はこの星2個の問題にチャレンジしてみましょう。時間があれば、星3個の問題を解きながら解いてください。時間がなければ、星2個の問題だけピックアップして解いても構いません。

頻出度1 ★ ▶ 標準レベル

　星1個の問題は、限りなく満点に近い点数を取るために不可欠となる知識です。時間があれば、星3または2個の問題を解きながら取り組んでみてください。

　さらに、本書の特長として、空欄以外の問題文でも、**キーワードとなる語句**は赤文字になっています。付属の赤シートをかざすと消えて見えます。新たな「空欄」問題として取り組んでみましょう。
　一方、**理解のカギとなる語句やフレーズ**などは**太文字**にしています。赤文字、**太文字**いずれも空欄になっている重要語句とともに頭の中に入れてください。
　また、本書では、最近の入試で繰り返し問われている出題傾向（トレンド）も1つの「時事」として捉え、「時事問題」のポイントをさらに凝縮しています。一気に解き進めましょう。

　このように、下のレベルの問題を解く際に上のレベルの問題も解いていく、という学習をすることによって、**重要頻度の高い用語から順にバランス良く強化・復習（星3個の問題は最大3回復習）**することができます。
　これが、本書を含めた**東進ブックス「一問一答」シリーズ**の最大の特長であるスパイラル（らせん）方式の学習法です。ぜひ実践して、その効果を味わってみてください（「一問一答」シリーズについては**右のQRコードからアクセス！**）。

目 次

巻頭特集
SPECIAL SECTION

時事&重要テーマ

1 人類の現代的課題 ~公正と正義

ANSWERS ☐☐☐

☐1 近代の ★★ 権思想が主張した「**人間は生まれなが**
★★ **らにして** ★★ **かつ** ★★ **である**」という考えは、
今日でも ★★ な社会の基礎となる原理である。

自然,
自由, 平等,
公正

☐2 1994年に国連開発計画 (UNDP) が『人間開発報告書』
★★ において、飢餓、人権侵害、貧困などから**人間の生活**
を守る ★★ という概念を提起した。

人間の安全保障

◆人間の安全保障とは、世界的に人口が急増する中で飢餓や貧困、
人権侵害、差別などの**人間的な問題が紛争を招く大きな原因**と
なっていることから、これらの諸問題を解決することで、人間
開発**を通じた平和と安全を実現する**という考え方である。

☐3 インド生まれの経済学者で1998年に**アジア初のノーベ**
★★★ **ル経済学賞を受賞した** ★★★ は、貧困解消のために
は、人間の潜在能力 (ケイパビリティ) を等しく保障し、
またこれを向上させる必要があると指摘し、 ★★★
という考え方を示した。

アマーティア=セ
ン,
人間の安全保障

☐4 ★★ (HDI) は、教育や所得などの人間的な暮らし
★★ に関する「質」を示す指数で、平均 ★★ や成人
★★ 率、初等・中等・高等教育の総就学率、1人あ
たりの GDP などで算出される。

人間開発指数,
余命,
識字

◆人間開発指数 (Human Development Index) とは、各国の
人々の生活の質や度合いを示す指標で、パキスタンの経済学者
マブーブ=ハックによって作成された。アマーティア=センの
潜在能力アプローチを発展させたものであり、国連開発計画
(UNDP) の『人間開発報告書』で発表される。0~1で示され、
指数の最も高い国が1、最も低い国が0となる。0.55以下の国
は、中央アフリカ地域に多く分布する。

☐5 アマーティア=センによると、様々な問題はあるが、経
★★★ 済発展のためには市場を利用することが不可欠である。
ただし、 ★★★ な発展を推進するためには、民主主義
の確立や ★★★ の拡充などが必要であるという。

公正,
教育

□**6**
★★
アマーティア=センは、著書『不平等の再検討』において、「すべての人の ★★ に配慮しようとすれば、不利な立場の人を優遇する、『 ★★ な扱い』が必要な場合がある」と述べている。

平等,
不平等

□**7**
★★
フランスの経済学者 ★★ は、資産収入の拡大が所得格差を生み出すとして、格差の是正を唱え、著書『21世紀の資本』は世界的なベストセラーとなった。

トマ=ピケティ

□**8**
★★★
アメリカの政治哲学者 ★★★ は著書『正義論』で、社会を規律する正義とは、自らの利益を追求する合理的な人々が共有する相互の合意によってもたらされるとして、 ★★★ 説の考え方を活かしつつ基本的な財の配分をめぐる平等の原理として正義を捉え直した。

ロールズ

社会契約

◆ロールズは、正義とは単に幸福を追求する功利主義の思想に立つものではなく、多くの人々が納得できる普遍的原理を意味し、社会契約説の考え方に基づいて最も不遇な人を救う差別のような誰もが納得のできる合理的差別は正当化できると主張した。

□**9**
★★★
ロールズは、全員に等しい機会が与えられた ★★★ な競争であっても、社会的 ★★★ が生じることはあるとした上で、もしそうした競争により社会の中で最も恵まれない人々の暮らし向きが改善しないならば、社会的 ★★★ は是正されなければならないと説いた。

公正,
格差

格差

◆ロールズは、性別や人種などのあらゆる属性を排除した「無知のヴェール」を想定し、そこから正義を改めて考えた。多くの人々が納得できる弱者保護のための格差（差別）を正義として承認する前提として、第1原理には、各人は制度・枠組みに対して平等な権利を与えられていること、第2原理には、①その不平等が社会で最も恵まれない境遇の者に最大の便益をもたらすと無理なく予期されるものであること、②全員に開かれている地位や職務に付帯する制限であることを挙げている。

□**10**
★★★
★★★ は、個人の身体や思想などの人格的自由とともに経済的自由を最大限に尊重し、これによって経済活動への法的規制を最小限にすべきであるとする考え方で、アメリカの ★★★ らが提唱した。

リバタリアニズム
（自由至上主義）

ノージック

◆ノージックは、国家が個人の自由を制約しない「最小国家」を理想とし、国家が経済に介入する「拡張国家」を否定した。ノージックはロールズの弱者保障などの国家介入も批判している。

0 特集 1 人類の現代的課題＼公正と正義

9

□**11**
★★★

★★★ とは、自由主義が前提とする人間像や社会観を批判し、個人があって社会があるのではなく、**個人の自由**はその人が所属する共同体に**根拠を持つ**とする考え方で、アメリカの政治哲学者 **★★★** らが主張している。

コミュニタリアニズム（共同体主義）

サンデル

◆コミュニタリアニズムは、諸個人が共同体の下で生きているという事実を重視し、そのような共同体から離れて抽象的に正義について論じることはできないとする考え方で、個人の自由と社会全体の公正や正義のバランスをとる社会思想である。アメリカのマッキンタイアやサンデルなどが提唱者として知られる。サンデルの主著には『これからの「正義」の話しをしよう』がある。

□**12**
★★

1970年代後半に国際労働機関（ILO）が提唱した **★★** という概念は、衣食住だけでなく、安全な飲み水や公衆衛生の整備、医療、教育、雇用などの生活条件を含む、**人が生きていく上で最低限必要なもの**を指す。

ベーシック゠ヒューマン゠ニーズ（BHN）

◆2000年の国連ミレニアム・サミットで、15年までに世界の**絶対的貧困**（Absolute Poverty）を半減させることを目標にミレニアム開発目標（MDGs）を採択した。**絶対的貧困**とはベーシック゠ヒューマン゠ニーズ（BHN）が達成されていない状態で、1日1.90ドル（約200円）以下の生活を余儀なくされている人々の生活状態を指す（2015年改定）。

□**13**
★★

新自由主義（ネオ゠リベラリズム）に基づく政策で競争が促進された一方で、経済の安定のための **★★** が緩和・撤廃されたために、多くの国で所得 **★★** の拡大や経済危機、混乱が起こった。

規制,

格差

□**14**
★★

先進国では高度な医療を享受できるのに、発展途上国では貧困の中で高い乳児死亡率に直面し、違法な臓器売買も行われているなど、科学技術の発達が引き起こした生命にかかわる問題の1つに「生命の **★★** 問題」と呼ばれる格差がある。

南北

◆新型コロナウイルス感染症（COVID-19）などの世界的な感染症対策では医療や科学分野を中心に、グローバルな協力・連携体制が必要不可欠となる。

□**15** ★★★ | ★★★ | 成長のために環境を犠牲にして開発が進められてしまったことに対する反省から、環境を保全するという条件下で、**将来世代のニーズを満たす能力を損なうことなく、現在世代のニーズを満たすように今後の開発を行うこと**を「 ★★★ 」という。　経済

持続可能な開発

◆1992年に国連環境開発会議（環境と開発に関する国連会議、地球サミット）で「持続可能な開発」という概念が掲げられた。2015年9月の国連サミットでは、持続可能な開発目標（SDGs）が採択され、30年までに達成すべき**17の目標（ゴール）**と169の**具体的な目標（ターゲット）**が掲げられた。17の目標は下記の通り。

①	貧困をなくそう	②	飢餓をゼロに	③	すべての人に健康と福祉を
④	質の高い教育をみんなに	⑤	ジェンダー平等を実現しよう	⑥	安全な水とトイレを世界中に
⑦	エネルギーをみんなに、そしてクリーンに	⑧	働きがいも経済成長も	⑨	産業と技術革新の基盤をつくろう
⑩	人や国の不平等をなくそう	⑪	住み続けられるまちづくりを	⑫	つくる責任、つかう責任
⑬	気候変動に具体的な対策を	⑭	海の豊かさを守ろう	⑮	陸の豊かさも守ろう
⑯	平和と公正をすべての人に	⑰	パートナーシップで目標を達成しよう		

□**16** ★★★ | ★★★ | とは、| ★★★ |破壊や資源問題などは長期間にわたって影響を及ぼすので、子や孫ばかりでなく、**はるか後の世代の人間に対する生存可能性に対し現在世代は義務や| ★★★ |を負っている**という考え方である。

世代間倫理，環境

責任

◆世代間倫理は、ドイツ出身の哲学者ハンス=ヨナスが「**未来倫理**」という言葉で思想的に基礎づけた。地球環境問題においては、現在の討議や民主的決定手続に参加できない未来（将来）世代が、**現在の世代から深刻な環境危機を押し付けられるおそれがある**。

□**17** 誰でも自由に利用できる共有財産がある場合、協力し
★★★ 合うことなく自らの利益を追求し、自分勝手に共有財
産を乱用することによって、最終的に共有財産が失わ
れ、みんなが損失を被ってしまうおそれがある。アメ
リカの生態学者ハーディンは、この仮説を ★★★ と
呼んだ。**持続可能な社会**を実現するためには共有財産
の乱用を防ぐ自制や規制が求められ、これが現在世代
の将来世代に対する責任であり ★★★ 倫理のあり方
といえる。

共有地の悲劇

世代間

　◆環境倫理における「**持続可能な開発**」という考え方は、世代間倫
　　理の典型例である。

□**18** 1999年、 ★★ の主導により、国連に**人間の安全保障**
★★ **基金**が設立された。2000年の国連ミレニアム・サミッ
トで当時の ★★ 国連事務総長は、 ★★ からの
自由と欠乏からの自由をキーワードに、地球規模の課
題の解決を訴えた。

日本

コフィ゠アナン,
恐怖

□**19** 利害の異なる複数の人々が両者に利益の相反する問題
★ を公正かつ公平に解決する方法には、次のような方法
がある。仮に2人の場合、1人が提案し、もう1人が
その提案を受け入れるか否かを決定する権限を持つと
いう方法である。前提条件として、提案が拒否されれ
ば、両者とも利益は得られないとする。この方法は
★ と呼ばれる。

最後通牒ゲーム

　◆最後通牒ゲームの理論に則れば、例えば、1万円を2人で公平に
　　分ける際に、1人が自分に不利な金額はそもそも提案せず、自
　　分に有利な金額を提案しても、もう1人に拒否されることが予
　　想される。そこで、公平な金額となる5,000円を提示し、もう
　　1人もその金額を受け入れると考えられる。かつて、議会に二
　　院制を導入する案を提案した17世紀イギリスの政治思想家ハ
　　リントンは、第一院を提案の院、第二院を議決の院とする案を
　　出したことがある。

□**20** **★★** ｜ **★★** ｜とは、人間の行動を科学的に分析するために
応用される理論のことで、利害関係を持つ相手がいる
状況で、自分と相手の利益を考えて**最適な行動**を決め
るための思考法である。

◆相手の行動が自分の結果に影響を与え、自分の行動が相手の結
果に影響を与える。このような**戦略的状況**において、ゲーム理
論は、現実の社会や自然界で複数の主体がかかわる意思決定の
問題や、相互の行動に依存し合う状況を、数理的なモデルを用
いて研究し、解決を図るものである。代表的な理論モデルに「**囚
人のジレンマ**」がある。「囚人のジレンマ」とは、お互いが協力
を選択する方がより良い結果になることはわかっていても、相
手が協力しないだろうと考えると疑心暗鬼になり、結局、協力
を選ぶことができないというジレンマ（葛藤）のこと。

□**21** **★★★** 国家間の協力が容易でないことを説明する際に、次の
表で示したようなゲームを考えることができる。この
ゲームでは、甲国と乙国の2つの国があり、お互いに
話し合えない設定において、それぞれが同時に「協力」
「裏切り」のいずれかの戦略を選ぶとする。そうして選
択された戦略の結果、それぞれの国は表中の該当する
得点を得られる。より高い得点がそれぞれの国にとっ
て望ましい。例えば、甲国は「**A** ｜ **★★★** ｜」を、乙国は
「**B** ｜ **★★★** ｜」を選べば、甲国は1点を、乙国は11点
をそれぞれ獲得する。よって、甲国にとって、乙国が
「**C** ｜ **★★★** ｜」でなく「**D** ｜ **★★★** ｜」を選んだ方がより
高い得点を得られる。このゲームからいえるのは、双
方の国が同時に「**E** ｜ **★★★** ｜」を選べば両国の合計得点
は最大化できるが、もし相手国が「**F** ｜ **★★★** ｜」を選ん
だ場合は、自国は最少の得点しか得られない結果と
なってしまう。相手国が「**G** ｜ **★★★** ｜」を選ぶかどうか
がわからないので、結局、甲国も乙国も「**H** ｜ **★★★** ｜」
を選択してしまう。

ゲーム理論

A 協力

B 裏切り

C 裏切り

D 協力

E 協力

F 裏切り

G 協力

H 裏切り

		乙国	
		協力	裏切り
甲国	協力	甲国に10点 乙国に10点	甲国に 1 点 乙国に11点
	裏切り	甲国に11点 乙国に 1 点	甲国に 2 点 乙国に 2 点

□22 次の表は、イ、ロ、ハという３つの政策の優劣につい
★★ て、X、Y、Zの３人が下したそれぞれの評価を示し
たものである。XとZは、イがロよりも、Yはロがイ
よりも、それぞれ優れていると考えていて、この場合
に３人で多数決を行うと、２対１で、イがロよりも優
れているという結論が出る。ロとハ、イとハの優劣に
ついても同じように決めるものとする。こうして定め
られた２つの政策相互の優劣の関係を前提に、３つの
政策の優劣を確定して最も優れた政策を多数決で決め
ようと考えた。３人の多数決でイがロよりも優れてい
るという結論が出た場合を「イ＞ロ」と表すとする。こ
の方法を採用したとすると、**最も優れた政策を多数決
で決められない**という結果が導き出される。「ロ＞
A ★★ 」であり、「イ＞B ★★ 」であり、「ハ＞
C ★★ 」となるからである。

A ハ
B ロ
C イ

	最も優れた政策	次いで優れた政策	最も劣った政策
X	イ	ロ	ハ
Y	ロ	ハ	イ
Z	ハ	イ	ロ

◆ロより劣ったものがあると評価しているのはXとYであり、こ
の２人を見ると、ロはハよりも優れている（ロ＞ハ）。
イより劣ったものがあると評価しているのはXとZであり、こ
の２人を見ると、イはロよりも優れている（イ＞ロ）。
ハより劣ったものがあると評価しているのはYとZであり、こ
の２人を見ると、ハはイよりも優れている（ハ＞イ）。
すると、イが２票、ロが２票、ハが２票となり、すべて同数と
なる。結局、２つの政策相互の優位性を多数決で決める方法で
は、最も優れた政策を決定することができない。

□23 富と権力が公平に分配された社会を正義が実現した社
★★★ 会であると考えたアリストテレスは、法を守るという
全体的正義に対して、部分的正義には各々の**成果や能
力に応じた報酬を配分する** ★★★ 的正義と、対人関
係における**利害関係を公平に裁く** ★★★ 的正義の
２つがあると説いた。

配分,
調整

◆配分的正義とは、働いた者にそれに応じた**報い**が与えられるこ
と。調整的正義とは、悪い行いをした者にはそれに応じた**制裁**
が与えられること。

□**24** 次の先生と生徒Ａ・Ｂの会話を読み、空欄（　**a**　）・
★★　（　**b**　）に入る語句の組合せとして最も適当なもの
を、後の①〜④のうちから１つ選べ。

先　生：原子力発電所やごみ処理場など、人々の暮ら
しには必要であるが、それらが立地される場所の住
民としては受け入れたくない施設について、建設場
所はどのようにして決定されると思いますか？

生徒Ａ：民主主義のプロセスによると、（　**a**　）が害
され、どうしても過疎地か、政治参加や意思表示に
熱心な人の少ない地域に決定されるのではないで
しょうか。

生徒Ｂ：政治判断として、地域環境への負荷や、万が
一の事故が発生した場合に影響が少ない場所が選択
される可能性もあります。

先　生：少数者に犠牲を強いるというのは、真の民主
主義といえるのかも考えるべきでしょうね。

生徒Ａ：確かに、多くの人々が利益を得るのなら、犠
牲を強いられる少数者には、何らかの対価や利益が
ないと公正とはいえないような気がします。

生徒Ｂ：そういえば、アリストテレスが分類した正義
の１つに（　**b**　）がありました。何らかの補償がな
いと、正義とはいえないですよね。だから、政治決
定する時には、受け入れてくれる地域に国から財政
援助や社会資本の整備などが行われているのではな
いでしょうか。

① **a**　多数者の人権　　**b**　配分的正義
② **a**　多数者の人権　　**b**　調整的正義
③ **a**　少数者の人権　　**b**　配分的正義
④ **a**　少数者の人権　　**b**　調整的正義

④

I

政治分野
POLITICS
民主主義の原理と発展

1 国家の理論と機能

ANSWERS ☐☐☐

☐**1** プラトンは著書『 ★★ 』において、優れた知恵を備
★★ えた哲学者が善のイデアを認識して国を治めるという
★★ を理想国家のあり方として説いた。

◆善のイデアを求める気持ちエロース (エロス) の思想を記した著
書は『饗宴』である。

国家

哲人政治

☐**2** 人間は生きていく上で、必ず ★★★ という生活共同
★★★ 体に参加する。古代ギリシアの哲学者 ★★★ は「人
間は ★★★ 動物」であると説いた。

◆アリストテレスは、人間とはポリスという共同体の中に生きる
上で、相手の善を互いに願うことが大切であるとして友愛 (フィ
リア) を重視した。

社会,
アリストテレス,
ポリス的 (社会的、
国家的)

☐**3** アリストテレスは、政治制度を君主政治、貴族政治、共
★★ 和政治の3つに分類し、 ★★ を最も望ましい政治
の形とし、安定している制度とした。

共和政治

☐**4** 国家は社会集団の1つに過ぎないと捉えながらも、諸
★★ 集団や個人が持つ様々な利益の矛盾・対立を調整する
のが国家の役割だとする国家論を ★★ という。

多元的国家論

☐**5** 国家を構成する3つの要素とは、主権、 ★★ (領土・
★★ 領海・領空) および ★★ である。

領域,
人民 (国民)

☐**6** 主権には統治権以外に、国の政治の ★★ 、 ★★
★★ (最高独立性) という2つの意味がある。

◆フランスの思想家ボーダン (ボダン) は、著書『国家論』で主権
の概念を提唱し、主権を君主に与えるべきと説いた。

最高意思決定権,
対外的独立性

☐**7** 国家主権や君主主権における「主権」とは、国の政治の
★ ★ を意味する。

最高意思決定権

☐**8** ポツダム宣言第8条の「日本国の主権は、本州、北海
★ 道、九州及四国……に局限せらる」にいう「主権」とは
★ の意味である。

統治権

□**9** 日本国憲法前文３段の「いづれの国家も、自国のこと
★　のみに専念して他国を無視してはならないのであつて、
政治道徳の法則は……自国の**主権**を維持し、他国と対
等関係に立たうとする各国の責務であると信ずる。」に
いう「**主権**」とは、　★　を意味する。

対外的独立性

□**10** 国家の**主権**が及ぶ範囲（領域）に関する次の図中の空欄
★★★　**A〜E**にあてはまる語句を答えよ。

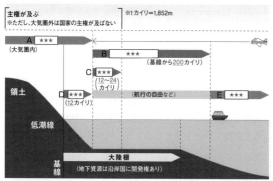

A　領空
B　排他的経済水域（EEZ）
C　接続水域
D　領海
E　公海

□**11** 国連海洋法条約は、　★★　（EEZ）を　★★　カイリ
★★　と規定しているが、この水域が国どうしで重なる場合、
　★★　を設定する外交努力が行われることがある。

排他的経済水域，
200
中間線

　◆領海（12カイリ）と排他的経済水域（200カイリ）を除いた海
　洋のすべては公海という。すべての国が航行の自由，上空飛行の
　自由，漁業の自由，調査の自由などを持つ。大陸棚が200カイ
　リよりも先に続く場合には、**その限界点まで**排他的経済水域が
　自然延長される。また、基線から計測して24カイリ（領海12
　カイリを除く）を沿岸国は接続水域に設定でき、通関、財政、出
　入国管理、密輸入や密漁など違法行為が疑われる船舶を予防的
　に取り締まる警察活動を行うことができる。1996年には**国際海
　洋法裁判所**が設立され、主に海洋法条約の解釈や適用にかかわ
　る紛争を取り扱う。裁判には国際司法裁判所（ICJ）と同じく、紛
　争当事国双方の付託が必要である。

□**12** **国連海洋法条約**によると、　★★★　では、沿岸国は水産
★★★　資源のみならず、その他の鉱物資源についても　★★★
的管轄権を持つ。また、深海底は人類の共同財産とさ
れる。

排他的経済水域
（EEZ），
排他

　◆同条約により、1996年から国連海洋法裁判所が設置されている。
　裁判には国際司法裁判所と同じく、紛争当事国双方の付託が必
　要である。

□**13** 日本最南端の島である ★ は、日本が排他的経済
★　水域（EEZ）を得る上で重要な立地にあることから護
岸工事を行ったことで知られる。

沖ノ鳥島

　◆沖ノ鳥島は、サンゴ礁からなる島であるが、波による浸食が激
　しく、護岸工事が行われ、中国や韓国は島ではなく「岩」と主張
　している。国連海洋法条約では「岩」には排他的経済水域（EEZ）
　は設定できないと定められていることから、日本と中韓で見解
　の相違がある。

□**14** 中国は、南シナ海において ★ という独自の境界
★　線を設けて領有権を主張し、近隣のベトナムやフィリ
ピンなどとの間で軍事的緊張を高めている。

九段線

□**15** **イェリネック**などが説いた ★★ では、国家は政治
★★　的行為を組織的に遂行する**法人**であるとする。

国家法人説

□**16** ★★ に立ち、美濃部達吉が ★★ を主張したが、
★★　**天皇を対外的代表機関に過ぎない**と捉えた点で天皇制
批判とみなされ、昭和前期に弾圧を受けた。

**国家法人説, 天皇
機関説**

□**17** ホッブズ、ロック、ルソーが説いた ★★ では、国
★★　家は、**自然権を守る**ために人々の自発的な合意と契約
によって作られた権利擁護機構であるとする。

社会契約説

□**18** 社会契約説を主張するロックは、**君主が絶対的な権限
★　を有する政治体制**である絶対王政（絶対主義）と、それ
を正当化する政治思想である ★ を批判した。

王権神授説

□**19** 国防や治安など**必要最小限の役割**を果たす18・19世
★★★　紀頃の国家のことを ★★★ 国家という。それは、**国
民**の自由**権を守る**ことを目的とする ★★★ 国家であ
り、**必要最小限の法律を作る** ★★★ 国家である。

**夜警,
自由,
立法**

　◆ドイツの社会主義者ラッサールが、消極国家で自由放任の「小さ
　な政府」を皮肉って「夜警国家」と名づけた。

□**20** 夜警国家**を支えた経済学説**は、 ★★ の ★★ 主
★★　義の考え方である。

**アダム=スミス, 自
由放任**

□**21** 景気や物価対策、完全雇用政策といった**国民の福祉充
★★★　実**などの役割を果たす20世紀以降の現代国家のこと
を ★★★ 国家という。これは、**国民**の生存**権を守る**
ことを目的とする ★★★ 国家であり、市場介入のた
めの施策を専門家集団が行う ★★★ 国家である。

**福祉,
社会,
行政**

　◆福祉国家**を支えた経済学説**は、ケインズの有効需要論である。

□22 福祉国家では巨額の ★★★ が発生するため、反ケインズ主義に基づき財政再建を目指し、**再び**小さな政府**に戻ろうとする国家観**が主張されるようになった。これを ★★★ 主義 (ネオ=リベラリズム) という。

財政赤字

新自由

2 社会契約説

□1 ★★★ は、社会契約説の立場から、★★★ には**自然状態**における**万人の万人に対する** ★★★ を防ぐ役割が与えられると説いた。

ホッブズ, 国家,
闘争

□2 ホッブズは、自然状態における「闘争**状態**」を避けるため、人々は自らの主権を自然法に**基づいて**放棄 (全面譲渡) **する** ★★★ を結んで国家を作ったとした。

社会契約

□3 性善説に立つ ★★★ は、生命、自由、財産など人間として保有している前国家的な権利である ★★★ を、**理性の法**の観点から正当化した。

ロック,
自然権

◆ホッブズが**性悪説**に立つのに対し、ロックは人間の自然**状態**を「**自由・平等・平和**」な状態だとする**性善説**に立っていた。

□4 ロックは、国民の ★★★ を受けた政府が、国民の ★★★ である生命、自由、財産の権利を侵害した場合、**国民は政府に対し** ★★★ **する権利**があるとした。

信託 (委託),
自然権,
抵抗

◆ロックは、国民は政府に対する信託 (委託) 契約の取り消しの権利、すなわち抵抗権 (革命権) を行使できるとし、1688年の**名誉革命**を正当化した。また国民主権と間接民主制が政治の基本形態であるとした。

□5 ロックは、**権力**の濫用**を防ぐため政治権力の**分立**を唱え、モンテスキューの先駆けとなる**権力分立**を示した。この三権とは ★★★ 、★★★ (行政権)、★★★ (連合権、外交権) であり、その中では ★★★ **が優越する**と考えた。

立法権, 執行権,
同盟権,
立法権

□6 ルソーは、主権は個々の ★★★ に存在し、★★★ が集合して融合する社会契約によって作られたものが国家であると考え、その政治形態の基本は ★★★ 民主制であるとした。

人民, 人民

直接

◆ルソーは、人民主権を主張し、「イギリス人が自由なのは選挙をする時だけで、選挙が終われば奴隷になってしまう」と述べ、**ロックの**間接民主制を批判した。

□**7**　 **★★★** は、著書『**社会契約論**』の中で、**公共の利益を図**
★★★
る意志である **★★★** に基づく**直接民主制**を主張した。

◆ルソーは、人民は直接、共同体において議決権を行使するが、公
共の利益を図るという一般意志に従って議決を行うことで、市
民としての自由が得られると考えた。

ルソー，
一般意志

□**8**　ルソーは、公共の利益を求める普遍的な意志は人民自
★★★
体のものであるから、人民に存する **★★★** は **★★★**
も放棄もできないと主張した。

主権，譲渡

□**9**　ロックの思想は **★★★** 宣言に反映されており、ルソ
★★★
ーの平等思想は **★★★** 宣言に盛り込まれている。

◆アメリカ独立宣言には、ロックの抵抗権（革命権）が明記されて
いる。フランス人権宣言第1条には、**ルソーの平等思想**が明記
されている。

アメリカ独立，
フランス人権

3 民主政治とその形態

ANSWERS □□□

□**1**　**マックス=ウェーバー**の分類によると、**絶対君主制は**伝
★★★
統的支配、**独裁政治は** **★★★** 的支配、**議会民主制は**
★★★ 的支配とされる。

カリスマ，
合法

□**2**　君主制に対して、国家元首を国民の選挙で選ぶことに
★★
よって、国民の意志が国家の政治活動を決定する政治
形態を、一般に **★★** 制という。

共和

□**3**　1863年、アメリカ南北戦争中に行われたリンカン大統
★★★
領のゲティスバーグ演説で語られた「人民の、人民に
よる、人民のための **★★★** 」には、**★★★** **主義の本**
質が示されている。

政治，民主

◆人民自身が政治を行えば、自らの自由を奪うことはなく、**民主政**
治は自由権**を保障するための有効な手段となり得るとする（リ**
ベラル=デモクラシー、自由民主主義）。1863年、リンカン大統領
は、南北戦争で激戦地となったペンシルバニア州ゲティスバー
グで演説を行い、民主主義の理想を「人民の、人民による、人民
のための政治」と表現した。

□**4**　直接民主制は**古代ギリシアの都市国家である** **★★**
★★
や **★★** の一部の州（カントン）など人口の少ない地
域で実施されることがある。

◆植民地時代のアメリカの**タウン=ミーティング**も直接民主制の
一例といえる。

ポリス，
スイス

□**5**
★★
間接民主制は、国民の意見を ★★ によって選ばれた代表者の集まりである ★★ を媒介として立法に反映させる民主政治形態である。

選挙,
議会

□**6**
★★★
日本国憲法**前文**は「日本国民は、**正当に選挙された国会**における ★★★ を通じて行動」すると述べ、 ★★★ 民主制を採用することを明らかにしている。

代表者,間接

□**7**
★★★
ロックの**権力分立**の考え方から影響を受けたフランスの ★★★ は『 ★★★ 』を著し、司法権を独立させた現代に通じる三権分立を唱えた。

モンテスキュー,
法の精神

◆ロックは、政治権力を立法権、執行権、同盟権（連合権、外交権）に分けることを主張し、中でも立法権が執行権・同盟権よりも優位に立つべきと考えた。一方、厳格な三権分立論（立法権、行政権、司法権）を展開したモンテスキューは、権力間の抑制と均衡（チェック＝アンド＝バランス）で権力の濫用や腐敗を防ぐことを唱え、アメリカ合衆国の政治体制などに影響を与えた。

□**8**
★★★
三権分立の目的は、国家権力を ★★★ 権・ ★★★ 権・ ★★★ 権の**三権に分けて権力の濫用を防ぐ**ことである。

立法,行政,
司法 ※順不同

◆フランス人権宣言第16条では「**権利の**保障が確保されず、**権力の**分立が定められていない社会は、およそ憲法を持つものではない」と述べられている。

□**9**
★★
★★ 制は**立法権**を行使する議会を2つに分けて、一院の暴走を防止する議会システムである。

二院

◆イギリスの**ハリントン**は、審議の院と議決の院に分けるべきであると主張した。

□**10**
★★★
日本の裁判制度に導入されている権力分立制は ★★★ である。

三審制（審級制）

□**11**
★★★
内閣が議会（下院）に対して**連帯責任を負う**とする政治制度を ★★★ 制という。

議院内閣

◆国民代表議会の信任によって**行政権を持つ**内閣が成り立つ制度のことであり、責任内閣制ともいう。**イギリス**や**日本**などが採用している。

□**12**
★★
近代的な**議会政治の3つの原理**とは、 ★★ の原理、 ★★ の原理、行政監督の原理である。

代表,
審議 ※順不同

◆代表の原理、審議の原理、多数決の原理を、議会政治の三原理と呼ぶ場合もある。

□**13** 選挙や議会が原則とする多数決の手段について、人々
★   が納得し得る ┃ ★ ┃ 形成や決定が難しい場合、その   合意
ための**話し合いへの参加を重視**し合意形成を目指す
「┃ ★ ┃民主主義」が注目されている。   熟議

□**14** アメリカの政治学者ダールは、包摂性（包括性）と異議
★   申立て（意見表明）という2つの軸から民主主義の手続
的な側面に着目した ┃ ★ ┃ という概念で、民主政治   ポリアーキー
の内実について分析した。

　　◆ポリアーキーは、政府に対する異議申立てと、広範囲な**政治参**
　　加がともに可能な政治体制に関する概念である。ダールは、多
　　くのグループが政治参加を行い自由に競争するものが民主主義
　　であると捉えた。

□**15** 「証拠に基づく政策立案」という意味の ┃ ★ ┃ は、政   EBPM
★   策の企画を、その目的を明確化した上で合理的根拠（エ
ビデンス）に基づいて実行し、その政策効果を合理的
根拠で検証することである。

　　◆ EBPM（Evidence-based Policy Making）は、政策効果の測
　　定に関する情報や統計などのデータを活用し、政策の有効性を
　　高めていくことで、国民の行政に対する信頼を得るものとなる。

□**16** 行政権を持つ主体を ┃ ★★★ ┃ が選挙という形でコント   国民,
★★★ ロールする政治制度を ┃ ★★★ ┃ 制という。   大統領

　　◆**大統領制**は**アメリカ**や**フランス**、**ロシア**、**韓国**などが採用して
　　いるが、アメリカの大統領は間接選挙で、上記の他の国々は直
　　接選挙で選ばれている。

□**17** 旧ソ連では、権力分立とは異なる考え方に基づいて、プ
★   ロレタリアート(労働者)階級を代表する合議体に**すべ
ての権力**を**集中**させる ┃ ★ ┃ 制を採用していた。   民主集中 (権力集
                                                        中)

□**18** 日本では、フランスなどヨーロッパの多くの国とは異
★★★ なり、憲法改正を除いた**国政レベルの重要問題**につい
て、直接民主制に基づく ┃ ★★★ ┃ **制度**が認められてい   国民投票
ない。

　　◆**重要問題**についての国民投票**制度**は、日本、アメリカ、イギリ
　　スでは法的には存在していないが、フランスやスイスなどヨー
　　ロッパの多くの国々では導入されている。

□**19** 2002年に ★★ では**国際連合(国連)加盟の是非を問**
★★ う**国民投票が実施**され、加盟を決定した。

スイス

◆2014年9月には、スコットランドで**イギリスからの分離・独立**
の是非を問う住民投票が行われたが、**独立は否決**された。

□**20** 近年、日本でも一部の**地方公共団体**で**重要問題の決定**
★★★ の際に ★★★ を自主的に実施する例が増えている。

住民投票

◆**住民投票条例**などを自主的に制定して実施する例が増えてい
る。**市町村合併の賛否を問う際**に行われることも多い。なお、地
方で実施されている日本の**住民投票**は、住民の意思を問うもの
であるが、国政に対しては**法的拘束力を持たず**、単なる**民主ア
ピール**に過ぎない。

4 法の支配と法治主義

ANSWERS ☐☐☐

□**1** ヨーロッパでは**中世から近代への移行期**に ★★ と
★★ 呼ばれる君主の権力を基礎とした政治形態が成立した。

絶対主義(絶対王
政)

◆フランス国王**ルイ14世**が残したとされる「朕は国家なり」とい
う言葉がこの政治体制を象徴している。

□**2** ★★★ とは、権力者の専断的・恣意的支配である人
★★★ の支配を排し、たとえ**権力者といえども正義の法であ
る** ★★★ **法に拘束**されるという原理である。

法の支配

自然

◆法の支配とは、国家権力の濫用を防ぐという法の役割に関する
原則である。公権力は法律に基づいて支配を行えば足りるとす
る**法治主義**を批判し、悪法による支配を認めない。国家権力の
行使は、法に基づいてなされなければならず、この場合の法が
基本的人権を侵すようなものであってはならないとする考え方
である。日本国憲法は**基本的人権の保障**を目指す点で法の支配
の立場にある。

□**3** 1215年、イギリスで ★★ (**大憲章**)が採択され、裁
★★ 判官ブラクトンは「たとえ**国王といえども神と** ★★
の下にあるべし」と述べたが、この言葉は法の支配の
確立を国王に対して要求したものである。

マグナ=カルタ,

法

◆エドワード=コークは、王権神授説を唱える国王ジェームズ1
世に対して、このブラクトンが述べた言葉を引用し、法の支配を
主張した。彼は権利請願(1628年)の起草者としても知られる。

□**4** 法の支配の具体的なあらわれとして、日本国憲法第
★★★
81条の ★★★ 制度、第14条の法の下の平等、第
31条などの ★★★ 主義、第98条の憲法の ★★★
性などがある。

違憲審査（違憲立
法審査），
罪刑法定，最高法
規

◆法の支配の具体的なあらわれのうち、権力者も自然法（正義の
法）に拘束されることを明記するのが、日本国憲法第99条であ
る。同条の規定は国民にではなく公務員に憲法尊重擁護義務を
課している。

□**5** 法治主義とはもともと、行政に対して議会が制定した
★
法律に従うことは要請するものの、法律の内容までは
問わない ★ 的法治主義であるが、現在は法の支
配と同様に、行政が従うべき法律の内容に関しても基
本的人権を侵害しないものであることを要求する
★ 的法治主義の意味で用いられることもある。

形式

実質

□**6** 形式的法治主義の具体的なあらわれとして、大日本帝
★★
国憲法における、権利の制限を正当化する ★★ の
規定がある。

法律の留保

◆形式的法治主義は、法律に基づいて統治を行う方が効率的であ
るとする考え方で、法は統治の道具とみなされている。そのた
めに「悪法も法なり」とする法律万能主義に陥りやすい。ドイツ
のプロイセン憲法や、それを模範として作られた明治憲法（大日
本帝国憲法）が典型例である。

□**7** 法や命令以外で、社会の中で歴史的に発達した伝統的
★
な行動様式を ★ という。

慣習

◆法を犯せば刑罰、道徳に反すれば良心の呵責というように、慣
習では村八分などの社会的制裁を受ける。慣習を規範化したも
のが慣習法である。

□**8** ★★★ は、「国家の統治基本を定めた法」であり、日
★★★
本国憲法第98条で「国の最高法規」と定められている。

憲法

□**9** 公と私の区分を前提とした国家観に立つ初期の立憲主
★★★
義では、個人の ★★★ を保障するためには、個人の
私的領域への国家の ★★★ は極力抑制されるべき
だと考えられ、国家権力の ★★★ を防止するための
規範としての法の役割が重視された。

自由，

介入，

濫用

5 基本的人権の種類と歴史

□**1** 近代市民革命によって獲得された**権利は**<u>国家権力</u>**から**
★★★ の<u>個人</u>**の自由の保障を求める** ★★★ であったが、その後、資本主義経済が発展するとその歪みが露呈し、**国家の積極的介入を求める** ★★★ も主張されるようになった。

自由権

社会権

□**2** <u>自由権</u>は、**国家からの自由**を本質とする ★★★ **的権**
★★★ <u>利</u>であるのに対して、 ★★★ **権**は、**国家による自由**を本質とする ★★★ **的権利**である。

消極,

社会,

積極

◆資本主義経済の発展に伴って生じた弊害に対応するために、人たるに値する生活の保障を国家に求めるという趣旨から<u>社会権</u>が登場した。<u>社会権</u>は**経済的弱者を保護して実質的平等を実現する**ことを目的としている。特に、<u>生存権</u>は**貧困からの自由**ともいわれる。

□**3** <u>参政権</u>は、**国家への（政治参加の）自由**を実質とする
★★★ ★★★ **的権利**であり、**選挙権**や ★★★ などを含む。

能動, 被選挙権

□**4** 17世紀のイギリスでは、**ピューリタン革命（清教徒革**
★★ **命）**と ★★ を経て1689年に ★★ **が採択**され、**民主的統治**と**自由権**が獲得された。

名誉革命, 権利章
典

◆<u>権利請願</u>（1628年）で、議会は国王チャールズ1世に対して**議会の同意のない課税の禁止や身体の自由の保障**を求めたが、後に国王がこれを無視したために<u>ピューリタン革命</u>につながった。<u>名誉革命</u>（1688年）の集大成として<u>権利章典</u>（1689年）が発布され、国民の請願の自由、信教の自由、財産の自由や王権制限などの民主的な統治構造が規定された。

□**5** 1776年6月に制定された<u>アメリカ</u>の ★★ は、世界
★★ で初めて**生来的権利の不可侵性を明記した成文憲法**である。

ヴァージニア権利
章典（ヴァージニ
ア州憲法）

□**6** 1776年7月に採択された ★★★ は、「われわれは、**自**
★★★ **明の真理**として、**すべての人**は ★★★ **に造られ**、造物主によって一定の奪いがたい<u>不可侵の権利</u>**を付与され**、……」と謳って、 ★★★ <u>人権</u>の考え方を明記した。

アメリカ独立宣言,
平等

天賦（てんぷ）

□**7** 1787年制定の ★★★ は、**現在も機能する世界最古の**
★★★ **成文憲法**であり、**厳格な三権分立、大統領制、連邦議会**などを特色とする。

アメリカ合衆国憲
法

□**8**　1789年採択の ［ ★★★ ］ は、**自由と平等、所有権の** ［ ★★★ ］
★★★　**性**を明記し、**自由権を集大成**した歴史文書である。

フランス人権宣言，
神聖不可侵

◆「**人および市民の権利宣言**」とも呼ぶ。第2条で自然権を「自由、
所有権、安全および圧制への抵抗」と位置づけ、第3条で「すべ
ての主権の原理は、本質的に国民にある」として国民主権を定め
ている。絶対王政を打倒した1789年のフランス革命は「自由・平
等・博愛」をスローガンに掲げた。ただし、この宣言の「人」は、
専ら市民権を持つ白人男性を指し、女性や有色人種、奴隷は含
まれていなかった。

□**9**　政治のあり方を最終的に決定する権力が国民にあると
★★★　いう基本原理は、18世紀のヴァージニア権利章典以
降、人権の保障などとともに様々な法典や宣言で謳わ
れるようになった。次の**A〜C**は、それらの抜粋であ
る（『人権宣言集』（1957年、岩波文庫）などより）。下
の語群からあてはまるものをそれぞれ選べ。

「A ［ ★★★ ］ 」

A　フランス人権
　　宣言

第3条　あらゆる主権の原理は、本質的に国民に存する。
第16条　権利の保障が確保されず、権力の分立が規定
されていないすべての社会は、憲法をもつものではない。

「B ［ ★★★ ］ 」

B　日本国憲法

そもそも国政は、国民の厳粛な信託によるものであつ
て、その権威は国民に由来し、その権力は国民の代表
者がこれを行使し、その福利は国民がこれを享受する。

「C ［ ★★★ ］ 」

C　世界人権宣言

第1条　すべての人間は、生れながら自由で、尊厳と
権利について平等である。
第21条（1）何人も、直接に、または自由に選出される
代表者を通じて、自国の政治に参与する権利を有する。

【語群】アメリカ独立宣言　フランス人権宣言
　　　　ワイマール憲法　日本国憲法　世界人権宣言

□**10**　**参政権**拡大の理論的根拠となった思想には、19世紀
★★　イギリスの ［ ★★ ］ 主義がある。

功利

◆功利主義とは、幸福を追求する考え方で、幸福は**数量化でき計
測可能である**とする**量的功利主義**（ベンサム）や、幸福は**精神的
満足にある**とする**質的功利主義**（J.S. ミル）がある。

□ **11** J.S. ミルは、幸福の１つである ★★★ を達成する手
★★★ 段として**民主政治を確立する**必要があるとして
★★★ の拡大を説き、ベンサムは「**最大多数の最大幸**
福」を実現するために**多数意見を採用**して議論の決着
を図る ★★★ 原理を導入する**議会改革**を唱えた。

自由

参政権

多数決

□ **12** 普通選挙とは ★★★ 以外に関する制限を設けない選
★★★ 挙のことであり、性別や ★★★ 、教育などの**資格制**
限を撤廃する選挙制度である。

年齢,
財産 (納税額)

◆性別などの資格制限を撤廃し、成年男女に等しく選挙権を与え
る制度を**男女**普通**選挙**という。なお、平等選挙とは「１人１票」
(数の平等) と「１票の価値の平等」の２つの原則を意味する。

□ **13** イギリスの ★★★ 期には労働者階級が形成され、や
★★★ がて政治意識を高めた**労働者**たちは ★★★ 運動で制
限選挙に反対し、**普通選挙の確立を要求**した。

産業革命,
チャーティスト

◆1837～50年代に起こったチャーティスト運動は、男子を中心と
した世界初の**普通選挙権の獲得運動**であった。しかし、イギリ
スで**普通選挙**が確立したのは、20世紀に入ってからである。第
４回選挙法改正 (**1918年**) で21歳以上の男子と、30歳以上の
女子に、第５回選挙法改正 (**1928年**) で21歳以上の男女に選挙
権が認められた。

□ **14** 1848年に**世界で初めて制度として男子普通選挙を実現**
★★ したのは ★★ である。

フランス

□ **15** 1893年、**世界初の**女子**選挙権**は ★★ で実現された。
★★

ニュージーランド

◆ヨーロッパの先進国でありながら、女子選挙権の確立が1971年
と遅くなった国はスイスである。

□ **16** 日本では、1925 年に ★★ **歳以上の男子**普通**選挙**が、
★★ 第二次世界大戦後の45 年に ★★ **歳以上の男女**普
通**選挙**が確立した。

25,
20

□ **17** **1919年、ドイツの**ワイマールで開かれた国民議会で制
★★★ 定されたワイマール憲法は**世界で最初に** ★★★ **権を**
規定したことで有名で、中でも重要な権利は「**人たる**
に値する生活」を保障する ★★★ **権**である。

社会

生存

□ **18** 社会権とは、国民が国家に対して「 ★★★ 」の保障を
★★★ 求める ★★★ **的権利**で、**貧困からの自由**などを意味
する。

人間に値する生活
(人たるに値する
生活),
積極

◆ワイマール憲法第151条では「**人たるに値する生活**」の保障を
正義の原則に適合するものと規定している。

□19 ドイツの<u>ワイマール憲法</u>は、**経済への** ★★★ **の介入** 国家,
★★★
とともに、<u>労働基本権</u>や ★★★ **権を明記**しており、<u>日</u> 生存
<u>本国憲法</u>など現代の憲法に対して大きな影響を与えた。

6 近代の法体系

ANSWERS □□□

□1 <u>自然法</u>が ★★ 権を保障する前国家的な**永久不変の** 自然,
★★
法規範であるのに対し、 ★★ 法は国家成立後に形 実定,
成された**人為の法**であり、<u>成文法</u>や ★★ 法を含む。 不文

□2 ★★ 法は**条文化された法律**であるのに対し、 ★★   成文, 不文
★★
法は**条文はないが法的確信が得られる規範**であり、<u>判</u>
<u>例法</u>や<u>慣習法</u>などはこれにあたる。

◆イギリスの通常裁判所で確立された<u>判例法</u>である<u>コモン=ロー</u>
は<u>不文法</u>（不文憲法）の代表例である。

□3 ★★ 法は**公権力と国民の関係を規律**するのに対し、 公,
★★
★★ 法は**私人相互間の紛争を解決する法規範**であ 私
るが、私人間の契約関係に**公権力が**<u>介入</u>**して社会的弱**
者を保護する法律は一般に ★★ 法と呼ばれる。 社会

◆<u>公法</u>には<u>憲法、刑法、民事訴訟法、刑事訴訟法</u>など、<u>私法</u>には<u>民</u>
<u>法、商法</u>など、<u>社会法</u>には<u>労働基準法、最低賃金法</u>などがある。

□4 ★★ 法が**権利と義務の内容を定める法律**であるの 実体,
★★
に対し、 ★★ 法は**裁判などの進行や利用の手続を** 手続
定める法律である。

□5 <u>手続法</u>には、<u>民事</u>**裁判の進行方法を定める** ★★ 法、 民事訴訟,
★★
<u>刑事</u>**裁判の進行方法を定める** ★★ 法、**行政処分な** 刑事訴訟
どの拘束力を否定することや反論の機会を保障する
★★ 法などがある。 行政手続

□6 法はその形式や機能、内容によって様々に分類される。
★★
次の①～③のように法の分類を行った場合に空欄A～
Cに入る法の分類区分について、下の語群より選べ。

①法の定まり方による分類：自然法とA ★★ 法 A 実定

②法の規定内容による分類：実体法とB ★★ 法 B 手続

③法の適用範囲による分類：一般法とC ★★ 法 C 特別

【語群】特別　臨時　手続　自由　実定　成文

□**7** 経済的弱者の保護を目的に ___★___ の原則が支配する
★
私法の領域に国の法律が介入するのを ___★___ という。

◆例えば、**労働基準法**や**最低賃金法**は国が定めた社会法であるが、
私法の領域である契約自由の原則を修正して、**経済的弱者であ
る労働者を保護している**。

契約自由,
私法の公法化

7 人権の国際化

ANSWERS ▢▢▢

□**1** 18**世紀的権利**である自由権が登場した歴史的背景に
★★★
は ___★★★___ が、19**世紀的権利**である参政権が登場し
た歴史的背景には ___★★★___ が、20**世紀的権利**である
社会権が浸透した背景には ___★★★___ がある。

市民革命,
普通選挙運動,
世界恐慌

□**2** 第二次世界大戦後、基本的人権の保障は1つの国家に
★★
おいてだけでなく、国際的に確保されるべきものとい
う**人権の** ___★★___ **化**が進んだ。それは ___★★___ による
人権抑圧が大戦の背景にあると考えられたからである。

国際, ファシズム

□**3** アメリカ大統領の ___★★★___ は、教書の中で「 ___★★★___ 」
★★★
を唱え、それらの権利は世界人権宣言に**明記**された。

◆「4つの自由」とは、「言論の自由」「信仰の自由」「恐怖からの自
由」「欠乏からの自由」である。

フランクリン=
ローズヴェルト,
4つの自由

□**4** 大西洋憲章や国際連合憲章で人権尊重と**人権の国際化**
★★★
が唱えられてきた中で、**1948年**に ___★★★___ がその集大
成として**国連総会で採択**された。

◆世界人権宣言は、世界的なレベルで人権の保障を目指した最初の
国際的文書であり、すべての人間は、生まれながらにして自由で
あり、尊厳および権利について平等であることを規定している。

世界人権宣言

□**5** 1948年の世界人権宣言は最も基本的な人権である自由
★★
権のみならず ___★★___ 権を規定するなど、基本的人権
の尊重を謳っているが、 ___★★___ は持たない。

社会,
法的拘束力

□**6** ___★★★___ は、 ___★★★___ に法的拘束力を**付与する目的**で
★★★
1966年に国連総会で採択され、**76年**に発効した。「経
済的・社会的及び文化的権利に関する国際規約（A規
約、社会権規約）」と「市民的及び政治的権利に関する
国際規約（B規約、自由権規約）」とがあり、いずれも
締約国に対して ___★★★___ を持つ。

◆国際人権規約は、批准国に条約内容の実現を義務づけている。

国際人権規約, 世
界人権宣言

法的拘束力

29

□**7** 国際人権規約の A 規約について、日本は祝祭日の給
★★ 与、**公務員の** ★★ 権などは留保し、1979年に批准
した。

争議

◆**中等・高等教育の漸進的無償化**についても日本は批准を留保して
いたが、2012年に留保を撤回し批准に踏み切った。民主党政権下
で実施された国公立の高等学校の無償化を考慮したものである。

□**8** 国際人権規約の B 規約の ★★★ は、所属する国家
★★★ （政府）によって自由権と参政権を侵害された国民個人
が ★★★ に通報し、その救済を求めることができる
旨を定めているが、日本は批准していない。

選択議定書

規約人権委員会

◆一般に**個人通報制度**と呼ぶ。**国際司法裁判所には救済申立てが
できない。**同裁判所は**国家間の紛争解決**に特化している。なお、
国連の**人権理事会**は、それまで活動してきた「人権委員会」に代
わり、**2006年**に国連総会の決議によって設置されたが、規約人
権委員会とは別組織である。

□**9** 2008年、**国際人権規約のA規約の** ★★★ が採択され、
★★★ 13年に発効したが、日本は批准していない。

選択議定書

□**10** 1989年に国連で採択された**国際人権規約の** B 規約の
★★★ 第二選択議定書、すなわち ★★★ 条約を日本は批准
していない。

死刑廃止

□**11** 1951年、国連で採択された ★★ 条約の批准国は、帰
★★ 国すると迫害されるおそれがある者を保護しなければ
ならないと定められているが、保護（庇護）義務のある
「難民」は ★★ と政治難民で、 ★★ は「難民」に
はあたらず対象とされていない。

難民（難民の地位
に関する）

戦争難民，経済難
民

◆難民を迫害の危険にさらされている国へ送還せず、これを
保護するという国際法上の原則を**ノン゠ルフールマン**（non-
refoulement）**の原則**といい、難民条約の基礎をなす。

□**12** 日本は、1981年に難民条約（難民の地位に関する条約）
★★★ を批准したのを機に、**翌82年**に出入国管理令を ★★★
法に改正した。

出入国管理及び難
民認定

◆1981年に難民条約に加入した日本は難民の受け入れを始めた
が、実際に「難民」として認められる人の数はわずかで、2023年
の難民認定者数は1万人超の申請者数のうち303人と非常に少
なく、欧米各国と大きく隔たりがある。

□**13** 1948年に国連で採択された、**集団殺害罪の防止及び処
★★ 罰に関する条約**を ★★ 条約という。

ジェノサイド

◆日本は現在もジェノサイド条約を批准していない。

□**14** 1965年に国連で ★★ 条約が採択され、アパルトヘイトのような人種差別を深刻な人権侵害として、廃止を要請している。　**人種差別撤廃**
★★

◆**南アフリカ共和国**で1948〜91年にかけて行われた**人種隔離政策**をアパルトヘイトという。少数派の白人政権が大多数の黒人を政治的・社会的に差別した。

□**15** 現在、日本で在日外国人として居住している韓国や朝鮮に出自を持つ人々やその子孫に対する差別を ★★ 差別という。　**在日韓国・朝鮮人**
★★

◆日本の植民地時代の朝鮮半島より日本本土（内地）へ移住者だけでなく、労働力などとして強制連行された人々の子孫も含まれる。この人々は、日本で生まれ、教育を受け、生活しているにもかかわらず、就職や結婚などの面で差別を受けることがある。帰化することで日本国籍を取得する者もいるが、韓国・朝鮮籍を保持している者も少なくない。

□**16** 日本では、1995年の人種差別撤廃条約批准を契機に、アイヌ民族を差別的に扱ってきた ★ 法を廃止し、97年に ★ 法を制定したが、**先住民族**としての権利は明記されず、2019年4月成立の「 ★ 」でアイヌ民族を**法律上初めて先住民族と認める**も、**先住民の権利**は明記されなかった。
★

**北海道旧土人保護,
アイヌ文化振興,
アイヌ民族支援法**

◆国連は2007年に先住民族が独自の文化を保持し、発展することなどを認めた**先住民族の権利に関する宣言**を採択している。

□**17** 日本が、**1985年**に ★★★ 差別撤廃条約を批准するのに先立って制定ないし改正した法律として、 ★★★ 法、改正**労働基準法**、改正 ★★★ 法がある。
★★★

**女子（女性）,
男女雇用機会均等,
国籍**

□**18** **1984年**に**国籍法**が改正され、日本国籍取得の要件が ★★ 血統主義から ★★ 血統主義に改められた。
★★

父系, 父母両系

◆**父系血統主義**：　　父が日本人 ▶ 子は日本人
　　　　　　　　　　↓
父母両系血統主義：父または母が日本人 ▶ 子は日本人

改正前の父系血統主義では、**父が日本人で母が外国人の場合**、子は日本人となれるが、**母が日本人でも父が外国人の場合**、子は日本人となれないことになっていた。これは、子に対してはもちろん、日本人の母に対する差別となることから、父または母が日本人であれば子は日本人となれるとする父母両系血統主義に改められた。

□**19** 1999年制定の 　***　 法は、女子の社会参加のための
★★★
積極的差別是正措置（　***　）を公的機関に求めてい
る。

> ◆ポジティブ=アクション（アファーマティブ=アクション）は、
> ジェンダー（文化的・社会的に作られる性差）だけでなく、人種
> など社会における構造的差別の解消に向けて実施される積極的
> 是正措置であり、機会の平等よりも結果の平等を実現するもの
> である。日本では、高齢者やハンディキャップのある者への**法
> 定雇用率**（民間企業や公的機関への雇用の義務づけ措置）が導入
> されている。

男女共同参画社会
基本，
ポジティブ=アク
ション（アファー
マティブ=アクシ
ョン）

□**20** 1989年に国連総会で採択された 　★　 条約は、子ど
★
もの意見表明権などを明記し、子どもが保護されるだ
けでなく権利の主体であるべきことを定めている。

> ◆「子ども」とは**満18歳未満**で、**意見表明権**、**人格権**、**プライバ
> シーの権利**、**飢餓からの解放の権利**などが与えられている。日
> 本は、子どもの権利条約を批准した当初には国内法制定を不要
> としていたが、2022年にこども基本法が制定され、翌23年に
> 施行された。ただし、同法の「こども」は「心身の発達の過程に
> ある者」と曖昧に定義され、18歳未満とは明記されていない。
> なお、近年、重要視されている「子どもアドボカシー」は、子ど
> もに権利があることを伝え、その意見に耳を傾け、思いや不満
> を受け止め、子どもが選択できるように情報を提供し、行動を
> 支援することを意味する。

子どもの権利（児童
の権利に関する）

□**21** 健常者との社会生活の中で、身体または精神に障がい
★★
のある人々に対する差別を 　★★　 差別という。

障がい者

□**22** 　★★　 条約は、**2006年**に国連で採択されたもので、締
★★
約国に**障がい者の広範な問題を解決する施策**を実施す
るよう要請している。

障害者権利

□**23** 2014年、日本は 　★　 条約を批准したが、それに先
★
立つ11年には 　★　 法を改正し12年に施行すると
ともに、05年に制定、06年に施行の**障害者自立支援
法**を 　★　 法に改正した。

障害者権利，
障害者基本

障害者総合支援

> ◆障害者雇用促進法の制定により、国や地方公共団体、企業は原
> 則として一定の割合で障がい者の雇用を行うことが義務づけら
> れている。障害者総合支援法では、障がい者の定義に**難病など
> を加え**、重度訪問介護の対象者の拡大、共同生活介護（**ケアホー
> ム**）と共同生活援助（**グループホーム**）の一元化などが行われた。

□ 24 ★ 国際結婚が破綻した際に、その子どもを一方の配偶者が強制的に国境を越えて連れ去った場合、子どもを元の国（常居所）に返還することを定めた国際条約である ★ 条約を、2014年に日本は批准した。

ハーグ

◆このハーグ条約の正式名称は「**国際的な子の奪取の民事上の側面に関する条約**」。政府間組織である**ハーグ国際私法会議**（HCCH）で1980年に採択され、83年に発効している。子どもを常居所（常居住地）に戻し、そこで正式な親権を決定する。

□ 25 ★★ ★★ は思想、信条、人種などの理由で不当に弾圧されている「**良心の囚人**」の救済や死刑の廃止運動に取り組む国際人権 NGO（非政府組織）で、国連との協議資格も有している。

アムネスティ゠インターナショナル

□ 26 ★ オランダに本部を置く**国際環境保護団体** ★ は、**非暴力直接行動**を特徴とし、国連より「総合協議資格」を認められている。

グリーンピース

□ 27 ★ ★ は、1863年に**戦時の負傷者を救済する目的**でアンリ゠デュナンによって創設され、現在では**人道支援**のため幅広い活動をしている。

赤十字国際委員会

□ 28 ★★ ★★ はフランスで設立された組織で、世界各地の戦災地、災害被災地、難民キャンプなどで医療活動を行い、1999年にはノーベル平和賞を受賞した。

国境なき医師団（MSF）

□ 29 ★★ 2006年にノーベル平和賞を受賞した**バングラデシュの経済学者** ★★ は ★★ を設立し、既存の銀行では不可能だと思われていた**貧しい人々の零細な事業に対する融資**（マイクロクレジット）を無担保で行い**貧困の解消**に取り組んだ。

ムハマド゠ユヌス,グラミン銀行

◆マイクロクレジットの返済率が高かったのは、返済が滞れば同じ共同体メンバーには融資を行わないとする方法を導入したことが理由といわれている。

□ 30 ★ 2014年にノーベル平和賞を受賞したパキスタンの人権活動家 ★ は、**女性と子どもの権利の確立**、および ★ の自立の実現に向け、世界中のすべての子どもに質の高い ★ が保障されるように訴えている。

マララ゠ユスフザイ,女性,教育

★★ 31 **★★** とは、アフリカ系アメリカ人に対する警察の
残虐行為をきっかけにアメリカで始まった**人種差別抗
議運動**である。

Black Lives
Matter（BLM）

◆2020年5月、アメリカのミネソタ州の都市ミネアポリスで、ア
フリカ系アメリカ人の男性が白人の警察官に首を圧迫されて死
亡した事件をきっかけに広まった人種差別抗議運動で、デモ隊
は "Black Lives Matter"（「黒人の命は大切だ」「黒人の命こそ
大切にしなくてはならない」）というスローガンを掲げた。**新型
コロナウイルス感染症（COVID-19）**の流行拡大による貧困層
の経済的打撃、トランプ政権の国政運営に対する異議なども相
まって、この運動はアメリカ全土、さらに全世界へと広がった。

★★ 32 **★★** 歴代の主なノーベル平和賞の受賞者に関する次の表中
の空欄 A 〜 N にあてはまる適語を答えよ。

年	受賞者	受賞理由など
1977	A ★★	国際人権保護団体
88	B 国連 ★★	停戦監視
91	C ★★	ミャンマーの民主化活動
95	D ★★	科学者たちの反核運動
97	地雷禁止国際キャンペーン（ICBL）	対人地雷の製造と使用の廃止運動
99	E ★★	世界各地での先駆的な人道的活動
2000	F ★★	韓国大統領。南北朝鮮の融和を推進
01	国際連合（国連）	国際平和と秩序の形成
	コフィ=アナン	第7代国連事務総長
04	ワンガリ=マータイ	環境保護活動、「MOTTAINAI」
05	モハメド=エルバラダイ	第4代 IAEA 事務局長
	国際原子力機関（IAEA）	核・原子力の平和利用
06	ムハマド=ユヌス	G ★★ 銀行創設
	G ★★ 銀行	貧困者への融資活動
07	H ★★	『不都合な真実』で地球温暖化問題を啓発
	「気候変動に関する政府間パネル」（IPCC）	気候変動への国際的な取り組み
09	I ★★	現職アメリカ大統領として「核なき世界」を提言

A アムネスティ
=インターナ
ショナル

B 平和維持活動
（PKO）

C アウン=サン
=スー=チー

D パグウォッシ
ュ会議

E 国境なき医師団
（MSF）

F 金大中（キム デ ジュン）

G グラミン

H アル=ゴア

I オバマ

12	J ★★	ヨーロッパの平和と和解に貢献	
13	K ★★	化学兵器廃絶活動	
14	L ★★	女性教育と平和を求める活動	
17	M ★★	核兵器禁止条約の批准推進活動	
20	国連 N ★★	世界各地における食糧支援活動	
22	メモリアル	ロシアの人権団体	
	市民自由センター	ウクライナの人権団体	
23	ナルゲス=モハンマディ	イランの人権活動家	

J 欧州連合（EU）
K 化学兵器禁止機関（OPCW）
L マララ=ユスフザイ
M 核兵器廃絶国際キャンペーン（ICAN）
N 世界食糧計画（WFP）

8 主要国の政治機構

□**1** **イギリス**では原則として ★★ の多数党の党首が首
★★ 相となり、**フランス**では ★★ 制と議院内閣制とを
合わせた形態を、**ドイツ**では大統領職は存在するが政治
的実権はなく、基本的には ★★ 制を採用している。

◆イギリスで多数党の党首を首相に任命し、少数党となった際には首相を辞任するという議院内閣制が創始されたのは、18世紀前半のウォルポール内閣である。

下院（庶民院）,
大統領

議院内閣

□**2** イギリスの首相は日本と同じく通常は ★★★ の**第一**
★★★ **党**の**党首**が就任し、国民（有権者）の選挙によって選ば
れる**アメリカ**などの大統領と対照的である。

◆イギリスは伝統的に二大政党制なので、首相には**下院の第一党**（多数党）**の党首**が国王によって当然に任命される。日本は国会で首相の指名が行われるが、イギリスでは形式的には議会による首相指名行為は省略されている。

国会（議会）

□**3** イギリス議会の**上院**の正式名称は ★★ 、**下院**は
★★ ★★ で、上院は**非民選**、下院は**民選**である。

貴族院,
庶民院

□**4** イギリスの下院議員は、18歳以上の有権者による
★★ 　　★★ 選挙区制の選挙で選出され、議員の任期は
　　★★ 年である（被選挙権は18歳以上）。

小,
5

　◆なお、上院（貴族院）は、貴族身分を有する者、世襲貴族などで
　構成され、非民選で任期は終身である。1990年代に労働党のブ
　レア政権下で上院改革が行われ、議員数がほぼ半分に削減され
　た。世襲貴族の対象が限定され、代わりに功績のある者を一代
　貴族と認めて上院議員の地位を与えている。

□**5** イギリスでは**二院制**を採用しているが、**法律案**や**金銭**
★★★ **法案**などにおいて ★★★ の原則が確立している。

下院優越

　◆日本の衆議院の優越は、**イギリスを模範**にしたものである。

□**6** イギリスでは法案などの議案の審議は、本会議を中心
★ に慎重に行われており、**法案は3回読み合わせを行う**
　　★ 制が採用されている。

三読会

□**7** イギリスの国王は、18世紀前半のジョージ1世の時
★★ 代以降、**議会の助言の下**に ★★ を行使する存在と
なった。このような国王のあり方を指して「**国王は**
　★★ **すれども** ★★ **せず**」という。

国王大権

君臨, 統治

　◆立憲君主制とは、君主が憲法に従って統治を行う政治形態であ
　る。**制限君主制**とも呼ばれる。現在のイギリスのように国王が
　実権を持たない場合、**議会主義的君主制**という。

□**8** イギリスなどの議院内閣制では、**議会が行政権を持つ**
★★★ **内閣を** ★★★ **決議によってコントロール**するのに対
して、**内閣は議会を** ★★★ させることによって対抗
できる。

不信任,
解散

□**9** イギリスは成文の憲法がない ★★ の国であるが、
★★ 数多くの成文法や**権利請願**、**権利章典**などの**歴史文**
書、 ★★ が憲法の役割を果たしている。

不文憲法

判例法

□**10** イギリスでは、**2009年の司法改革で** ★ が創設さ
★ れ、その地位も ★ からの独立性が保障されたが、
アメリカや日本と異なり ★ 権は有しない。

最高裁判所,
上院,
違憲立法審査

　◆従来、**イギリスの最高裁判所に該当した最高法院**は、上院議員
　たる少数の法律貴族で構成され、**司法権の独立**が弱かった。

□**11** イギリスの**二大政党**は、資本家や貴族、地主階級の支
★★ 持を受ける ★★ と、労働者階級の支持を受ける
　★★ である。

保守党,
労働党

□**12** 1970年代末以降のイギリスの政権与党と歴代首相について、下の表の空欄 **A** 〜 **C** にあてはまる政党名を、空欄 **D** 〜 **H** にあてはまる人名を、それぞれ答えよ（2024年7月時点）。
★★

在任期間	政権与党	首　相
1979〜90	**A** ★★	**D** ★★
1990〜97		メージャー
1997〜2007	**B** ★★	**E** ★★
2007〜10		**F** ★★
2010〜15	**A** ★★　**C** ★★	**G** ★★
2015〜16	**A** ★★	
2016〜19		メイ
2019〜22.9		**H** ★★
2022.9〜10		トラス
2022.10〜24.7		スナク
2024.7〜	**B** ★★★	スターマー

A　保守党

B　労働党

C　自由民主党
D　サッチャー
E　ブレア
F　ブラウン
G　キャメロン
H　ジョンソン

◆2015年の下院総選挙で保守党が過半数の議席を獲得したことから、自由民主党との連立政権は解消され、キャメロンが続投し、保守党の単独政権となった。これにより、イギリスは再び二大政党制となった。その後、翌16年6月のEU（欧州連合）離脱の是非を問う国民投票で離脱が過半数となった結果を受け、キャメロンは辞任し、メイが首相に就任した（サッチャーに続き、史上2人目の女性首相）。しかし、19年6月EU離脱交渉の難航からメイは辞任し、翌7月にジョンソンが就任、同年12月の下院総選挙での保守党圧勝により同政権は信任を得て、20年1月にEUから離脱した。その後、保守党政権が続くが、24年7月の下院総選挙で労働党が大勝し、14年ぶりに政権交代が行われた。

□**13** イギリスでは、**2010年の下院総選挙**の結果、第一党が
★★　　　　★★　から　★★　に移ったものの、第三の政党である　★★　が健闘したため、どの政党も過半数の議席を獲得できなかった。

労働党，保守党，
自由民主党

◆二大政党制が崩れたため、2010年5月、保守党と自由民主党が連立政権を組織し、第二次世界大戦後初の連立政権であるキャメロン政権が発足した。どの政党も単独過半数を確保できない状況をイギリスではハングパーラメント（宙ぶらりん議会）と呼び、この場合、連立政権によって政権が運営されることになる。なお、15年の下院総選挙で保守党の単独政権に戻っている。

□ **14** 2011年、イギリスでは内閣が党利党略によって下院を
★ 解散するなどの解散権濫用を防ぐために ［ ★ ］ 法が
制定された。

議会任期固定

　　◆下院を解散できるのは、下院が内閣不信任案を可決した場合か、
　　下院の定数の3分の2以上の賛成があった場合に限ることに
　　なった。

□ **15** イギリスでは、政権を担当していない**野党**は ［ ★★★ ］
★★★ を組織し、**政権交代に備える**ことが慣例になっている。

影の内閣 (シャド
ー=キャビネット)

□ **16** 伝統的に二大政党制であったイギリスでは、与野党の党
★★★ 首が政治争点について直接議会で討論する ［ ★★★ ］ **制**
が採用されてきたが、これを模範として日本でも**国会
審議を活性化**するために ［ ★★★ ］ **制**が導入された。

クエスチョン=タ
イム
党首討論

　　◆イギリス下院の本会議場は与党と野党が対峙するように座席が
　　配置され、中央の演説台で質疑などが行われるが、その中央部
　　と左右の議員席を分ける2本の赤い線が床に引かれている。こ
　　れを**剣線 (ソードライン)** という。この線から踏み出さないこと
　　で、議会が討議の場所であることを表している。

□ **17** アメリカの大統領は、**軍の最高指揮権を持つ**とともに、
★★ 各省長官や大使その他の外交使節、連邦最高裁判所裁
判官などの高級官吏の ［ ★★ ］ 権を持つ。

任命

　　◆ただし、高級官吏任命には連邦議会の上院の同意が必要である。

□ **18** **アメリカの立法機関である連邦議会は二院制**で、その
★ 権限は法律案などについて上院 (元老院) と下院 (代議
院) が対等である一方で、 ［ ★ ］ 院には条約締結同意
権と高級官吏任命同意権などの優越事項が存在する。

上

　　◆アメリカの連邦議会は、国民による直接選挙で選出された議員
　　によって構成され、議員の任期は上院が6年 (2年ごとに約3分
　　の1ずつ改選)、下院は2年 (2年ごとに全員改選) である。な
　　お、アメリカでは選挙権は18歳以上の者に認められている (被
　　選挙権は上院が30歳以上、下院が25歳以上)。

□ **19** アメリカの大統領は、連邦議会の ［ ★ ］ 院の ［ ★ ］
★ を得て、条約を締結する権限を有する。

上, 同意

□**20**
★★
アメリカの立法機関である連邦議会は二院制で、法律
案や予算案などについて上院と下院の関係は ┌ ★★ ┐
である。

対等

　　◆アメリカ大統領の任期の半分にあたる２年目に、上院と下院の
　　同時選挙となる中間選挙が行われる。その結果、上院と下院の
　　多数党が食い違うねじれ現象が起こると、債務上限の引き上げ
　　などの一般議案が成立しにくくなり、国政が混乱することがあ
　　る。なお、上院には条約締結同意権と高級官吏任命同意権など
　　の優越事項が存在する。

□**21**
★★★
アメリカの大統領は**連邦議会から** ┌ ★★★ ┐ **されない**点
で強い地位にあり、任期中、政治責任は問われない。

不信任

　　◆アメリカの大統領制は、イギリスの議院内閣制とは異なり、大
　　統領は任期中、政治責任を問われないため、強力なリーダーシッ
　　プを発揮できる。その反面、無能な大統領が選ばれると４年間、
　　国政の混乱が続いてしまう。なお、大統領の弾劾については、下
　　院の訴追により、上院の出席議員の３分の２以上の賛成で議決
　　を行うことができる。弾劾は大統領の憲法・法律違反の責任を
　　問うものであり、政治責任を問うものではない。

□**22**
★★
アメリカの大統領も**連邦議会により** ┌ ★★ ┐ **される**こ
とはあるが、憲法や法律に違反した大統領を解任する
制度であって、政治的失敗の責任を問うものではない。

弾劾（だんがい）

　　◆大統領の弾劾は下院の訴追により、上院の出席議員の３分の２以
　　上の賛成で議決を行うことができる。なお、不信任が政治責任
　　を問うものであるのに対して、弾劾は法律違反の責任を問うも
　　のである。歴代大統領で弾劾訴追されたのは、ジョンソン（1868
　　年）、クリントン（1998年）、トランプ（2020年）の３人である
　　が、いずれも弾劾決議は否決された。1970年代にはニクソンが
　　ウォーターゲート事件（民主党本部への盗聴事件に端を発する
　　一大政治スキャンダル）で弾劾決議の手続が進んでいたが、その
　　最中に大統領辞任を発表した。

□**23**
★★★
アメリカの大統領は**連邦議会に対する** ┌ ★★★ ┐ 権**を持
たない**が、日本やイギリスなどの議院内閣制の下では、
内閣はこの権限を下院に対して行使できる。

解散

　　◆なお、大統領は連邦議会に議席を持たない。

□**24**
★★
アメリカでは**厳格な三権分立**が採用されており、大統
領**には** ┌ ★★ ┐ 権はないが、連邦議会で制定された法
案に対する ┌ ★★ ┐ 権**を発動**できる。

法案提出,
拒否

　　◆議会で可決した法案を大統領が拒否した場合、法案は連邦議会
　　に差し戻され、上・下院で出席議員の３分の２以上の賛成で再
　　可決されれば成立する。

□**25** **アメリカの大統領**は法案提出権を持たないが、**必要な**
★★　**立法は** ★★ **という形で連邦議会に勧告できる。**

教書

◆一般教書、大統領経済報告、予算教書が「三大教書」と呼ばれる。
原則として年1回、大統領は連邦議会に対して、国の現状やこ
れからの政策方針を説明する一般教書演説を行う。これは国民
に向けてテレビ中継も行われる。

□**26** **アメリカ合衆国憲法修正第22条で、大統領の任期**
★★　**は** ★★ **年で** ★★ **選は禁止と定められている。**

4, 3

◆唯一の例外は第32代のフランクリン＝ローズヴェルト大統領で
3選を果たした (任1933〜45年)。彼の死後、憲法が修正されて
正式に2選までとされた。

□**27** アメリカの大統領選挙では、まず ★ 歳以上の有
★　権者が、大統領を選出する ★ を間接選挙によっ
て選ぶ。

18,
大統領選挙人

◆アメリカの大統領選挙は大統領選挙人による間接選挙である
が、それは形式的であり、実質的には直接選挙といえる。なお、
アメリカ大統領に就任するには、①アメリカ生まれ、②アメリカ
に14年以上居住、③35歳以上、という3つの条件を要する。

□**28** アメリカの大統領選挙は、有権者による大統領選挙人
★　の選挙が各州で行われ、その州で1票でも多く得票し
た政党が、**その州すべての選挙人を獲得する** ★
方式 (ウィナー＝テイク＝オール) が採用されている。

勝者総取り

◆アメリカ大統領選挙は、4年に1度のうるう年に行われ、二大政
党の民主党と共和党は、それぞれ予備選挙で公認候補者を1人に
絞り込み、11月の大統領選挙人選挙 (割当総数538人) で、そ
の過半数を獲得した政党の候補者の当選が事実上決定する。12
月には大統領選挙人による大統領選挙が形式的に行われる。

□**29** アメリカの大統領の任期の半分にあたる2年目に、上
★　院と下院の同時選挙となる ★ 選挙が行われ、次
期政権与党と大統領を占うものとして注目される。

中間

◆下院の任期は2年、上院の任期は6年であるが、**2年ごとに3分
の1ずつ改選**されることから、大統領選挙と同時に上院と下院
の選挙が行われると、その大統領任期中の中間選挙でも上院 (全
議席の3分の1) と下院 (全議席) の選挙が行われることになる。

□ **30** ┃ ★★★ ┃ 権とは議会の行った立法や、行政府による命
★★★ 令や処分などが**憲法に適合するか否か**を裁判所が審査
する権限で、アメリカでは判例法により確立した。

◆アメリカでは長官を含む**9人の判事**で構成される**連邦最高裁判
所**には、**判例**により違憲立法審査権が与えられている。イギリ
スの最高裁判所（旧最高法院）は**違憲立法審査権を持たない**。日
本では憲法第81条に違憲立法審査制度（違憲立法審査権）が明
記されている。

違憲立法審査

□ **31** アメリカの二大政党は、黒人や労働組合など大衆の支
★★ 持を受けて**リベラルな主張を行う** ┃ ★★ ┃ と、資本家
の支持を受けて**保守的な主張を行う** ┃ ★★ ┃ である。

民主党,
共和党

□ **32** 第二次世界大戦後のアメリカの歴代大統領と政権与党
★★ について、下の表の空欄**A〜C**にあてはまる人名と、
空欄**D〜Ｉ**にあてはまる政党名を、それぞれ答えよ
（2024年3月時点）。

代	大統領	政　党	在任期間
33	トルーマン	民主党	1945〜53
34	アイゼンハウアー	共和党	1953〜61
35	A ┃ ★★ ┃	D ┃ ★★ ┃	1961〜63
36	ジョンソン	民主党	1963〜69
37	ニクソン	共和党	1969〜74
38	フォード	共和党	1974〜77
39	カーター	民主党	1977〜81
40	B ┃ ★★ ┃	E ┃ ★★ ┃	1981〜89
41	ジョージH.W.ブッシュ（父）	共和党	1989〜93
42	クリントン	民主党	1993〜2001
43	ジョージW.ブッシュ（子）	共和党	2001〜09
44	C ┃ ★★ ┃	F ┃ ★★ ┃	2009〜17
45	トランプ	G ┃ ★★ ┃	2017〜21
46	バイデン	Ｉ ┃ ★★ ┃	2021〜

A ケネディ

B レーガン
C オバマ
D 民主党
E 共和党

F 民主党

G 共和党

Ｉ 民主党

□ **33** **社会主義国**では**国民代表議会**に権力を集める ┃ ★ ┃
★ 制が採用されることが多い。

◆旧ソ連邦の最高権力機関は立法権を持つ最高ソビエト（最高会
議）であり、そこに**権力が集中**されていた。

民主的権力集中
（民主集中）

□**34** 15の共和国の集合体だった旧ソ連邦は1991年12月
★　　に解体し、**緩やかな主権国家の統合**を目指す ★
　　を結成した。

独立国家共同体
(CIS)

　　◆当初は12ヶ国で結成された国家連合体であるが、2009年にグ
　　　ルジア（ジョージア）が脱退し、23年4月現在、正式加盟国は
　　　9ヶ国である。

□**35** 2004年、 ★★ は大統領に再選され、以後も政権担当
★★　に意欲を見せたが、当時のロシア憲法では連続3選が
　　禁止であったため、一旦 ★★ が大統領に就任した。
　　しかし、12年に再び ★★ が大統領に当選し、18
　　年、24年にも再選されている。

プーチン

メドベージェフ,
プーチン

　　◆2020年7月の憲法改正で、これまでの在任期間をリセットした
　　　上で、今後は連続して3選禁止から、通算して3選禁止（生涯2
　　　期まで）と定められたため、プーチンは2024年から任期6年×
　　　2期、最長2036年まで大統領に在任することが可能となり、超
　　　長期政権への道が開かれている。

□**36** 中国（中華人民共和国）の国家元首は、全国人民代表大
★★　会（全人代）で選出される ★★ で、内閣の長であ
　　る ★★ （首相）とともに政治を行う。

国家主席,
国務院総理

　　◆2013年には国家主席に習近平が、国務院総理（首相）に李克強が
　　　就任した。18年には憲法を改正し、国家主席（任期5年）の三
　　　選禁止規定を撤廃したため、習近平が恒久的に在職する体制が
　　　整えられた。23年3月には李強が新たな首相に選出された。

□**37** 中国の議会は ★★ と呼ばれ国家の最高機関とされ
★★　ており、 ★★ 制で年1回開催される。

全国人民代表大会
（全人代）,
一院

　　◆中国の政治体制は、国家権力の最高機関である全国人民代表大
　　　会に、すべての権力が集中する民主的権力集中制（民主集中制）
　　　を採用している。最高司法機関である最高人民法院の長官や裁
　　　判官も全国人民代表大会で選出される。

□**38** フランスの大統領は、国民による ★★ で選出され、
★★　**大きな権限を持っている**ものの、 ★★ は議会の多
　　数派から選出されるため、「**半大統領制**」と呼ばれる。

直接選挙,
首相

　　◆現在の**第五共和政**におけるフランスの大統領は任期5年間で議
　　　会（下院）から不信任をされず、「**帝王の大権**」と呼ばれる**下院解**
　　　散権を持つ点で、**強大な権限**を有している。下院は大統領を不信
　　　任とすることはできないが、大統領とともに行政を担う内閣を
　　　不信任とすることができる。いわば、内閣は大統領に代わって
　　　議会に対して責任を負う。なお、下院議員の任期も5年である。

□**39** 国民の直接選挙によるフランスの大統領選挙では、
★ 　　★　　回投票制という独自の方法が採用されている。

2

　◆2回投票制とは、1回目の投票で有効投票の過半数を獲得した候補者がいない場合は上位2名の決選投票を行う方法。大統領の任期は最長で「5年×2期＝10年」である。オランドの任期満了に伴う2017年の大統領選挙は、同政権の経済相マクロンと極右政党「国民戦線」のルペンの争いで、1回投票と2回投票ともにマクロンが第1位となり、史上最年少の39歳で当選した。22年の大統領選挙もその2人が決選投票に進み、マクロンが再選を果たした。

□**40** フランスの大統領は、重要問題を国民に直接問うために　★★　施行権を持っている。
★★

国民投票

　◆2005年にはEU憲法をめぐる国民投票が行われた。

□**41** 現憲法下のフランスでは、政党や政治勢力の異なる大統領と首相が政権を共存し、ともに政権運営にあたる　★　政権が樹立されたことがある。
★

保革共存

　◆これはコアビタシオン（フランス語で「同棲」「同居」の意）と呼ばれている。議会与党によって、大統領が指名した首相が不信任を受けることを避けるという意図もある。政党間の合議で形成される連合政権や連立政権ではない点に注意。

□**42** ドイツの政治制度について、任期5年の**連邦**　★★　は内閣を構成せず、連邦議会によって選ばれる　★★　が内閣をリードする。
★★

大統領,
首相

　◆ドイツの大統領は、連邦会議で選出され（間接選挙）、その立場は実権を持たず象徴的な形式的役割を負うだけである。国民によって選出された**大統領が大きな権限を持つアメリカ**などとは**大きく異なる**。なお、ドイツの連邦会議は国会の連邦議会（下院）とは異なる大統領選出機関である。

□**43** ドイツは**フランス**と同じく**大統領制と**　★★　**の複合型**の政治制度を採用しているが、ドイツは後者を中心としていることで、**首相が強い権限**を持つ。
★★

議院内閣制

□**44** 2005〜21年には、旧東ドイツ出身で　★　（CDU）に所属する　★　がドイツ史上初の女性の首相を務めた。
★

キリスト教民主同盟,
メルケル

　◆2018年10月に地方選で大敗を喫したメルケルは、21年9月の任期満了をもって首相を退任した。1989年、東西統一後のドイツ首相と所属政党は次の通り。**コール**（〜1998年：キリスト教民主同盟（CDU））→シュレーダー（1998〜2005年：ドイツ社会民主党（SPD））→メルケル（2005〜21年：キリスト教民主同盟（CDU））→ショルツ（2021年〜：ドイツ社会民主党（SPD））。

□**45** 国の政治体制を次の表中**A～F**のように分類した場合、
★★ 後の語群の各国があてはまるものを記号で答えよ。

	議院内閣制	半大統領制	大統領制
連邦国家	**A**	**B**	**C**
単一国家	**D**	**E**	**F**

※この「単一国家」とは、中央政府に統治権が集中する国家を指す。

【語群】 イギリス アメリカ フランス ロシア
　　　　 ドイツ 日本

◆**イギリス**は単一国家で議院内閣制（D）である。議院内閣制とは
議会の信任に基づいて首相を中心とした内閣が存立し、行政権
を行使する仕組みであり、**イギリス**で発達した。一般に首相は
下院の第１党の党首が務め、下院優位の原則が認められている。
これは**日本**も同様（D）である（日本の下院は衆議院にあたる）。
正式な国名は「グレートブリテン及び北アイルランド連合王国」
で、イングランド、ウェールズ、スコットランド、北アイルラン
ドの４つの王国の連合体であり、その統一性が重視されている。
アメリカは自治権の認められた州 (state) の連合による連邦国
家で、大統領制（C）を採用している。各州が刑法、民法など州
法を立法する権利を有し、州が１つの国家の実質を持つので連
邦国家と考えられている。**フランス**は単一国家で半大統領制（大
統領制と議院内閣制の複合型：E）である。身分制国家であった
王政を市民革命で覆して共和国となった歴史を持つ。**ドイツ**は
連邦国家で、フランスと同様に形式的には大統領制と議院内閣
制の複合型の政治体制であるが、実質的には首相に権限があり、
通常は議院内閣制を中心とする政治体制と分類される（A）。**ロ
シア**は連邦国家で半大統領制（大統領制と議院内閣制の複合型：
B）である。

イギリス　D
アメリカ　C
フランス　E
ロシア　　B
ドイツ　　A
日本　　　D

□**46** 　★★　とは、いくつかの中南米やアジア諸国で行わ
★★ れている体制で、西欧諸国が導入している議会制
　★★　主義とは異なり、経済開発を政権の正当性の
根拠として**強権的独裁政治**を行う。

開発独裁

民主

◆開発独裁は、**経済的発展と開発**を掲げることで独裁政治が民衆
の一定の支持を受ける大衆迎合主義（ポピュリズム）的な側面を
持つ政治体制であるが、経済成長が達成され、国民生活が豊か
になるのに伴い、民主主義を求める動きが強まり、その政権は
崩壊する場合も多い。冷戦期の東南アジアでは**フィリピン**のマ
ルコス政権や**インドネシア**のスハルト政権、東アジアでは**韓国**
の朴正熙政権が開発独裁体制であった。

政治分野
POLITICS
日本国憲法

1 明治憲法から日本国憲法へ

□**1** 1874年の「**民撰議院設立建白書**」の提出に始まり、**板垣退助**らを中心に、憲法の制定や国会開設の要求がなされた政治運動を ┃ **★★** ┃ という。
★★

自由民権運動

□**2** ┃ **★★** ┃ は、自由民権運動の急進的指導者として**人民**
★★ による抵抗権を主張し、権力者によって**上から与えられる** ┃ **★★** ┃ 的民権から、人民が自ら勝ち取る**下からの** ┃ **★★** ┃ 的民権へと移行させていくべきであると説いた。

中江兆民

恩賜,
恢復(回復)

□**3** 自由民権思想家の ┃ **★★** ┃ が起草した憲法案「**東洋大**
★★ **日本国国憲按**」には ┃ **★★** ┃ 権が認められており、主権在民や天賦人権も主張された革新的な内容であった。

植木枝盛,
抵抗

◆大日本帝国憲法の制定以前に、民間で様々な憲法案が作成されていた。これらは私擬憲法と呼ばれる。植木枝盛は自由民権運動の代表的活動家で、板垣退助らが結成した立志社に参加していた。著書に『民権自由論』『言論自由論』『天賦人権弁』などがある。「**東洋大日本国国憲按**」は、国民主権、一院制議会、抵抗権などを保障していた私擬憲法の1つである。

□**4** 1889年施行の**明治憲法**(┃ **★★★** ┃)には、立憲主義的な
★★★ 要素も見られた一方で、**万世一系**で ┃ **★★★** ┃ とされた ┃ **★★★** ┃ に主権があるとされ、その権限が広く認められていた。

大日本帝国憲法,
神聖不可侵,
天皇

◆国家意思の最終的、最高の決定権が天皇にあるとする基本原理を天皇主権という。

□**5** 明治憲法は、天皇が定め、国民に対して与える形式
★★ の ┃ **★★** ┃ 憲法であるのに対して、**日本国憲法**は主権者たる国民が定めた ┃ **★★** ┃ 憲法である。

欽定,
民定

◆伊藤博文(初代内閣総理大臣)らは、欽定憲法であるプロイセン憲法を模範として明治憲法を起草した。

□**6** 明治憲法下では、天皇は**統治権**を ★★ する存在であり、**軍の** ★★ など広範で、議会や内閣から独立した**天皇大権**を持っていた。

_{そうらん}総攬,
_{とうすい}統帥権

◆明治憲法は天皇大権として、**独立命令、緊急勅令、宣戦・講和**の権利などを認めていた。

□**7** 明治憲法下では、**帝国議会は天皇の立法権の** ★★ **機関**であり、それぞれの**国務大臣は天皇の行政権の** ★★ **機関**であった。

協賛

_{ほ ひつ}輔弼

◆**内閣制度**は、1885年の太政官達により創始され、89年公布の**内閣官制**で、その運用基準が示された。**明治憲法**(1889年発布、90年施行)には内閣制度に関する規定はなく、**内閣総理大臣**は天皇によって任命され、国務大臣の任免権も天皇にあった。ゆえに、内閣総理大臣は国務大臣を任免することなどの強い権限は与えられず、内閣における同輩中の首席でしかなかった。また、内大臣(宮中で天皇を常時補佐する役職)や宮内大臣(宮内省の長。皇室の事務責任者)が内閣の外に置かれ、軍令機関が内閣から独立していたことなど、憲法における内閣そのものの位置づけは曖昧であった。

□**8** **帝国議会**は、皇族・華族・勅任議員からなる ★★ と民選議員からなる ★★ の**二院制**で、両議院の地位はほぼ対等であるが、天皇の立法権行使の ★★ **機関**に過ぎず、天皇に単独立法権が認められていた。

貴族院,
衆議院,
協賛

◆天皇の単独立法権には、独立命令(法律から独立して平時において公共の安寧秩序を守り、または臣民の幸福を増進するために発布する立法形式)と、緊急勅令(帝国議会が閉会中に公共の安全保持、または災厄を避けるために緊急の必要がある場合に発布する立法形式)の2つがあった。また、天皇の最高諮問機関として枢密院が置かれ、重要な国務を審議するものと位置づけられていた。

□**9** 明治憲法下の臣民の二大義務は ★★ と ★★ である。

兵役, 納税
※順不同

□**10** 明治憲法下において ★★ 権の独立の侵害が問題になった ★★ 事件では、訪日中のロシア皇太子を襲い負傷させた被告に死刑を求める政府の圧力に対して、当時の**大審院長である** ★★ はこれを退けた。

司法,
大津(ロシア皇太子傷害)
_{こ じまこれかた}児島惟謙

◆**大審院**とは、明治憲法下における最高裁判所のこと。

□**11** **明治憲法下**では、特別裁判所として**行政事件を扱う** ★★★ 、皇室の問題を扱う**皇室裁判所**、軍事犯罪を扱う ★★★ が設置されていた。

行政裁判所,
軍法会議

□12 明治憲法下の裁判はすべて ★★★ の名の下において
★★★
行われ、また通常の裁判所以外に皇族間の民事訴訟や
軍事犯罪などを扱う ★★★ が置かれた。

天皇

特別裁判所

◆明治憲法では、軍法会議、行政裁判所、皇室裁判所などの特別
裁判所の設置が認められた。

□13 明治憲法に定められている臣民の権利は、法律によっ
★★★
ていつでも制限できた。これを ★★★ という。

法律の留保

◆明治憲法では、法律の留保という条件はあるが、言論・出版・集
会・結社の自由 (第29条)、財産権 (第27条) などは認められ
ていた。また、「安寧秩序ヲ妨ケス及臣民タルノ義務ニ背カサル
限ニ於テ」という条件つきで、信教の自由 (第28条) も認めら
れていた。ただし、そのような日本臣民の権利は、自然権とし
て位置づけられず、恩恵的に付与されたものに過ぎなかった。

□14 明治憲法には、第23条で罪刑法定主義が規定されて
★
いたが、刑罰を定める法律が、いわゆる ★ 立法
であったため、人身の自由は事実上、保障されていな
いに等しかった。

治安

□15 明治憲法には、規定されている権利の種類が少なく、
★★★
20世紀的権利の ★★★ 権や ★★★ 選挙権、身分制
度を否定する ★★★ の規定などが欠けていた。

社会，普通，
法の下の平等

◆明治憲法には、精神的自由である学問の自由と思想・良心の自
由の規定も欠けていた。言論の自由と信教の自由は形式上、規
定されていたが、法律の留保などの制限が伴っていた。

□16 明治憲法が制定された当初、政府は議会および政党の
★
意思や意見には無関係であるとする ★ 内閣で
あった。

超然

◆薩摩藩出身の黒田清隆 (第2代内閣総理大臣) は、明治憲法の制
定直後にこの考え方を表明した。

□17 日本は1885年に内閣制度を導入したものの、すぐに議
★
院内閣制は確立されず、ある政党が衆議院議員選挙で
多数派を獲得しても、実際に次期内閣総理大臣を選び
★ に推薦したのは ★ だった。

天皇，元老

II
政治
1 明治憲法から日本国憲法へ

47

□18 1890年、第1回衆議院議員総選挙当時の選挙権は
★★ 　　★★　歳以上で納税額が　★★　円以上の男子のみ
に与えられ、その総人口に占める割合は約 1 %であっ
た。　　　　　　　　　　　　　　　　　　　　　　　　　25，15

◆1925年には加藤高明内閣の下で衆議院議員選挙法が改正され、
有権者資格としての納税要件が撤廃され、男性（25歳以上）の
普通選挙が実現した。

□19 大正デモクラシーを指導した政治学者　★★★　は、政
★★★ 治の目的は国民の利益と幸福であり、民衆本位の政治　　吉野作造
を行うべきであるとして、　★★★　主義を唱えた。　　　　民本

◆吉野作造の唱えた民本主義は、現在の民主主義のように主権が
国民にあるという主旨ではないが、立憲君主制を導入した当時
の日本において、その実情に即したデモクラシーの形とはいえ、
大正デモクラシーを正当化するために、天皇制を前提にしつつ
も、主権が運用される際には民衆の意向が尊重されるべきだと
して民衆本位の政治を求めた。

□20 1918年、初の本格的政党内閣である　★　内閣が成　　　原敬，
★ 立し、24年には第二次護憲運動で　★　内閣が成　　　　加藤高明
立するなど、昭和初期までに衆議院の多数党が内閣を
組織する慣行が続いた。これを　★　の常道という。　　　憲政

◆大正デモクラシーという政治的、社会的な潮流の中で政党内閣
が続いた。しかし、1931年の満州事変を機にファシズムが台頭
し、翌32年の五・一五事件で首相の犬養毅が、36年の二・二六
事件で蔵相の高橋是清など政府首脳が暗殺され、憲政の常道と
呼ばれる（多数派）政党内閣の慣行は崩壊した。

□21 　★★★　事件とは、憲法学者で貴族院議員の　★★★　　　天皇機関説，美濃
★★★ の学説が「国体」に反するとして攻撃され、その主要著　　部達吉
書が出版禁止となるなどの言論や学問に対する弾圧が
行われた事件である。

◆天皇に主権がある明治憲法下で、美濃部達吉らによって唱えら
れた天皇機関説は軍国主義の台頭に伴い排斥された。

□22 　★　事件とは、京都帝国大学の教授が唱えた自由　　　　滝川
★ 主義刑法の学説が天皇制を批判する犯罪者を擁護する
思想であるとして、当時の文部大臣から休職処分を受
けたことに端を発する、学問の自由や思想の自由が侵
害された事件である。

☐ **23** 日本側の明治憲法改正草案となる ★★ 案は GHQ
★★ (連合国軍最高司令官総司令部) によって拒否された。

　◆1945年10月、幣原喜重郎内閣の下で大日本帝国憲法の改正を
　検討するために設置されたのが憲法問題調査委員会である。委
　員長を務めたのが国務大臣の松本烝治であったことから「松本
　委員会」とも呼ばれ、この委員会でまとめられた憲法改正草案を
　「憲法改正要綱」と呼ぶ。この草案は GHQ に提出されたが、「天
　皇主権を温存するもの (国体護持) で、民主化には不徹底なもの」
　とされた。一方、鈴木安蔵らの憲法研究会によって起草された
　「憲法草案要綱」は、国民主権や人権保障の拡充などが謳われ、
　後のマッカーサー草案 (GHQ 草案) に影響を与えた。

松本

☐ **24** 戦後、日本の民主化、非軍事化を進め、憲法制定など
★★ の重要な改革を推進した GHQ の最高司令官 ★★
は、GHQ 民政局に ★★ と呼ばれる3つの原則を
示し、独自の憲法草案である ★★ を作成させた。

　◆マッカーサー三原則は「マッカーサーノート」とも呼ばれる。①
　国家元首は天皇とすること、②戦争の放棄、非武装、交戦権の否
　認、③封建制の廃止、を内容とする。②は日本国憲法第9条の精
　神につながっていく。マッカーサー草案 (GHQ 草案) は、1946
　年2月13日に日本政府に示され、同月22日、日本政府は閣議
　でこれに沿う形で憲法改正の方針を決定した。

マッカーサー,
マッカーサー三原
則,
マッカーサー草案
(GHQ 草案)

☐ **25** マッカーサー草案 (GHQ 草案) を一部修正した明治憲
★★★ 法改正案 (大日本帝国憲法改正草案) が、1946年6月
の第90回 ★★★ で可決され、★★★ が成立した。

　◆「自然人」「人民」の文言を「国民」に改めるなどの修正が行われ、
　可決・成立した。

帝国議会, 日本国
憲法

2 日本国憲法の三大原則~国民主権

ANSWERS ☐☐☐

☐ **1** 日本国憲法の根幹をなす三大原則 (三大原理) とは、国
★★★ 民主権、★★★ 主義、★★★ の尊重である。

平和, 基本的人権

☐ **2** 日本国憲法の定める国民の三大義務は、★★★ の義
★★★ 務 (第30条)、★★★ の義務 (第26条)、勤労の義務
(第27条) である。

　◆教育の義務は、正確には「教育を受けさせる義務」である。一般
　的義務としては、国民の人権保持義務 (第12条)、公務員の憲
　法尊重擁護義務 (第99条) も定められている。

納税,
教育

□**3**
★★★
日本国憲法前文では、「そもそも国政は、国民の厳粛な
　★★★　によるものであつて、その権威は　★★★　に
由来し、その権力は国民の　★★★　がこれを行使し、そ
の福利は国民がこれを享受する。これは人類普遍の原
理であり、この憲法は、かかる原理に基くものである」
と定め、近代民主政治原理として　★★★　を採用する
ことを宣言している。

信託，国民，
代表者

間接民主制

◆立憲主義とは憲法が保障する国民の権利を権力者から守るとい
う英米系の市民革命の歴史的結論であり、そこで主張された法
の支配の要求は権力者も自然法、正義の法に拘束されるとする
原理であった。日本国憲法前文では憲法制定の由来、「国民主権」
「平和主義」「基本的人権の尊重」という三大原理などが宣言され
ている。

□**4**
★★★
日本国憲法前文では、「ここに　★★★　が国民に存す
ることを宣言」し、**第1条**で天皇の地位は、「　★★★
の存する日本国民の総意に基く」として、　★★★　を明
示した。

主権，
主権，
国民主権

□**5**
★★★
明治憲法では**主権は**天皇にあったが、**日本国憲法は**
　★★★　**主権**を定め、**第1条**で天皇の地位は**日本国及**
び日本国民統合の　★★★　と明記された。

国民，
象徴

◆このように日本国憲法に定められた天皇制を象徴天皇制とい
う。憲法第2条では、天皇の皇位は世襲とされ、皇室の基本法
典である皇室典範で皇位継承順位などが定められている。現憲
法下では、1989年の昭和天皇の逝去（崩御）で、皇太子明仁親王
が天皇に即位し、元号が「**平成**」と改められたが、2016年、天皇
自らの意思表示（「象徴としてのお務めについての天皇陛下のお
ことば」。政府はこれを「つぶやき」と理解）を尊重して皇室典範
の特例法が制定され、19年4月30日に現憲法下で初の「**生前**
退位」が行われた。翌5月1日には新たな天皇が即位し、元号法
により「**令和**」が新たな元号と定められた。

□**6**
★★
日本国憲法で**天皇**はその神格性が否定され、**日本国お**
よび国民統合の　★★　として、**内閣の**助言と　★★
に基づき**形式的・儀礼的行為**である　★★　を行う。

象徴，承認，
国事行為

◆**第1条**が明記する象徴天皇制は、国民主権と表裏一体である。

□**7**
★★★
日本国憲法下における**天皇の**国事行為には、憲法改正・法律・政令・条約の ★★★ 、内閣総理大臣による国務大臣の任免および、長以外の最高裁判所裁判官の任命の ★★★ などがある。また、★★★ **の解散**を認めているが、その決定自体は ★★★ が行っている。

公布

認証, 衆議院,
内閣

◆天皇の国事行為については、憲法第6・7条に定められている。なお、外国賓客の接遇、全国各地への訪問や慰問、一般参賀や園遊会など行事への参加は国事行為に含まれず、政府は「公的行為」と呼んでいる。

□**8**
★★★
日本国憲法が例外的に**直接民主制を導入**している具体例として、 ★★★ の国民投票、地方特別法の**住民投票**、 ★★★ の国民審査の3つがある。

憲法改正,
最高裁判所裁判官

□**9**
★★
日本国憲法の規定では、 ★★ の**裁判官**は国民審査によって ★★ される場合がある。

最高裁判所,
罷免

□**10**
★★
日本国憲法では、内閣総理大臣は ★★ が指名するよう定められており、国民の ★★ により選出する ★★ 制を導入するためには**憲法改正が必要**である。

国会,
直接選挙,
首相公選

□**11**
★★★
日本国憲法は、一般法よりも**厳格な改正手続**を必要とする ★★★ 憲法である。

硬性

◆これに対して、一般法と同等の手続で改正できる憲法を軟性憲法という。

□**12**
★★★
日本国憲法の改正について、憲法第 ★★★ 条で「各議院の総議員の ★★★ **以上の**賛成で、国会が、これを発議し、国民に提案してその承認を経なければならない。この承認には、特別な ★★★ 又は国会の定める選挙の際行われる投票において、その ★★★ の賛成を必要とする」と定めている。

96,
三分の二

国民投票,
過半数

◆**憲法改正原案**について、議員が発議する場合には**衆議院で議員100人以上、参議院で議員50人以上**が賛成したものを、両院のいずれかに提出する（憲法審査会も発議することができる）。なお、憲法改正が承認された場合には、**第96条2項**で「天皇は、国民の名で、この憲法と一体を成すものとして、直ちにこれを公布する」と定められている。

II
政治

2
日本国憲法の三大原則〜国民主権

51

□**13** 2007年制定、10年施行の<u>国民投票法</u>では、初めて憲法
★★ 改正に関する具体的な手続が明示された。また、<u>国民投</u>
<u>票</u>の対象を重要問題一般とするのではなく □★★ に
限定し、投票資格は満 □★★ 歳以上の者とされるも、
満 □★★ 歳以上、満 □★★ 歳未満の者が**国政選挙**
に参加できるまでの間は、満 □★★ 歳以上の者が投
票資格を有するとされていた。

憲法改正、

18、

18、20、

20

　◆2015年の<u>公職選挙法</u>改正に伴い、満18歳以上の選挙権が認め
　られたとともに、同年の<u>国民投票法</u>改正で投票資格が満18歳
　以上とされた (2018年6月施行)。公務員や教育関係者には憲法
　改正に関して中立性を要求し (国民投票運動の禁止)、国民を一
　定の方向に誘導しないことを義務づける一方、国民として社会
　の課題に主体的に行動する力をはぐくむ「**主権者教育**」も始めら
　れ、22年度から実施された新学習指導要領では「**公共**」という
　科目で取り扱われている。なお、憲法改正に関する国民投票で
　は、憲法改正案に対する国民投票が有効に成立するための最低
　投票率が定められていない。

□**14** 憲法**第**97**条**は「この憲法が日本国民に保障する基本
★★ 的人権は、人類の多年にわたる □★★ 獲得の努力の
成果であつて、これらの権利は、過去幾多の試錬に堪
へ、現在及び将来の国民に対し、侵すことのできない
永久の □★★ として信託されたものである」とし
て、**基本的人権**の<u>不可侵</u>**性**を定めているが、**憲法の**
□★★ 性**の実質的根拠**にもなっている。

自由

権利

最高法規

□**15** 憲法**第**98**条**1**項**では、憲法は国の □★★ であり、「そ
★★ の条規に反する<u>法律</u>、<u>命令</u>、<u>詔勅</u>及び国務に関するそ
の他の行為の全部又は一部は、その効力を有しない」
と定めている。

最高法規

　◆<u>詔勅</u>とは、天皇が発する、天皇の意思を表す文書全般を指す。<u>命</u>
　<u>令</u>とは、国の行政機関が制定する**政令**や**省令**などを総称したも
　のを指す。憲法**第**98**条**の憲法の<u>最高法規</u>性を定める条文は、明
　治憲法には存在しなかった。

□**16** 憲法**第**99**条**では「天皇又は摂政及び国務大臣、国
★★ 会議員、裁判官その他の □★★ は、この憲法を
□★★ し □★★ する義務を負ふ」と定めている。

公務員、

尊重、擁護

　◆憲法が一般の法律の上位であることを明記し、統治権力の正当
　性 (正統性) の根拠が、最高法規としての憲法にあることを明ら
　かにするために、この<u>憲法尊重擁護義務</u>を課している。権力者
　に<u>憲法尊重擁護義務</u>を課し、権力濫用を防止している点で、**実**
　質的<u>立憲主義</u>**のあらわれ**といえる。

3 日本国憲法の三大原則〜平和主義

□1 憲法**第9条**では、 ★★★ 放棄、 ★★★ 不保持、交戦
★★★ 権の否認が規定されている。

戦争，戦力

□2 1950年に発足した ★★ は、52年に ★★ 、54
★★ 年に自衛隊に改組・編成された。

警察予備隊，保安隊

◆「我が国の平和と独立を守り、国の安全を保つため、我が国を防衛すること」が自衛隊の主な任務である（**自衛隊法第3条**）。また、同じ1954年には**日米相互防衛援助協定（MSA協定）**が結ばれている。その60年後となる2014年には、それまでの歴代内閣による公式見解を改め、**第二次安倍内閣**が集団的自衛権の行使を容認することを閣議決定した。

□3 自衛隊は ★★★ のための必要最小限度の ★★★ に
★★★ **過ぎない**として**合憲説**に立つのが政府見解である。

自衛，実力

◆1972年の田中角栄内閣の見解では、憲法第9条2項が保持を禁止する「戦力」とは自衛のための必要最小限度の実力を超えるものと解釈している（**自衛力合憲論**）。しかし、自衛力の解釈を政府が認定できるとすることで、自衛力が無制限に近い形で拡張されていくという指摘もある。

□4 憲法**第9条**の規定は変えずに**自衛隊の存在を認めるこ**
★★★ **と**のように、 ★★★ を行わずに条文の解釈を変える
考え方を、一般に ★★★ という。

憲法改正，解釈改憲（憲法の変遷）

◆憲法の条文と現実のズレを解消する手段として用いられる論理である。**自衛隊違憲説**に立ちながらも**存在の必要性から事実上、自衛隊を認めようとする見解**は解釈改憲（憲法の変遷）を根拠とする場合が多い。

□5 自衛権は、**相手国から武力攻撃を受けた時にのみ行使**
★★ **すべき**である原則を ★★ の**原則**といい、これは
★★ の**禁止**を意味する。

専守防衛，先制攻撃

□6 ★★★ とは、自国と密接な関係にある同盟国などが
★★★ 武力攻撃を受けた場合、自国が直接攻撃されていなくても、共同して武力をもって反撃する権利である。

集団的自衛権

□7 第二次安倍内閣以前の歴代内閣は、憲法**第9条2項**後
★★ 段が「 ★★ の否認」を規定していることから、自衛権について自然権としての正当防衛である ★★ の
行使は認められるが、政策的自衛となる ★★ の行
使は認められないと解釈してきた。

交戦権，個別的自衛権，集団的自衛権

□ **8** 2014年に**第二次安倍内閣**は ★★ を、国連憲章第51
★★ 条によって国際法上は保持するも、憲法**第9条2項**後
段にある「 ★★ の否認」の規定により行使できない
としてきたという**従来の政府見解**を閣議決定で変更し、
行使も可能であるとして、これを容認した。

集団的自衛権

交戦権

□ **9** 第二次安倍内閣が示した**集団的自衛権**としての「**武力**
★ **行使の新三要件**」とは、①我が国と ★ な関係に
ある他国に対する武力攻撃で**国民の**生命・自由**および**
幸福追求の権利が根底から覆される ★ な危険が
ある、②我が国の存立を全うし、国民を守るために**他**
に適当な手段がない、③**必要最小限度**の ★ の行
使、とされている。このように集団的自衛権の行使が
認められている状況は存立危機事態と定義される。

密接

明白

実力

◆政府見解は、**限定的に集団的自衛権の行使を認めた**に過ぎず、海
外の戦争に自衛隊が直接参加できるものではないとされるが、
次の事例で「**武力行使の新三要件**」を満たせば**武力行使は可能**と
される。①邦人（日本人）輸送中のアメリカ艦船の防護、②攻撃
されているアメリカ艦船の防護、③強制的な停船検査、④アメ
リカ向け弾道ミサイルの迎撃、⑤ミサイル警戒時のアメリカ艦
船の防護、⑥アメリカ本土攻撃時の日本近隣におけるアメリカ
艦船の防護、⑦国際的な機雷処理、⑧民間船舶の共同防衛など。

□ **10** ★★★ は自衛隊の**最高指揮監督権**を、防衛大臣は**統**
★★★ **括権**を持つが、**憲法第66条2項**は、「内閣総理大臣そ
の他の国務大臣は、 ★★★ でなければならない」と定
め、最高指揮監督・統括権を軍人や軍国主義者が持っ
てはならないとする ★★★ を原則とする。

内閣総理大臣

文民

文民統制（シビリア
ン=コントロール）

◆文民統制（シビリアン=コントロール）は、自衛隊が暴走して戦
争に至ることを防ぐための原則である。議院内閣制のあらわれ
ではないことに注意！

□ **11** 非核三原則とは「**核兵器を**作らず、 ★★★ 、 ★★★ 」
★★★ というもので、佐藤栄作内閣が提唱した、日本政府の
核兵器に対する基本方針である。

持たず，持ち込ま
せず

◆非核三原則は佐藤栄作首相が提示し、日本人初の**ノーベル平和**
賞の受賞につながったが、日本側がアメリカに対して核兵器の
通過を認める**日米間密約**の存在が疑われ、2009年に民主党鳩山
政権がその存在を証明する証拠を開示した。自民党は「持ち込ま
せず」とは「持ち込んで日本に配備する意味である」と解釈し、
寄港・通過はこの原則に反していないと主張している。

□ 12 武器と武器関連技術の海外移転を行う際に政府が掲げ
★ る三原則を「 ★ 」といい、1967年に**佐藤栄作首相**
が表明した。① ★ 、②国連で武器の輸出が禁止
されている国、③国際 ★ 当事国またはそのおそ
れのある国、に対して武器輸出は禁止されていた。

武器輸出三原則,
共産圏,
紛争

◆1976年の**三木武夫首相**により、可能な限り武器の輸出は慎むと
して、事実上の全面禁止に拡大した。

□ 13 2014年、第二次安倍内閣は、国連が認めている平和貢
★ 献や日本の安全保障に資する場合、同盟国に対する**防
衛装備の移転**を事実上、解禁し、従来の「 ★ 」を
「 ★ 」に改めた。

武器輸出三原則,
防衛装備移転三原
則

◆防衛装備移転三原則とは、①条約に基づく義務や国連安保理決
議の違反国、**紛争当事国**への移転は認めないこと、②平和貢献や
日本の安全保障に資する場合は、**厳格な審査**の下で移転を認め
ること、③防衛装備の**目的外使用や第三国移転**については日本
の**事前同意**を必要とすること、の3つである。これに基づき、日
本の軍事関連製品を製造する企業も国際武器見本市に出展する
など、**軍事関連製品を成長産業の一分野とする方針転換**を図っ
ている。その担当機関として2015年、防衛省の中に防衛装備庁
が創設された。なお、安全保障上、慎重な検討を要する「重要案
件」に関しては、国家安全保障会議で審議を行う。

□ 14 1976年、三木武夫内閣は**防衛関係費**については GNP
★★ の ★★ %を超えないものとしていたが、87年に
★★ 内閣はこの枠を**撤廃**し、総額明示方式とした。

1,
中曽根康弘

◆岸田文雄内閣は、2022年12月に向こう5年間で防衛費を2倍に
増額し、敵基地攻撃能力（反撃能力）を保持する方針を示した。
実現すれば防衛費はGNPの2%程度になる。

□ 15 ★★★ とは、**高度な**政治性**を有する問題**について、裁
★★★ 判所は**合憲・違憲の判断は行うべきではない**とする考
え方であり、**司法**消極**主義に立脚**する理論である。

統治行為論

◆**司法**消極**主義**は、民主主義を尊重する立場から、政治性を有す
る問題については、**選挙によって選ばれた**国会の意思を重視す
べきであり、裁判所が判断すべきではないとする考え方に拠っ
ている。

□**16** 在日米軍基地の拡張をめぐる反対闘争でデモ隊が基地
★★★ 内に立ち入ったため起訴された ★★★ 事件で、被告
は**日米安全保障条約、駐留アメリカ軍の違憲性**を主張
した。1959年、東京地裁は駐留アメリカ軍を ★★★ と
する判決を下したが、同年の**最高裁**判決では駐留の根
拠条約となる日米安全保障条約に対する**憲法判断を**
★★★ を用いて回避した。

砂川

違憲

統治行為論

◆なお、砂川事件では高等裁判所への控訴を経ずに、最高裁判所
の憲法判断を求めた。これを**跳躍上告**という。

□**17** ★★★ 訴訟で、1973年の**札幌地裁**（福島判決）は初め
★★★ て自衛隊**違憲判決**を下したが、76年に**札幌高裁**は自
衛隊の違憲判断を ★★★ を用いて回避した。

長沼ナイキ基地

統治行為論

□**18** 旧日米安全保障条約は**1951年の** ★★ **条約**と同じ日
★★ に調印され、 ★★ の日本駐留の根拠となった。

サンフランシスコ平和,
アメリカ軍（米軍）

□**19** 1960年の新日米安全保障条約では、新たに**日米** ★★
★★ **義務**が明記され、また在日米軍の重要な武器や基地の
変更の際には、**日本政府との** ★★ が必要となった。

共同防衛

事前協議

◆正式名称は「日本国とアメリカ合衆国との間の相互協力及び安
全保障条約」。制定当初は10年間の時限条約であったが、それ
以降は、一方が1年前に解除通告をしない限り自動延長される。
日米共同防衛義務により、日本本土が攻撃された際にはアメリ
カは自国の憲法上の規定および手続に従って日本を守る義務が
生じる（**同条約第5条**）。一方、在日駐留米軍が攻撃された際に
は日本はこれを守る義務が生じる。**アメリカ本土が攻撃された
際は、日本に共同防衛義務は発生しない点に注意！**

□**20** 日米安全保障条約とは別に、**駐留アメリカ軍**における
★★ **経費や法的地位**を ★★ で定めている。

日米地位協定

□**21** 日米地位協定などに基づきアメリカ軍の駐留経費の一
★ 部を「 ★ 予算」として**日本政府が負担**している。

思いやり

□**22** 1978年策定の ★ （日米防衛協力のための指針）
★ は、**日米共同防衛体制**下における日本の対アメリカ協
力について定めたものである。

日米ガイドライン

□**23** 1978年の日米ガイドライン（日米防衛協力のための指
★★ 針）が見直され、97年に「**周辺事態**」という新しい概
念が取り入れられた指針を一般に ★★ という。

改定ガイドライン

◆これに先立つ1996年には日米安全保障共同宣言が出され、日米
安保条約の目的が「**ソ連の脅威への対抗**」から「**アジア太平洋地
域の安定**」に転換された。

□ **24** 1999年、小渕内閣下での日米ガイドライン関連法の中
★★　心法である ┃ ★★ ┃ 法が制定され、日本が直接的な攻
　　撃を受ける前段階となる日本周辺での有事が日本に危
　　害を及ぼすおそれがある場合を規定するとともに、ア
　　メリカ軍への協力内容として ┃ ★★ ┃ 活動と ┃ ★★ ┃
　　活動を定めた。

◆日本は直接的な攻撃は受けていないので自衛権としての武力の
　発動はできないが、**アメリカ軍への協力が可能となった**。2015
　年、安倍内閣下で安全保障関連法の１つとして周辺事態法は重
　要影響事態法に発展的に改正され、派遣先が**極東から世界中**に、
　協力相手国も**アメリカ軍から同盟国軍**に、それぞれ**大幅に拡大**
　された。

周辺事態

後方地域支援，捜
索救助 ※順不同

□ **25** 2001年９月の**アメリカ同時多発テロ**を受けて ┃ ★ ┃
★　法が時限立法として制定され、**自衛隊**は ┃ ★ ┃ で展
　　開する**アメリカ軍の後方支援活動**を行い、┃ ★ ┃ で
　　情報収集や給油・給水活動などを行った。

テロ対策特別措置，
アフガニスタン，
インド洋

□ **26** 2003年制定の ┃ ★ ┃ 法は、イラク戦争後のイラク復
★　興と民主化のための人道支援について定めたもので、
　　同法に基づきイラクのサマワに陸上自衛隊が派遣され、
　　06年７月に撤退が完了した。

◆イラク復興支援特別措置法は、４年間の時限立法として制定さ
　れ、07年にさらに２年間延長された。06年７月以降も航空自
　衛隊が派遣されたが、08年12月に任務を完了したことから、
　同法は09年に期限切れとなった。

イラク復興支援特
別措置

□ **27** 2003年制定の ┃ ★★ ┃ 法は、有事法制の中心となる法
★★　律であるが、安全保障会議が「**武力攻撃事態**」はもとよ
　　り、「**武力攻撃予測事態**」と認定した場合でも**個別的自
　　衛権が発動することを明記**するとともに、有事の際の
　　国民の ┃ ★★ ┃ を定めている。

◆2015年の武力攻撃事態（対処）法改正で「武力攻撃事態等」（「武
　力攻撃予測事態」を含むと解釈）が発生した場合、**武力行使を含
　めた**個別的自衛権**の行使が可能**となっている。

武力攻撃事態（武
力攻撃事態対処）

協力義務

□ **28** 2004年に ┃ ★★ ┃ 法などが制定され、有事の際に国民
★★　の生命と安全を守るために行う国および地方の役割が
　　定められたことで、すべての ┃ ★★ ┃ が完備された。

◆有事法制は、戦争状態への対応だけでなく大規模テロも含めた
　有事の際の国と地方の役割を明記している。

国民保護

有事法制

II
政治

3
日本国憲法の三大原則〜平和主義

57

□29 2009年、民主党の鳩山由紀夫首相は、　★★　基地の国
★★
外ないし県外移転を提唱したが決着できず、10年に
自民党政権下で日米の合意内容と同じく沖縄県名護市
の　★★　にあるキャンプ・シュワブ移転に決定した。

普天間

辺野古

　◆沖縄県の普天間基地移設の問題は、アメリカにおいては駐留す
　る海兵隊の一部のグアム移転など在日米軍再編の一環として位
　置づけられている。2020年3月時点で、日本国内全体における
　在日アメリカ軍専用施設のうち、沖縄県に所在する同面積比率
　は70.3%である。

□30 第二次安倍内閣は外交および安全保障の情報収集と政
★★
策立案を行うアメリカ型の　★★　（日本版NSC）の
設置を決定し、14年に　★★　が創設された。

国家安全保障会議,

国家安全保障局

　◆国家安全保障会議は、現実的かつ具体的な外交・安全保障の司
　令塔と位置づけられ、戦略と戦術の策定を行う。

□31 2015年9月、安倍内閣は　★★　平和主義の実現を目
★★
指した安全保障関連法として、自衛隊法や周辺事態法
など10の法律を束ねて改正する　★★　整備法と、新
たな　★★　法の計11本の法律を可決、成立させた。

積極的

平和安全法制,

国際平和支援

□32 安全保障関連法の1つとして、周辺事態法が　★★
★★
法に発展し、自衛隊が後方地域支援活動や捜索救助活
動をできる範囲が日本周辺（極東）から世界中に、協力
対象国がアメリカから　★★　に拡大された。

重要影響事態

同盟国

□33 安全保障関連法の1つとして、武力攻撃事態対処法を
★★★
改正し、政府が「存立危機事態」と認定した場合に
　★★★　自衛権の行使が可能となり、さらに危険レベ
ルが進み「武力攻撃事態等」と認定された場合は
　★★★　自衛権の行使が可能であるとした。

集団的

個別的

□34 2022年12月、岸田内閣は①国家安全保障戦略、②国
★★
家防衛戦略、③防衛力整備計画の「　★★　」を改定し、
日本の外交・防衛政策の基本方針となる①には、新た
に　★★　能力を持つ必要があると明記した。

安全保障3文書
（安保3文書）
敵基地攻撃（反撃）

　◆国家安全保障戦略は、2013年に第二次安倍内閣によって策定さ
　れ、今回の改定で敵基地攻撃能力が明記された。国家防衛戦略
　は、従来の防衛計画の大綱（防衛大綱）を改称し、今後10年間
　の防衛力強化の目標が示されている。防衛力整備計画も従来の
　中期防衛力整備計画（中期防）を改称し、今後5年間で整備する
　主要な装備品の数や必要な予算を定めた。毎年度の防衛予算は
　同計画に基づく。これら「安全保障3文書」の改定は、専守防衛
　を掲げてきた日本の安全保障政策の大転換ともいえる。

4 日本国憲法の三大原則 ~基本的人権の尊重

□1 基本的人権は、[★★★] 権、自由権、社会権に、[★★★]
★★★ 権と請求権を加えて5つに分類される。

平等，参政
※順不同

□2 憲法第11条と第97条では、**人権の** [★★] **性**につい
★★ て規定し、人権を自然権と捉えている。

永久不可侵

◆憲法第11条は「国民は、すべての基本的人権の享有を妨げられ
ない」と明記している。

□3 [★★] とは、憲法第13条と第24条で制定されてい
★★ る、何よりも**個人を**尊重しようとする**個人主義の原理**
のことを指す。

個人の尊厳 (個人
の尊重)

◆憲法第13条は「すべて国民は、個人として尊重される」と明記
している。

□4 憲法第13条後段で規定された [★★] は、個人の尊
★★ 厳を保護するために、**国家が最大限に尊重しなければ
ならない国民の権利**のことを指す。

幸福追求権

◆幸福追求権は、**プライバシーの権利**、**環境権**など「新しい人権」
の主張の根拠をなすものである。

□5 憲法第13条は、基本的人権を [★★★] に反しない限
★★★ り、[★★★] その他の**国政の上で最大限に尊重**しなけ
ればならないものと規定している。

公共の福祉，
立法

◆**人権の限界**を示す憲法上の文言が「公共の福祉」である。人権と
人権が衝突した場合、一歩譲るべきであることを定めている。し
かし、「公共の福祉」の名の下に人権を安易に規制することは許
されず、その解釈と運用は慎重さを要する。

□6 憲法第12条と第13条は、[★★] **的公共の福祉**の考
★★ えから**人権に一般的かつ内在的限界があること**を示し
ているが、**第22条**と**第29条**については、[★★] **的
公共の福祉**の考えから**経済的弱者を保護するための政
策的見地**に基づき、より広い権利の制限を認めている。

自由国家

福祉国家

◆最高裁は合憲か違憲かの判定基準として**二重の基準**を採用し、
精神的自由の規制は厳格に(必要最小限度の規制のみ認められ
る)、経済的自由の規制は緩やかに(広く合理性ありと推定する合
理性の基準もしくは合憲性推定の原則に基づき)判定している。

□**7** 憲法が掲げる人権保障の趣旨を、民法の公序良俗や不法
★ 行為に関する条項を通じて**私人相互の関係にも適用す
べき**とする考え方を ★ 説という。

間接適用

◆憲法は、公権力(国・地方)と国民の関係を規律する公法である
ことから、**私人相互の関係に直接適用されることはない**。しか
し、憲法が規定する人権保障の趣旨を、民法の公序良俗に反す
る契約を無効とする規定(民法第90条)などを媒介として私人
相互の関係などにも適用して**結果の妥当性を図る立場**を間接適
用**説**という。

□**8** 憲法第22条では ★ の自由が保障されており、人
★ が自らの意志で国籍**を離れる自由**が認められている。

国籍離脱

□**9** 1978年、**マクリーン事件**の上告審で最高裁は、憲法上
★★ の人権保障は性質上、日本国民のみを対象とするもの
を除き**日本に在留する** ★★ にもおよぶと判断した。

外国人

□**10** 基本的人権を保障する国際的な取り組みに応じて政治
★★★ や法の仕組みを整備することは、日本国憲法の ★★★
などに掲げられている ★★★ 主義の精神に合致する。

前文,
国際協調

5 日本国憲法と人権 (1) ~自由権

ANSWERS □□□

□**1** 日本国憲法で定める**自由権**には、 ★★★ 自由、経済的
★★★ 自由、 ★★★ の自由の3種類がある。

精神的,
人身(身体)

□**2** 移転の自由は、身体の拘束を解くという意味を持つた
★★ め、憲法第18条で「何人も、いかなる ★★ 的拘
束も受けない。又、犯罪に因る処罰の場合を除いては、
その意に反する ★★ に服させられない」と定めら
れているような ★★ の自由と密接に関連し、また
広く知的接触の機会を得るためにもこの自由が必要で
あることから、 ★★ 的自由とも関連している。

奴隷

苦役,
人身(身体)

精神

□**3** 精神的自由には、憲法第 ★★★ 条の「**思想および良
★★★ 心の自由**」、第20条の「 ★★★ の自由」、第21条の
「**表現の自由**」、第23条の「 ★★★ の自由」がある。

19,
信教,
学問

□**4** 精神的自由権のうち**内心の自由**として、憲法第19条
★★ に思想および ★★ が定められている。

良心の自由

□**5**
★★★

憲法第19条の**思想および良心の自由**は、人の内心の考え方を自由に認めていることから、理論上は ★★★ による規制は受けない。

公共の福祉

◆日本国憲法の下では、内心を外部に表明していない段階は、他者の人権とは衝突しないことから、**内心を規制することは理論上許されない**。ただし、現実には第二次世界大戦後、共産党員の公職追放（レッド・パージ）など思想弾圧が行われた例がある。

□**6**
★★

★★ 事件では、**思想を理由に会社が仮採用者の本採用を取り消したこと**が、憲法第14・ ★★ 条に反しているか否かについて争われた。

三菱樹脂，
19

◆最高裁は、憲法とは**公法**であり、民間企業と従業員個人の**私人間に直接適用されるものではなく**、私人間では契約自由の原則が優先し、企業の雇用の自由（憲法第22条）が尊重されるべきだとして、企業の本採用拒否を合憲と判断した。

□**7**
★★

1999年に、**日の丸を国旗、君が代を国歌**とする ★★ 法が制定されたが、これは思想統制を行うもので ★★ を侵害する疑いがあるという批判も出された。

国旗・国歌

思想および良心の
自由

◆思想および良心の自由は、自分の思想と異なる内容の表明を拒否する権利や沈黙の自由を保障している。「君が代起立命令訴訟」では、「君が代」の起立・斉唱を拒否した教師などの懲戒処分や定年後再雇用拒否について最高裁は**合憲・合法**とする判断を示した。

□**8**
★★

2006年の**教育基本法改正**で、教育の目的について「**我が** ★★ と ★★ を愛する」態度を養うこととした点に対し、 ★★ を侵害する疑いが指摘された。

国，郷土，
思想および良心の
自由

◆当初、自民党案では「国を愛する心（愛国心）を養う」としていたが、連立政権を組む公明党の反対などもあり「郷土」を加え、「心」を「態度」という表現に改めた。

□**9**
★★★

憲法第20条3項、第89条は、**信教の自由**を制度的に保障するものとして ★★★ の原則を定めている。

政教分離

◆憲法第89条は、政教分離の原則を表す規定の1つとして、宗教団体に対する公金の支出や公的な財産の供用を禁止している。

□**10**
★★

政教分離の原則は、国や地方公共団体などは**政治行為**として ★★ をしてはならないとする憲法第20条3項の規定から認められる。

宗教的活動

◆憲法第20条3項では「国及びその機関は、宗教教育その他いかなる宗教的活動もしてはならない」と定められている。

□**11** ★★ **★★ 訴訟**では、市が公金で神社神道に基づいた儀
式(地鎮祭)を行ったことが政教分離**の原則**に違反して
いるか否かについて争われ、1977年に最高裁は ★★
判決を下した。

津地鎮祭

合憲

　◆最高裁は、国に禁止されている「宗教的活動」を、目的において
　宗教的意義があり、効果において**特定宗教への援助・助長の効**
　果または他宗教への**圧迫・干渉の効果**がある行為を指す「**目的・**
　効果論」で認定している。地鎮祭は、専ら世俗的であり、いずれ
　にも該当しないと判断した。

□**12** 箕面 ★★★ **訴訟**では、市が移転費用として公金を用
いたことが政教分離**の原則**に違反しているか否かにつ
いて争われ、1993年に最高裁は ★★★ 判決を下した。

忠魂碑

合憲

　◆忠魂碑は単なる記念碑であり**宗教的意義・目的なし**と判断した。

□**13** 1997年に最高裁が憲法**第20条**の政教分離**の原則**に関
して最初の違憲判決を下したのは ★★★ 訴訟である。

愛媛靖国神社玉串
料支出 (愛媛玉串
料)

　◆最高裁は、県が靖国神社に対して**公金をもって玉串料を支出す**
　る行為は、その目的において**宗教的意義**があり、その効果にお
　いても神道への**援助・助長効果**があるとし、政教分離の原則に
　違反すると判断した。

□**14** 2010年、**北海道砂川市** ★★ **神社への公有地無償貸**
与訴訟で、憲法**第20条**の政教分離**の原則**に関して2
度目の違憲判決が下された。

空知太

□**15** 2021年、**沖縄県那覇市**の ★★ の敷地使用料を市が
徴収しなかったことに対して、最高裁は無償で公有地
を使用させたことが政教分離**の原則**に反するとして、
この原則に関して3度目の違憲判決が下された。

孔子廟

□**16** **首相や閣僚が**靖国神社**に公的に参拝**し、献花・献金に
公金を支出する行為を靖国神社**への** ★★ という。

公式参拝

□**17** **小泉首相が公務中に** ★★★ **を参拝したことが** ★★★
の原則に違反するか否かが争われた訴訟で、2006年に
最高裁は**憲法判断の必要性なし**とした。

靖国神社, 政教分
離

　◆原告団は、小泉首相の靖国神社参拝に伴う精神的苦痛に対する
　国家賠償請求を行ったが、最高裁は金銭評価に値するような被
　害は発生していないとし、原告の請求は認められないとした。
　よって、靖国神社参拝行為の**憲法判断は必要なし**とした。

□**18** 憲法**第**20**条**は、個人の内心における ★ の自由
★ を第一に保障し、その中には布教や宗教上の儀式など
を行う自由や、宗教団体の任意の結成や自律的な運営
を意味する ★ の自由の保障も含まれる。

信仰

宗教的結社

□**19** 憲法**第**21**条1項**は、「**集会、結社及び ★★★ 、出版**
★★★ その他一切の ★★★ 」を保障すると規定している。

言論,
表現の自由

□**20** 表現の自由などの ★★ 的自由は ★★ **を支える**
★★ **優越的な権利**であるから、 ★★ の名の下に安易に
規制することは許されない。

精神, 民主主義,
公共の福祉

◆最高裁は、表現の自由など精神的自由に対する規制が「公共の福祉」の視点から許容されるのは、**規制の目的に合理性**があり、なおかつ**規制の手段が必要最小限度の場合**、またはその**権利行使によって明らかに危険が発生する場合**（明白かつ現在の危険の法理）であるという合憲性判定基準を示している。

□**21** 表現物の内容を事前に行政機関が審査して内容を理由
★★★ に発表を差し止めることを禁止したのが、憲法**第**21
条2項の ★★★ **の禁止**の規定である。

検閲

□**22** ★★ **事件**では、わいせつ文書の販売を処罰するこ
★★ とを定めた**刑法第**175**条**が、憲法**第**21**条**に規定され
る ★★ **の**自由**の不当な制限**ではないか否かが争点
となったが、1957年に最高裁は ★★ 判決を下した。

チャタレー

表現,
合憲

◆合憲の理由は、善良な性道徳や性的秩序を維持することは、公共の福祉の内容をなすためである。わいせつ文書などの禁制品の輸入を制限する**税関検査**が表現**の**自由**の制限**か否かが争われた事件でも、1984年に最高裁は合憲判決を下した。

□**23** **デモ行進**（集団示威行動）の**許可制・届出制**を定める東
★ 京都の ★ が憲法**第**21**条**に違反するか否かが争
われた事件で、1960年に最高裁は合憲判決を下した。

公安条例

◆合憲判決の理由は、他者の通行の自由と安全を守ることは、公共の福祉の内容をなすためであるが、デモ行進の暴徒化の危険性ありと判断した点は批判されている。新潟県公安条例事件、徳島市公安条例事件でも最高裁は合憲判決を下している。

□**24** ★ **事件**で、1986年に最高裁は仮処分による雑誌
★ の発売前の事前差止めは検閲にはあたらず、個人の名
誉毀損などにつながることが明確な場合など例外的な
ものに認められるという判決を下した。

北方ジャーナル

◆名誉を毀損する行為の禁止が、表現の自由に対する制約として認められるように、人権であっても他者を害する場合には制約などが課される。

□**25**
***
他人の私生活を本人の同意なく記述した小説の出版を
事前に差し止めたことは ┌ *** ┐ の自由の**制限**か否か
が争われた『┌ *** ┐』事件で、2002年に最高裁は出版
の差止めは ┌ *** ┐ を保障するためのやむを得ない措
置であるとする判断を下した。

表現,
石に泳ぐ魚,
プライバシーの権利

◆『石に泳ぐ魚』は柳美里の小説。プライバシーの権利を根拠とする小説発刊差止めは初めてのことである。

□**26**
**
┌ ** ┐ 事件における1963年の最高裁判決は、憲法**第**
23条の**学問の自由**を認めるための**制度的保障**として
一般原則的には ┌ ** ┐ が認められるとした。

東大ポポロ劇団

大学の自治

◆大学の自治とは、**学問の研究内容や教授内容に対して公権力が介入してはならない**とする原則であり、これによって、明治憲法下のように学問弾圧が起こらないようにすることを目指したものである。ただし、同判決は、学生運動を行うサークルには大学の自治は保障されていないとする事実認定を行った。

□**27**
***
公権力による**不当逮捕を防止**し、個人の行動の自由と
個人の尊厳を守るのが ┌ *** ┐ の自由である。

人身（身体）

□**28**
**
憲法第31条は、**法律の定める手続によらなければ処**
罰されないという ┌ ** ┐ の保障を規定している。

法定手続

◆法定手続の保障とは、有罪の確定までに**適正な手続を保障**し、反論の機会を与えるとする原則であるが、その目的は誤判を防ぐことにあり、刑事訴訟法だけでなく、**行政手続法にも適用され得**る。憲法第31条は、**刑事実体面**として罪刑法定主義を、**刑事手続面**として法定手続の保障を規定し、**法の支配**を徹底している。

□**29**
*
事前に明文化されている手続だけでなく、憲法の定め
る**適正手続保障**の規定を根拠として、刑罰の内容につ
いても合理性が求められるとする原則は ┌ * ┐ の原
則に基づくものである。

罪刑均衡

◆罪刑法定主義が明確に規定された刑法によって裁かれる原則であるが、罪刑均衡の原則はその内容に合理性や公平性を求める。

□**30**
***
憲法第31条によると、有罪判決が確定するまで被疑
者・被告人は ┌ *** ┐ の**推定**を受ける。

無罪

◆したがって、判決確定まで「有罪である」というレッテルを貼られることはないのが原則である。

□**31**
**
憲法**第34条前段**では「何人も、理由を直ちに告げら
れ、且つ、直ちに ┌ ** ┐ に依頼する権利を与へられ
なければ、抑留又は ┌ ** ┐ されない」と定め、被疑
者の権利を保障している。

弁護人,
拘禁

□**32** 憲法**第35条**は、公権力による住居侵入、捜査、押収
★★ には ★★ による ★★ が必要だとし、同条は新
しい人権である ★★ の根拠規定にもなっている。

◆逮捕する際に必要な令状を「逮捕令状」という（憲法**第33条**）。
令状なくして逮捕できる例として、憲法上は「**現行犯**」、刑事訴
訟法では「**緊急逮捕**」（指名手配者などの逮捕）がある。

司法官憲（裁判官），
令状，
プライバシーの権
利

□**33** 刑事被告人には、憲法**第37条**で公平な裁判所の迅速
★★ な ★★ 裁判を受ける権利や ★★ を求める権利、
★★ を依頼する権利などが保障されている。

公開，証人，
弁護人

□**34** 刑事被告人が自ら弁護人を依頼することができない場
★★ 合には、**国が公費で弁護人を附する**ことが憲法**第37**
条に明記されており、この弁護人を ★★ という。

◆国選弁護人は、憲法上は**刑事被告人**にのみ附することになって
いるが、刑事訴訟法の改正で、2006年と09年と16年の3段階
で被疑者にも附することになった。

国選弁護人

□**35** 憲法**第36条**は、残虐刑とともに ★★ を禁止し、第
★★ **38条**ではそれを含めた一切の ★★ による自白は
裁判で証拠として採用されないことを定めている。

◆また、憲法**第38条3項**では「何人も、自己に不利益な唯一の証
拠が本人の自白である場合には、有罪とされ、又は刑罰を科せ
られない」と定め、自白の証拠能力を限定している。

拷問，
強要

□**36** 憲法**第38条**では、**自己に不利益な供述は強要されな**
★★ **いことを保障する** ★★ と、強制、拷問、脅迫によ
る、または不当に長期間抑留、拘禁された後の ★★
は証拠にできないことが規定されている。

黙秘権，
自白

□**37** **行為後に制定された刑罰法規によっては処罰されない**
★★★ という刑事司法原則を ★★★ の禁止というが、この
原則は ★★★ **主義**のあらわれである。

◆遡及処罰の禁止は、事後法処罰の禁止とも呼ばれる。

遡及処罰，
罪刑法定

□**38** 憲法**第39条**の「何人も、実行の時に ★★★ であつた
★★★ **行為又は既に無罪**とされた行為については、**刑事上の**
責任を問はれない」という規定は ★★★ **主義**を定め
たものである。

適法

罪刑法定

□**39** 憲法**第39条**には、**判決が確定した犯罪行為については**
★★ **再び裁判をしてはならない**とする ★★ が規定され
ている。

一事不再理

65

□**40** 憲法第39条は一事不再理の原則を規定しているが、
★★　確定判決後に新しい ★★ が発見され、**有罪の確定**
判決が疑わしくなった場合には ★★ が認められる。

証拠,
再審

□**41** 白鳥事件で1975年に最高裁は「疑わしきは ★★★ の
★★★　利益に」という刑事司法の大原則を ★★★ の決定手
続にも適用するという判断を下した。

被告人,
再審

◆ 1980年代には、死刑囚の再審で従来の有罪 (死刑) 判決の誤りが
明らかとなり、冤罪が認められた逆転無罪判決が続いた (免田事
件、財田川事件、松山事件、島田事件)。2010年代には無期懲役
囚の再審無罪判決 (足利事件、布川事件など) も出ている。

□**42** 憲法第40条では「何人も、抑留又は拘禁された後、無
★★　罪の裁判を受けたときは、法律の定めるところにより、
国にその ★★ を求めることができる」と、無罪判
決となった場合の被告人の ★★ 権を定めている。

補償,
補償

□**43** 刑事事件における、逮捕から起訴までの流れについて、
★★　空欄A〜Gにあてはまる数字や語句を答えよ。

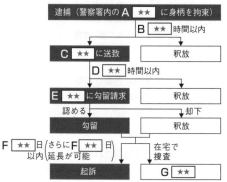

| 逮捕（警察署内の A ★★ に身柄を拘束） | |
| B ★★ 時間以内 | |

A 留置場

B 48

C ★★ に送致 ／ 釈放

C 検察官

D ★★ 時間以内

D 24

E ★★ に勾留請求 ／ 釈放

E 裁判官

認める ／ 却下
勾留 ／ 釈放

F ★★ 日（さらにF ★★ 日 ）　在宅で
以内　 延長が可能　　　　捜査

F 10

起訴 ／ G ★★

G 不起訴

□**44** 警察の留置場を検察官の取り調べを行う際の ★★
★★　の代わりに利用する「 ★★ 」が、 ★★ の強要を
助長し、冤罪の温床になり得ると指摘されている。

拘置所,
代用監獄 (代用刑
事施設), 自白

□**45** 憲法第22条の職業選択の自由、第29条の ★★★
★★★　は資本主義を支える ★★★ 自由である。

財産権,
経済的

◆ 職業選択の自由とは、人が自ら従事すべき職業を選ぶことので
きる自由を意味するが、それには選択した職業を営む営業の自
由も含まれると解釈される。

□**46** 憲法第22条1項は、「何人も、 ★★ に反しない限
★★ り、 ★★ 、移転及び ★★ の自由を有する」と規
定している。

公共の福祉,
居住, 職業選択

　◆一方で、職業における**国家資格制度**は、憲法**第22条**が認める公共の福祉**による規制**として認められる。

□**47** 憲法第22条1項の ★★ の自由を侵害し、**違憲**と
★★ 最高裁が判断した例に ★★ 法の ★★ 制限規定
がある。

職業選択,
薬事, 薬局距離

　◆1975年の最高裁判決は、薬事法の立法目的 (不良薬品供給防止) と薬局の開設などに関する距離制限に因果関係はなく、不必要な規制であるとした。**憲法第22条1項**に定める職業選択の自由の解釈から、営業の自由が認められる。

□**48** 憲法第29条1項では ★★ の**不可侵性**を、**同条2**
★★ 項では財産権の内容は ★★ に適合するように法律
でこれを定めることを規定している。

財産権,
公共の福祉

□**49** 憲法第29条3項の「私有財産は、正当な ★★ の下
★★ に、これを ★★ のために用ひることができる」こ
との例が ★★ 法による土地の強制収用である。

補償,
公共,
土地収用

　◆1951年制定の土地収用法は、公共事業に必要な土地の収用または使用について、その要件や手続、効果などに関する規定を定めた法律である。収用委員会は、同法に基づき、土地の収用や使用に関する裁決などの事務を執行するために、都道府県に設置された**行政委員会**で、議会の同意を得て知事が委員7人を任命する。

□**50** ★★★ とは、2人以上の当事者の意思表示が合致する
★★★ ことで成立し、事実上の拘束力を持つものと定義され、
民法改正で2022年4月以降は ★★★ 歳以上の者も原
則として法定代理人 (親などの保護者) の同意なく、そ
れを行うことができる。

契約

18

　◆契約の自由は憲法**第13条** (個人の尊厳)、**第29条** (財産権) が根拠となる。2022年4月以降、民法の改正により成年年齢が18歳以上となり、契約に法定代理人の同意は不要となる。

□**51** 職業選択の自由を定める憲法第 ★★★ 条1項と、財
★★★ 産権を定める第 ★★★ 条に、公共の福祉による制限
の可能性が明記されているのは、経済的 ★★★ を保
護するために**経済活動の自由を制限**する必要があるた
めである。

22,
29,
弱者

□**52** 憲法**第29条**の ★★ 権を侵害し、最高裁が**違憲**と
★★ 判断した例には ★★ 法の ★★ 制限規定がある。

財産,

森林, 共有林分割

◆1987年の最高裁判決は、森林の共有持分権者の所有権＝財産権
に対する不当な侵害であるとした。

□**53** 憲法**第29条**が保障する ★★★ 制と、**第22条**が解釈
★★★ 上認める ★★★ の2つによって、憲法は ★★★ 主
義を制度的に保障していることがわかる。

私有財産,

営業の自由, 資本

◆近代市民社会の成立によって確立された私法における重要な原
則の1つとして、正当な経済活動によって得られた成果は、そ
の人の固有の財産として保護されるという所有権絶対の原則が
ある。

□**54** 政治の基本原理には、主権者たる国民の意思に基づく
★★★ 政治を実現する**民主主義**と、国民の基本的人権、特に
自由権を保障する**自由主義**の2つがある。特に前者を尊
重する例を**A**、特に後者を尊重する例を**B**とする場合、
次の①〜⑦はどちらに該当するか、それぞれ答えよ。

①公務員に憲法尊重擁護義務を課すこと

② B

②裁判所が行う違憲立法審査権を有すること

③ A

③国会を国権の最高機関とすること

④ B

④司法権の独立を保障すること

⑤ A

⑤高度な政治性を有する問題について憲法判断を行
わないとする統治行為論の考え方をとること

⑥情報公開制度を導入すること

⑥ A

⑦法の支配を徹底すること

⑦ B

① B

◆①憲法**第99条**は**権力者と公務員に憲法を尊重し擁護する義務**
を課す。権力濫用を防ぎ、国民の人権、特に自由権を守ること
を主目的とする（B）。②憲法**第81条**の違憲立法審査権は、人権
侵害の法律を違憲とし無効にする権限を裁判所が有する点で自
由主義を尊重する（B）。③憲法**第41条**は「国会は、国権の最高
機関」と、主権者たる国民の代表機関である国会を尊重してい
ることから、民主主義を尊重している（A）。④憲法**第76条**の
司法権**の独立**は、裁判所に憲法が定める人権を保障する公正中
立な機関であることを担保するので、自由主義を尊重する（B）。
⑤統治行為論は、政治性の高い問題は国民の代表機関である国
会の意思を尊重することであるから、民主主義を尊重する（A）。
⑥情報公開制度は、主権者たる国民が行政情報を知る権利に奉
仕し、**行政に対する民主的コントロールを及ぼす**民主主義を尊
重する制度である（A）。⑦「**法の支配**」とは、自然法＝正義の法
による支配を権力者に要求する原理であり、権力は法律に基づ
いて支配を行えば足りるとする法治主義を批判し、悪法による
支配を認めない考え方である。よって、国民の人権、特に自由
権を守る原理といえる（B）。

6 日本国憲法と人権 (2) ~平等権

☐**1** 政治的、経済的または ★★★ 関係におけるあらゆる
★★★ 差別を禁止した憲法の規定が法の下の ★★★ である。

社会的,
平等

☐**2** 憲法に規定された「法の下の平等」は、 ★★★ 平等を
★★★ 保障する規定であり、 ★★★ のある差別は禁止して
いないと解釈される。

実質的,
合理的理由

 ◆**合理的差別**の具体例に、労働基準法の女子労働者に対する母性保護規定、公務員資格を日本国民に限るとした国籍条項、刑法における業務上犯罪の刑加重規定、外国人に選挙権を認めていない公職選挙法の規定などがある。

☐**3** 法の下の平等を実現する施策として、閣僚や議員、公的
★★ 機関や企業の役職などにおいて一定数の割合でマイノ
リティの人々を登用することを義務づける制度を認め
ている。このような制度を一般に ★★ 制という。

クオータ

 ◆これは積極的差別是正措置 (ポジティブ=アクション、アファーマティブ=アクション) の施策にあたる。例えば、ノルウェーなど北欧諸国では、政治における**男女平等を実現**するために、議員や閣僚などの一定数を女性に割り当てている。

☐**4** **夫婦同姓**を定める民法について、一方の配偶者が不利
★★ 益を被ることもあるとして ★★ を求める動きがあ
るが、2015年に最高裁は民法の規定を合憲とした。

選択的夫婦別姓制
度

 ◆2021年、夫婦別姓を認めない民法や戸籍法の規定が両性の本質的平等などを保障した憲法に違反するか否かが争われた裁判の特別抗告審で、最高裁は合憲の判断を下した。

☐**5** 憲法**第24条**は家族生活における**男女両性の** ★★
★★ を定め、婚姻の成立は ★★ のみに基づくとする。

本質的平等,
両性の合意

 ◆**婚姻可能年齢**については、2018年に成人年齢を20歳から18歳に引き下げることなどを内容とする民法の改正が行われ、22年4月より男女ともに18歳からとなった。1896年の民法制定以来の改定で、それまでの男性18歳、女性16歳から初めて男女の婚姻開始年齢が統一された。なお、近年、**同性婚**を認めない民法などは**第24条**1項、2項に違反するとの裁判も行われ、高裁判決では違憲判決も出され始めている (2024年3月、札幌高裁判決)。

☐**6** **個人**の**尊厳**と ★★★ の**本質的平等**を定めた憲法**第**
★★★ **24条**に基づき、第二次世界大戦後に ★★★ が改正
され、明治以来の家制度が廃止された。

両性,
民法

 ◆明治時代以来、民法では戸主に家族の婚姻や養子縁組に関する同意権、家族の居所指定権などが与えられていた (戸主権)。

□**7** 離婚した際、<u>女性</u>だけが6ヶ月を経過した後でなけれ
★　　ば再婚できないとする<u>民法</u>の規定を一般に　★　期　　　　待婚
　　　間 (**再婚禁止期間**) というが、2015年に最高裁は**100**
　　　日を超える部分を<u>違憲</u>とする判決を下した。

　　◆2016年の民法改正で、<u>待婚</u>**期間を100日**とし、離婚時に懐胎
　　　(妊娠) していない場合、100日以内でも再婚が可能となった。
　　　さらに、23年の民法改正 (24年施行) で、女性の<u>待婚</u>**期間が撤**
　　　廃され、男女対等となった。

□**8** 憲法**第26条**は、「すべて国民は、法律の定めるところ　　　能力,
★★　により、その　★★　に応じて、ひとしく<u>教育を受け</u>
　　　<u>る権利</u>を有する」として　★★　の**均等**を定めるとと　　　教育機会,
　　　もに、**義務教育は**　★★　**である**としている。　　　　　　無償

　　◆<u>教育を受ける権利</u>の法的性質は、<u>社会権</u>と同時に<u>平等権</u>でもあ
　　　るという二面性を持っている。また、憲法**第26条**は**教育を受け**
　　　させる義務を定めていることから、教育を施す自由を与えられ
　　　ているとも解釈されている。これらの点により、教育を受ける権
　　　利は<u>自由権</u>としての側面も持つ**複合的な権利**であるといえる。

□**9** 憲法**第44条**は、**第14条**とともに<u>選挙の平等</u>を保障　　　数,
★★　し、<u>1人1票</u>という　★★　の**平等**と、与えられた**1**
　　　票の　★★　の**平等**を定めている。　　　　　　　　　　価値

　　◆憲法**第44条**は「人種、信条、性別、社会的身分、門地、教育、
　　　財産又は収入によつて差別してはならない」と平等選挙を定め
　　　ている。

□**10** 1973年、最高裁として初の法律に対する<u>違憲判決</u>が下
★★★　され、**刑法第200条**が父母など直系血族を殺害した場
　　　合の　★★★　規定が死刑または無期懲役と重すぎ、通　　　尊属殺重罰
　　　常殺人罪 (刑法**第199条**) の法定刑と不均衡であるこ
　　　とから憲法**第14条**の　★★★　に**違反する**とした。　　　法の下の平等

　　◆違憲判決から20年以上経過した1995年、国会は刑法改正を行
　　　い<u>尊属殺重罰</u>**規定を削除**した。

□**11** 最高裁は　★★★　の**1票の格差**が**1:4.99**と**1:4.40**　　　衆議院
★★★　に達した例で過去2回違憲**判決**を下したが、選挙は<u>無</u>
　　　<u>効</u>とせず、選挙のやり直しを命じなかった。

□**12** 最高裁は<u>衆議院</u>の**1票の格差**について<u>違憲判決</u>を下し
★★　たが、**すでに行われた選挙**については　★★　**判決の**　　　事情
　　　法理に基づき**無効とした例はない**。

□ **13** 最高裁は ★★★ の1票の格差が1：6.59、1：5.0、
★★★ 1：4.77の事例でいずれも違憲状態としたが、**過去1
度も違憲判決を出していない。**

> ◆参議院に下された違憲状態判決とは、**違憲の疑いのある状態で
> あって違憲とは断定できない**という意味であるから、理論上す
> でに行われた選挙は有効となる。参議院選挙については、1996
> 年9月に1：6.59、2012年10月に1：5.0、14年11月に1：
> 4.77という格差の事例が違憲状態とされ、違憲判決は出されな
> かった。したがって、理論上では**選挙無効・やり直し**の判決は
> 下されなかった。

参議院

□ **14** 2010年代に入り、最高裁は衆議院の1票の格差が1：
★★ 2以上の事例については、格差是正の立法努力の有無
を勘案しつつも ★★ とする判決を繰り返している。
その中で、国会は1票の格差について衆議院は
1：ℓ★★ 未満に、参議院は1：ℓ★★ 未満に抑え
る立法努力を行っている。

> ◆衆議院選挙について、1：2.30（2011年）、1：2.43（2013年）、
> 1：2.13（2015年）はいずれも違憲状態という判決が下されて
> いる。なお、**最大3.00倍**であった19年7月の参議院選挙につ
> いて、20年11月に最高裁は合憲とする判断を下している。

違憲状態

2，3

□ **15** 1979年、女性に対する政治的・経済的・社会的差別を
★★★ 禁じた ★★★ 条約が国連総会で採択され、85年に
日本は同条約を批准し、★★★ 法を制定した。

> ◆女性差別撤廃条約の批准に先立ち、1984年には国籍法改正が行
> われ、日本国籍を取得するための要件が見直され、それまでの
> 父系血統主義から父母両系血統主義へと改められた。父系血統
> 主義とは、父が日本人ならば子は日本国籍を取得できるとする
> もの。父母両系血統主義とは、父または母が日本人ならば子は
> 日本国籍を取得できるとするもの。

女子差別撤廃（女
性差別撤廃），
男女雇用機会均等

□ **16** 1997年に男女雇用機会均等法が改正され、**事業主の**
★★ ★★ 規定が義務（禁止）規定に高められて、**違反事
業主には企業名公表の罰則が設けられた。**

努力

□ **17** 日本では1999年に ★★★ 法が制定され、女性を行政
★★★ 会議などに参画させる積極的差別是正措置（ ★★★ ）
を行うことが明記された。

> ◆少数者を保護する手段として、会議などで一定の人数枠を確保
> する措置などがこれにあたる。2001年には男女共同参画社会基
> 本法に基づき、内閣府の下に男女共同参画会議が設置された。

男女共同参画社会
基本，
ポジティブ＝アク
ション（アファーマ
ティブ＝アクション）

□18 2013年、最高裁は婚姻関係にない男女間の子(**★★**)
★★ の法定相続分を婚姻関係にある男女間の子(嫡出子)の
2分の1とする民法第900条の規定を **★★** とする
判決を下した。

非嫡出子

違憲

◆非嫡出子法定相続分差別規定(民法第900条)について、1995
年に最高裁は法律上の家族を尊重するものとして**合憲と判断**し
ていたが、2013年に**判例を変更**して違憲判決を下した。この判
決を受けて民法第900条は改正され、**現在の法定相続分は平等**
である。

□19 **★★** 法に基づき在留外国人には従来、 **★★** 制
★★ 度が設けられていたが、1993年には永住者および特別
永住者に、99年には非永住者についても廃止された。

外国人登録, 指紋
押捺(おうなつ)

◆2012年には外国人登録証の常時携帯を定住外国人などに義務づ
けた外国人登録法が廃止され、**日本人と同じく住民登録される**
こととなった。なお、19年末時点の**日本の在留外国人数**(中長
期在留者と特別永住者を合わせた人数)は**293万3,137人**で、
前年末から20万人以上増えて過去最多となったが、翌20年末
時点では288万7,116人と、4万6,021人減少した。

□20 公務員の資格を日本国民に限る **★★** 条項について、
★★ 最高裁は**合理的差別であり**合憲であると判断したが、
1996年に **★★** 市が地方公務員にはあてはまらない
との見解を示し、特定の業務を除いて運用の上で自主
的に撤廃した。

国籍

川崎

□21 1995年、最高裁は **★★** 選挙において**定住外国人**に
★★ 選挙権を与えないことは日本国民との**合理的差別**とい
えるが、 **★★** 選挙では立法措置により**選挙権を与**
えることは**違憲とは断定できない**とする判断を示した。

国政

地方

◆この判決を受けて、2001年に小泉内閣下で定住外国人への地方
選挙権付与法案が国会で審議されたが、時期尚早として見送り
となり、現在法案は成立していない。

□22 2008年、最高裁は結婚していない日本人父と外国人母
★★ との間に生まれた子について、日本人父が認知したと
しても **★★** を取得できないとする **★★** 法第3
条の規定を **★★** と判断した(憲法第14条)。

日本国籍, 国籍,
違憲

◆国籍法婚外子差別規定違憲判決を受けて国籍法第3条は改正さ
れ、現在は認知された婚外子の日本国籍取得を認めている。

□23 次のA～Dの事例について、外国人に相当するのは
★★   ★★ である。

D

A 日本人の両親との間にドイツで生まれ、日本に出
生届を出し、ドイツ語で初等教育を受けたことも
あり日本語を得意としないが、日本国籍を選択し
たピアニスト

B ミャンマーから日本に働きに来たミャンマー人の
母と、日本で知り合った日本人の父との間に生ま
れた、日本で出生届を出したファッションモデル

C アルゼンチン出身で、Jリーグで活躍後、帰化し
て日本代表に選ばれたが、日本語は話せないサッ
カー選手

D 在日韓国人三世で、特別永住資格を得て、日本名
の通称を持ち、日本の学校で教育を受けた、日本
語のみ話すエンジニア

◆日本在留の韓国・朝鮮人や永住外国人(特別および一般)は外国
人となる。片親が日本国籍で、日本に出生届を提出して帰化す
る、あるいは日本を国籍に選ぶと日本人となる。

□24 ★ 問題に関して、同和地区住民への市民的権利
★   と自由の完全な保障を求めた審議会答申に基づき、
1969年に ★ 法が制定された。

部落差別

同和対策事業特別
措置

□25 ハンセン病患者について、かつて「らい予防法」によっ
★   て隔離政策がとられるなどの差別が生じたことが大き
な問題となって、同法は廃止され、2008年 ★ 法
(ハンセン病問題の解決の促進に関する法律)が制定さ
れた。

ハンセン病問題基
本

◆1998年、ハンセン病回復者が「らい予防法」を違憲であるとして
国家賠償を求めて提訴、2001年に熊本地裁は原告の訴えを認め
る判決を出し、国による人権侵害という司法判断が確定した。

□26 2016年、大阪市 (大阪府) が全国で初めて特定の人種や
★★ 民族への**憎悪**や ★★ 意識を煽る**言動や表現**に対
する抑止条例を定め、同年には国も ★★ **対策法**を制定
し、施行した。

差別,
ヘイトスピーチ

◆ヘイトスピーチ解消のための国と地域の責務を定めた法律とし
て、相談、教育および啓発活動の実施について定めている。た
だし、表現の自由との衝突が懸念されることから、禁止や罰則
については規定されていない。2019年に川崎市 (神奈川県) がヘ
イトスピーチに対する罰則規定を設けた全国初の条例を制定し
た (2020年7月全面施行)。また、人種や宗教、肌の色、民族や
出自、性的指向、性別、障がいなどを理由とした憎悪、または
偏見を動機とするヘイトクライム (憎悪犯罪) には、物理的な暴力
だけでなく、脅迫や嫌がらせ、ヘイトスピーチが含まれる。ア
メリカの多くの州では通常の犯罪よりも厳罰を科す法律が設け
られている。

7 日本国憲法と人権 (3) 〜社会権

ANSWERS □□□

□1 社会権は、国民が国家に対して何らかのサービスの提
★★★ 供を求める ★★★ 的権利であり、 ★★★ 請求権を
本質とする。

積極, 作為

◆自由権は、不作為請求権を本質とする消極的権利である。

□2 自由権との対比でいえば、社会権とは ★★★ による
★★★ 自由といえる。また、18世紀の自由権が ★★★ 的
平等を保障するものだったとすると、20世紀の社会
権は ★★★ 的平等を目指すものだったといえる。

国家,
形式

実質

□3 憲法第25条は、健康で ★★★ な ★★★ の生活を
★★★ 営む権利を国民に保障し、国は**社会福祉、社会保障、公
衆衛生**の向上および増進に努めるべきだと定めている。

文化的, 最低限度

◆日本国憲法制定時、大日本帝国憲法改正草案に対し、衆議院の
審議を経て、「すべて国民は、健康で文化的な最低限度の生活を
営む権利を有する」という規定が挿入された。

□4 日本国憲法に規定のある社会権として、**第25条の生
★★★ 存権**や**第26条の** ★★★ 、**第27条の勤労権**、第27
条および**第28条の** ★★★ がある。

教育を受ける権利,
労働基本権

□5 社会権の1つである ★★★ 権を保障するため、生活
★★★ 困窮者に対して公費を財源に ★★★ が定める基準に
基づき**生活保護**を行うことが法律で定められている。

生存,
厚生労働大臣

74

□ **6**
★★★

最高裁は朝日訴訟や堀木訴訟で、憲法第25条の生存権に関する規定は国の 　★★★ 　 を明言したものであって、国民に具体的な権利を保障するものではないとする 　★★★ 　 説に立つことを判示した。

努力目標

プログラム規定

◆プログラム規定とは、政治指針としての**努力目標**のこと。なお、憲法第25条を根拠に**具体的な請求ができる**とする見解（学説）を法的権利説という。厚生大臣（当時）の定める**生活保護基準の合憲性**が争われた朝日訴訟の最高裁の判決は、憲法第25条の生存権はプログラム規定であると判示し、国民に具体的請求権を与えたものではないとした。堀木訴訟では、**障害福祉年金と児童扶養手当の併給禁止**を定める旧児童扶養手当法の規定は憲法第25条に違反しているか否かが争点となったが、プログラム規定に立ち、**立法裁量の枠内**であり合憲とする判決を下した。

□ **7**
★★

文化的生存権の一部として、**すべての国民に** 　★★ 　 **を受ける権利**がある。また、これを保障する目的で日本国憲法は国民（大人一般）に、その保護する子女に対する 　★★ 　 **を受けさせる**義務を課している。

教育

普通教育

□ **8**
★★

教育を受ける権利を保障するために、憲法第26条は**義務教育の** 　★★ 　 を定めている。

無償

□ **9**
★★

文部省（当時）による**教科書検定制度**が憲法第26条の解釈上認められる**国民教育権**（教師の教育の自由）を侵害し、**第21条2項**が禁止する 　★★ 　 に該当するか否かが争われた 　★★ 　 訴訟では、最高裁は**教科書検定制度それ自体を合憲**とする判決を下した。

検閲,
家永

□ **10**
★★

　★★ 　 法は、憲法第26条の精神に基づき、1947年に制定され、第二次世界大戦後の新しい日本の教育の目的を明示し、その教育制度の根本を確立することを目的に掲げている。

教育基本

◆教育基本法の前文には、その制定目的を「日本国憲法の精神にのっとり、我が国の未来を切り拓く教育の基本を確立し、その振興を図る」とあり、憲法そのものの精神が踏まえられている。

□ **11**
★

憲法第26条の背景には、人は教育を受け、学習して成長し、発達していく権利を有するという 　★ 　 権の考え方があるとされ、1976年の最高裁による 　★ 　 事件判決において、教育を受ける者がこの権利を有することを認めている。

学習,
旭川学力テスト

◆教育内容を決定する権限の所属については、国家にあるとする**国家教育権説**と、保護者や教師を中心とする**国民教育権説**があるが、最高裁の旭川学力テスト事件判決では折衷的な見解が示されている。

□**12**
★★★
労働三権とは、労働組合を結成する ★★★ 、労働組合が団体で使用者と交渉する ★★★ 、争議行為などの実力行使によって要求を実現する ★★★ を指す。

団結権,
団体交渉権,
団体行動権 (争議権)

□**13**
★★★
★★★ であることを理由に労働者を解雇することを ★★★ として労働組合法で禁止することで、社会権の1つである ★★★ を保障している。

労働組合員,
不当労働行為,
団結権

□**14**
★★
団体行動権 (争議権) の具体例には、労働者側からの手段として、**同盟罷業**= ★★ 、**怠業**=サボタージュ、 ★★ =スト**破り防止**などがある。

ストライキ,
ピケッティング

◆使用者側からの争議権の手段として、**作業所閉鎖** (ロックアウト) がある。これは、閉鎖期間中の賃金支払義務を免れ、労働者に打撃を与えるものである。

□**15**
★★
労働三権のうちの ★★ は、**すべての公務員に認められていない**。その条文上の根拠の1つとして、公務員の立場を憲法**第15条2項**が ★★ と規定していることがある。

団体行動権 (争議権)
全体の奉仕者

◆労働三権すべてが**禁止**されている職種には警察官、自衛官、刑務官、海上保安庁職員などがある。

□**16**
★★
憲法**第28条**が「 ★★ の結社する権利及び団体交渉その他の団体行動をする権利は、これを保障する」と定める通り、これらの権利が保障されるのは使用者と対等な立場で労働条件の改善などを求める必要がある ★★ のみである。

勤労者

勤労者

◆勤労者とは、**他者に雇用**され、労働力を**提供**する対価として賃金 (俸給) を得ている労働者を指し、**労働三権が保障**される。例えば、個人で飲食店を営む事業主はこれにあたらず、労働三権は保障されない。

□**17**
★★★
★★★ を設置し、求職者に職業を紹介することを法律で定め、社会権の1つである ★★★ 権を保障している。

公共職業安定所
(ハローワーク),
勤労

□**18**
★★
現在、多くの社会保障制度で法律上、国籍要件は撤廃され、外国人でも受給できるようになったが、**最低限度の生活**を維持できない人々に対する ★★ 制度には、なお法律上の国籍要件が定められている。

生活保護

□**19** 次の表は日本国憲法の三大原則にかかわる３つの裁判
★★★ に関するものである。最高裁判所が採用した考え方を表
す空欄 **A ～ C** にあてはまる語を、後の語群から答えよ。

●一票の格差とその選挙について（1976・85年の衆議院定数訴訟）	●衆議院解散の効力について（苫米地事件）	●生存権について（朝日訴訟）
A ［★★★］	B ［★★★］	C ［★★★］

【語群】統治行為論　プログラム規定説　事情判決

A　事情判決

B　統治行為論

C　プログラム規
　　定説

8 日本国憲法と人権 (4)~参政権・請求権

ANSWERS □□□

□**1** 参政権には、国民の**代表を選ぶ** ［★★★］ 権と、自らが
★★★ その**代表者に立候補する** ［★★★］ 権の両面がある。

選挙,
被選挙

□**2** 憲法**第**15**条**は、「公務員を ［★★］ し、及びこれを
★★ ［★★］ することは、国民固有の権利である」、「すべ
て公務員は、**全体の** ［★★］ であつて、**一部の** ［★★］
ではない」と定めている。

選定,
罷免,
奉仕者, 奉仕者

□**3** 憲法**第**15**条**は、**第３項**で ［★★★］ 選挙を、**第４項**で
★★★ 秘密選挙を、憲法**第**44**条**は平等選挙を規定している。

普通

◆憲法**第**15**条**は**選挙権**を国民に保障しているが、当然、**被選挙権**
すなわち立候補**の自由**も保障していると解釈される。

□**4** 憲法**第**44**条**は、「両議院の議員及びその選挙人の資格
★★ は……**人種**、**信条**、 ［★★］ 、**社会的身分**、**門地**、**教育**、
［★★］ 又は**収入**によつて差別してはならない」として
選挙の平等を定めているが、性別や財産資格などによ
る**投票制限の撤廃**は ［★★］ 選挙の保障を意味する。

性別,

財産

普通

◆近代以前の上下、貴賤の関係にある固定的、世襲的な地位が身
分であり、家柄や出生によって決定される社会的な地位が門地
である。日本では、1925年に納税要件が撤廃され、男性（25歳
以上）の普通選挙が実現したが、女性の選挙権は認められなかっ
た。45年12月、GHQの占領下で衆議院議員選挙法改正が行
われ、日本国籍を持つ満20歳以上の男女に選挙権が認められ、
翌46**年４月**には日本で初めて女性参政権を認めた新選挙法の下
で衆議院議員選挙が実施された。この選挙後に召集された**第**90
回帝国議会で、**明治憲法を改正**する形で日本国憲法が成立した。

□5 2005年、最高裁は ★★ 法が海外に居住する日本国
★★　　民に現地の日本大使館・領事館で国政選挙の比例区の
　　　投票のみを認め、選挙区の投票を認めていない立法措
　　　置が憲法**第15条**や**第44条**などに違反するのではな
　　　いかが争われた裁判で ★★ 判決を下した。

公職選挙

違憲

◆この判決は立法<u>不作為</u>を違憲とした初の事例で、事実上の**立法
勧告**の意味を持つ判決となった。実際に国会は直ちに**公職選挙
法**を改正し、**在外投票を選挙区にも認める**規定を設けた。

□6 2022年、最高裁は海外に居住する日本国民が最高裁判
★★　　所裁判官の<u>国民審査</u>に投票できないという立法措置に
　　　ついて、公務員の選定や罷免を国民の権利とした憲法
　　　第15条と<u>国民審査</u>を規定する憲法**第79条**に違反す
　　　るのではないかが争われた裁判で ★★ 判決を下し
　　　た。

違憲

◆この判決は**立法**<u>不作為</u>を違憲とした事例となり、事実上の**立法
勧告**の意味を持つ判決として、**国民審査法改正**を国に迫ったも
のといえる。この判決をきっかけに法改正が行われた。

□7 日本国憲法において国政上、<u>直接民主制</u>を採用する制
★★★　度として、<u>最高裁判所</u>**裁判官**の ★★★ や**地方特別法**
　　　の ★★★ 、**憲法改正**における ★★★ の3つがある。

国民審査,
住民投票, 国民投
票

◆地方には<u>地方自治法</u>に基づいて<u>条例</u>の**制定・改廃請求**や首長・議
員の<u>解職</u>**請求**などの<u>直接民主制</u>的制度が複数存在している。

□8 日本国憲法に規定されている**4つの国務請求権**とは、
★★★　<u>請願権</u>、<u>刑事補償請求権</u>、 ★★★ 権（国・地方への<u>損
　　　害賠償請求権</u>）、**裁判請求権**（ ★★★ ）である。

国家賠償請求,
裁判を受ける権利

◆裁判は、<u>独立性</u>を保障された裁判所の<u>公開</u>の法廷で行われる必
要がある。憲法は、そのような<u>裁判を受ける権利</u>を**平等**に保障
している。

□9 憲法**第16条**に規定される ★★ 権は、行政腐敗を
★★　　是正し、行政を ★★ 化する現代的機能を持つ歴史
　　　伝統的な権利である。

請願,
民主

◆憲法**第16条**は、国民が国や地方公共団体などの**公権力に対し
て**、**平穏に**<u>請願</u>**する権利**を保障している。請願**権**は憲法に明記
されているので**新しい人権ではない**が、年齢や国籍を問わず日
本に住む誰もが有する権利であり、参政権のない外国人にも認
められている。

☐ **10** 憲法**第**17**条**は、**公務員**の不法行為が第三者に損害を
★★ 与えた場合、加害者の雇い主である**国または地方公共
団体に対して** ★★ **を請求**する国家賠償請求権（国・
地方への損害賠償請求権）を被害者に保障している。

損害賠償

☐ **11** 公害訴訟や薬害訴訟では、被害者は加害者たる民間企
★★ 業に対しては ★★ に基づく**損害賠償請求**を、国や
地方公共団体には憲法**第**17**条**に基づく ★★ （国・
地方への損害賠償請求）を行うことができる。

民法,
国家賠償請求

◆2004年に最高裁は関西水俣病訴訟で国と県の損害賠償責任を認
める判決を下している。

☐ **12** 2002年の最高裁は、**損害賠償**を郵便物の紛失、損壊、
★★ 汚わいなどに限定し、遅配に伴う拡大被害に認めな
い ★★ 法の規定を ★★ 権を定める憲法**第**17
条に違反するものと判断した。

郵便，国家賠償請
求（国・地方への
損害賠償請求）

☐ **13** 何人も抑留または拘禁された後に無罪判決を受けた
★★ 時、 ★★ 法に従って国に補償を請求できる。

刑事補償

◆国家賠償請求権ではなく、特に刑事補償請求権と呼ばれている
ことに注意。刑事補償は間違って有罪判決を下した国の故意過
失を立証することなく、当然に請求することができる。

☐ **14** 次のA〜Iのうち、自由権に関するものには①、参政
★★★ 権に関するものには②、社会権に関するものには③と、
それぞれ分類せよ。

A ★★★ 能動的権利　　B ★★★ 消極的権利
C ★★★ 積極的権利　　D ★★★ 国家による自由
E ★★★ 国家からの自由
F ★★★ 国家への自由
G ★★★ 法定手続の保障
H ★★★ 最高裁判所裁判官の国民審査
I ★★★ 健康で文化的な最低限度の生活を営む権利

A ②
B ①
C ③
D ③
E ①
F ②
G ①
H ②
I ③

◆①の自由権は「**国家からの自由**」を本質とする消極的権利、②の
参政権は「**国家への自由**」を本質とする能動的権利、③の社会権
は「**国家による自由**」を本質とする積極的権利である。

9 新しい人権と法

ANSWERS □□□

□**1** 憲法に明文規定はないが、社会状況の変化などを受け
★★★ て解釈上、**権利性を認めるべき人権**のことを一般に
　　　 ★★★ という。

新しい人権

□**2** ★★★ 権は、**良好な環境を享受する権利**として公害
★★★ 差止め請求を根拠づけるものとして主張され、憲法**第
13条**の ★★★ 権や**第25条**の ★★★ 権の解釈に
よって認められる新しい人権の1つである。

環境

幸福追求，生存

◆日照権、静穏権、眺望権、通風権など、**人がより良い環境で生
きる権利**としての環境権は、高層ビルの建築差止めを求めた日
照権訴訟など個別的な権利として登場し、近年は総括して環境
権と呼ばれている。また、地球環境にかかわる意思決定過程へ
の参加権として理解されることもある。

□**3** ★★★ 権利は、**情報を受け取る**「知る自由」として登
★★★ 場したが、**行政権の肥大化**や秘密行政の増加に伴い、主
権者たる国民が積極的に**行政情報の** ★★★ **を請求す
る権利**に発展している。

知る

公開

◆知る権利は、自由権としての「知る自由」として登場したが、最近
では社会権および請求権としての情報公開請求権に発展した。

□**4** 知る権利の解釈根拠となる条文として、憲法**第13条**
★★★ の ★★★ 権の他、**第21条**の ★★★ 、**前文**および
第1条などの国民主権に関する規定が挙げられる。

幸福追求，表現の
自由

◆知る権利は、行政への民主的コントロールの前提であることか
ら、国民主権一般の規定が解釈根拠となる。例えば、アメリカ
では1976年にサンシャイン法（会議公開法）が制定され、国民の
知る権利に対応し、一部の例外を除いて、会議のどの部分も公
開しなければならないと定められた。

□**5** ★★ は、沖縄返還交渉に伴う日米間の「密約」を示
★★ す文書を入手し、報道したことから取材の手段や方法
が問われた事件で、最高裁は取材活動が国民の知る権
利に奉仕するものであることを認め、「 ★★ のため
の自由もまた、憲法**第21条**の精神に照らし、十分尊
重するに値する」と判断したが、報道した記者には有
罪判決が下された。

外務省公電漏洩事
件（外務省機密漏
洩事件）
報道

□6 自分に関する報道への反論権を争った ┃ ★★ ┃ 事件で
★★ 主張された権利を ┃ ★★ ┃ 権という。

サンケイ新聞,
アクセス

◆1987年の最高裁判決は、反論権（反論記事無料掲載請求権）については自分に関する記事の内容に**名誉毀損が成立しない限り**、**反論権を認める法律上の規定がなければ、その請求を具体的に求めることはできない**とした。狭義のアクセス権は、メディアに対する**反論記事の無料掲載請求権や意見広告権**の総称であり、一般に情報源への接近権と呼ばれている。ただし、一般報道や自分に関する報道に対して反論する自由は憲法**第21条**の**表現の自由**で認められる点に注意！

□7 ┃ ★★★ ┃ は、自由権的側面では私生活をみだりに**干渉さ**
★★★ **れない**という判例上、認められている**法的権利**であり、
請求権的側面では自己に関する ┃ ★★★ ┃ を自らコント
ロールする権利である。

プライバシーの権
利
情報

□8 プライバシーの権利の解釈根拠条文には、憲法**第13**
★★ **条**の**幸福追求権**、**第21条2項**の ┃ ★★ ┃ の秘密、**第**
35条の ┃ ★★ ┃ の不可侵、**第15条4項**の ┃ ★★ ┃ の
秘密などがある。

通信,
住居, 投票

◆憲法**第21条2項**の「**検閲の禁止**」は、プライバシーの権利の根拠ではなく、表現の自由を制度的に保障する規定である。

□9 三島由紀夫の小説『 ┃ ★★ ┃ 』をめぐる裁判で、モデル
★★ となった国務大臣の私生活を本人の同意なしに描いた
ことが争点となり、64年に**東京地裁**は ┃ ★★ ┃ の権
利の侵害を理由に損害賠償責任を認めた。

宴のあと

プライバシー

◆この判決が最高裁ではなく**第一審の東京地裁**である点に注意！

□10 『 ┃ ★★★ ┃ 』事件において、2002年に**最高裁が初めて**
★★★ ┃ ★★★ ┃ の権利を正式に認め、その権利に基づく**小説**
の出版差止め判決を下した。

石に泳ぐ魚,
プライバシー

□11 長沼ナイキ基地訴訟における自衛隊**違憲訴訟**で、原告
★ 側は平和の基礎となる**新しい人権**として ┃ ★ ┃ を主
張したが、最高裁はこれを正式には認めていない。

平和的生存権

□12 ┃ ★★★ ┃ 法は、**裁判官が発する** ┃ ★★★ ┃ に基づいた特
★★★ **定の電話や電子メールの警察による傍受**を認めている。

通信傍受, 令状

□**13** 1999年制定時の通信傍受法では、[★★]、[★★]、
★★　[★★] など反社会性の高い組織犯罪に限り、第三者
の立ち会いの下、最長30日間の傍受が認められた。

組織的殺人, 薬物・
銃器犯罪,
集団密航 ※順不同

◆2016年の法改正で、傍受できる対象が窃盗、詐欺、傷害、放火、
誘拐、監禁、爆破物、児童ポルノなどの一般犯罪に拡大され、傍
受の要件となっていた通信事業者などによる**第三者の立ち会い
が廃止**された。窃盗団や詐欺グループなどの集団犯罪を捜査す
るための法改正であると説明されているが、**単独犯への通信傍
受も可能**となり、第三者の立ち会いがなくなることで**別件捜査**
のリスクが高まったという批判もある。

□**14** 指紋押捺拒否権を尊重し、1993年には[★★]外国人
★★　について、**99年には**[★★]外国人について、外国
人登録法に基づく**指紋採取が廃止**された。

特別永住,
定住

□**15** 2007年11月、[★★]対策として改正出入国管理法が
★★　施行され、外国人が日本に入国する際に**顔写真撮影と**
[★★]**採取・照合**が義務づけられることになった。

テロ

指紋

□**16** 近年、公権力や企業などによって理由なく容貌を撮影
★★　**されない権利**として[★★]権が確立されつつある。

肖像

□**17** 近年、著名人が、自身の名前や記事により雑誌や新聞
★　などが販売部数を伸ばした場合、その**使用料を請求す
る**[★]権が裁判で認められる事例が出ている。

パブリシティ

◆パブリシティ権は、人に備わる顧客吸引力を中核とする**経済的価
値**を保障する権利一般を指し、広義の人格権のあらわれである。

□**18** 近年、インターネット上に掲載された**自分に関する情
★　報を**削除してもらう権利である「[★]権利」が、新
しい人権として主張されている。

忘れられる

◆2017年、最高裁は犯罪歴について削除を認めないとする判決を
下したが、権利を認めるべきとの主張は高まりつつある。欧州
連合（EU）では「忘れられる権利」が法的な権利として認められ
ている。

□**19** **新しい人権**として**自分の運命を自ら決定する権利**であ
★★★　る[★★★]権が主張され、末期ガン患者が苦痛から解
放されることを目的として投薬による**死**を選択する
[★★★]**の権利**や**延命治療を拒否**して**自然死を選択**す
る[★★★]**の権利**などがこれにあたる。

自己決定

安楽死（積極的安
楽死）,
尊厳死（消極的安
楽死）

◆自己決定権は、一定の私的な事柄について他者の干渉を受けず
に自ら決定できる権利であり、幸福追求権に根拠を持つ。なお、
オランダやベルギーには安楽死を認める法律があるが、**日本に
は存在していない。**

□**20** 病状や治療方針を**患者に**説明し**同意を得る** ★★★ は、
★★★ 患者側の ★★★ 権を尊重する観点から、現在の医療
現場で積極的に導入されている。

□**21** 日本では、**1997年に** ★★★ **法が成立し**、 ★★★ の人
★★★ からの臓器移植が、本人の臓器提供の意思が表示され
ている場合に可能になった。その後、**2009年の法改正**
で、本人の意思が不明の場合は、 ★★★ の同意のみに
による臓器移植ができるようになった。

◆この法改正で、民法の解釈上、本人の意思表示ができない15歳
未満の子どもの臓器提供が家族の意思で可能となった。

□**22** ★★ を解読しようという試みは2003年に完了が宣
★★ 言されたが、自分の遺伝情報に関しての ★★ 、**知**
らないでいる権利、 ★★ **に知られない権利**などの
尊重といった倫理的問題への取り組みも求められる。

□**23** 権利の種類に関する次の表の空欄 **A** ～ **F** にあてはま
★★ る語句を、後の語群から選べ。ただし、空欄 **A**、**B**、**C**、
D、**E** は2つ選べ。なお、同じ語句を繰り返し選んでも
よい。

権利の種類	関連する 憲法の条文	関連する 判例・法律
プライバシーの権利	A ★★	B ★★
知る権利	C ★★	D ★★
環境権	E ★★	F ★★

【語群】 第13条　第21条1項　第21条2項
第25条
『石に泳ぐ魚』事件　大阪空港公害訴訟
外務省公電漏洩事件　個人情報保護法
情報公開法

インフォームド＝
コンセント，
自己決定

臓器移植，脳死

家族

ヒトゲノム，
知る権利，
他人

A 第13条、第
21条2項
※順不同

B 『石に泳ぐ魚』事
件、個人情報保
護法 ※順不同

C 第13条、第
21条1項
※順不同

D 外務省公電漏洩
事件、情報公開
法 ※順不同

E 第13条、第
25条 ※順不同

F 大阪空港公害
訴訟

10 情報化社会と法

ANSWERS □□□

□ **1** マスコミ（マス=コミュニケーション）の発達で、**大量**
★★★ **の情報が効率的に伝達**されるようになり、社会の中
の ★★★ 形成に大きな影響を与えるようになるとと
もに、知る権利を保障する役割も担うようになった。こ
れに対し、会話や電話など個人間で行われる意思伝達
を ★★★ =コミュニケーションと呼ぶ。

世論

パーソナル

□ **2** 近年、 ★★ 的な性質を持つソーシャル=メディアの
★★ **発達と普及**によって、不特定多数の人々によるコミュ
ニケーションが活発に行われるようになった。

双方向

□ **3** **いつでも、どこでも、誰でもコンピュータ=ネットワー**
★★★ **クに接続**し、情報を利用できる社会を ★★★ という。
一方で、**個人情報がコンピュータに蓄積**され、**公権力**
による管理が進み、個人や集団が様々な場面で管理さ
れる社会は一般に ★★★ と呼ばれる。

ユビキタス社会

管理社会

◆ユビキタスとは、ラテン語で「神はあまねく存在する」という意
味である。2000年には**高度情報通信ネットワーク社会形成基本**
法（IT基本法）が制定され（2021年9月廃止）、21年9月には新
たに**デジタル社会形成基本法**が施行された。

□ **4** インターネットには ★★ 性という従来のマス=メ
★★ ディアとは異なる特性があるため、**嘘のニュース**
（ ★★ ）を気軽に発信したり、他人を安易に誹謗中
傷するといった問題が起きやすい。

匿名

フェイクニュース

◆ソーシャル=メディアを中心に、**偽りの報道**（フェイクニュース）
が一瞬にして世界に拡散するリスクがある中で、現代は情報の
真実性や客観性よりも、虚偽であっても個人の感情に訴えるも
のの方が世論において強い影響力を持つという「**ポスト・トゥ**
ルース」の状況にある。

□ **5** インターネットやSNS（ソーシャル=ネットワーキン
★★ グ=サービス）上での**プライバシー侵害や誹謗中傷**が社
会問題化しているが、このような行為は刑法上の
★★ 罪に該当する場合がある。

侮辱

◆2022年、日本では刑法が改正され、侮辱罪の法定刑が厳罰化さ
れた。「1年以下の懲役または禁錮」という拘禁刑が新設され、
罰金も「30万円以下」に引き上げられた。

□ 6 ★★ 　 ★★ 　 とは、情報システムの脆弱性（ぜいじゃく）を突いた**コンピュータ゠ネットワークへの攻撃**のことである。

サイバーテロ

◆官公庁や大企業のコンピュータやデータベースなどに侵入し、破壊工作を行うサイバーテロも発生している。2000年にはインターネットなどのコンピュータ゠ネットワークへの不正アクセス、またはそれを助長する行為を禁止する法律（不正アクセス禁止法）が施行されている。

□ 7 ★★★ 　高度情報化社会の到来によって日常生活が便利になった一方で、違法コピーなどの ★★★ の侵害や、悪質なハッカーによる ★★★ 、コンピュータ゠ウイルスの被害などのサイバー犯罪が増えている。

知的財産権,
不正アクセス

◆映画や音楽などを無断でインターネット上にアップロードすることはもとより、アップロードされたコンテンツをダウンロードまたは複製する行為も著作権法に違反し、処罰の対象となっている。保護される知的財産（Intellectual Property：IP）の権利（知的財産権）の分類は下記の通り。

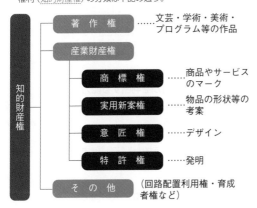

```
著 作 権 ……文芸・学術・美術・
            プログラム等の作品
産業財産権
    商 標 権 ……商品やサービス
               のマーク
    実用新案権 ……物品の形状等の
               考案
    意 匠 権 ……デザイン
    特 許 権 ……発明
その 他 （回路配置利用権・育成
          者権など）
```
（左：知的財産権）

□ 8 ★★★ 　**情報化社会の進展**に伴い、小説や音楽など知的創造物の権利を守る ★★★ 保護や悪質なハッカーなどによるサイバー犯罪、情報公開と個人の ★★★ 保護の問題など日常生活に関する問題点も浮上している。

知的財産権,
プライバシー

◆知的財産権には、商標権や商号などに関する権利と、知的創造物に関する権利があり、特許権、実用新案権、意匠権、著作権などは後者にあたる。それらの権利の取り扱いについて、2002年に知的財産基本法が制定され、中核的な法律の1つになっている。また、05年には特許に代表される知的財産権に関する訴訟を専門的に扱う知的財産高等裁判所が東京高等裁判所内に創設された。また、EU（欧州連合）は2018年5月に**一般データ保護規則（GDPR）**を施行し、**基本的人権の確保**という観点から個人情報の保護やその取り扱いについて域内で規制を行っている。

□**9** 2021年施行の改正 ★ 法で、違法にインターネッ
★　トに掲載された著作物の ★ 規制の対象が、それ
　　までの音楽・映像からすべての著作物に拡大された。

著作権，
ダウンロード

　　◆著作権法の改正は、国内外の海賊版サイトなどからダウンロー
　　　ドして漫画作品を読む人が増加するなど違法な著作物の閲覧を
　　　阻止するためのものである。

□**10** 情報通信の付加価値取引の仲介業であり、サービス基
★★　盤を提供する ★★ ビジネスが急速に拡大し、現在、
　　 ★★ と総称される**アメリカの巨大な IT 大手４社**
　　が国際経済を牽引(けんいん)している。

プラットフォーム，
GAFA(ガーファ)

　　◆**プラットフォーマー**の代表格である<u>GAFA</u> は **Google**（グーグ
　　　ル）、**Amazon**（アマゾン）、**Facebook**（フェイスブック。現在
　　　の Meta）、**Apple**（アップル）の４社の頭文字をとった総称で、
　　　これに **Microsoft**（マイクロソフト）を加え、**GAFAM**（ガーファ
　　　ム）という。現在、市場における独占的な地位から、アメリカで
　　　は**反トラスト法**（日本の**独占禁止法**に相当）で規制する動きがあ
　　　り、2020年10月、23年１月には司法省が Google を同法違反
　　　の疑いで提訴した。また、グローバル企業である GAFA は、<u>タッ</u>
　　　<u>クス=ヘイブン</u>（租税回避地）に利益を留保し、税負担を避けて
　　　いる疑いがあることから、過度な節税を防ぐために経済協力開
　　　発機構（OECD）が主導し**デジタル課税**を行うことが協議されて
　　　いる。

□**11** **メディアが提供する情報が真実か否かを判断する能力**
★★★　を受け手である国民自身が身に付ける必要があるが、
　　この<u>情報判断能力</u>を ★★★ という。

メディア=リテラ
シー

　　◆特に、現在はインターネットなどを介して大量の誤った情報が
　　　瞬時に拡散し、社会や人々が混乱に陥るような状態（<u>インフォデ</u>
　　　<u>ミック</u>）も起こりやすい。ゆえに、<u>メディア=リテラシー</u>がさら
　　　に重要となる。

□**12** 情報メディアを使いこなせる人とそうでない人の間に
★★★　生じる<u>格差</u>のことを ★★★ と呼ぶ。

デジタル=デバイド

　　◆<u>デジタル=デバイド</u>による経済格差の拡大を防ぐため、誰でも簡
　　　単に使える情報機器の開発や環境整備が必要となる。

□**13** 国や地方などの行政機関に対して**情報の開示を求める**
★★★　**制度**を ★★★ といい、地方では<u>条例</u>が作られていっ
　　たが、国に対する根拠となる法律は ★★★ 法である。

情報公開制度，
情報公開

☐ **14** 2013年、第二次安倍内閣は国家機密となる外交や防衛、
★★ 特定有害活動(スパイ活動)防止やテロ防止に関する特
定事項を漏洩した公務員などに懲役10年以下の刑罰
を科する ★★ 法を制定した。

特定秘密保護

> ◆特定秘密保護法は、その性質から情報公開法と対立し、国民の
> 知る権利を侵害するおそれや、国家機密の情報流出を促したと
> されたメディア関係者が刑罰の対象とされる可能性が指摘され
> ている。外国の利益を図る目的の場合は、一般国民も処罰対象
> となる。なお、特定秘密は行政機関の長が指定するが、上限5
> 年で更新が可能である。通算30年を超えることができないが、
> 内閣が承認すれば最長60年の指定が有効とされる。

☐ **15** 情報公開制度は、**行政腐敗を監視し防止する機能**を果
★★★ たすことから ★★★ のための重要な手段といえる。

行政民主化

☐ **16** 情報公開制度は ★★★ の制度化といえるが、この
★★★ 権利は ★★★ 法に明文化されておらず、国の ★★★
(アカウンタビリティ)が定められているに過ぎない。

知る権利,
情報公開, 説明責
任

☐ **17** 行政機関や独立行政法人および個人データを保有する
★★★ 民間事業主が保有する個人情報を適正に取り扱うこと
を定め、本人の同意なく第三者に流出させることを禁
止する法律を ★★★ 法という。

個人情報保護

☐ **18** ★★ 法では、個人に国のすべての行政機関に対し
★★ て、自分の個人情報の開示・訂正・削除を請求する
★★ 権を認めている。

個人情報保護

個人情報開示請求

> ◆個人情報開示制度はプライバシーの権利における**自己情報管理**
> **権のあらわれ**である。知る権利のあらわれではないことに注意。
> 知る権利は、主に行政情報などを入手する権利である。

☐ **19** 2002年、**住民の個人情報**を全国規模でオンライン化し
★★ て管理する ★★ ネットワークが導入された。

住民基本台帳(住
基)

> ◆略称「住基ネット」。全国民に11ケタの住民票コードが割り当て
> られたことから、国民総背番号制の第一歩といわれている。2003
> 年8月の第二次稼働で住民基本台帳カードの配付と利用を開始
> した。その結果、住基カードを提示すれば各地方公共団体の窓
> 口で住民票の写しなどが入手でき、利便性は高まったが、プラ
> イバシーの権利が侵害されるおそれがあるとの批判もある。

□**20** 2013年、課税や社会保障に関する**個人情報を国が一元**
★★ **的に管理する** ★★ （共通番号）制度の導入が決定
し、16年1月より稼働している。

マイナンバー

◆<u>マイナンバー</u>は個人が<u>12ケタ</u>、法人が<u>13ケタ</u>の番号を割り当
てられ、希望者に氏名、住所、顔写真などを記載した IC チップ
入りの「個人番号カード」を配付する。このカードは公的な本人
確認の他、納税記録や行政手続時の確認、災害時の本人確認に
も利用可能とされる。多くの秘匿性の高い情報がひもづけられ
て行政機関に保存・利用されることから、**自ら情報をコントロー
ルする権利**や**プライバシーの権利**が侵害されるとして<u>マイナン
バー</u>制度の憲法適合性を争う住民訴訟が起こされたが、2023年
3月に最高裁は同制度が合憲であるとの判断を示した。

□**21** 「 ★ 」とは、民間事業者、国の行政機関、独立行
★ 政法人向けにそれぞれ個人情報保護に関連する法規が
あり、さらに地方自治体も独自に条例を制定し、その
数がおよそ2,000に及ぶことから、個人データの流通
に支障をきたすという問題を指す。

2000個問題

□**22** 2021年5月、<u>デジタル庁</u>の創設を定めた<u>デジタル庁設</u>
★★ <u>置法</u>や個人情報保護法改正などを柱とする ★★ 法
が制定され、国や地方公共団体などで異なっていた**個
人情報保護のルールが一元化**されることになった。

デジタル改革関連

◆<u>デジタル庁</u>（2021年9月設置）は内閣総理大臣を長とし、大臣、
副大臣、大臣政務官が置かれ、デジタル大臣を補佐する<u>デジタ
ル監</u>と呼ばれる特別職も設けられた。従来の「タテ割り行政」の
打破を図り、デジタル技術で**行政サービスを一元化**する役割を
担う。

□**23** ★★ （AI）の開発と普及によって、人間が行ってき
★★ た多くの仕事がコンピュータによって代替され、**人間
の雇用が奪われるおそれ**があると指摘されている。

人工知能

◆2005年、アメリカのカーツワイルは、45年に <u>AI（Artificial
Intelligence：人工知能）</u>が**人類の知能を超える**と予言し、その
転換点は**シンギュラリティ（技術的特異点）**と呼ばれる。

□**24** 2022年11月に公開された ★★ をはじめとする<u>生
★★ 成 AI</u> の開発が進み、人間の質問に対して精度の高い
回答を示すことなどから利用者が増えている。

^{チャット}
ChatGPT

◆一方で、誤った情報や偽情報であるか否かの判断が困難であっ
たり、それらが悪用されたりする危険性、著作権などの<u>知的財
産権</u>が侵害される可能性、フェイクニュースの拡散や倫理観を
無視した差別的情報提供のおそれなどが指摘されている。

□**25** 情報通信技術（ **★★** ）の発達による、インターネッ
★★ ト上の膨大な情報の蓄積を一般に **★★** という。こ
れをコンピュータや人工知能（AI）で処理することで、
消費者のニーズに合った新商品の開発や販売、マーケ
ティング、社会的な各種サービスの向上が期待される。

◆1970年代末に登場した車載型などの移動電話を第1世代（**1G**）、
90年代のアナログからデジタルへ移行した多機能な携帯電話
を第2世代（**2G**）、2000年代に入り、全世界共通でモバイルが使
用可能となった第3世代（**3G**）、10年代以降の**高速・大容量化**
が急速に発達・普及した第4世代（**4G**）に続き、20年以降には
超高速・大容量のモバイル通信が可能となる第5世代（**5G**）が、
情報通信技術（ICT）の基盤になるとされる。

□**26** 日本が提唱する未来社会のあり方として、サイバー空
★★ 間（**仮想空間**）とフィジカル空間（**現実空間**）を高度に
融合させたシステムにより、人工知能（AI）やロボット
が経済発展と社会的課題の解決を両立させるような人
間中心の社会を **★★** という。

◆「1.0（狩猟社会）→2.0（農耕社会）→3.0（工業社会）→4.0
（情報社会）」の次にあるものが Society5.0 である。現在、**人工
知能**（AI）、情報通信技術（**ICT**）、モノのインターネット（IoT）、
ビッグデータなどを活かした未来社会へ移行する**技術革新**（イ
ノベーション）が進んでいる。その中で、例えば日本では2020
年の**国家戦略特区法改正**で、人工知能（AI）やビッグデータを活
用した日常生活やビジネスのしやすい最先端の都市計画である
スーパーシティの実現が目指されている。

11 日本の統治機構(1) 〜三権分立

□**1** **行政府の首長**である **★★★** は、憲法第67条によれ
★★★ ば **★★★** の中から **★★★** の議決で指名されるとあ
り、最大議席を有する政党から選出しなくてもよい。

◆衆議院議員の中から指名されなければならないわけではない
が、現憲法下ではすべて衆議院議員の中から指名されている。

□**2** **★★★** は、**出席議員**の**過半数**の**賛成**によって **★★★**
★★★ 決議を行い、内閣の責任を問うことができる。

□**3** 内閣は、**憲法第69条**の規定により、 **★★★** によって
★★★ **不信任決議が可決**された時には **★★★** 日以内に衆議
院を解散するか、または **★★★** する形で国会に対し
て責任を負わなければならない。

右段：

ICT,
ビッグデータ

Society5.0

内閣総理大臣,
国会議員, 国会

衆議院, 内閣不信
任

衆議院,
10,
総辞職

□**4** 衆参両院は、行政のあらゆる内容をチェックするため
★★★ に書類の提出や証人の証言を求める ★★★ 権を持つ。

国政調査

◆また、国政調査権を補完する衆議院独自の制度として**予備的調査**がある。行政監視機能を高めることを目的に、1998年に導入されたもので、衆議院議員40人以上の要請、もしくは委員会の議決があれば衆議院調査局長または法制局長に調査を命じ、省庁に文書や資料の提出などを求めることができる。ただし、強制力はない。

□**5** 日本国憲法によると、**内閣**は内閣に属する行政権(**憲**
★★★ **法第**65**条**)の行使にあたって、 ★★★ に対して
★★★ して責任を負う(**憲法第**66**条**3項)。

国会,
連帯

◆内閣の**連帯責任**とは、内閣の一体性に基づき総辞職という責任の負い方をすること。

□**6** 裁判官の罷免を決定する権限を持つ、国会内に設置さ
★★ れる機関が ★★ で、衆参各院7名で組織される。

弾劾裁判所

□**7** 内閣は、**最高裁判所長官**の ★★ や、**長以外の最高**
★★ **裁判所裁判官**の ★★ など裁判官の人事権を持って
いる。

指名,
任命

□**8** 内閣は、 ★ の指名した者の名簿によって下級裁
★ 判所の裁判官を ★ する。

最高裁判所,
任命

□**9** 日本では、国民の政治参加の手段としては、国会に対
★★ しては選挙はできるものの、**国会議員**の ★★ 制度、
内閣に対しては**首相を国民が選挙する** ★★ 制、**首**
相や国務大臣の ★★ 制度が存在しない。

リコール,
首相公選,
リコール

□**10** ★★★ 権とは、裁判所が法律、命令、規則、処分につ
★★★ いて ★★★ に適合するか否かを判断する権限である。

違憲立法審査,
憲法

□**11** 裁判所による ★★★ 制度は、**国家権力**の ★★★ を
★★★ **防ぐ機能**を果たしており、最高裁判所だけでなく**すべ**
ての ★★★ **裁判所が行使**できる。

違憲立法審査, 濫
用
下級

□**12** 裁判所が ★★★ 権を積極的に行使すべきという見解
★★★ の根拠には、 ★★★ 保護がとりわけ社会の少数派に
とって重要であるから多数派の考えに反してでも確保
されるべきだとする考え方がある。

違憲立法審査,
人権

◆司法積極主義は、民主主義の過程では救われない**少数派の人権**
保護のため裁判所の違憲立法審査権(違憲審査権)などを積極的に行使して**人権保障のとりで**となるべきだとする考え方である。

□**13** 裁判所の**違憲立法審査権の行使**は自己抑制的であるべ
★★ きで、一見明白に断定できない場合は**違憲判決を出す
べきではない**とする立場を司法 ★★ 主義といい、
★★ 主義の尊重をその根拠とする。

消極,

民主

◆司法消極主義は、国会が制定した法律や承認した条約は**民主的
プロセス**に基づいており、**明白な人権侵害や憲法違反**と断定で
きる場合にのみ**違憲と判断する**べきだとする考え方である。な
お、**高度な政治性**を有する問題について**憲法判断を回避**すべき
とする統治行為論は司法消極主義と民主主義を根拠とする。

□**14** **違憲立法審査**について、ドイツとフランスは ★
★ 裁判所型の ★ 的審査制であるが、日本とアメリ
カは ★ 裁判所型の ★ 的審査制である。

憲法,

抽象,

通常, 具体 (付随)

◆憲法裁判所型の国では、具体的な訴訟の有無にかかわらず、違憲
審査に特化して設置された憲法裁判所が違憲審査を行う。一方、
通常裁判所型の国では、具体的な訴訟が起きた場合のみ、事件
解決の前提として各裁判所が違憲審査を行う。

□**15** 次の図は、日本の**三権分立**について示したものである。
★★★ 空欄①〜⑪にあてはまる適語を答えよ。

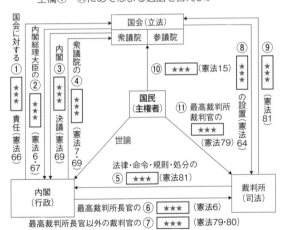

① 連帯

② 指名

③ 信任・不信任

④ 解散

⑤ 違憲審査 (法
令審査)

⑥ 指名

⑦ 任命

⑧ 弾劾裁判所

⑨ 違憲審査 (違
憲立法審査)

⑩ 選挙

⑪ 国民審査

□**16** 議院内閣制では、行政府の長を選出するにあたって、
★★★ ★★★ で内閣総理大臣が指名されるため、国民の意
思を ★★★ 的に反映させる制度といえる。一方、国
会と裁判所との関係として、**衆議院議員総選挙の際に
同時に行われる** ★★★ は最高裁判所裁判官の任命
に対して国民の意思を ★★★ 的に反映させる制度とい
える。

国会,

間接

国民審査,

直接

91

12 日本の統治機構 (2) ～国会 (立法)

ANSWERS □□□

□**1** 国会は、憲法**第41条**の規定により、国権の ★★★ で
★★★　あって、国の唯一の ★★★ 機関である。

最高機関,
立法

◆憲法**第41条**は、**国会は国権の最高機関である**ことを規定している
が、国会が内閣や裁判所に優越するという意味ではなく、**民
主的な機関であるから重要である**という程度の**政治的美称**である
ると捉えられている。

□**2** 憲法**第41条**は、**国会は唯一の立法機関である**と規定
★　しているが、その意味としては、国会が立法を行うと
する**国会 ★ の原則**と、国会の議決のみで法律は
成立するという**国会 ★ の原則**が含まれている。

中心立法,
単独立法

□**3** **国会中心立法の原則の例外**としては、政府 (内閣) によ
★★　る ★★ や地方公共団体による ★★ があり、**国
会単独立法の原則の例外**としては ★★ がある。

政令, 条例,
地方特別法 (地方
自治特別法)

◆国会は国権の**最高機関**であって唯一の**立法機関**であるが、**内閣
の政令、最高裁の裁判所規則、地方公共団体の条例の制定**も立
法作用を持つことがある。**地方特別法**は、特定の地方公共団体
にのみ適用される法律のこと。国会の議決に加えて、適用され
る地方公共団体の**住民投票** (**過半数**の賛成) が必要である (憲法
第95条)。

□**4** 国会は ★★ な国民の意見を国政に反映し、かつ**審
★★　議の慎重を期する**ために ★★ **制**を採用しているが、
これも権力分立の一種である。

多様,
二院

◆日本における**二院制**において、**参議院**の存在意義は、**衆議院**に
再考の機会を与え、慎重に審議すること、熟議を尽くすことを
図る点にあるとされる。しかし、近年は**参議院**において政党化
が進むなど、両院が同質化していく傾向があり、その長所が失
われているという指摘もある。衆議院の議決を追認する場合も
多い (「衆議院のカーボンコピー」)。

□**5** 国会の構成と運営について、憲法**第43条1項**で「両議
★★　院は、全 ★★ を代表する選挙された議員でこれを
組織する」と定めている。

国民

◆国会については、憲法**第42条**で「国会の両院制」、**第44条**で
「国会議員及び選挙人の資格」を定めている。

□**6** **衆議院議員**と**参議院議員**の**任期**はそれぞれ ★★★ 年
★★★　と ★★★ 年であるが、**参議院**は ★★★ **年ごとに半
数を改選**する。

4,
6, 3

□**7** 衆議院の任期満了や解散に伴って行われる選挙のこと
★★ を ★★ といい、参議院の任期満了に伴って行われ
る選挙（3年ごとに半数改選）のことを ★★ とい
う。また、各院の議員で辞任や死亡などで欠員が生じ
た場合に行われる**補充のための選挙**を ★★ という。

総選挙,
通常選挙

補欠選挙

◆衆参両院いずれも比例代表区の選出議員に欠員が生じた場合
は、原則的に次の順位の者が繰り上げ当選となる。補欠選挙は、
一定要件を満たす欠員が生じない限りは行われない。参議院に
ついて、選挙区の選出議員も当選後3ヶ月以内で欠員が生じた
場合は、原則として繰り上げ当選で補充される。

□**8** 衆議院議員の定数は、**小選挙区** ★★★ 人、**比例代表**
★★★ **区** ★★★ 人の合計 ★★★ である。

289,
176, 465

◆衆議院議員の定数は、1994年改正で小選挙区比例代表並立制が
導入され、①小選挙区300人+②比例代表区（全国11区）200
人=③合計500人となった。以後、2001年改正：①300人+
②180人=③480人→2012年改正：①295人+②180人=
③475人→2016年改正：①289人+②176人=③465人、
と削減されている。こうして近年、**衆議院は定数を削減**しなが
ら、**1票の格差を是正**してきた。

□**9** 参議院議員の定数は、**選挙区** ★★★ 人、**比例代表区**
★★★ ★★★ 人の合計 ★★★ 人である。

148,
100, 248

◆参議院議員の定数は、1983年改正で47都道府県別の選挙区・比
例代表制（全国1区）が導入され、①選挙区152人+②比例代
表区100人=③合計252人となった。以後、2000年改正：①
146人+②96人=③242人→2018年改正：①148人（選挙
区2人増）+②100人（比例代表区4人増）=③248人となっ
ている。こうして近年、**参議院は定数を増加**しながら、**1票の
格差を是正**を図った。

□**10** 衆議院議員の被選挙権は**満** ★★ **歳以上**、参議院議
★★ 員の被選挙権は**満** ★★ **歳以上**である。

25,
30

◆被選挙権は**参議院**議員と**都道府県知事**が**満**30**歳以上**、**衆議院**議
員と**市区町村長・地方議会**議員が**満**25**歳以上**である。

□**11** 国会の権限には立法権以外にも、 ★★★ の**議決**や**財**
★★★ **政監督**を行う**財政権限**、内閣総理大臣の指名、 ★★★
の**承認**、弾劾裁判所の設置といった国務権限がある。

予算,
条約

□**12** 予算案は、 ★★ が**先議**することになっている。
★★

衆議院

□**13** 条約の 締結権 は ★★★ が持つが、**条約**の 承認権 は
★★★
　　 ★★★ が持っている。

内閣,
国会

　　◆**条約**の 承認 は、原則的には事前であるが、場合によっては事後
　　であってもかまわない。事後承認は技術的かつ手続的な条約に
　　ついて許されると解釈されているが、実際に国会が事後承認を
　　行った案件の多くは、1950年代半ばまでのものであり、現在は、
　　締結手続を行う前に内閣が条約を国会に提出している。

□**14** **衆議院の優越**に関する次の表の空欄 A ～ K にあては
★★★
　　まる適語を答えよ。

・A ★★★ 案の議決
衆議院が可決した議案を参議院が否決した場合 (衆議院が可決した後、B ★★★ 日以内に参議院が 議決しない時は、衆議院は参議院が否決したものと みなすことができる)、衆議院で出席議員の C ★★★ 以上の多数で再可決すると、議案は成立する。
・D ★★★ の承認、E ★★★ の議決
衆議院が可決した議案を参議院が否決した場合、 F ★★★ を開いても意見が一致しない時、ないし 衆議院が可決した後、G ★★★ 日以内に参議院が 議決しない時は、衆議院の議決が国会の議決となる。
・H ★★★ の指名
衆議院の指名と参議院の指名が異なった場合、 I ★★★ を開いても意見が一致しない時、ないし衆 議院の指名を受け取った後、J ★★★ 日以内に参 議院が指名しない時は、K ★★★ の指名が国会の 指名となる。

A　法律

B　60

C　3分の2

D　条約
E　予算
F　両院協議会
G　30

H　内閣総理大臣

I　両院協議会

J　10
K　衆議院

　　◆①条約の承認、②予算の議決、③内閣総理大臣の指名を参議院
　　が一定期間内(①と②は 30 日以内、③は 10 日以内)に行わな
　　い場合、衆議院の議決が成立することを自然成立という。

□**15** 衆参両院は、 ★★ のための証人喚問を行うことが
★★
　　でき、証人は正当な理由なく出頭を拒否したり、虚偽
　　の証言をしたりする場合は ★★ を科される。

国政調査

刑罰

　　◆国政調査では、証人は証言前に虚偽(ウソ)の証言を述べないと
　　いう宣誓義務があるため、もし虚偽の証言をした場合は偽証罪
　　が成立する。これに対して、政治倫理審査会や参考人招致には
　　宣誓義務がなく偽証罪には問われない。

☐**16** 衆参各院が持つ国政調査権は、1970年代に発覚した**田**
★★★ **中角栄内閣**下の ★★★ 事件の際などに行使されたよ
うに**行政腐敗**を是正する行政民主化**の機能**を有し、ま
た立法時の補助的機能のみならず、国民の ★★★ に
奉仕し、**行政に対するコントロール機能**も持つ。

ロッキード

知る権利

☐**17** 浦和事件における判決の量刑の妥当性に関する国政調
★★★ 査については、 ★★★ の独立を侵害するとして中止
が求められた。

司法権

　◆浦和事件は、国政調査権の限界(判決内容への調査は許されない
　　こと)を示す事例であるとともに、国会(正確には議院)による
　　司法権**の独立侵害**の具体例ともいえる。

☐**18** 衆参両院は、常設の委員会である ★★ 委員会が設
★★ 置され、国会議員は原則として必ず1つ以上の**常任委**
員になることとされている。その他にも必要に応じて
特定の案件を扱うための ★★ 委員会を設置できる。

常任

特別

　◆日本国憲法下での国会では、取り扱うべき議題が複雑で専門的
　　になったことや大量になったことから、**委員会制度**を採用し、各
　　議院の議決で特に付託された案件に関しては国会閉会中でも審
　　査することができる。国会の各院には常任委員会以外に特別委
　　員会、憲法審査会、政治倫理審査会、情報監視審査会が設置さ
　　れ、参議院には長期的政策の審議を行う**調査会**も置かれている。

☐**19** 委員会審議の際、専門家や利害関係人の意見を聞くた
★★ めに ★★ を任意に開くことができるが、国会法に
よると ★★ と重要な歳入法案については必ず開く
ことが義務づけられている。

公聴会,

総予算

☐**20** 内閣不信任決議権は ★★★ のみの権限であり、 ★★★
★★★ には与えられていない。

衆議院,　参議院

☐**21** 衆参両院のうち、 ★★★ は憲法上、内閣の責任を問う
★★★ 手段を持っていないが、政治的および道義的責任の追
及として首相や国務大臣に対する ★★★ を行うこと
ができる。ただし、その決議には**法的拘束力はない**。

参議院

問責決議

☐**22** **衆議院の多数派政党と参議院の多数派政党が異なる国**
★★★ **会の状況**を ★★★ 国会といい、国会運営は停滞する
とともに ★★★ の優越と呼ばれる憲法の規定に従っ
て議案が成立する場合が増えるとされる。

ねじれ,

衆議院

□23 次の表は、**国会の会期**についてのものである。空欄 A
★★ 〜 H にあてはまる適語を答えよ。

A [★★]	年1回。1月中に召集。会期 B [★★] 日。来年度予算などを審議。
C [★★]	①内閣が決定。②いずれかの院の総議員の D [★★] 以上の要求で召集する。③衆議院の任期満了選挙、または参議院通常選挙後30日**以内**に召集。
E [★★]	会期不定。衆議院の解散後40日**以内**に総選挙を行い、総選挙後、F [★★] 日**以内**に召集。内閣総理大臣の指名を実施。
G [★★]	会期不定。衆議院の解散中に緊急の必要がある際に内閣が召集。ただし、次の国会でH [★★] 日**以内**に衆議院の同意がなければ、議決は無効。

A　常会（通常国会）
B　150
C　臨時会（臨時国会）
D　4分の1
E　特別会（特別国会）
F　30
G　参議院の緊急集会
H　10

◆国会は審議の充実を図るため通年（万年）**国会を禁止**し、**会期制**を採用している。その目的は審議の充実を図るとともに、国会議員が有権者と接触し、**民意を吸収する**機会を与えることにある。

□24 内閣が衆議院に不信任された場合、直ちに内閣は総辞
★★★ 職し、その国会において新たな [★★★] を指名するか、**衆議院を**解散しなければならないが、解散したとしても総選挙後に開かれる国会で新たな [★★★] を指名するので、その時点で内閣は [★★★] する。

内閣総理大臣

内閣総理大臣,
総辞職

□25 衆議院の解散は、憲法第69条に基づいて行われる場
★★★ 合と、第 [★★★] 条に基づいて行われる場合があり、第69条に基づくものは過去 [★★★] 回だけである。

7,
4

◆この4例は以下の通り。①第二次吉田茂内閣 (1948年：「**なれあい解散**」)、②第四次吉田茂内閣 (1953年：「**バカヤロー解散**」)、③第二次大平正芳内閣 (1980年：「**ハプニング解散**」)、④宮澤喜一内閣 (1993年：「**嘘つき解散**」)。なお、衆議院の任期4年を満了したのは、三木武夫内閣 (1974〜76年) の1回だけである。

□**26** いわゆる「 **★★★** 条解散」は衆議院が内閣を不信任し
★★★ た際に、その対抗手段として内閣が衆議院を解散する
場合で議院内閣制**本質型解散**といえるが、「 **★★★** 条
解散」は内閣が重要な決定を行った際に民意を問うた
めに内閣が解散を決定し、 **★★★** の国事行為で解散
を行う民意吸収型**解散**といえる。

69

7

天皇

◆2005年の小泉純一郎内閣下における衆議院解散は「**7条解散**」で
あり、郵政民営化の是非を問う民意吸収型**解散**として、実施さ
れた総選挙の意味が明確になった事例である。

□**27** 三権のうち、**国会は** **★★** 、**裁判も** **★★** を原則
★★ とする。

公開，公開

□**28** 国会での議事・議決には、**各議院の総議員の** **★** 以
★ **上の出席が必要**となる。これを **★** という。

3分の1，
定足数

◆海外では ICT（情報通信技術）を用いた遠隔投票のシステムが導
入されている議会があり、日本も妊娠・育児中の女性議員やハ
ンディキャップを持つ議員、感染症の流行などへの対応として、
オンラインで議事・議決を行う方法が模索されているが、憲法
第56条で定める議員の「出席」の定義などが論点となっている。

□**29** 国会は **★★** を原則とするが、出席議員の **★★**
★★ 以上の賛成で**公開を停止**し、 **★★** とすることがで
きる。

公開，3分の2，
秘密会

□**30** 国会の**議決要件**は、**原則として**出席議員の過半数であ
★★ る。例外として、衆議院の法律案再可決、議員の議席
剥奪または除名には **★★** 以上の賛成、**憲法改正の
発議**には各議院の **★★** 以上の賛成が必要である。

出席議員の3分の2，

総議員の3分の2

□**31** 国会議員には、 **★★** 特権、 **★★** 特権、免責特権
★★ の3つの特権がある。

歳費，不逮捕
※順不同

◆歳費特権は憲法**第49条**、不逮捕特権は憲法**第50条**、免責特権
は憲法**第51条**でそれぞれ定められている。

□**32** 国会議員は**会期中に逮捕されない**という不逮捕特権を
★★ 有するが、 **★★** の場合と所属する議院の **★★**
がある場合は、例外的に会期中の逮捕が認められる。

現行犯，許諾

◆国会議員が逮捕されないのは**会期中のみ**であり、任期中や一生
涯ではない点に注意。議員活動を妨害する不当逮捕を防ぐこと
が趣旨だからである。

□33 議院内の秩序を乱したなどで国会議員の当選後の議員
★★ 活動に関する政治責任を追及して、その議員に ★★
を与えることができるが、**議員資格を奪う ★★ の**
決定には出席議員の ★★ 以上の賛成が必要である。

懲罰,
除名,
3分の2

◆議員の懲罰については、憲法第58条2項で定められている。

□34 国会議員は、発言と表決などの政治活動については院外
★★ で ★★ 上の責任を問われないが (**免責特権**)、院
内 ★★ などの政治的責任は問われる可能性がある。

法律,
懲罰

□35 国会議員の当選時の資格の有無を争う ★★ の裁判
★★ は各 ★★ で行い、**出席議員の ★★ 以上の賛成**
で**議席剥奪**の決定が行われる。

資格争訟,
議院, 3分の2

□36 2007年の**憲法改正の国民投票法**制定に伴い、衆参両院
★★ に**憲法改正原案を審議**する ★★ が創設された。

憲法審査会

□37 政権を担当している政党のことを ★★ 、政権を持
★★ つ政党に対する批判勢力としての役割を持つ政党を
★★ という。

与党

野党

□38 ★★ 制とは、首相と野党党首が**国家基本政策委員**
★★ **会**で討論し、政策の違いを明確に示す制度で、 ★★
の**クエスチョン=タイム制**を模範に導入された。

党首討論,
イギリス

□39 国会の議事運営について、あらかじめ与野党の国会対
★ 策担当者の間で取り決められるという ★ は、不
透明な国会運営のあり方といえる。

国対政治

13 日本の統治機構 (3) ~内閣 (行政)

□1 **内閣**は ★★ 権の主体で、その**意思決定**は ★★
★★ によって行われ、その下に中央省庁などが組織される。

行政, 閣議

□2 **閣議の議決**は ★★ によって行われ、国会や裁判所
★★ と異なり、その**議事の過程**は ★★ である。

全会一致,
非公開

◆内閣の閣議は全会一致制であり、国務大臣が1人でも反対した
状態では閣議決定とはならない。なお、2014年より閣議の議事
録が首相官邸のホームページで公開されるようになった。その
公開の内容や範囲は政府によって決められる。

□3 国務大臣は ★★★ によって任命され、その**過半数は**
★★★ ★★★ の中から選ばれなければならない。

内閣総理大臣,
国会議員

□ **4** 国務大臣は内閣総理大臣が ★★★ することから、内閣総理大臣が内閣の ★★★ である。

任免, 首長

◆任免とは、任命することと罷免すること。明治憲法では同輩中の首席でしかなかった内閣総理大臣は、日本国憲法において権限が強化され、国務大臣の任免権を持つ（憲法第68条）とともに、国務大臣の訴追同意権を持つ（憲法第75条）。

□ **5** 国務大臣は内閣の一員であり、**2001年**に**中央省庁をスリム化**した当初は**原則** ★★★ **人以内**（最大 ★★★ 人まで可能）とされた。

14, 17

◆プラス3人分は、担当官庁を持たない**特命担当大臣（無任所大臣）**である。なお、復興庁および東京オリンピック・パラリンピック競技大会推進本部の設置中は19人以内とすることができるとする特別措置法が制定され、復興大臣と五輪担当大臣が置かれた。また、万博特法により、上限は一時20人となった（現在は五輪担当大臣が廃止され19人に戻る）。復興庁は2012年より10年間設置の予定であったが、存続が決まっている。

□ **6** 軍国主義化を防止するため、**憲法第66条2項**で定める**文民統制（シビリアン=コントロール）**の原則により、 ★★★ **および国務大臣は** ★★★ でなければならない。

内閣総理大臣, 文民

◆文民とは非軍人という意味であるが、政府は現在、自衛隊に加入しておらず、かつ強い軍国主義思想を持たない人物と解釈している。

□ **7** 自衛隊の**最高指揮監督権**は ★★★ が、現場の**統括権**は ★★★ が持っているが、**いずれも** ★★★ でなければならない。

内閣総理大臣, 防衛大臣, 文民

□ **8** 官僚**主導**から政治**主導**への転換を図るため、**政務次官制度**を廃止して各省に ★★ と大臣 ★★ を置き、国務大臣に代わり政府職員が答弁する ★★ **制度**を**廃止する**などの改革が行われた。

副大臣, 政務官, 政府委員

◆1999年成立の国会審議活性化法により、2001年から国務大臣をサポートするために副大臣と大臣政務官が置かれた。なお、政府委員制度の廃止後も、中央省庁の局長などの幹部は衆参両院の委員会に説明のために出席を求められている。

□ **9** 内閣の権限には、**条約** ★★ 権、**予算案の** ★★ 権、法律の ★★ 権の他、確定判決の刑を減免する恩赦**決定権**などがある。

締結, 作成・提出, 執行

◆行政権による、公訴の取り止めや刑罰の軽減を恩赦という。

II
政治

13 日本の統治機構(3)〜内閣(行政)

99

□10 内閣は裁判所に対して、 ★★ **長官の指名**およびそ
★★ れ以外の**裁判官の** ★★ を行う権限がある。

最高裁判所,
任命

□11 日本の内閣は、法律を誠実に ★★ するのみで、ア
★★ メリカ大統領とは異なり成立した**法律の** ★★ **権は
持っていない。**

執行,
拒否

□12 内閣は条約 ★★ 権を持つ。具体的な手続は原則と
★★ して以下の①〜④の順となる。
①内閣が任命した全権委員が**条約に** ★★ する。
②国会が**条約を** ★★ する。
③内閣が**条約を** ★★ する。
④当事国間で ★★ **書を**交換する。

◆条約に関してそれぞれ次のような意味がある：①明示、②成立、
③成立の確認、④条約の国際法的効力の発生。なお、①→③→
②の順で行う場合の国会の承認を事後承認という。

締結

署名・調印,
承認,
批准,
批准

□13 内閣は、事実上の立法として政令の制定権を持つが、政
★ 令には憲法・法律の規定を実施するための ★ と、
法律の委任に基づき罰則を設ける ★ がある。

執行命令,
委任命令

□14 内閣は天皇の国事行為に ★★ と ★★ を与える。
★★

助言, 承認

□15 内閣は自らの裁量によって、**衆議院の** ★★ **を決定**
★★ することができる。

◆憲法第7条解散。内閣は天皇への助言と承認によって国事行為
を利用して衆議院を解散することができる。

解散

□16 国務を総理するのは ★★ の権限であるが、行政各
★★ 部を指揮監督するのは ★★ の権限である。

◆国務の総理は内閣の権限であり、内閣総理大臣の権限ではない
ことに注意！

内閣,
内閣総理大臣

□17 内閣総理大臣は、**内閣を代表して** ★★ **を国会に提
★★ 出する**とともに法律や政令に ★★ または連署する。

◆法律と政令について、主務担当大臣が存在する場合は、その国
務大臣が署名し、内閣総理大臣が連署する（憲法第74条）。

議案,
署名

□18 1999年、内閣法が改正され、内閣総理大臣は閣議にお
★★ いて、内閣の重要政策に関する基本方針やその他の案
件を ★★ することができる権限が明文化され、各
省庁に対する**指揮監督権が強化**された。

発議

□**19** 法案には、主に政府与党が提出する ★ 法案と国
★ 　会議員が共同提案する ★ 法案があり、通常国会
　　における**衆議院での法案成立率**では ★ 法案より
　　も ★ 法案の方が極めて高い。

内閣提出,
議員提出,
議員提出,
内閣提出

□**20** 議員提出法案は、提案者以外にも一定数以上の賛成者
★ 　が必要で、一般法案では衆議院で ★ 人以上、参
　　議院では ★ 人以上、**予算を伴う法案**では衆議院
　　で ★ 人以上、参議院で ★ 人以上とされる。

20,
10,
50, 20

□**21** **議員が立案**し、提出した法案によって成立した法律の
★★ 　ことを ★★ という。

議員立法

　　◆議院の委員会の提案する議案も議員立法にあたる。

□**22** 法案について、国会の実質的な審議は衆参各院の ★★
★★ 　で行われ、その結果が ★★ に報告され、採択され
　　る。定足数を満たした上で ★★ の**過半数**の賛成を
　　得れば、一方の議院に送られ、同様の審議の過程を経
　　て ★★ で可決されれば、法案は成立となる。

委員会,
本会議,
出席議員,

本会議

　　◆常に両院の意思が一致するとは限らないため、憲法では衆議院
　　の出席議員の3分の2以上の多数による再議決や、両院協議会
　　の制度が設けられている。

□**23** 国会において、会期中に議決に至らなかった法案など
★★ 　は、原則として**次の国会に継続されず**、会期終了後に
　　 ★★ となる。これを**会期不継続の原則**という。

廃案

□**24** 内閣総理大臣および国務大臣は、国会に議席を有する、
★★ 　有しないとにかかわらず、**議院への ★★ の権利お
　　よび義務**を負う。

出席

□**25** 臨時国会や特別国会の召集時に新たに指名・任命され
★ 　た内閣総理大臣が行う演説を ★ 演説、通常国会
　　の冒頭で1年間の基本的な政策方針や重点課題など国
　　政全般に関して内閣総理大臣が行う演説を ★
　　演説という。

所信表明

施政方針

□**26** **議院内閣制**において、内閣は**国会に対して ★★★ 責
★★★ 任**を負わなければならない。

連帯

　　◆内閣の責任の負い方は、原則として総辞職である。

☐ **27** **内閣総辞職**の3つの場合について、空欄にあてはまる
★★★ 適語を答えよ。

　①内閣が衆議院によって ★★★ 決議案を可決され、　　不信任,
　　10日以内に衆議院を ★★★ しない場合　　　　　　解散

　②衆議院議員総選挙後、新たな国会が召集された場合

　③ ★★★ が欠けた場合や自ら辞任を表明した場合　　内閣総理大臣

　◆③は内閣総理大臣が**辞任、死亡**した場合など。この場合、選挙
　　は行わず同じ国会で臨時会を開き、新しい内閣総理大臣の指名
　　を行う。なお、内閣は総辞職を決定したとしても、新たな内閣
　　総理大臣が任命されるまでの間、職務の執行を続けなければな
　　らない。これを**職務執行内閣**という。2020年9月の安倍晋三首
　　相辞任に伴う交代は、③の手続によるものである。

☐ **28** ★★ は、公正で中立的な行政を実現し、専門的な　　行政委員会 (独立
★★ 知識を要する行政に対応する、**内閣から独立した行政**　　行政委員会)
　　機関であり、準 ★★ 的かつ準司法的機能を有する。　　立法

☐ **29** 行政委員会の中には、「**市場の番人**」と呼ばれる ★★★ 　　公正取引委員会,
★★★ や中立な警察行政を決定する ★★★ などがある。　　　国家公安委員会

　◆なお、地方公共団体においては都道府県警察の運営を管理する公
　　安委員会の委員は、地方議会の同意を得た上で知事が任命する。

☐ **30** ★★ は**国の歳入歳出の決算を検査**し、内閣はその検　　会計検査院
★★ 査報告とともに**決算を国会に提出**する。

　◆国会の各議院は特定の事項に関する会計検査を行い、その結果
　　を会計検査院に報告するように求めることができる。

14 日本の統治機構 (4) ~ 裁判所 (司法)

ANSWERS ☐☐☐

☐ **1** **明治憲法**下に存在した**行政裁判所**や**皇室裁判所**、**軍法**　　特別裁判所
★★★ **会議**などの ★★★ は、**日本国憲法下で廃止**された。

☐ **2** 憲法第 ★★ 条1項では、「すべて司法権は、★★ 　　76, 最高裁判所
★★ 及び法律の定めるところにより設置する下級裁判所に
　　属する」と規定し、これに基づき裁判所法などが制定
　　され、全国に裁判所が設置されている。

□**3** 最高裁判所の下に、**下級裁判所**として高等裁判所、地
★★★ 方裁判所、軽微な事件を扱う ★★★ 裁判所、および
★★★ 裁判所がある。

簡易,

家庭

◆民事裁判で**訴額(訴訟対象金額)**が**140万円以下**の民事事件の
場合、原告は簡易裁判所に訴えを起こし、その判決に不服があっ
た場合、地方裁判所に控訴することができる。罰金以下の刑にあ
たる罪など軽微な刑事事件も第1審は簡易裁判所であるが、そ
の判決に不服がある場合、高等裁判所に対して控訴する。なお、
高等裁判所は**全国8ヶ所の大都市**(東京、大阪、名古屋、広島、
福岡、仙台、札幌、高松)に設置されている。

□**4** 家庭裁判所は、民事事件としては家庭内トラブル、刑
★★★ 事事件としては ★★★ 犯罪などの特殊事件を扱う**通
常裁判所**である。

少年

◆少年事件を扱う刑事裁判では、家庭裁判所が**第一審裁判所**とな
り、この場合の控訴審は高等裁判所が行う。

□**5** 2005年、東京高等裁判所内に特許権や ★★ 権など
★★ に関する紛争を裁く**初の専門裁判所**として ★★ が
設置された。

著作,

知的財産高等裁判

所

□**6** 判決に不服申立てをすれば**同一裁判手続内で合計3回
★★★ まで審判を受けられる**制度を ★★★ という。

三審制

□**7** 第一審の判決に不服申立てをすることを ★★ 、**第
★★ 二審の判決に不服申立てをすることを ★★ という。

控訴,

上告

◆三審制の例外として、政府転覆を目的に暴動を行う内乱罪につ
いての訴訟は、高等裁判所、最高裁判所の**二審制**で行われる。

□**8** 憲法違反や憲法解釈の誤りが理由で、不服を申し立て
★ て、終審裁判所である最高裁判所に判断を求めること
を ★ という。

特別抗告

□**9** 行政委員会は第 ★ 審として**準司法的権限**を持つ
★ ことがあるが、行政機関による ★ 裁判は禁止さ
れている。

一,

終審

◆公正取引委員会は、違法カルテルなどの違法行為の**排除命令**や
課徴金納付命令を出すことができるが、2013年の独占禁止法改
正で公正取引委員会による行政処分に対する不服申立ての審判
権限を同委員会から奪い、第一審を東京地方裁判所とした。

□**10** 裁判の公正を保つために □★★★ の独立が保障されて
★★★
いるが、その内容には、他の国家機関からの裁判所へ
の干渉を排除する □★★★ 独立性と、裁判所内部にお
ける裁判干渉を排除する □★★★ 独立性の2つがある。

司法権

対外的,

対内的

◆司法の独立性確保のために、最高裁判所には訴訟に関する手続、
裁判所の内部規律などに関する**規則制定権**が付与されている。

□**11** 憲法第76条3項は、「すべて裁判官は、その □★★ に
★★
従ひ □★★ してその職権を行ひ、この □★★ にの
み拘束される」と定めており、**国会や内閣などの外部**
または上級裁判所や他の裁判官から干渉されない。

良心,

独立,憲法及び法

律

◆平賀書簡事件とは、長沼ナイキ基地訴訟を担当した裁判官にあ
てて直接の上司が憲法判断には触れないようにと書簡を送った
事件で、司法権の内部で**裁判官の独立の侵害**があったとされる。
なお、第一審を担当した裁判官は書簡による要請を退け、違憲
の判断を下した。

□**12** 裁判官の身分保障措置として、□★★ 機関による懲
★★
戒処分の禁止、報酬 □★★ 禁止の他、意に反する転
官、転所、職務の停止も行われないとする規定がある。

行政,

減額

□**13** 裁判官が罷免されるのは、次の場合である。空欄 A ~
★★
E にあてはまる適語を答えよ。

①**国会による A □★★ 裁判**

A 弾劾

弾劾事由 {
(ⅰ) 著しい職務上の B □★★ 違反
(ⅱ) 著しく職務を怠った
(ⅲ) 裁判官の威信を失う著しい
C □★★
}

B 義務

C 非行

②**裁判所による D □★★ 裁判** ── 心身の故障

D 分限

③**最高裁判所裁判官に対する E □★★**

E 国民審査

◆国会内の**裁判官訴追委員会**(衆参両院各10人の議員で組織)で訴
追の適否を審査し、訴追が行われた場合、**裁判官弾劾法**に基づき
裁判官弾劾裁判所(衆参両院各7人の議員で組織)で審理される。

□**14** 憲法第78条では「裁判官の □★★ 処分は、行政機関
★★
がこれを行ふことはできない」と定めている。

懲戒

□**15** 最高裁判所は、□★★ 長官と最高裁判所判事 □★★
★★
名で構成され、その長たる裁判官は、内閣の指名に基
づき □★★ が任命する。

最高裁判所, 14

天皇

□**16** 最高裁判所の裁判官に対する ★★★ は、任命後初の
★★★ **衆議院議員総選挙時**と、以後 ★★★ 年が経過した後
に初めて行われる衆議院議員総選挙時に実施される。

国民審査,
10

◆2024年3月現在、最高裁判所の裁判官に対する国民審査の制度
により罷免された裁判官はいない。

□**17** 下級裁判所の裁判官は、★★★ が指名した者の名簿
★★★ に基づき内閣**が任命**し、その任期は ★★★ 年である。

最高裁判所,
10

◆裁判官は、特段の事情がない限り、**10年ごとに再任されること
を原則**として運用されている。

□**18** すべての裁判所は、★★★ 、命令、規則または処分が
★★★ **憲法**に適合するか否かを決定する権限を持っている。
この権限を一般に ★★★ という。

法律

違憲立法審査権

□**19** **最高裁判所**は、**法令などの合憲性を審査する** ★★
★★ 裁判所であることから「★★ 」と呼ばれている。

終審,
憲法の番人

◆憲法第81条は「**最高裁判所は、一切の**法律、命令、規則又は処
分が憲法に適合するかしないかを決定する権限を有する終審**裁
判所である**」と定めている。

□**20** 日本の違憲審査は ★★★ **裁判所**で具体**的**(付随**的**)事
★★★ **件解決**の前提として行われることから、法令に対する
違憲判決の効力は、当該事件の解決の前提として当該
法令を違憲無効と扱うという ★★★ 的効力に過ぎな
いと解釈されている。

通常

個別

◆**アメリカ**と**日本**は通常**裁判所型の**具体**的**(付随**的**)審査制であ
る。日本では裁判開始の要件として具体的な事件性が必要であ
ることから、過去、**自衛隊の前身である**警察予備隊の違憲訴訟
が退けられたことがある。

□**21** ドイツやフランスの違憲審査は ★★★ **裁判所**で行わ
★★★ れる抽象**的審査制**を採用しているので、法令に対する
違憲判決の効力は直ちに当該法令を違憲無効として扱う
★★★ **的効力**を持つと解釈されている。

憲法

一般

□**22** 裁判の公正を確保するために裁判 ★★★ **の原則**が採
★★★ られているが、裁判官が全員一致で公序良俗に反する
と決定した場合には ★★★ を非公開にできる。ただ
し、★★★ は例外なく公開されなければならない。

公開

対審,
判決

◆対審は、①政治犯罪、②出版犯罪、③憲法第3章が保障する国
民の権利が問題になっている事件については、**必ず**公開する。

□23 | ★★★ | 裁判では、個人や法人の間の**私人間**で発生する紛争について、訴訟を起こした | ★★★ | とその相手方である | ★★★ | とが公開の法廷で私権の有無を争う。

民事,
原告,
被告

◆民事訴訟では、必ずしも弁護士を訴訟代理人として立てる必要はなく、本人訴訟が許されるが、刑事訴訟では許されない。

□24 | ★★★ | 裁判は、国民などが国や地方公共団体の行政上の行為により権利**を侵害**された際、その | ★★★ | を求めるものとして行政事件訴訟法に基づき行われる。

行政,
救済

□25 刑事裁判では、| ★★★ | が被疑者を裁判所に起訴し、| ★★★ | が、検察官、被告人、およびその代理人である | ★★★ | の主張と証拠を前提に有罪か無罪かの判決を下す。

検察官,
裁判官,
弁護人

◆**刑法第39条**では、刑法上の責任を負う能力（**刑事責任能力**）について、犯罪の実行行為時に事物の是非の分別能力を欠くか、またはそれに従って行動する能力を欠く者については、刑事責任能力がなく、刑事責任を問うことはできない（精神の障がいが原因で責任能力を失った心神喪失の者）。また、責任能力が著しく乏しい心神耗弱の状態の者は減刑しなければならない。さらに**刑法第41条**において14歳未満の者も同様に除外している。

□26 刑事法の執行の権限は内閣に属する行政権の1つであるが、刑事法の執行の一部を担当する | ★★ | は検察庁法によって、個々の事件の捜査について内閣から独立している。それは、検察官が**公訴権を独占**している立場から、その公正な運用のために政治的 | ★★ | を排除する必要があるからである。

検察官

圧力

□27 検察官が不起訴処分を決定した場合でも、その決定に不服がある時は各地方裁判所の所在地にある | ★★ | に申し立てることができ、その是非について審査が行われる。

検察審査会

◆検察審査会は抽選によって選ばれた選挙権を有する国民で構成され、任期は6ヶ月で複数の案件を扱う可能性がある。2004年の法改正で検察審査会が同一の事件について2回続けて**起訴相当**と決定した際、必ず起訴しなければならない強制起訴の制度が導入された。その際に検察官の役割を担うのは裁判所が選任した指定弁護士である。

□28 2003年に | ★★ | 法が制定され、**第一審は訴訟開始から | ★★ | 年以内に判決を下す**という規定がある。

裁判迅速化,
2

◆日本国憲法は、すべての刑事裁判において、被告人に、公平な裁判所の迅速な公開の裁判を受ける権利を保障しているが、現実には裁判が長期にわたる例が少なくなかった。

□**29**
★★
裁判員制度の導入を控え、刑事裁判の迅速化を図るため**刑事訴訟法**が改正され、裁判開始前に検察側と弁護側の双方が主張内容と証拠を提出し、**争点を整理してから刑事裁判の審理に入る** ★★ が導入された。

公判前整理手続

□**30**
★★
2004年、**民事上の紛争を迅速かつ簡易に解決**するため、 ★★ の拡充・活性化が図られた。

裁判外紛争解決手続（ADR）

◆裁判外紛争解決手続 (Alternative Dispute Resolution：ADR) は、民事上の紛争当事者のために弁護士や行政機関など公正な第三者が関与する手続である。例えば、国民生活センターが仲介し、消費者間の問題を解決する**紛争解決委員会**などがある。

□**31**
★★★
裁判員制度は、重大な ★★★ 裁判について事件ごとに**一般市民** ★★★ 名が裁判員に選出され、**職業裁判官3名**と協力して事実認定や ★★★ を決める。

刑事,
6,
量刑

◆裁判員制度では、18歳以上 (2022年4月より) の一般市民 (民間人) が裁判に直接参加する。裁判員には審理への出頭義務や評議中にやり取りした意見について守秘義務が課せられ、違反に対しては罰則が設けられている。なお、裁判官、検察官、弁護士など一定の司法関係者は裁判員になれない。

□**32**
★★
裁判員制度では、有罪か無罪かの**事実認定も量刑も** ★★ の賛成で決定するが、賛成の中には必ず1人は**職業裁判官**が加わっていることが成立要件となる。

過半数

□**33**
★★★
裁判員による裁判では、 ★★★ は**第一審のみ**に関与し、**控訴審**は ★★★ のみで行われる。

裁判員,
職業裁判官

□**34**
★★★
アメリカやイギリスで行われている ★★★ 制は、有罪か無罪かの**事実認定**を ★★★ だけで行い、**量刑は職業裁判官**が決定するという分業制になっている。

陪審,
民間人

□**35**
★★★
事実認定かつ有罪の場合の**量刑にも民意を反映**させるのが ★★★ 制なのに対し、 ★★★ 制は有罪か無罪かの**事実認定にのみ民意を反映**させる。

参審, 陪審

□**36**
★★★
日本の裁判員制度は、ドイツやフランスで行われている ★★★ 制と同様に、有罪か無罪かの**事実認定と量刑**の決定に民間人と職業裁判官が共同でかかわる。

参審

◆日本が参審制型の裁判員制度を導入した理由は、**量刑に民意を反映**させる点にある。ドイツ・フランス型参審制と日本の裁判員制度の違いは、参審員は任期制で複数の刑事事件を担当することもあり、特殊事件では民間の専門家や有識者を含むのに対し、裁判員は当該刑事事件のみを担当するだけで、抽選で無作為に抽選された**一般市民**(18歳以上の有権者)である点にある。

□37 次の表は、①日本の裁判員制度、②アメリカの陪審制
★★★ 度、③ドイツの参審制度を比較したものである。空欄
A〜Eにあてはまる語句を、表中からそれぞれ選べ。

	参加市民の任期	裁判官が評議に加わるか否か	参加市民が有罪・無罪を判断するか否か	参加市民が量刑を判断するか否か
①	A ★★★	B ★★★	判断する	C ★★★
②	事件ごと	加わらない	D ★★★	判断しない
③	一定期間	加わる	判断する	E ★★★

A　事件ごと
B　加わる
C　判断する
D　判断する
E　判断する

□38 裁判員制度の導入により、自白の信憑性(しんぴょうせい)の判断をわか
★★ りやすくするため、取り調べ状況を録画する ★★
化が進められている。

可視

　◆2016年成立の刑事司法改革関連法が、**19年に完全施行され**、取
　調室の録音・録画（可視化）が義務化されたが、その対象は限定
　的で、任意の取り調べや参考人の取り調べは対象外である。ま
　た、同法により司法取引制度が導入された。刑事事件の容疑者
　や被告に他人の犯罪を明かしてもらう見返りに、起訴の見送り
　や求刑を軽くすることで組織犯罪の解明につながることが期待
　されるが、虚偽の供述が冤罪を招くおそれも指摘されている。

□39 2000年改正で ★★ 法が厳罰化され、刑事責任年齢
★★ が16歳以上から ★★ 歳以上に引き下げられた。

少年,
14

　◆ただし、刑事責任を問われた少年は、家庭裁判所で行われる少
　年審判により処分が決められることで、結果的に刑罰を科され
　ない場合も少なくない。

□40 2000年の少年法改正で、16歳**以上**の未成年者が故意
★ に被害者を死亡させた場合、家庭裁判所は検察官から
送致された被疑者を再び検察官に ★ することが
原則となり、その場合、検察官は成年者と同じく**被疑
者を** ★ **などに起訴する**ことになった。

逆送致（逆送）

地方裁判所

　◆家庭裁判所は非公開かつ検察官の出廷を認めず、地方裁判所な
　どは公開かつ検察官の出廷を認めることを原則とする。2007年
　の少年法改正により、少年院への送致が可能な年齢を従来の
　「14歳以上」から、「おおむね12歳以上」に引き下げた。なお、
　少年法では「少年」を20歳未満の者と定めている。

□41 2021年、少年法が改正され、 ★★★ 歳を「特定少年」
★★★ と規定し、少年法の保護が及ぶとしつつも、その逆送
致の適用犯罪を殺人などから強盗などに拡大し、起訴
後は実名報道も可能とした。

18・19

□**42** 2022年６月、改正刑法が成立し、刑罰の**懲役と禁錮が**
★ **一本化された** ★ 刑が新たに設けられた。

拘禁

   ◆刑罰の種類が変更されるのは、1907年の刑法制定以来、初めて
   となる。これにより、懲役受刑者に科されていた刑務作業が義
   務ではなくなり、受刑者に応じて柔軟な処遇を現場で決定し、更
   生に向けた指導や教育に多くの時間をかけることが可能となっ
   た。拘禁刑の新設を含む改正刑法は、2025年に施行される。

□**43** 欧米では一般的な犯罪被害者 ★★ 制度が日本では
★★ 立ち遅れていたため、司法制度改革によって犯罪被害
者やその家族などの人権にも十分な配慮と保護がなさ
れるように ★★ 法が、2004年に制定された。

救済

犯罪被害者等基本

□**44** 2007年の刑事訴訟法改正で、刑事裁判手続に被害者や
★★ 被害者遺族が直接参加する ★★ の創設が決まり、
被害者などが被告人に直接質問することや、事実関係
に意見を述べることができるようになった。

被害者参加制度

   ◆被害者参加制度は、2008年12月より始まった。

□**45** 司法制度改革によって、2006年に法律相談や裁判費用
★ の援助などを行う独立行政法人として ★ (日本
司法支援センター) が設立された。

法テラス

   ◆2008年には**犯罪被害者保護法**、**総合法律支援法**が改正され、刑
   事裁判に被害者や遺族が参加する際の**被害者参加弁護士**の候補
   者を法テラス (日本司法支援センター) が裁判所に通知すること
   になった。

□**46** 従来、弁護士や検察官から裁判官に任官できなかった
★ が、社会経験を積んだ弁護士や検察官の裁判官登用を
認めるべきだとする ★ が唱えられている。

法曹一元論

□**47** 社会経験の豊富な者が法曹（法律家）になる道を広げる
★★ とともに法曹人口を増やすために、2004年から大学卒
業後に ★★ を修了すれば司法試験の受験資格を与
える制度が導入された。

法科大学院 (ロー
スクール)

15 地方自治と地方分権

ANSWERS □□□

□**1** イギリスの政治学者ブライスは『近代民主政治』の中
★★★ で、「地方自治は ★★★ の学校である」と述べた。

民主主義

□2 フランスの政治学者トクヴィル (トックビル) は『アメ
★
リカの民主政治』で、「地方自治制度の ★ に対す
る関係は、小学校が学問に対して持つ関係と同じであ
る」と述べた。

自由

□3 日本国憲法は、第8章に地方自治の章を設け、「地方公
★★★
共団体の組織及び運営に関する事項は、地方自治
の ★★★ に基いて、 ★★★ でこれを定める」と規定
している。

本旨, 法律

◆大日本帝国憲法は、地方自治を憲法の条文で規定せず、法律以下
の法令の定めにすべて委ねていた。日本国憲法では章を設けて
おり、憲法第92条でいう「法律」とは、地方自治法を指す (1947
年施行)。なお、地方公共団体 (地方自治体) は、**普通地方公共
団体** (都道府県、市町村)、**特別地方公共団体** (特別区 (東京23
区)、財産区、地方公共団体の組合) に大別される。

□4 地方の政治には、中央政府から独立した地方が行うと
★★★
いう ★★★ 自治と、地方の政治は住民の意思によっ
て決定するという ★★★ 自治の2つがある。

団体,

住民

◆団体自治とは、地方公共団体が国とは別に組織された統治主体
として、地域における事務を行うことをいう。

□5 地方自治の本旨のうち、条例制定権、上乗せ条例、課
★★★
税自主権などは ★★★ 自治のあらわれ、首長の直接
公選や住民自治のための直接請求権、住民投票の自主
実施などは ★★★ 自治のあらわれである。

団体

住民

◆憲法第94条では「地方公共団体は、その**財産を管理**し、**事務を
処理**し、及び**行政を執行**する権能を有し、法律の範囲内で**条例
を制定**することができる」と定められている。

□6 国が法律で規定した公害規制基準よりも厳しい規制基
★
準を設ける条例を ★ 条例、京都府など観光を重
視するいくつかの地域で風景や景色を守るために建築
物の高さを規制する条例などを ★ 条例と呼ぶ。

上乗せ

景観

◆憲法第94条では、地方公共団体の定める条例は「法律の範囲内
で」制定できると明記しているが、住民の人権保障に資する目的
で制定される上乗せ条例や横出し条例は憲法に違反するもので
はない。地域の特性を活かした条例は、団体自治のあらわれと
いえる。なお、横出し条例とは法律で規制していない汚染物質
や汚染源を、新たに地方公共団体が規制する条例のことである。

□**7** 国政および地方政治への参政権に関する次の表の空欄
★★ A ～ E にあてはまる数値を答えよ。

選挙権	被選挙権（立候補資格）		
A ★★ 歳 以上の国民 ないし住民	国政	衆議院	B ★★ 歳以上
		参議院	C ★★ 歳以上
	地方政治	都道府県知事	D ★★ 歳以上
		市区町村長 地方議会議員	E ★★ 歳以上

A　18
B　25
C　30
D　30
E　25

□**8** 憲法第93条は、地方公共団体に ★★★ を設置すべ
★★★ きことを定め、その長（首長）と議会の議員などについ
て住民の ★★★ 選挙制を定めている。

議会

直接

　◆このような政治制度のことを二元代表制という。また、首長公
　選制は、行政のトップを住民が選挙によってコントロールする
　点で大統領制の特徴を持つとされる。

□**9** 地方の政治機構には、 ★★ 制的な制度として**首長**
★★ **公選制**と首長の条例に対する**拒否権**、 ★★ 制的な
制度として地方議会による首長の**不信任決議権**、首長
の**地方議会解散権**がある。

大統領,
議院内閣

□**10** 地方公共団体の議決機関は**地方議会**であり、議員は任
★★ 期 ★★ 年で、住民の直接投票で選ばれる ★★
制の議会である。

4, 一院

　◆近年、地方議会議員選挙では町村を中心に議員の担い手が少な
　くなり、定数に占める**無投票当選者**の割合が増えている。

□**11** 地方議会の権限には、 ★★ の制定・改廃、予算議決、
★★ **首長の** ★★ などがある。

条例,
不信任決議

　◆首長に対する不信任決議の要件は、議員の3分の2以上が出席
　し、その**4分の3以上の賛成**と厳しくなっている。なお、首長
　に対する不信任決議が可決された場合、10日以内に議会を解散
　しなければ、**首長は失職**する。

□**12** 地方の執行機関である首長は、**住民の直接投票で選ば**
★★★ **れる** ★★★ **制**が採られ、任期は ★★★ 年である。

首長公選, 4

□**13** 首長は議会が議決した条例と予算に対して10日以内
★★ に ★★ 権を**行使**し、 ★★ に付すことができる
が、地方議会が**出席議員の** ★★ 以上で**再議決**すれ
ば成立する。

拒否, 再議,
3分の2

□**14** 首長は自治事務と法定受託事務の執行、条例の執行、議
★★ 案と予算の提出、地方税徴収などを行い、不信任決議
に対抗して ★★ 日以内に ★★ 権を行使できる。

10，議会解散

◆ただし、解散権を行使できるのは地方議会に3分の2以上が出
席し、出席議員の4分の3以上の賛成で不信任された場合に限
られ、内閣が衆議院を裁量によって解散するような権限は認め
られていない。首長が地方議会を解散した場合、解散後、新たな
地方議会で再び、首長の不信任決議が議員の3分の2以上が出
席し過半数で可決された場合、首長は辞任しなければならない。

□**15** 地方議会の議決案件について、**緊急時や議会を招集で**
★ **きない場合**、首長が独自判断で決定することを地方自
治法が認めている。この権限を ★ という。

専決処分

◆2010年、当時の鹿児島県阿久根市長が、対立する議会を開かず
専決処分を繰り返し、住民投票で解職（リコール）された。

□**16** 地方政治における**住民の直接請求**に関する次の表の空
★★★ 欄 **A～I** にあてはまる適語を答えよ。

請求の種類	必要な住民の署名数	請求相手	請求後に行われる手続
A ★★★（住民発案）条例の制定・改廃	有権者のC ★★★ 以上	D ★★★	20日以内に議会を招集し、意見を附けて議会に諮り、請求が可決されると、条例の制定・改廃が行われる。
監査		監査委員	監査請求の趣旨を公表し、監査を行い、その結果を公表するとともに、長や議会に報告する。
B ★★★（住民解職）議会の解散	原則として有権者のE ★★★ 以上	F ★★★	請求の趣旨を公表し、解散するかどうかのG ★★★ を行い、過半数の賛成があれば解散する。
議員・長の解職		同上	請求の趣旨を公表し、解職するかどうかのH ★★★ を行い、過半数の賛成があれば解職される。
主要公務員の解職		長（首長）	議会の採決にかけて、議員の3分の2以上が出席し、そのI ★★★ 以上の賛成があれば解職される。

A イニシアティヴ
B リコール
C 50分の1
D 長（首長）

E 3分の1
F 選挙管理委員会
G 住民投票
H 住民投票
I 4分の3

◆首長・地方議員・主要公務員の解職請求（リコール）や地方議会
の解散請求は、有権者総数が40万人以下の部分はその3分の
1、40万人超80万人以下の部分はその6分の1、80万人超の
部分についてはその8分の1を乗じた数を、それぞれに合算し
た数の有権者の署名が必要となる。なお、**主要公務員**とは副知
事や副市町村長などを指す。もともと住民の選挙ではなく首長
によって任命されるものであることから、その解職請求は選挙
管理委員会ではなく首長に行い、地方議会の採決にかけられる。

□**17** 憲法上の住民投票や条例による住民投票のように、**投**
★★★ **票によって民意を政治に反映**させる制度は ★★★
と呼ばれる。

レファレンダム

◆立法機関の議決を最終決定とせず、有権者の投票によって最終
決定とする直接民主制の形態の1つをレファレンダムという。地
方公共団体における直接民主制的な制度には、リコール (解職、
住民解職)、レファレンダム (国民投票、住民投票)、イニシア
ティブ (国民発案、住民発案) の3つがある。

□**18** 特定の地方公共団体にのみ適用される ★ 法の**制**
★ **定**には、国会の議決とその地方公共団体の住民投票に
おいて ★ の同意が必要である。

地方特別 (地方自
治特別)
過半数

□**19** 地方公共団体は、住民の利益保護のため、その地方だ
★★★ けに適用される ★★★ で**罰則**を定めることができる。

条例

◆例えば、情報公開制度や個人情報保護制度は、国の法整備に先
駆けて、地方公共団体で条例が制定されている。

□**20** 地方公共団体の ★★ や懇談会などに、一般市民が
★★ 公募で参加できる制度があり、重要な ★★ 案や計
画などの策定にこの方法が採用される場合がある。

審議会,
条例

□**21** 住民は、産業廃棄物処理場の建設をめぐり、その是非
★★ に関して ★★ に住民投票条例の制定を請求できる。

首長

□**22** 地方の重要政治問題について ★★★ を自主的に実施
★★★ する地方が増えているが、この動きは ★★★ 民主主
義の動きとして民主主義の実現に役立つものといえる。

住民投票,
草の根

□**23** **重要問題に関する地方**の住民投票の**実施**は ★★★ 法
★★★ には規定されておらず、地方の自主的な ★★★ の制
定に基づいて行われていることから、国との関係では
★★★ **を持たない。**

地方自治,
住民投票条例

法的拘束力

◆日本ではこれまでに450件を超える住民投票が行われている。
実施した例には次のようなものがある。1996年：日米地位協定
見直しおよびアメリカ軍基地整理縮小 (沖縄県)、原子力発電所
建設 (新潟県巻町)。97年：産業廃棄物処理場建設 (岐阜県御嵩
町) など。

113

□24　住民投票の投票資格については ★★★ 法は**適用され**
★★★　**ず**地方公共団体の ★★★ に委ねられていることから、
未成年者や ★★★ などに投票権を認めた例もある。

◆秋田県 (旧) 岩城町 (18歳以上)、長野県平谷村 (中学生以上)、
北海道奈井江町 (小学5年生以上)、滋賀県 (旧) 米原町・愛知県
高浜市 (永住外国人) などで投票資格を広く認めた事例がある。
神奈川県川崎市は永住外国人と3年超の定住外国人に投票を認
める条例を制定している。

公職選挙,
住民投票条例,
永住外国人

□25　地方公共団体が住民運動などによって制定した条例が、
★★　国の法律の制定に結び付いた例として、環境開発に民
意を反映させる ★★ 制度や**行政民主化**の前提とな
る ★★ 制度などがある。

環境アセスメント
(環境影響評価),
情報公開

□26　住民たちの任意の資金によって山林を購入して緑を守
★　る ★ 運動や景色を守るための建築規制などを定
めた ★ 条例が制定されている。

◆ナショナル=トラストは知床や小樽などで行われている。景観条
例には京都府や京都市などで制定されている。

ナショナル=トラ
スト,
景観

□27　地域住民は、地方公共団体の長、執行機関、職員の違
★★　法行為などについて**損害賠償請求**などの訴訟を提起で
きる。これらは、一般に ★★ 訴訟ともいわれる。

◆例えば、最高裁が違憲判決を下した愛媛靖国神社玉串料訴訟や
北海道の空知太神社訴訟は住民訴訟という形で提訴された。

住民

□28　★★★ は、首長から独立した執行機関として置かれ
★★★　た**行政委員会**で、選挙全般を管理する。

選挙管理委員会

□29　★ とは、教育に関する事務を管理執行するため
★　に地方公共団体に設置される**行政委員会**である。

教育委員会

□30　自主財源の乏しさ、国からの受託事務の増加で地方の
★★★　自主性が発揮できず中央政治に依存する地方の実態の
ことを ★★★ という。

◆実際には、地方の自主財源である地方税収入は4割程度ある。

三割自治

□31　地方の財源には、地方税など**独自の財源である** ★★★
★★★　と、地方交付税や国庫支出金など**国からの援助金であ
る** ★★★ があるが、 ★★★ は伝統的に ★★★ **割
程度しかなかった**。

自主財源

依存財源, 自主財
源, 3

□**32** 地方の財源には、**地方が使途を自由に決定できる** ★★ 財源と、**国が使途を限定した** ★★ 財源がある。
★★

一般,
特定

□**33** 一般財源には、住民税、事業税、固定資産税などの
★★ ★★ と、国から地方に支給される ★★ などが
ある。

地方税, 地方交付税

◆地方税法に定める税目以外に、条例による独自課税として、用途を特定しない**法定外普通税**、用途を特定する**法定外目的税**がある。地方交付税は国から地方に援助される使途自由な一般財源であり、その総額は**所得税・法人税**の33.1%、**酒税**の50.0%、**消費税**の19.5%、および**地方法人税**の全額である。

□**34** 特定財源には、**国から地方に対して援助されている**
★★ ★★ があるが、これを一般に ★★ という。

国庫支出金, 補助金

□**35** 次の図は、日本の地方財政（2023年度見込み）の歳入
★★★ 構成を示したものである。図中の**A〜D**にあてはまる
歳入源として最も適当なものを、後の語群から選べ。

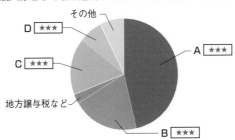

その他
D ★★★
C ★★★
地方譲与税など
A ★★★
B ★★★

A　地方税

B　地方交付税
C　国庫支出金
D　地方債

【語群】　国庫支出金　地方税　地方交付税
　　　　　地方債　復興債

◆2021年度では、地方の歳入総額128.3兆円のうち、一般財源は65兆円（50.5%）、その内訳となる地方税は42.4兆円（33.1%）、地方交付税19.5兆円（15.2%）などとなる。また、国庫支出金は32.1兆円（25.0%←例年は15%程度）、地方債は11.7兆円（9.2%）である。なお、地方譲与税は一般財源に含まれ、形式上は国税として徴収し、国が地方公共団体に譲与する税である。

□**36** 1995年制定の ★★ 法に基づいて進められてきた地
★★ 方分権のあり方が、99年制定の ★★ 法によって
規定された。

地方分権推進,
地方分権一括

□**37** 1999年制定、2000年施行の<u>地方分権一括法</u>は、国と地
★★　　方の関係を「<u>上下・主従関係</u>」から「　★★　」関係」に　　　対等・協力
　　　改めた。

　　　◆国と地方が「<u>対等・協力関係</u>」となったことに伴い、2000年に双
　　　　方の争いを審査・調停する<u>国地方係争処理委員会</u>が設置された。

□**38** 地方分権の確立に際して、<u>三割自治</u>**を解消する**ため、
★★★　　★★★　**事務を廃止する**とともに、**国からの**　★★★　　　　機関委任，補助金
　　　原則の見直しを行った。

□**39** 従来、地方公共団体の事務は**地方独自の仕事である**
★★　　　★★　**事務**と国からの　★★　**事務**に分かれていた。　　　固有，委任

□**40** かつては、**国からの委任事務**は、**国**が<u>地方公共団体</u>に
★★　　**委任する**　★★　**事務**と、**首長や委員長などに委任す**　　　団体委任，
　　　る　★★　**事務**に分類されていた。　　　　　　　　　　　　　機関委任

□**41** 2000年の<u>地方分権一括法</u>**施行**に伴う地方自治法改正に
★★★　　より、<u>機関委任</u>**事務は事実上廃止され**　★★★　**事務**　　法定受託，
　　　と　★★★　**事務**に区分された。　　　　　　　　　　　　　　自治 ※順不同

　　　◆主な<u>法定受託事務</u>には、パスポートの交付などの<u>旅券</u>**事務**、国
　　　　民の本籍地や出生などを証明する<u>戸籍</u>**事務**、投票用紙の交付な
　　　　どの<u>選挙</u>**事務**がある。**住民票の管理**などは国と地方の事務とい
　　　　う二面性があることから、<u>法定受託事務</u>ではない点に注意。な
　　　　お、<u>自治</u>事務に対する国の関与の手段は、<u>法定受託</u>事務に対す
　　　　るものに比べて限定的である。<u>自治</u>事務の具体例としては、都
　　　　市計画の決定、飲食店営業の許認可、介護保険サービス、国民
　　　　健康保険の付与、病院や薬局の開設許可などがある。

□**42** 小泉内閣（2001〜06年）が進めた<u>三位一体の改革</u>と
★★★　　は、　★★★　**の見直し**、　★★★　（**補助金**）**の削減**、**国**か　　地方交付税，
　　　ら<u>地方</u>への　★★★　**の3つの改革**のことをいう。　　　　　　国庫支出金，
　　　　　　　　　　　　　　　　　　　　　　　　　　　　　　　　　　税源移譲
　　　◆<u>三位一体の改革</u>で、国の地方に対する財政援助を削減したこと
　　　　は、国の財政負担を軽減し、国家財政再建ともなった。一方、
　　　　<u>地方交付税</u>の見直しにより、厳しい財政状況に直面する地方公
　　　　共団体も現れ、財政赤字が深刻化した<u>夕張市</u>（北海道）は「地方
　　　　公共団体の財政の健全化に関する法律」によって**財政再生計画**
　　　　の策定が義務づけられた**財政再生団体**となっている。

□**43** 補助金原則を見直して自主財源を拡充するために、
★　　　1997年より　★　**税が新設**され、2006年には地方債　　　地方消費，
　　　発行時の国の**許可制**を廃止して　★　**制**に改めた。　　　　事前協議

□ **44** 国から地方への**税源移譲**の具体例としては、国税とし
★★★
ての ★★★ の減税分を地方税としての ★★★ **増税**
に振り向ける方法や、国税としての ★★★ 分と地方
税としての ★★★ 分の割合を変えて、後者の比率を
高める方法がある。

所得税，住民税，

消費税，

消費税

◆また、2000年から地方公共団体による独自課税が認められるよ
うになり、例えば、総務大臣の同意があれば、地方税法に定め
られていない**法定外税**を徴収することが認められている。

□ **45** 「 ★ 」とは、居住地でない地方公共団体に寄付を
★
行うと、その金額に応じて所得**税**と住民**税**が控除され
る制度のことで、**地域活性化や被災地の復興支援**のた
めに利用する者もいる。

ふるさと納税

◆近年は、ふるさと納税で寄付を受けた地方公共団体側から納税者
に対する高額返礼品などが注目を集めている。

□ **46** 1997年より ★ が新設され、消費税の中に含めて
★
徴収し、国と地方にそれぞれ納付されることになり、税
率5%時には ★ %分が、2014年以降の8%時に
は ★ %分が、19年以降の10%時には ★
%分が地方に、残りは国に納付される。

地方消費税

1，

1.7，2.2

□ **47** 都市開発や福祉行政、地方債の許可などの**運営権を都**
★
道府県から大幅に移譲される都市を ★ という。

政令指定都市

◆政令指定都市は、人口100万人以上（実際には従来の運用上、
50万人以上）の都市に認められてきた。2010年4月に神奈川県
相模原市、12年4月に熊本県熊本市が指定され、22年7月現
在で全国20都市となった。なお、都道府県と政令指定都市
には、地方公務員の給与などの勧告を行う**人事委員会**の設置が義
務づけられている。

□ **48** 政令の指定により、周辺の普通の市よりも行政事務に
★
関する権限が強化される、政令指定都市に準ずる扱い
となる都市を ★ といい、**各種行政事務に関する**
権限の一部が都道府県から移譲される。

中核市

◆中核市になるためには人口20万人以上の条件を満たさなければ
ならず、都道府県の議会と、その市議会の議決を経て国（総務
大臣）へ申請する（2023年4月現在、全国62市が指定）。

□**49** 市町村合併特例法によって、市町村の数を3,200から
★★　1,000に削減することを目標に進められた市町村の合
　　併は「　★★　」と呼ばれる。　　　　　　　　　平成の大合併

　　◆1888～89年の**「明治の大合併」**は、旧幕藩体制下から続く地縁共
　　同体であった町村を、近代的地方自治制度である「市制町村制」
　　の施行に際し、約7万1,000の町村数を約1万6,000に統合
　　した。1953～61年の**「昭和の大合併」**は、新制中学の設立、市町
　　村消防や自治体警察の創設、社会福祉や保健衛生関連の適正処
　　理などを目的に、約1万の市町村数を3,400程度に統合した。
　　1999～2010年の「平成の大合併」の目的は、**地方行政を効率化**す
　　るとともに、地方議員や公務員の数を減らして**地方の財政コス
　　ト**を削減し、ひいては**国の財政コストを削減**することにあった。
　　結果、現在の市町村の数は1,700程度になっている。

□**50** 「**平成の大合併**」に際して、国は合併した市町村には向
★★　こう　★★　年間は国からの地方交付税交付金を削減　　10,
　　しないことや　★★　の発行を認め、その70%を国　　　合併特例債
　　が負担するという特恵を与えていた。

　　◆市町村合併に地方議会議員が反対しないようにするため、**合併
　　した市町村の議員の議席数を一定期間削減しないとする**在任特
　　例なども認められていた。

□**51** 市町村合併の目的が達成された後には、**47都道府県**
★　**を「9」「11」「13」に統合する**という　★　の導入　　道州制,
　　が検討されており、すでに　★　は、そのモデル地　　　北海道
　　域に指定されている。

□**52** 2040年までに20～39歳の　★　が半減し、行政　　女性人口
★　機能や社会保障制度の維持、安定した雇用などが困難
　　になると予測される自治体を指して「　★　」と呼ぶ。　消滅可能性都市

　　◆2014年、日本創成会議の人口減少問題検討分科会によって報告
　　された消滅可能性都市の数は896自治体で、岩手県や宮城
　　県沿岸部など東日本大震災の被災地なども含まれた。今後、自
　　治体機能を集約したコンパクトシティを創設することも重要で
　　ある。

□**53** 人口減少に直面する地方公共団体の中には、議会の議
★　員の担い手が少なくなっていることから、地方自治法
　　第94・95条に基づき、議会に代えて選挙権を有する
　　者が全員参加する　★　の設置を検討する事例も出　　町村総会
　　てきている。

□ **54** ★ ｜ ★ ｜とは、官民が出資し共同で設立された、地域
開発に取り組む企業形態のことで、1960年代の高度経
済成長期に活用される事例が増えていった。

第三セクター

> ◆第三セクターは経営の見通しの甘さから破綻するケースも少な
> くない。近年は人口減少に悩む地方公共団体で、第三セクターと
> いう企業形態を通じて交通網を維持している事例も見られる。

□ **55** ★ 2006年施行の ｜ ★ ｜法によって、それまで行政が
担ってきた事業に市場原理を導入し、官と民が競争入
札に参加する ｜ ★ ｜化テストが制度化された。

公共サービス改革

市場

□ **56** ★ 都道府県の単位を越えた**広い地域で統一的な地域開発
などの行政**を行うことを ｜ ★ ｜という。

広域行政

> ◆複数の地方公共団体が連携して広域で事業を行うことを広域連
> 携という。例えば、2018年に成立した改正水道法では、水道施
> 設の統廃合など事業の合理化を図るために、水道事業の広域連
> 携を図るとした。

□ **57** ★★ 地方公共団体が設置する公共施設全般について、**地方
自治法**に基づき民間企業や NPO などがその管理業務
を包括的に代行し得る ｜ ★★ ｜制度が行われている。

指定管理者

□ **58** ★ 民間企業の資金や経営能力・技術能力の活用という視
点に立って、国や地方公共団体における公共施設の建
設・設備などを**企業が主体的に担う**ことによって促進
する ｜ ★ ｜制度が行われている。

PFI(プライベート
・ファイナンス・
イニシアティブ)

> ◆ PFI (Private Finance Initiative) は公共施設などの建設や維
> 持管理などについて民間の資金や経営能力、ノウハウを利用す
> る手法であり、民と官が協力して各種事業にあたることから公
> 的資金の投入を抑制しつつ、民間の活力により収益を期待する
> ものとして注目されている。近年では民間企業と地方都市が協
> 力して図書館を建設・運営している事例などがある。

政治分野
POLITICS

現代政治の諸問題

1 日本の選挙制度

☐ **1** 選挙の4原則の1つには、選挙権を財産、性別、教育
★★★ などで制限せず、**すべての成年者**に選挙権や被選挙権
を与える ★★★ 選挙がある。その反対の選挙方法を
★★★ 選挙という。

普通,
制限

☐ **2** 選挙の4原則の1つには、**財産や身分などによって1**
★★ **人に複数の票を与えたり、1票の価値に差を設けたり**
してはならないという ★★ 選挙がある。その反対
の選挙方法を ★★ 選挙という。

平等,
不平等

☐ **3** 選挙の4原則の1つには、**選挙人が候補者に自ら投票**
★★ **する** ★★ 選挙がある。一方、選挙人を通して意思
表示をする選挙方法を ★★ 選挙という。

直接,
間接

☐ **4** 選挙の4原則の1つには、投票の際には**投票者は自分**
★★ **の名前を自署せず無記名で投票する** ★★ 選挙があ
る。その反対の選挙方法を ★★ 選挙という。

秘密,
公開

◆投票を権力や他者に干渉されず、投票者本人の意思で決定でき
ることを自由選挙といい、これを加えて選挙の5原則ともいう。

☐ **5** 日本では ★ 投票制を採用し、**投票は投票者本人の**
★ **自由**とされ棄権も許されるが、国によっては ★ 投
票制を採用し、棄権した者に罰則を科す国もある。

任意,
強制 (義務)

◆強制投票制 (義務投票制) を採用する国では、投票は義務である
とされるため、高い投票率を維持している。

☐ **6** 1選挙区から1人を選出する ★★★ 選挙区制は、大
★★★ 政党に有利なため政局が安定し、また各党の乱立候補
を防止する長所を持ち、一方で小政党に不利で ★★★
の増加を招く短所を持つ。

小

死票

◆死票とは落選者に投じられた票のことで、選挙人の意志が議席
に反映されないことからそのように呼ばれる。なお、小選挙区
制では有権者が候補者をよく知ることができる反面、国民代表
としての適性を欠く「地方的小人物」が当選する傾向がある。

□**7** 小選挙区制の短所は、与党に有利なように**選挙区境界**
★★★ **線を恣意的に設定する** ★★★ が生じやすい点である。

ゲリマンダー

□**8** **1選挙区から複数名を選出**する ★★★ 選挙区制は、
★★★ 小**政党**にも当選のチャンスが増え、**死票が減少**する長
所を持つが、一方で**政局**の不安定**化**や同一政党間での
「**同士討ち**」を招く短所を持つ。

大

□**9** 多数者の支持を受けている多数**党**(大**政党**)に有利な選
★★ 挙制度を ★★ 代表**制**といい、少数者からの支持と
なる少数**党**(小**政党**)に有利な選挙制度を ★★ 代表
制という。

多数,
少数

□**10** 衆議院議員選挙の一部に導入されている小選挙区制は、
★★★ ★★★ **党に有利な** ★★★ 代表**制**になりやすいため、
政局は ★★★ **化**しやすい。

多数 (大政), 多数,
安定

□**11** 参議院議員選挙の多くの選挙区で採用されている大選
★★★ 挙区制は、 ★★★ **党**にも議席獲得のチャンスがある
★★★ 代表**制**になりやすいため、**政局**は ★★★ **化**
しやすい。

少数 (小政),
少数, 不安定

□**12** 衆議院議員選挙と参議院議員選挙の一部に導入されて
★★★ いる比例代表制は、各党に得票率に応じた ★★★ な
議席配分を実現するが、**政局**は ★★★ **化**しやすい。

公平,
不安定

◆選挙制度と投票制の組み合わせに関して、**小選挙区**(定数1)・
単記制(投票用紙に1名を記入)または**大選挙区**(定数複数名)・
完全連記制(投票用紙に定数名すべてを記入)にすると、定数す
べてを多数党(大政党)が占めてしまう可能性があるため、大政
党に有利な多数代表制**になりやすい**。一方、**大選挙区で制限連
記制**(投票用紙に定数未満複数名を記入)ないし**単記制**(投票用
紙に1名を記入)とする場合、記入できる人数までは大政党が議
席を独占しやすいが、それを超えた定数分については小政党に
もチャンスがある。したがって、少数代表制となりやすい。

□**13** 得票率に応じた公平な議席配分や、死票を**減少**させる
★★★ ことができる一方で、**小党分立**と**政局**の不安定**化**のお
それがある選挙区制度は ★★★ **制**である。

比例代表

III 政治

1 日本の選挙制度

121

□**14** 衆議院議員選挙について、1994年までの**1選挙区**から
★★　原則**3〜5人**を選出する ★★ 制は、**1選挙区**から
複数名を選出する点で ★★ 制の一種である。

中選挙区,
大選挙区

　◆大選挙区制の一種であるが、選出人数がそれほど多くないこと
　から中選挙区制と呼ばれる。この制度下においても**1票の格差の**
　是正により、最終的には**2〜6人区**（奄美群島は1人区）と
　なっていた。

□**15** 1994年の法改正で衆議院議員選挙に ★★★ 制が導入
★★★　され現在に至るが、導入当初の議員定数は ★★★ 区
が**300人**、**全国11区**で実施する ★★★ 区が**200**
人の**合計500人**と定められた。

小選挙区比例代表
並立,
小選挙,
比例代表

　◆ドイツで導入されている小選挙区比例代表併用制との区別に注
　意！　これは各政党の獲得議席数を比例代表で決定し、各政党
　は小選挙区当選者を優先的に獲得議席に充当する制度である。

□**16** 衆議院の定数は、1994年改正で「小選挙区**300人**＋比
★★★　例代表区**200人**＝合計**500人**」から、2000年の法改
正で「小選挙区**300人**＋比例代表区 ★★★ 人＝合計
★★★ 人」、12年改正で小選挙区の定数が**5減**して総
定数は「**475人**」、16年改正で「小選挙区 ★★★ 人＋
比例代表区**176人**＝合計 ★★★ 人」となった。

180,
480,
289,
465

　◆2012年改正で小選挙区の定数が300人から295人に5人削減
　されることが決定し、13年に「**0増5減**」の区割り法が成立し、
　小選挙区を1つ減らす5つの県が決められた。さらに、16年
　改正で小選挙区が295人から6減して289人、比例代表区が
　180人から4減して176人の合計465人となった（2017年10
　月実施）。また、2022年以降に実施される衆議院議員総選挙から、
　各都道府県の小選挙区の設置数を総人口に占める都道府県の人
　口比率に応じて配分する「アダムズ方式」の導入も決定した。こ
　の方式では、都道府県の各人口をある数（X）で割り、その商の
　小数点以下を切り上げて議席の定数を決めるため、各都道府県
　には最低でも定数1が割り振られる。なお、このXは各都道府
　県の人口をXで割った数の合計が定数とほぼ同じになる数値と
　する。アダムズ方式の導入で、2020年国勢調査で確定した人口
　より、15都県で小選挙区数が「10増10減」となる。

□**17** 従来、参議院議員選挙では**全国を1区で行う** ★★ 区
★★　と、**都道府県単位で行う** ★★ 区に区分されていた
が、1982年から金権選挙防止のため、**前者に** ★★ 区
が導入され、**後者は** ★★ 区と名称変更された。

全国,
地方,
比例代表,
選挙

□**18** 1983年以降、参議院議員選挙では、**47都道府県の** ★★★
★★★ 区と**全国1区の** ★★★ 区が設けられ、前者が ★★★
人、後者が ★★★ 人の合計252人の定数とされたが、
2000年改正により前者が ★★★ 人、後者が ★★★ 人
の合計242人に削減され、18年改正で前者は2増し
て ★★★ 人、後者は4増して ★★★ 人となり、合
計248人となっている。

選挙,
比例代表, 152,
100,
146, 96

148, 100

◆2016年、参議院の**1票の格差を是正する**ために、都道府県単位
を1区とする伝統的な選挙区の設置を変更し、人口の少ない2つ
の県を1区とする合区が導入された（鳥取と島根、徳島と高知）。

□**19** 1990年代の政治改革で**衆議院議員総選挙の比例代表**に
★★★ は、各政党の当選者は前もって示した**名簿の順位に**
よって決まる ★★★ **式比例代表制**が採用されている。

拘束名簿

◆この短所は、各党の当選順位に民意が反映されない点にある。

□**20** ★★ **議員選挙に導入されている** ★★ **式比例代**
★★ **表制**とは、有権者は**政党名または政党公認候補者個人**
名に投票することができ、その合計票を政党の得票数
と計算して各党の議席数を決定し、各党の**当選者**
は ★★ **の多い順**とする方法である。その方式の長
所は、各党の当選順位に民意が反映される点にある。

参議院, 非拘束名
簿

個人得票

◆2019年の参議院議員通常選挙より、比例代表には事前に政党が
決めた順位に従って当選者が確定する「特定枠」を各党が任意に
設定できることになった。

□**21** 比例代表選挙については、衆議院の場合、選挙人は
★★ ★★ **にのみ投票する**のに対し、参議院の場合、**政**
党または ★★ **に投票**できる。

政党,
政党公認候補者

□**22** 重複立候補が認められている衆議院議員総選挙におい
★★ ては、**小選挙区落選者が比例代表区で** ★★ **当選す**
ることが認められるが、その場合、比例代表区の名簿
に同一順位で複数名掲載された候補者が存在する場合、
その順位は選挙区での ★★ によって決定される。

復活

惜敗率

◆惜敗率とは、**同じ小選挙区における当選者の得票数に対する落**
選者の得票数の割合（百分率%）である。比例代表区での復活当
選には、当該選挙区の有効投票数の**10分の1以上**を得票するこ
とが条件で、惜敗率の高い順に順位が決まる。

□**23**
★★
日本の比例代表制は、各党の獲得議席の算出方法として、各党の得票数を整数で割り、商の大きい順に定数まで当選者を決める ★★ 方式を採用する。

ドント

□**24**
★★★
比例代表制における各政党の得票数が、A党1,000万票、B党800万票、C党500万票、D党200万票で、定数9の場合、ドント方式による各党の当選人数は、A党は ★★★ 人、B党は ★★★ 人、C党は ★★★ 人、D党は ★★★ 人となる。

4，3，2，
0

◆計算方法は以下の通り。この事例の場合、商の値が大きい順に第6位までが当選する。

	A党	B党	C党	D党	**(定数6)**
得票数	1,000	800	500	300	(単位：万票)
÷1	1,000	800	500	300	
÷2	500	400	250	150	
÷3	333	266	166	100	
÷4	250	200	⋮	⋮	
…	…	…	…	…	
	↓	↓	↓	↓	
	3人	2人	1人	0人	

□**25**
★★
次の表は、ある政党の衆議院議員総選挙の結果を示したものである。**比例代表区での獲得議席数が2の場合**、比例代表区での当選者は ★★ 氏と ★★ 氏である。

A，D ※順不同

比例名簿順位	1位　A氏 2位　B氏　C氏　D氏 5位　E氏
重複立候補者の 小選挙区での結果	○○区　B氏当選 □□区　C氏落選　惜敗率80% △△区　D氏落選　惜敗率90%

◆1位指名のA氏は当選。残り1議席を2位指名のB〜D氏の3人が争う。B〜D氏のうち、**B氏は小選挙区で当選したので名簿から削除**される。**C氏とD氏では惜敗率の高いD氏が優先さ**れるので、残りの議席はD氏が獲得する。

□ **26** 日本の選挙において、小選挙区では有権者は候補者に
★ 1票を投じ、**得票数が最も多い者**が当選するという方
法が採用されている。しかし、有権者が第1位・2位・
3位を指定し、第1位に3点、第2位に2点、第3位
に1点を与えると仮定し、**獲得した総得点が最も多い
者**を当選者とする方式だと、当選者が異なる可能性が
ある。この選出方法は ★ 方式と呼ばれる。

ボルダ

◆選挙のあり方として、現行の方式よりも民意を反映しているの
ではないかとして考案されている選出方法の1つである。

□ **27** 選挙運動の期間は、**衆議院が** ★★ **日間、参議院が**
★★ ★★ **日間**であるが、選挙運動期間以前の ★★
運動は公職選挙法で禁止されている。

12,
17, 事前

□ **28** 公職選挙法は、選挙運動として**立候補者が各家庭を回
る** ★★ を禁止するとともに、**特定の候補者を支持
する** ★★ **運動**も禁止している。

戸別訪問,
署名

◆戸別訪問は欧米では認められているが、日本の公職選挙法では
買収や利益誘導を防ぐために禁止されている。金権選挙を防止
するためにポスターやビラの枚数なども制限されている。

□ **29** 公職選挙法は、 ★★ の地位を利用した選挙運動を
禁止している。

公務員

□ **30** 公職選挙法は、**国政選挙と地方選挙に適用**され、投票
資格は従来**満** ★★ **歳以上**とされてきたが、2014年
の ★★ に関する国民投票法の改正で、4年以降後
の国民投票資格を満 ★★ **歳以上**に引き下げる前提
として公職選挙法改正を行うとの付帯決議が出され、
翌15年6月に改正公職選挙法が成立した。

20,
憲法改正,
18

◆2016年の参議院議員通常選挙から適用され、18・19歳の約
240万人が新たな有権者となった。また、未成年者の政治運動
は政治判断能力が不十分であるとして禁止されていたが、これ
も解禁された。なお、同選挙の10歳代投票率は46.78%と、
20歳代（35.60%）、30歳代（44.24%）よりも高かった。

□ **31** 2001年の公職選挙法改正で、地方選挙には**タッチパネ
ル方式**による ★★ 制の導入も可能となった。

電子投票

◆電子投票制は、岡山県新見市で初めて導入された（2020年3月
廃止決定）。ただし、**タッチパネル方式**が使用可能な場所は**投票
所のみ**と定められており、不正の可能性があるため**投票所以外
での**インターネット投票**は認められていない**。なお、**国政選挙**
には、今のところ電子投票制の導入は認められていない。

III 政治 1 日本の選挙制度

125

□32 公職選挙法では、 ★★★ による選挙運動が禁止され
★★★ ていて、選挙期間中は政治活動報告などのホームペー
ジ更新も禁止されていたが、2013年の法改正で、それ
らが ★★★ された。

インターネット

解禁

◆インターネットによる選挙運動解禁の長所として立候補者の考
え方が明確に伝わること、若年世代などの投票率上昇が期待さ
れることなどがある。一方、短所として、誹謗中傷などネガティ
ブキャンペーンや立候補者のなりすましによる情報配信の可能
性などが指摘されている。政党と候補者は、SNS および電子
メールによる自らへの投票の呼びかけが認められている。有権
者については、SNS や動画サイトを用いた選挙運動は可能であ
るが、電子メールの利用は禁止されている（例：電子メールで友
人に自らが支持する候補者への投票を依頼すること。候補者か
らの投票依頼のメールを転送することもこれに含まれる）。

□33 候補者の親族や選挙運動の総括主宰者や出納責任者な
★★★ ど主要な選挙運動員が選挙違反で有罪となった場合、
候補者の当選を無効とする制度を ★★★ といい、
1994年の公職選挙法改正で罰則が強化され、組織的選
挙運動管理者や意思を通じた秘書が、選挙違反で罰金
刑以上の有罪となった場合も適用されることになった。

連座制

◆連帯責任制である連座制によって当選が無効となった議員は、
同じ選挙区から5年間立候補できなくなる。なお、連座制の対
象者が起訴された選挙違反事件の刑事裁判において、公職選挙
法では起訴から100日以内に第一審判決を下すように裁判の迅
速化を求めている（百日裁判）。

□34 選挙に立候補する際には、一定の金銭を提出して預け
★★ る ★★ 制度があるが、その目的は乱立候補を防ぐ
ことにあり、 ★★ 数を得られなかった場合、供託金
は没収され、選挙公営化資金に利用される。

供託金,
法定得票

◆供託金は国政の選挙区300万円、比例代表区は名簿1人あたり
600万円（重複立候補者は300万円）と定められている。

□35 1997年の公職選挙法改正で、投票率を高めるために、
★★ 午前7時〜午後6時だった投票時間が ★★ 時まで
に延長され、従来の ★★ 投票の要件も緩和された。

午後8,
不在者

□36 選挙期日以前に本人による事前投票を市区町村の役所
★★ などで認める制度を ★★ 投票という。

期日前

◆2003年の公職選挙法改正で公示日または告示日の翌日から選挙
期日の前日までの期間はいつでも投票可能となったことから不
在者投票は期日前投票と改称された。なお、現在でも障がい者
や要介護者など投票所に行くことが困難な者に対して郵便など
による投票を認める不在者投票制度は残っている。

□ **37** 1989年から2022年までの国政選挙について、次のグラ
★★★ フ A は ★★★ 議員、B は ★★★ 議員の選挙の投票
率を示す。**最低投票率**を記録した選挙は ★★★ 議員で
約 ★★★ %（2014年）、 ★★★ 議員で約 ★★★ %
（1995年）である（小数点第 1 位を四捨五入）。

**参議院，衆議院，
衆議院，
53，参議院，45**

```
%
80
75    73.31('90)
70         67.26('93)                  67.51('05)  69.28('09)
65  65.02('89)        59.65    62.49
60                    ('96)    ('00)  59.86                59.32
55       50.72('92)          58.84  56.44  56.57  58.64  57.92  ('12)  52.66  54.70  55.93
50                           ('98)  ('01)  ('04)  ('07)  ('10)        ('14)  ('16)  ('21)
45         44.52('95)                              52.61  53.68        52.05
40                                                 ('13)  ('17)  48.80  ('22)
35                                                             ('19)
   1990    95    2000         10         15        20  22年
          ──▲── A
          ┈┈□┈┈ B
```

◆参議院議員通常選挙で最低投票率を記録した1995年の村山富市
内閣時、衆議院議員総選挙の投票率が初めて60％を下回った
96年の橋本龍太郎内閣時は、いずれも自民党と他の野党の連立
内閣の時期であった。2013年にはインターネットによる選挙運
動解禁後、初めての参議院議員通常選挙が行われた。21年10
月は、20年の新型コロナウイルス感染症（COVID-19）の感染
拡大以降で初の衆議院議員総選挙となったが、各党の公約の対
立軸が鮮明でなく、感染症への警戒感などもあり、投票率は
55％台に伸び悩んだ。22年7月の参議院議員通常選挙の投票
率は52.05％と、50％台を回復した。期日前投票の利用が浸
透し、その投票者数は前回19年から約255万人多い1,961万
人と、参議院議員通常選挙で過去最高を更新した。

□ **38** ★ とは、若者の有権者よりも高齢の有権者の意
★ 見や主張が政策や世論形成に反映されやすくなること
を指す。

シルバー民主主義

◆少子高齢化が進む中、**若者の投票率が低迷**する一方で、投票率
が比較的高い**高齢者の意見や主張が政策に影響**を及ぼしやすく
なると指摘されている。

□ **39** 1995年、定住外国人に**地方選挙権を与えるという立法**
★★★ **措置（法改正）**は ★★★ **とは断定できない**とする最高
裁判断が出された。

違憲

◆住民自治を尊重する立場から、その地方に一定期間、居住して
いる定住外国人に地方選挙権を与えることは立法政策上、違憲
とは断定できないとする。ただし、定住外国人に地方選挙権を
与えるためには、公職選挙法の改正が必要である。2020年8月
現在、定住外国人には地方選挙権は与えられていない。

□**40** ★★★ を国政の比例代表選挙に限り、選挙区には認　　　**在外投票**
★★★　めていなかった従来の公職選挙法の立法不作為につい

て最高裁判所は2005年に ★★★ とする判決を下した。　　**違憲**

この判決を受けて、06年には公職選挙法が改正され

て衆参両院の選挙区についても ★★★ が認められた。　　**在外投票**

◆ 1998年の公職選挙法改正（2000年施行）で、衆参両院の比例代表
選挙のみに限って海外の日本大使館などで行う在外投票が認め
られていたが、これを選挙区に認めず投票ができなかったこと
が法の下の平等に反するとして、国を相手に損害賠償を求める
訴訟が起こされた。最高裁判決の違憲の理由は、憲法第15条の
選挙権を不当に制限する点にある。法律を制定しないこと、すな
わち立法不作為を違憲とする初めての最高裁判決であり、事実
上の立法勧告の意味を持つ。なお、2021年10月の衆議院議員総
選挙における在外投票の投票率は比例代表選挙で20.21%、小
選挙区選挙で20.05%と、前回と同じく20%台の低い投票率と
なった。複雑なルールや手続が影響しているものと考えられる。

□**41** 1948年、**政治献金の上限規制**と一定額以上の**寄付の公**
★★★　**開**を規定し、政治資金の公正を図る ★★★ 法が制定　　**政治資金規正**

されたが、相次ぐ政治腐敗の中、**94年に改正**が行わ

れ、政治家個人名義への献金が全面禁止された。

◆**1994年**の政治資金規正法改正で政治家は政治献金を直接受け取
れなくなったが、受け皿として**政治家1人あたり1つの資金管
理団体**を保有でき、それに対する献金は個人・企業・団体いず
れも一定期間は認められていた。なお、政党や政治家の後援会
なども含まれる政治団体の収支については**政治資金収支報告書**
として、1年分の内訳を記載することになっている。

□**42** 2000年の政治資金規正法改正で、政治家1人が1つ保
★★　有できる**資金管理団体への献金**は ★★ と団体から　　**企業,**

は禁止となり、 ★★ からは一定額以下であれば可　　**個人**

能とされている。また、個人・企業・団体のいずれか

らも政党および政党に資金を援助することを目的とし

て政党が指定した ★★ に対する献金は認められ、　　**政治資金団体（政
治団体）**

一定の上限金額の規制が設定されているだけである。

◆寄付の年間上限について、政党と政治資金団体に対しては企業・
団体は規模により750万円～1億円まで、個人は2,000万円
までとなる。なお、寄付は**5万円超**について氏名と金額を**政治
資金収支報告書**に記載する義務があるが、政治資金を集めるた
めに開かれる**政治資金パーティー**については、20万円超に緩和
されていた中で、2024年に自民党派閥の**政治資金パーティー裏
金事件**を受けて法改正が行われ、**5万円超**に引き下げられた。一
方、1人の対価支払上限は1度のパーティーあたり**150万円**に
制限されている。

□43 ★★ **★★** （政党交付金）は、**国民1人あたり約250円、総額年間約320億円**（「平成27年国勢調査人口」により算出）とされ、政党の獲得議席数と得票数より算出した勢力に応じて配分される。

政党助成金

◆政党助成法は、政治資金規正法改正と同じく、初の非自民連立政権となった**細川内閣下の1994年に制定**された。政治家個人への献金を禁止する代わりに、**公費を政治資金として交付し、**一部の企業や団体と政治家との結び付きを断ち切り、政治資金の透明化を図ることで**金権政治を防ぐこと**を目指した。

□44 ★★ 公職選挙法における「政党」（衆議院比例区に立候補可能な政党）の要件は、**国会議員が ★★ 人以上、**または**前回の国政選挙の得票率が ★★ ％以上**である。

5,

2

□45 ★★ 政党助成法における「政党」の要件は、**国会議員が ★★ 人以上、**または**前回の国政選挙の得票率が ★★ ％以上かつ国会議員が ★★ 人以上**とされている。

5,

2, 1

◆政治資金規正法においては、政治献金を受けることができる「**政治団体**」は、掲げる主義や政策を推進し、立候補者を推薦・支持する**実体を持つ団体**とされている。

□46 ★ **議員の立法活動を補佐**するための制度として、公設秘書 ★ 人、うち ★ 人を政策担当秘書として設置することができ、その**給与は国費で負担**する。

3, 1

◆公設第一秘書、公設第二秘書、政策担当秘書の身分は**国家公務員特別職**になる。

□47 ★ **★** 候補者は、親や祖父母など親族の代から続く後援会という**地盤**、元職または現職者である親族の知名度という**看板**とその資金力を意味する鞄の「 **★** 」を持つことで有利なため、それらのない新人候補者の当選が難しい現状がある。

世襲

三バン

2 政党と圧力団体

ANSWERS □□□

□1 ★★ **特定の主義または原則において一致している人々が、**それに基づいて**国民的利益**を増進すべく努力するために結合した団体を **★★** という。

政党

◆ E. バークによる政党の定義。

□2 J. ブライスは、『近代民主政治』の中で「今までに、大
★★ 規模な自由主義国で　★★　を持たない国はなかった
し、　★★　なしに代議政治が運営可能であることを
示した者は、1人もいない」と述べている。

政党,
政党

□3 政党には国民の多元的な意見を**綱領や政策に一本化す**
★★ **る**　★★　**機能**があるが、いわば　★★　**を一本化す**
る機能ともいえ、それを政治に実現する**パイプ役**にな
るという　★★　**機能**も有するとされる。

利益集約, 世論

利益媒介

◆また、政権獲得を目指し、与党は政府を組織し、野党は政府を
批判かつ監督して次期の政権獲得を目指す点で政党には**政権担**
当機能があり、国民に政治争点を明確化し、考え方を示す**政治**
教育機能もある。

□4 E. バーカーは、「　★★　は社会と国家の架け橋であ
★★ る」と述べて、その　★★　**機能**を端的に表現した。

政党,
利益媒介

□5 一般に選挙において政党が公党として掲げる**政権公約**
★★ のことを　★★　と呼ぶ。

マニフェスト

◆日本でのマニフェストは、2003年の衆議院議員総選挙から公職
選挙法改正で配布が可能となり定着した。また、地方の知事た
ちがローカル=マニフェスト（地方自治体マニフェスト）を公表
し、国政に影響を与えた。

□6 政党は、資本家など財産や教養のある有力者たちが同
★★ 質利益を追求し**名誉職として政治を行う**　★★　**政党**
から、無産者も参加し**多元的な異質利益を追求する**
★★　**政党**に変化した。

名望家

大衆

◆名望家政党は議会内の政治活動のみを行い、政党の基本方針を
示す綱領を持たず、党に所属する議員に対して議場での投票行
動などを拘束する党議拘束も存在していなかった。それが現代
では大衆政党へと移り変わり、議会外の政治活動を行い、政党の
基本方針を示す綱領を持ち、**党の規約に従う**党議拘束**が強くな**
り、議員個人の意思よりも党の決定が優先されるようになった。
例えば、2005年の郵政民営化問題で反対票を投じた自民党議員
は除名処分を受けた。なお、日本国憲法には政党に関する条文は
ないが、**憲法第21条1項**で結社の自由を保障している。

□7 特定の分野において省庁、政府での政策決定過程に影
★★ 響力を持つ議員のことを、一般に　★★　という。

族議員

□**8** 55年体制下の自民党政権では、自民党が ★★ を中
★★
心とする集団であったため、閣僚の任命も ★★ の
推薦で決められることが多かった。

派閥,
派閥

◆派閥は政治家どうしの利害や信条などによって結束した党内の
グループである。自民党が長期安定政権を担った**55年体制下**で
は、実際の政権交代は起こらなかったが、自民党内の「党内党」
とも呼ばれる派閥による「政権」交代が起こっていた。

□**9** 特定の ★★★ の実現を目指し、**政治や行政に対して**
★★★
影響力を行使しようとする集団を ★★★ という。

利益,
圧力団体 (利益集
団)

◆主要な圧力団体には、経営者団体、農業団体、労働団体、医療
関係団体などがある。政党や国会議員だけでなく、中央省庁の
高級官僚に対しても活動が行われる。

□**10** アメリカでは、 ★★ を使って**利益集団**が政治へ圧
★★
力をかけている。

ロビイスト

□**11** 圧力団体の長所は、選挙ルートで吸収できない多様な
★★
民意を政治に反映させて**代議制**を ★★ する点にあ
るが、短所は**汚職や政治腐敗**などの ★★ **政治を発
生**させてしまう点にある。

補完,
金権

◆金権政治とは、金の力によって支配する政治のことで、特定の
企業や団体から政治資金の提供を受ける見返りとして利益供与
などが行われる。その背景として、日本の政党の党員数が一般
的に少なく、政党としての活動資金が不足しがちであることが
挙げられる。そのため、議員やその候補者は私的な後援会組織
に支えられ、個人でなく企業や団体からの献金に依存しがちと
なる。政党助成金が金権政治の防止を意図する点はここにある。

□**12** 2002年に**経団連 (経済団体連合会)** と**日経連**が合同し
★★
て新たに ★★ が結成され、自民党に対して大きな
発言力を持つようになった。

日本経団連 (日本
経済団体連合会)

□**13** 経済団体には、日本経済団体連合会の他に ★ や
★
日本商工会議所があり、労働団体には ★ などが
ある。

経済同友会,
日本労働組合総連
合会 (連合)

□**14** 伝統的に農業団体、医師団体、経営者団体は ★
★
政党を、労働団体は ★ **政党**を支持してきた。

保守,
革新

□**15** ★ (JA) は自民党を支持する**圧力団体**として知ら
★
れており、またそれらの上部組織として ★ (JA
全中) が存在する。

農業協同組合 (農
協),
全国農業協同組合
中央会

131

3 日本の政党政治(1)～55年体制

□■1 第二次世界大戦後の日本において、 ★★★ 年に保守
★★★ 　系の**自由党**と**日本民主党**が合同して ★★★ が成立し
た出来事を ★★★ という。

1955,
自由民主党（自民
党）,
保守合同

□■2 第二次世界大戦後の日本において、1955年には**革新政**
★★★ 　**党**である ★★★ が右派・左派合同で一本化し、保守
系の**自由民主党**との「 ★★★ 政党制」が確立した。

日本社会党,
$1\frac{1}{2}$

◆日本社会党の議席勢力が、自民党1に対して、その2分の1程
度にとどまっていたことからできた言葉である。なお、右派（右
翼）・左派（左翼）という用語は、議場の議長席から見た議席の
配置に由来し、フランスが起源である。日本では、主に右側か
ら保守勢力、左から革新勢力が議席を有した。また、当選回
数が少ない議員ほど前方の議席から座る。

□■3 第二次世界大戦後の日本において、1955年の結成以来、
★★★ 　93年までの**38年間**におよぶ自由民主党による**長期**
安定政権となった状況のことを ★★★ 年体制という。

55

◆この間、原則的に自民党単独政権が維持されたが、1983～86年
には一時的に自民党と新自由クラブの連立政権を組織したこと
で、政権の座を守った。

□■4 第二次世界大戦後より「憲法・ ★★ ・外交」という
★★ 　重要問題をめぐって、政党間で ★★ 対立が続いた。

安全保障,
イデオロギー

◆イデオロギーとは**政治的なものの考え方や思想傾向**のこと。**冷**
戦終焉でイデオロギーの対立も消滅しつつある。よって、社会
民主党（かつての社会党）などの支持は低下傾向にある。

□■5 **1964年**に創価学会を支持母体とする中道政党として
★★ 　 ★★ が結成され、**野党**の ★★ 化が進んだ。

公明党, 多党

◆野党の多党化による「票割れ」は、一本化されていた保守系政党
である自民党の相対的優位を定着させた。

□■6 **1970年代後半**には、自民党の議席数は ★ 近くま
★ 　で落ち込み、 ★ といわれる状況が生じた。

半数,
保革伯仲

◆1983年にロッキード事件で田中角栄元首相に有罪判決が下る
と、同年に中曽根康弘内閣の下で行われた衆議院議員総選挙で
自民党は過半数割れし、新自由クラブとの連立政権が一時組織
された。また、**都市化の進行や産業構造の変化**により、地縁関
係や労働組合、農業団体などを基盤にした政党や候補者への支
持を集める仕組み（**集票システム**）が、それ以前よりも機能しに
くくなったことなども背景にある。

□**7** 竹下登内閣の下、**1988年の** ★★ **事件の発覚**と、89
★★ 年の ★★ 税**導入**により、その直後の**参議院議員選**
挙で自民党**が過半数割れ**を起こし、衆議院と参議院の
多数派政党が異なる ★★ 国会となった。

リクルート,
消費

ねじれ

□**8** 1993年、★★★ **内閣が不信任**され、**結党以来初めて**自
★★★ 民党**が政権を失ったこと**を当時は「 ★★★ 」と呼んだ。

宮澤喜一,
55年体制の終焉

□**9** **選挙情勢を予測する報道**によって、有権者に影響がお
★★ よび、投票結果が左右されることを ★★ という。

アナウンスメント
効果

◆事前に優勢と報道された候補者に対し、有権者が投票しがちに
なる傾向を**バンドワゴン効果**、その反対に、劣勢または不利な
状況と報道された候補者を応援したくなるという心理現象から
票が集まることを**アンダードッグ効果**という。

4
日本の政党政治(2)〜55年体制の崩壊

□**10** どの政党も支持しない ★★ 層が増える一方で、身
★★ 近な問題に対して ★★ 運動という形で自主的に行
動する人がしだいに増えていった。

無党派,
市民

□**11** **経済成長**で社会が豊かになるにつれ、有権者の関心は
★★ **日々の消費生活や個人の趣味に向かう**ようになり、
★★ の傾向が見られるようになることで選挙の棄
権率が高まるなど**民主政治が形骸化するおそれ**がある。

政治的無関心(ポ
リティカル=アパ
シー)

◆政治的無関心(ポリティカル゠アパシー)について、アメリカの
社会学者リースマンは、政治的無知による**伝統型無関心**(政治的
知識が乏しく、「政治はおかみがするもの」などと考えること)
と、政治的知識を持っているにもかかわらず政治に冷淡な**現代**
型無関心(「どうせ変わらない」という無力感やあきらめ)に分類
している。また、アメリカの政治学者ラズウェルは、**脱政治的態**
度(幻滅などにより政治から離脱すること)、**無政治的態度**(政
治にそもそも関心を持たないこと)、**反政治的態度**(既成の政治
価値を急進的に否定すること)に分類している。

4 日本の政党政治(2)〜55年体制の崩壊

ANSWERS □□□

□**1** 1993年の**非自民8党派**による内閣や、94年以降の自
★★★ 民党を中心としつつも**複数の政党から閣僚を出す内閣**
を ★★★ 内閣という。

連立

□**2** 1993 年、7 党 1 会派による**非自民連立内閣**として誕生
★★★　した 　★★★　 **内閣**と、続く 　★★★　 **内閣**の下では、**94
年**に 　★★★　 **法**や製造物責任 (PL) 法など自民党政権
時には可決困難であった法律が成立した。

◆1994 年には、自民党との二大政党を目指して、細川内閣を構成
した複数の政党が統合し**新進党**が小沢一郎らによって結成され
た。しかし、政策をめぐる対立から、98 年に党は分裂し、小沢
一郎らのグループは**自由党**を結成した。

細川護熙, 羽田孜,
政治改革関連四

□**3** **政治改革**を求める世論を背景として**細川連立政権**が誕
★★★　生した翌年の**1994 年**に衆議院議員選挙に 　★★★　 **制**が
導入された。

小選挙区比例代表
並立

□**4** 1994 年、社会党と新党さきがけは、従来、対立してき
★★★　た自民党と連立し、社会党首班内閣として 　★★★　 **内**
閣が成立した。社会党が首班となるのは第二次世界大
戦直後の**片山哲内閣以来**である。

村山富市

□**5** **1996 年** 1 月、自民党の 　★★　 を首相とする連立内閣
★★　が成立し、その後も自民党首班内閣が復活したことは
　★★　 ともいわれた。

◆橋本内閣は、村山内閣と同じく**自民党、社会党、新党さきがけ
の三党連立**で発足したが、後に社会党と新党さきがけが大臣を
出さない閣外協力後に連立を離脱し、自民党単独内閣になった。

橋本龍太郎

55 年体制の復活

□**6** **1998 年**、 　★　 **内閣**が当初、自民党単独内閣として成
★　立したが、後に自民党、自由党、公明党の**三党連立内
閣**を形成した。

◆同内閣は**三党連立**で**絶対安定多数を獲得**したため、日米ガイド
ライン関連法、通信傍受法、住民基本台帳法改正など、当時、批
判もあった法律案を相次いで成立させた。しかし、2000 年には
自由党 (小沢一郎代表) が連立を解消した。

小渕恵三

□**7** 1996 年、リベラルな政治を目指して鳩山由紀夫や菅直
★★★　人らが 　★★★　 を結成し、2003 年には**小沢一郎らの自
由党**が合流して最大野党となり、**09 年 9 月～ 12 年
12 月**には政権を担った。

◆新進党の分裂により小沢一郎らの自由党以外のグループが、第三
勢力となっていた民主党に合流して新しい**民主党**に拡大し、2003
年の**自由党の合流**を経て、**09 年 9 月の政権交代**を実現した。

民主党

5 日本の政党政治 (3) ~2001年以後

☐**1**
★★★
2001年、 ★★★ が所属派閥を離脱して首相に指名され内閣を組織し、派閥解消や聖域なき ★★★ などを唱えた。

☐**2**
★★★
★★★ 内閣の下、2005年に行われた ★★★ の是非を国民に問う**民意吸収型**の衆議院解散総選挙で、**自民党と公明党の連立与党が圧勝**し、 ★★★ 超の議席を獲得した。

☐**3**
★★★
小泉純一郎内閣（2003年11月以降）、06年9月に発足した第一次 ★★★ 内閣、07年9月に発足した ★★★ 内閣、08年9月に発足した ★★★ 内閣、12年12月に発足した第二次 ★★★ 内閣は、いずれも自民党と ★★★ の二党連立内閣であった。

☐**4**
★★★
2006年9月、約5年半の長期政権となった小泉内閣を引き継いだ ★★★ 内閣は、「 ★★★ 」という**スローガン**を掲げ、「**戦後**レジーム**からの脱却**」を唱えた。

◆レジームとは「枠組み」のこと。「戦後レジームからの脱却」とは、**日本国憲法**をはじめとして、第二次世界大戦後に構築された様々な制度や仕組みを見直すことを意味する。

☐**5**
★★★
第一次安倍内閣は、**2006年12月**に ★★★ 法改正で ★★★ に近い教育目標を明記するとともに、**07年5月**には**憲法改正に関する** ★★★ **法**を成立させた。

◆なお、民主党は重要一般問題についての国民投票法とすべきであると主張していた。

☐**6**
★
ねじれ国会の下、第一次安倍内閣は ★ 法の延長問題など国政運営が停滞する中、2007年9月に安倍首相が突然、辞意を表明して退陣した。

◆テロ対策特別措置法は、**2007年11月1日に期限切れ**となり、インド洋での船舶に対する給油などの補給活動が一時停止された。

□**7**
★★
2007年9月、第一次安倍内閣を引き継いだ ┃ ★★ ┃ **内閣**では**ねじれ国会**の下で国政が停滞し、インド洋上での給油などの補給活動に限った ┃ ★★ ┃ **法**を衆議院の優越の規定で成立させるなど厳しい国会運営が続いた。

　◆**2008年1月**から1年間の時限立法として成立。09年1月に1年間延長され、10年1月に民主党政権下で期限切れとなった。

福田康夫

新テロ対策特別措置

□**8**
★★
2008年9月、福田内閣を引き継いだ ┃ ★★ ┃ **内閣**は、**アメリカの** ┃ ★★ ┃ **問題**に端を発した**国際金融危機**（リーマン=ショック）に伴う世界同時株安の中、金融危機対策を優先させて衆議院の解散を遅らせた。

麻生太郎

サブプライム=ローン

□**9**
★★★
2009年8月の**衆議院議員総選挙**で**自民党**と ┃ ★★★ ┃ の連立与党が敗れ、 ┃ ★★★ ┃ を中心とする新たな連立政権が樹立されたことで本格的な ┃ ★★★ ┃ が起こった。

公明党,

民主党,

政権交代

6 日本の政党政治 (4) 〜「政権交代」以後

□**1**
★★★
2009年9月民主党と ┃ ★★★ ┃ 、国民新党との**三党連立内閣**として ┃ ★★★ ┃ **内閣**が発足した。

　◆連立の目的は、民主党が第一党ながらも単独過半数には足りない参議院で過半数を獲得し、**ねじれ国会を解消**する点にあった。

社会民主党,

鳩山由紀夫

□**2**
★★
2010年6月、米軍の ┃ ★★ ┃ **基地**の国外ないし県外移設を果たせなかったことから、連立内閣を形成していた ┃ ★★ ┃ が政権から離脱するなど政治的混乱を招いた責任をとり、**民主党**の鳩山由紀夫**首相は辞任**した。

普天間

社会民主党

□**3**
★★
2010年6月、民主党の ┃ ★★ ┃ が首相に就任し、民主党政権下で初の国政選挙となった**参議院議員通常選挙**が行われたが、**民主党は惨敗**し、 ┃ ★★ ┃ が参議院の改選第一党になったことで ┃ ★★ ┃ **国会**の状況に陥った。

菅直人

自由民主党,

ねじれ

□**4**
★★★
菅内閣下の2011年3月11日に ┃ ★★★ ┃ が発生し、それに伴う ┃ ★★★ ┃ **原子力発電所事故**への対応が混乱する中、同年9月に菅首相は辞任し、同じ民主党の ┃ ★★★ ┃ が首相に就任した。

東日本大震災,

福島第一,

野田佳彦

□**5** 2012年8月、**野田佳彦**内閣は、09年の政権交代時に
★★★ 掲げた<u>マニフェスト</u>に反して、**★★★** 率を**14年以降**
に２段階で引き上げる **★★★** 法改正案を **★★★** と
<u>公明党</u>との三党合意で可決・成立させた。

消費税,
消費税, 自由民主
党

◆与党であった<u>民主党</u>と野党であった<u>自由民主党</u>、<u>公明党</u>との間
で**三党合意**がなされ、**社会保障と税の一体改革関連法**が成立し
た。これに伴い<u>消費税率の引き上げ</u>も決まり、その税収は年金、
医療、社会保障、少子化対策への財源にあてられるものとされ
た。

7 日本の政党政治 (5) ~第二次安倍内閣以後

ANSWERS □□□

□**1** 2012年12月、<u>衆議院議員総選挙</u>で<u>民主党</u>が惨敗して
★★★ <u>野田</u>内閣が総辞職し、**★★★** が政権に復帰した。首班
には同党総裁の **★★★** が指名され **★★★** との連立
内閣が発足した。

自由民主党,
安倍晋三, 公明党

□**2** 2013年7月、<u>自民党</u>の第二次 **★★★** 内閣下で行われ
★★★ た参議院**議員通常選挙**で<u>民主党</u>**は惨敗**し、<u>自民党</u>**が大
勝**したことで、連立を組む **★★★** と合わせた獲得議
席が過半数を占め、**★★★** **国会は解消**した。

安倍晋三

公明党,
ねじれ

□**3** 2013年7月、<u>ねじれ国会</u>を解消した**第二次安倍内閣**は、
★★ 同年秋の臨時国会で<u>知る権利</u>**と衝突するおそれ**のあ
る **★★** 法や、安全保障に関する<u>日本版 NSC 設置</u>
<u>法</u>を成立させた。翌14年には<u>武器輸出三原則</u>を見直
し **★★** を策定するとともに、従来の政府見解を閣
議決定で変更して **★★** の行使を容認した。

特定秘密保護

防衛装備移転三原則,
集団的自衛権

□**4** 2014年11月、安倍首相は **★★★** の税率 **★★★** ％
★★★ への引き上げを<u>15年10月</u>から<u>17年4月</u>に**先送り**す
ることを発表し、その是非を国民に問うとして衆議院
の解散総選挙を行い、<u>自民党</u>と<u>公明党</u>の連立与党が議
員定数の **★★★** を超える議席を獲得した。

消費税, 10

3分の2

◆投票率は52.66%と現憲法下で過去最低を記録した。

☐5 2015年の通常国会は、　★★★　の行使を一定の要件で
★★★ 認めることなどを内容とする　★★★　関連法案をめぐ
り国会審議が混乱し、戦後最長の**延長国会**となった。

集団的自衛権,
安全保障

◆2015年、安倍内閣が提出した安全保障関連法案には、自衛隊を
平和貢献のために海外に派遣する「**国際平和支援法**」、周辺事
態法を改称して自衛隊を「周辺」以外の地域に同盟国軍への後方
支援のために派遣する「**重要影響事態法案**」、自衛隊を国連の平
和維持活動部隊の救援を目的に派遣するための「**駆けつけ警護**」
を可能とする PKO 協力法改正案などが含まれた。法案は同年9
月に成立した (安全保障関連法)。

☐6 2016年7月の　★★★　議員通常選挙は、選挙権年齢が
★★★ 満　★★★　歳以上に引き下げられた公職選挙法改正後
で初の国政選挙となり、連立与党とともに憲法改正に
前向きな「**改憲勢力**」が議席の　★★★　を超え、衆参両
院で憲法改正の発議が可能な多数を確保した。

参議院,
18

3分の2

☐7 2017年10月の衆議院議員総選挙は、連立与党で憲法
★★★ 改正の発議に必要な全議席の　★★★　を上回る議席を
確保した。

3分の2

◆立憲民主党が野党第一党に躍進した。

☐8 2019年7月の参議院議員選挙は、前年の公職選挙法改
★★ 正で議席数が　★★　増となり、その半数が改選され
た。「政治分野における　★★　の推進に関する法律」
が適用される初の国政選挙となり、女性候補者の割合
は約3割となる一方、投票率は50%を　★★　回った。

6,
男女共同参画

下

◆投票率は48.80%と現憲法下の国政選挙で2番目に低かった。
特に、10代の投票率は31.33%で前回より15%以上下がっ
た。選挙結果は連立与党など「改憲勢力」が憲法改正の発議が可
能な圧倒的多数となる3分の2の議席を確保できなかった。

☐9 2019年11月20日、安倍晋三首相の通算在職日数が
★ 2,887日となり、明治・大正期に首相を務めた　★　
を抜いて、**憲政史上で最長**となった。

桂太郎

◆安倍内閣は第一次 (2006年9月～07年9月) と、2012年12月
発足の第二次以降とを合わせた通算在職日数が憲政史上で最長
に、連続在職日数も佐藤栄作を抜いて歴代最長となった。しか
し、20年9月、健康状態を理由に辞任し、菅義偉が内閣を組
織した。なお、**桂太郎** (2,886日) に続き、昭和期の佐藤栄作
(2,798日)、明治期の伊藤博文 (2,720日。初代内閣総理大臣)
など安倍首相を含む8人の首相が山口県 (長州) 出身である。

□ **10**
★★

2012年12月、自民党の政権復帰以後、自公連立や民主党と異なる「**第三極**」の政党の動きが起こった。以後、離合集散を繰り返しながら進んだ再編の動きと、主な政党に関する次の表の空欄**A〜J**にあてはまる語句を下の語群からそれぞれ選べ。

政党名	代表者	成立年	結党までの経緯など
A ★★	<u>松井一郎</u> (当初)	2016年	2012年、D ★★ が結成し、石原慎太郎らが合流した政党が、14年に維新の党に発展したが、15年のE ★★ の都構想に関する住民投票の否決を受け、D ★★ や松井一郎が離党し、新たに**おおさか維新の会**を結成。16年にA ★★ に改称した。
B ★★	<u>枝野幸男</u> (当初)	2017年	2016年、<u>民主党</u>を改称し結成されたF ★★ の多くの議員が、G ★★ 率いるH ★★ の地域政党であるI ★★ を母体とするJ ★★ と合流したが、これに反対したF ★★ の議員の一部がB ★★ を結成。20年9月、C ★★ の多くの議員が合流、新たなB ★★ が結成された。
C ★★	<u>玉木雄一郎</u>	2018年	2017年10月の衆議院議員総選挙で野党第二党となったJ ★★ が18年に解散、国民党を経て、その多くがF ★★ と合流し、C ★★ を結成。20年9月のB ★★ との合流・新党結成で事実上、分裂した。

A 日本維新の会

B 立憲民主党

C 国民民主党
D 橋下徹
E 大阪府
F 民進党
G 小池百合子
H 東京都
I 都民ファーストの会
J 希望の党

【語群】 国民民主党　希望の党　都民ファーストの会
日本維新の会　民進党　れいわ新選組
小沢一郎　小池百合子　橋下徹　山本太郎
大阪府　東京都　北海道　一都三県

☐**11** 2020年3月の通常国会で、 ★★ を「新型インフルエ
★★　ンザ等対策特別措置法」に加える改正法案が可決・成
立し、急激な感染症拡大で国民の生命や国民経済に甚大
な影響を及ぼすおそれがある場合、<u>財産権</u>や<u>移動の自</u>
<u>由</u>、営業の自由などの<u>私権</u>を制限する「 ★★ 」を<u>総</u>
<u>理大臣</u>が発令することなどを認めた。

> ◆「<u>緊急事態宣言</u>」は、2020年4月に7都府県を対象に発令され、
> 後に全国に拡大された。「自粛」「休業」による国民の損失に対す
> る支援として、全国民に一律10万円を給付する**特別定額給付金**
> や、中小企業や個人事業主などを対象とした**持続化給付金**など
> が支給された。

新型コロナウイル
ス感染症
(COVID-19)

緊急事態宣言

☐**12** 2020年10月、菅義偉首相は臨時国会での所信表明演
★★　説で<u>新型コロナウイルス感染症（COVID-19）</u>対策と
しての全国民分の ★★ 確保、自民党総裁選での公
約の1つであった ★★ の新設、 ★★ 料金の引
き下げなどに取り組むことを述べた。

> ◆また、菅内閣は、2021年度予算案に**小中学校に1人1台のデジ**
> **タル端末**を設置する「<u>GIGAスクール</u>」構想などの**オンライン教**
> **育**に関連する予算を計上した。

ワクチン，
デジタル庁，携帯
電話

☐**13** 2021年10月、菅首相の後任として、同じ<u>自民党</u>の
★★　 ★★ が第100代内閣総理大臣に就任した。

岸田文雄

> ◆同月末の衆議院議員総選挙で、自民党は国会を安定的に運営で
> きる**絶対安定多数**の<u>261</u>の議席を獲得、第三党に<u>日本維新の会</u>
> が躍進した。さらに、翌22年7月の参議院議員通常選挙では改
> 選<u>125</u>議席のうち、連立与党が過半数となる<u>76</u>議席を獲得、
> これに<u>日本維新の会</u>、<u>国民民主党</u>などを含めた「**改憲勢力**」は<u>93</u>
> 議席となり、非改選議席を合わせると憲法改正の国会発議が可
> 能となる定数の<u>3分の2</u>以上の議席を占めることとなった。

8 現代政治の諸問題と行政改革

ANSWERS ☐☐☐

☐**1** 1980年代の<u>中曽根康弘</u>**内閣**の下では、**小さな政府論**と
★★★　して ★★★ の分割・民営化が実施された。

三公社

> ◆<u>三公社</u>とは以下の3つを指す。①<u>日本電信電話公社</u>→**日本電信**
> **電話株式会社（NTT）**、②<u>日本専売公社</u>→**日本たばこ産業株式会**
> **社（JT）**、③<u>日本国有鉄道</u>→**JR（分割民営化）**

☐**2** ★ （1981〜83年）は、行政改革のために内閣総理
★　大臣の諮問機関として設置された審議会で、<u>三公社</u>の
分割・民営化や**中央省庁の統合**を提言した。

第二次臨時行政調
査会（第二臨調）

□**3** 1990年代の**橋本龍太郎内閣**の下で ★★★ のスリム化
★★★ が決定し、中央省庁等改革基本法に基づき行政官庁を
統廃合することで、**1府21省庁**（実施時には1府22
省庁）を、 ★★★ 府 ★★★ 省庁にスリム化した。

中央省庁

1, 12

□**4** 2001年に実施された当時の**中央省庁再編**に関する次の
★★★ 組織図の空欄 A ～ E にあてはまる適語を答えよ。

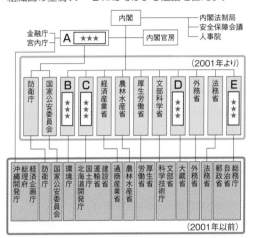

A 内閣府

B 環境省

C 国土交通省

D 財務省

E 総務省

◆郵便事業庁が、2003年に日本郵政公社に移行し、07年に民営化。
防衛庁は07年に防衛省に昇格。08年には国土交通省の下に観
光庁が、09年には内閣府の下に消費者庁が、12年には復興庁
（2031年3月まで設置予定）が創設された。また、13年には国家
安全保障会議が設置され、同会議の設置を受けて14年には内閣
官房に国家安全保障局が創設され、内閣人事局が置かれた。21
年9月には内閣の下にデジタル庁が、23年4月には内閣府の外
局にこども家庭庁が設置された。

□**5** 総理府を前身とする ★★★ は、省庁間の調整など**強**
★★★ **大な権限**を持つ。

内閣府

◆重要政策に関して内閣を補佐し、行政各部の統一を図り、政策
の企画・立案や総合調整を行う行政府として設置された。内閣
府は**総理府**、経済企画庁、沖縄開発庁などが統合されたもので、
金融庁などの複数の外局や**宮内庁**を抱える。

□**6** 2001年1月、内閣機能強化の一環として ★★ が内
★★ 閣府に設置され、経済政策の中長期的な方向性を提言
する「 ★★ 」を発表している。

経済財政諮問会議

骨太の方針

◆経済財政諮問会議には財界人や経済学者などが参加している。

□7 2001年の改革で、**環境庁は** ★★★ **に格上げ**され、**通**
★★★ **商産業省**は ★★★ に再編された。

環境省、
経済産業省

□8 2001年の改革で、**建設省**や**運輸省**などが統合されて発
★★ 足した ★★ は広範な許認可権を持つため政治腐敗
を招く危険性があると指摘されている。

国土交通省

□9 2001年の改革で、**郵政省**や**自治省**などが統合されて発
★★ 足した ★★ は、**外局**として ★★ や ★★ 等
調整委員会を持つ。

総務省,消防庁,公
害

□10 大蔵省は**金融・財政分離**の下、**財政権限のみを持つ**
★★★ ★★★ になり、**金融監督権限と金融企画権限**は現在、
内閣府の外局である ★★★ に移管されている。

財務省,
金融庁

□11 2008年、訪日外国人観光客を大幅に増やす政策を実施
★ するため、国土交通省の下に ★ が設置された。

観光庁

◆2015年10月にはスポーツ行政を一元的に担うスポーツ庁が文
部科学省の下に発足し、東京オリンピック・パラリンピック開
催に向けた選手の強化・育成やスポーツによる国際貢献に取り
組んでいる。

□12 厚生労働省の一部や農林水産省の一部などが統合し、
★★ 2009年9月に消費者行政を一元化した ★★ が、内
閣府の外局として創設された。

消費者庁

◆2008年の福田内閣において内閣府の外局に消費者庁を創設する
ことが提案され、09年の麻生内閣下で正式に発足した。

□13 **年金記録漏れ**などのずさんな管理体制に対する責任問
★ 題から、2010年に ★ は解体され、非公務員型の**協**
会けんぽ(全国健康保険協会)と ★ に改組された。

社会保険庁,
日本年金機構

□14 2011年3月11日の東日本大震災**からの復興**を目的に、
★ 翌12年から21年まで ★ が設置され、期限切れ
となる21年以降も設置が継続された。

復興庁

□15 2011年3月11日の東日本大震災による福島第一原子
★★ 力発電所(福島第一原発)事故を受け、翌12年に**環境**
省の下に外局として ★★ と、それを支える事務局
として ★★ が設置された。

原子力規制委員会,
原子力規制庁

◆従来、**原子力発電所の安全性審査**は経済産業省下の**資源エネル**
ギー庁内にある原子力安全・保安院が担っていたが、原発を維
持・推進する官庁と安全性の審査機関が同一省内にあったこと
から、これを廃止し、原子力規制委員会が設置された。

□**16** 2013年11月、**第二次安倍内閣**下で ★★★ （日本版
★★★ NSC）の設置法が成立し、正式に組織が発足した。こ
れに伴い、14年には同会議を恒常的にサポートし、外
交や安全保障、防衛の企画立案や総合調整を行う組織
として ★★★ が設置された。

国家安全保障会議

国家安全保障局

◆アメリカの**国家安全保障会議** (National Security Council) を
モデルにしていることから「日本版NSC」と呼ばれ、外交や防
衛、安全保障の情報を一元管理し、政策決定を行う。同年12月
には、日本で初めて外交政策及び防衛政策を中心とした国家安
全保障の基本方針となる国家安全保障戦略が策定された。

□**17** 2023年4月、**子ども政策の"司令塔"**と位置づけられ
★★ る ★★ が発足し、厚生労働省と内閣府に分かれて
いた子育て支援や虐待対策などを一元的に担っている。

こども家庭庁

◆こども家庭庁には、内閣府から少子化対策や子どもの貧困対策
などの事務が移され、厚労省からは保育や虐待対策などの業務
が移管される。教育分野は文部科学省が引き続き所管し、幼稚園
と保育所の制度を統合する「幼保一元化」は導入が見送られた。

□**18** 国が特定の目的で設立・運営している会社のことを
★★★ ★★★ というが、多くは国の運営会社として国の公
務を委託され行政処理を行う ★★★ に改組された。

特殊法人,

独立行政法人

◆独立行政法人と**特殊法人**の違いは、前者はすべてが情報公開の
対象となっている点、5年ごとに財務評価を行い、その存続の
再評価を行う点にある。

□**19** 2001年に発足した ★★★ **内閣が進めた行政スリム化**
★★★ の改革とは、**郵政三事業**（郵便、郵便貯金、簡易保険）
の民営化に加えて**中央省庁や特殊法人のスリム化**をも
意味し、これを首相自ら「 ★★★ 」と呼んだ。

小泉純一郎

聖域なき構造改革

□**20** 2012年4月、**民主党政権**は郵政の4分社化を断念して
★ 3分社にとどめる郵政民営化法改正を行い、**郵便事業**
株式会社と**郵便局株式会社**を統合して ★ とし、
現在ゆうちょ銀行、かんぽ生命の3社となっている。

日本郵便株式会社

◆郵政グループは、ゆうちょ銀行、かんぽ生命、日本郵便株式会
社の3つに分社化されている。

□**21** 巨額の赤字を抱えた ★★★ は、2005年10月に**東日**
★★★ **本・中日本・西日本・首都・阪神高速道路株式会社、本**
州四国連絡高速道路株式会社の6つの会社に ★★★
化された。

道路四公団

民営

◆道路四公団とは、**日本道路公団、首都高速道路公団、阪神高速**
道路公団、本州四国連絡橋公団を指す。

☐**22** 　**国家公務員**が一定額を超える接待や贈与を受けること
★★　　を禁止した法律を　★★　法という。

国家公務員倫理

◆1999年制定の国家公務員倫理法では、公務員に対する国民の信
頼を得るために、幹部公務員への贈与や接待などについて、こ
れを報告し公開することが定められている。また、国家公務員
倫理規程は、同法に基づく政令で、「利害関係者」の定義やそれ
にあたる人々とのつき合い方について、国家公務員が遵守すべ
きルールを明文化している。

☐**23** 　★★　法は、国会議員、国務大臣、地方議員、首長
★★　　などが　★★　に**口利き**し、行政処分や契約内容など
　　　に影響を与えることで利益を得ることを禁止し、処罰
　　　すると定めている。

斡旋利得処罰,
公務員

☐**24** 　公共事業などへの入札に際して、指名業者が自己の利
★★　　益のために前もって話し合い、決定価格を操作する行
　　　為を　★★　という。特に、国や地方公共団体による
　　　事業の発注時に行われる　★★　で**公務員**が談合に関
　　　与し、落札業者が決まることを　★★　と呼ぶ。

談合,
競争入札,
官製談合

◆2003年施行の官製談合防止法では、国や地方公共団体などの職
員が談合を指示、または予定価格などの秘密を漏洩した場合な
どに対して、改善措置を求める権限を公正取引委員会に与え、各
省庁の大臣や地方公共団体の首長は、談合に関与した職員に対
して、速やかに損害賠償を求めなければならないと定めている。

☐**25** 　官民相互間の競争促進による公共サービスの質と経済
★★　　性の確保を目的に、国や地方公共団体の**行政サービス
　　　部門に対する**　★★　制度が設けられている。

官民競争入札

☐**26** 　中央省庁では、**官僚が退職後に職務と関係の深い民間
★★　　企業や業界団体などに再就職**する「　★★　」と呼ばれ
　　　るものが慣行的に行われてきた。

天下り

☐**27** 　国家公務員法では、従来、在職中の職務と密接に関連
★★　　した営利企業への公務員の　★★　を**2年間禁止**して
　　　いたが、**2007年改正**で再就職先の斡旋を行う　★★
　　　の創設が決定し、2年間の禁止規定は廃止された。

天下り,
官民人材交流セン
ター

☐ **28** 政治腐敗の原因には、いわゆる鉄の　★★　と呼ばれ
★★　る政・官・財の三位一体の癒着構造がある。これに関
する次の図の空欄 **A** ～ **C** にあてはまる適語を答えよ。

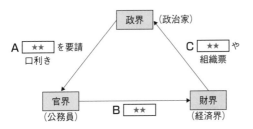

☐ **29** 2008年、**国家公務員制度改革基本法**が制定され、内閣
★★　官房に　★★　を創設し**官僚の幹部人事を内閣官房が**
一元管理することが決まり、14年に正式に発足した。

◆「政治主導」の下、官僚人事を内閣人事局が行うことから、公務
員は首相をはじめ内閣の実力者の顔色をうかがう傾向が強まる
など、**忖度の行政**が行われるとの弊害が指摘されている。

☐ **30** 国家公務員の**昇進**については、入省時の国家公務員採
★　用試験の職種によって決定するという　★　**システ**
ムを改め、入省後の能力や成果によって決定する方式
にすべきであるという**主張**が見られる。

☐ **31** 行政機能が拡大する行政国家化が進行した結果、職務
★★　が**ピラミッド型に序列された階層構造**を特徴とする官
僚制（　★★　）が成立した。

☐ **32** 国の行政機能が拡大し、国会という立法権や裁判所と
★★★　いう司法権よりも強くなるような　★★★　**権の肥大化**
が起きている。

◆現代の国家機能は、立法国家から行政国家へと変化し、内閣や
省庁（官僚）が持つ行政権の優越（または行政権の拡大、肥大化）
が進んでいる。これを防ぐものとして、国会の活動は重要とな
る。主権者である**国民の代表者の集まり**である国会が正しく機
能し、内閣の活動をチェックし、また公開することは行政監視
機能を果たすものとなる。

☐ **33** 行政機関が助言、指導、勧告という形で、その目的を
★★　達成しようとすることを　★★　という。

トライアングル

A　許認可

B　天下り
C　政治献金

内閣人事局

キャリア

ビューロクラシー

行政

行政指導

□**34** 現在の日本における行政権の肥大化の具体例として、
★★ 法律の委任により政令や省令などの命令で具体的な規
定を置く ★★ の増加が挙げられる。また、行政裁
量の拡大で、許認可決定に裁量権を持つ行政部門の権
限が著しく拡大し、内閣提出法案の増加は、法案作成
段階から行政部門が関与している実態を表している。

委任立法

□**35** 行政腐敗を防止する手段の1つとして、**官僚が持つ**
★★ ★★ 権を縮小することが挙げられる。

許認可

□**36** 行政機関の**許認可**や**行政処分**、**行政指導**などを公正・透
★ 明に行うための法律を ★ 法という。

行政手続

◆1993年制定、94年施行の行政手続法は行政処分を受ける者に
告知・聴聞のチャンスという法定手続の保障（**憲法第31条**）を
及ぼすとともに、**行政指導に拘束力がないこと**を明記している。

□**37** 内閣から独立した行政組織として、**準立法権**や**準司法**
★★ **権**を持ち、**中立かつ公正な行政や専門的な行政**の実施
を目的として設置されている ★★ がある。

行政委員会（独立
行政委員会）

◆警察行政を行う**国家公安委員会**、独占禁止法を運用し、監視活
動を行う公正取引委員会、労働争議の調整を行う**中央労働委員
会**、国家公務員に対する給与勧告などを行う人事院、公害紛争
の解決などを図る**公害等調整委員会**などがある。

□**38** 行政の民主化の具体例として、 ★★★ 権の活用があ
★★★ る。衆参各院の調査権の行使は、**国民の** ★★★ **に奉
仕**し、世論形成や選挙行動に的確な判断資料を提供する。

国政調査，
知る権利

◆市民が政府の文書や手続にアクセスする権利などを保障し、開
かれた透明性のある行政を実現する概念をオープンガバメント
（開かれた政府）という。2009年、アメリカのオバマ大統領はそ
の基本原則として、①政府の透明性（トランスペアレンシー）、
②市民の参加（パーティシペーション）、③官民の連携（コラボ
レーション）を表明している。

□**39** 行政の民主化の具体例として、行政への苦情を受理し、調
★★★ 査や勧告などを行い行政を監視する ★★★ **制度**は、**ス
ウェーデン**で創設され、日本では1990年に川崎市が初
めて導入したが、**国レベルでは導入されていない**。

オンブズマン
（オンブズパーソ
ン、行政監察官）

□**40** ★ **制度**とは、法令などの制定や改廃、規制の設
★ 定などにあたり、それらに関する案を公表し、国民か
ら ★ や情報を公募する手続が定められている制
度のことである。

パブリック＝コメ
ント（意見公募手
続）
意見

□**41** ★ ┃ **★** ┃ とは、約5,000にのぼる国のすべての事業について、各府省が無駄や改善点がないか点検・見直しを行う「**行政事業の総点検**」となる制度である。

行政事業レビュー

> ◆**行政事業レビュー**は、民主党政権時代の2010年度に導入された。事業の効率化や透明性を高め、主権者である国民に行政が説明責任を果たす。各府省は、予算の概算要求前に、前年度の執行状況（支出先や使途）などの事後点検を行い、事業内容や目的、成果、資金の流れ、点検結果などを記した「レビューシート」を作成、公表している。

□**42** ★ ┃ 2009年、中央省庁や独立行政法人が保有する公文書を一定期間、保存することを義務づけた ┃ **★** ┃ 法が制定され、11年に施行された。

公文書管理

> ◆保存期間は原則、文書作成の翌年4月1日までとされ、保存期間満了後は国立公文書館などに移管するか廃棄される。行政文書の廃棄には内閣総理大臣の事前同意が必要となる。

□**43** ★ ┃ 1998年、 ┃ **★** ┃ 法が制定され、保健や福祉、まちづくりなどを中心に**認定** ┃ **★** ┃ が活動している。

NPO（特定非営利
活動促進），
NPO法人

> ◆市民の**社会貢献活動**を促す一方で、財政基盤の弱さや優遇税制の認定条件の厳しさから、NPO法人の数は伸び悩んでいる。

□**44** ★★ 行政機能の拡大を統制する方法として、**法制度に基づくもの、法制度に基づかないもの、行政内部からのもの、行政外部からのもの**、という基準で分類する考え方がある。【表1】は、日本の国の行政を統制する方法の一例としてそうした考え方に基づき分類し、**A～D**にはいずれかの分類基準が入る。これにならい、日本の地方自治体の行政を統制する方法の一例を分類した場合、【表2】中の**X～Z**にあてはまるものとして最も適当なものを、下の語群のうちから1つずつ選べ。

【表1】	A	B
C	国政調査による統制	圧力団体による統制
D	人事院による統制	同僚の反応による統制

【表2】	A	B
C	X ★★ による統制	Y ★★ による統制
D	Z ★★ による統制	同僚の反応による統制

X 行政訴訟
Y 新聞報道
Z 監査委員

【語群】 監査委員　行政訴訟　裁判員　世論調査
　　　　　新聞報道　陳情

> ◆**A**は法制度に基づくもの、**B**は法制度に基づかないもの、**C**は行政外部からのもの、**D**は行政内部からのもの、である。

政治分野
POLITICS
国際政治

1 国際社会の形成と国際連盟

☐**1** ★★★ とは、一定の領域と国民が存在し、その統治
★★★　権を有する、他国からの政治的支配や干渉、介入を受
けることのない**独立国家**を指す。

主権国家

☐**2** 1648年、ヨーロッパで起こった ★★ の**終結**にあた
★★　り、 ★★ 条約が結ばれ、複数の主権国家が生まれ、
国際社会が成立した。

三十年戦争,
ウェストファリア

◆ウェストファリア条約(1648年)によって**神聖ローマ帝国が崩壊**
し、ヨーロッパに複数の主権国家が誕生した。主権国家間の**対
等の原則**が明文化され、主権国家をアクター(行動主体)とする
国際政治体系は**ウェストファリア=システム**とも呼ばれる。戦争
は外交の1つの手段となり、戦争回避には武力を保有する主権
国家または主権国家連合との間の力関係をほぼ対等にするとい
う勢力均衡(バランス=オブ=パワー)が最善策とされた。

☐**3** 18〜19世紀の市民革命を経て、西ヨーロッパにおい
★★★　て ★★★ という国のあり方が形づくられた。

国民国家

◆言語、生活様式、法制度や教育制度などを統一し、**国民として
の一体感**が形成されていった。

☐**4** 国家の主権がおよぶ範囲は、領土・ ★★★ ・領空の3
★★★　つの領域である。

領海

☐**5** 1994年に発効した ★★★ 条約によると領海の範囲は、
★★★　沿岸 ★★★ カイリまでとされている。

国連海洋法,
12

◆12カイリ以内の**領海**は陸の内側にある海(内水)を除き、外国船
舶も安全を害しない範囲で通航する権利を有するが、違法な目
的であれば当該国の法律に基づいて船長の身柄を拘束できる。
また、基線から12カイリの上空に外国の飛行体が無断で立ち入
ると**領空侵犯**となる。なお、基線から24カイリまでの接続水域
は、密輸入や密猟など違法行為が疑われる船舶を予防的に取り
締まることができる。

☐**6** 一般に ★ とは、統一的な権力が存在しない国際
★　社会において、各国が武力による制圧で国際関係を規
律しようとする政治のことをいう。

パワー=ポリティ
クス(力の政治、権
力政治)

□**7** 国際社会にも自然法が存在することを主張し、「国際法
★★ の父」「近代自然法の父」と称される人物は、オランダ
の法学者 ★★ である。

グロティウス

◆主著『戦争と平和の法』(1625年)は三十年戦争の時代に著され
た。グロティウスは、自然法論の立場から国際社会にも諸国家
が従うべき国際法があるとした。

□**8** 国家間、または国家と国際機関、国際機関間において
★★ 文書に基づく合意のことを、一般に ★★ という。

条約

◆2国間または数ヶ国間で結ばれるものを特別条約、大多数の国
がその条約に参加するものを一般条約という。

□**9** 国際法とは、諸国家の慣行から成立した ★★ と、国
★★ 家間の合意を文章化した条約(成文国際法)からなる。

国際慣習法

◆「公海自由の原則」などを明記した国連海洋法条約は、もともと
国際慣習法であったものを条約化した例の1つといえる。なお、
適用される場面から見て、国際法は武力紛争時のルールを定め
る戦時国際法と、紛争時下でない場合のルールである平時国際
法に分けられる。

□**10** 平時国際法の例として、集団殺害罪の防止及び処罰に
★★ 関する条約(★★ 条約)や、外交関係に関する
★★ 条約、国連海洋法条約などがある。

ジェノサイド,
ウィーン

□**11** 平和を唱えた思想家と著作に関する次の表中の空欄
★★ A〜Cにあてはまる適語を答えよ。

思想家	著作
グロティウス	『A ★★ 』『海洋自由論』
B ★★	『永久平和草案(永久平和案)』
ルソー	『永久平和論抜粋・批判』
C ★★	『永遠平和のために』

A 戦争と平和の法

B サン゠ピエール

C カント

◆カントは集団安全保障方式を唱え、国際連盟の設立を提唱した
ウィルソンに影響を与えた。

□**12** 第一次世界大戦前の平和維持方式には、同盟国間で軍
★★★ 備拡張競争が激化し、 ★★★ が崩れた場合に戦争が
発生するという問題点があった。そこで、第一次世界
大戦後には ★★★ 方式が採用された。

勢力均衡(バラン
ス゠オブ゠パワー)
集団安全保障

◆集団的自衛権と集団安全保障の違いは、前者が同盟国が攻撃さ
れた場合に自国が攻撃されていなくても同盟国が集団で防衛を
行う権利のことであり、後者が侵略を行った国などに対して同
一の集団安全保障機構に加わっている複数の国が団結して集団
制裁を加えることである。

□**13** 第一次世界大戦後は、集団的平和機構を創設し、**加盟**
★★★ **１ヶ国への侵略は全加盟国への侵略**であるとして、加
盟国が ★★★ を実施して平和の維持を図った。

集団制裁

□**14** 1918年、アメリカの ★★★ **大統領によって提唱され**
★★★ た ★★★ に基づき、20年に国際連盟が創設された。

ウィルソン，
平和原則14カ条
(14カ条の平和原則)

◆ウィルソンは**民主党**の大統領で、国際協調主義を提唱した。国
際連盟は、1919年のパリ講和会議で調印されたヴェルサイユ条
約の中にその規約が設けられ、翌20年に42ヶ国が参加して発
足し、本部はジュネーヴに置かれた。

□**15** 民族が国家や他の民族から干渉を受けず、独自の政治
★★★ のあり方を自らの意思で決定することを ★★★ とい
う。

民族自決

◆民族自決は、アメリカのウィルソン大統領の平和原則14カ条で
提唱された。

□**16** 1919年、労働者の労働条件の改善を目的に ★★ が
★★ 設立され、国際連盟と提携・協力して活動した。

国際労働機関
(ILO)

◆国際労働機関 (International Labour Organization：ILO) は、
加盟各国の政府委員2人、労使代表者各1人で構成され、条約
や勧告を採択する。本部はスイスのジュネーヴにある。

□**17** 国際連盟**の欠陥**には、 ★★ 制により国際紛争に対
★★ 処する有効な議決が成立しにくかったことや ★★
規定の欠如、大国である**アメリカの不参加**などがあった。

全会一致，
軍事制裁

◆当初、国際連盟の常任理事国はイギリス、フランス、日本、イ
タリアの4ヶ国で、国際連盟提唱国であったアメリカは国際連
盟に加盟しなかった。当時のアメリカは、モンロー主義 (孤立主
義、不干渉主義) を掲げる共和党が上院の多数派を占め、**上院の
加盟承認が得られなかったため**である。また、後に三国軍事同
盟を結ぶ日本、ドイツ、イタリアは国際連盟から相次いで脱退
してしまった。

□**18** 1928年、**フランスの外相**ブリアン**とアメリカの国務長**
★ **官**ケロッグが提唱し、国家の政策の手段として戦争を
放棄することを定めた条約を ★ という。

不戦条約 (ブリア
ン＝ケロッグ条約)

□**1** 第一次世界大戦後に採用された平和維持方式の具体例
★★★　は、1920年に設立された ★★★ と、45年に設立さ
　　　れた ★★★ である。

国際連盟,
国際連合 (国連)

◆第二次世界大戦中の1941年に、アメリカのフランクリン=ローズ
ヴェルト大統領とイギリスのチャーチル首相が発表した大西洋
憲章の中で、戦後の新たな国際平和機構を設立する構想が打ち
出されたのが、国際連合 (国連) の出発点となる。44年のアメ
リカ、イギリス、ソ連、中国 (中華民国) によるダンバートン=
オークス会議では、国連憲章の原案が作成され、翌45年のヤル
タ会談では、安全保障理事会の大国一致方式の採用が決定した。

□**2** 国連憲章には、日本など連合国に敵対した国々に関す
★　　る「 ★ 条項」があるが、現状に合致しないなどの
　　　理由から、日本は同規定の削除を求め、国連発足50
　　　周年の ★ 年に削除の決議が総会で採択された。

敵国

1995

◆現在、死文化しているものの、条項は残っている。

□**3** 国連の目的は、国際 ★★★ と安全の維持、平等と民族
★★★　自決に基づく諸国間の友好関係の促進、経済的、社会
　　　的、文化的または人道的な国際問題解決、および基本
　　　的人権の尊重についての ★★★ 、 ★★★ 主義に基
　　　づいて国際問題解決の中心の場を形成することにある。

平和

国際協力, 国連中
心

◆国連憲章第1条3項で「経済的、社会的、文化的又は人道的性
質を有する国際問題を解決することについて、並びに人種、性、
言語又は宗教による差別なくすべての者のために人権及び基本
的自由を尊重するように助長奨励することについて、国際協力
を達成すること」を明記している。

□**4** 1956年、 ★ を受けてソ連が拒否権の不行使を決
★　　定したため、日本が国連に加盟した。

日ソ共同宣言

□**5** 1973年、西ドイツのブラント首相による ★ 外交
★　　の成果から、東西ドイツが国連に同時加盟した。

東方

◆当時の東ドイツ (ドイツ民主共和国) などの東欧社会主義諸国と
の関係正常化を目指した外交政策を指す。

□**6** 1991年、冷戦終焉を受けて ★★★ の国連同時加盟が
★★★　実現し、旧ソ連邦内で先行して独立が認められていた
　　　 ★★★ の加盟も承認された。

南北朝鮮 (大韓民
国、朝鮮民主主義
人民共和国)
バルト三国

◆バルト三国とは、バルト海沿岸に位置するエストニア、ラトビ
ア、リトアニアの3ヶ国を指す。

□**7** 2002年に**永世中立国** ★★★ と**インドネシア**から**分離**
★★★ 　独立した ★★★ が、06年に**セルビア**と**連邦制を解**
消した ★★★ が、11年に**スーダン**から分離独立し
た ★★★ が国連に正式加盟した。

スイス，
東ティモール，
モンテネグロ，
南スーダン

◆2024年3月現在、国連に加盟していないのは、ローマ教皇（法
王）が統治者であるバチカン市国、**セルビア**からの独立をめぐ
り激しい紛争地となったコソボ、1971年に正式な中国代表権を
失った台湾（中華民国）、加盟を申請したもののアメリカの拒否
権に阻まれているパレスチナ（2012年、**国連のオブザーバー国家**
に格上げ）など一部の国々である。

□**8** **国連加盟国数の推移**を示す次のグラフ中の空欄 A 〜
★★ 　C にあてはまる地域名を答えよ。

A ヨーロッパ

B アフリカ

C アジア

◆**1945年**の原加盟国51ヶ国はすべて第二次世界大戦で連合国側
の国々である。国連総会で「**植民地独立付与宣言**」が採択され
た**60年**は「**アフリカの年**」と呼ばれ、独立した17ヶ国のうち
16ヶ国が国連に加盟した。90年代には旧ソ連邦、チェコスロ
バキア連邦、ユーゴスラビア連邦など**旧東欧連邦制国家が解体**
し、**ヨーロッパ加盟国が急増**した。

□**9** 国連の主要機関は、 ★★★ 、**安全保障理事会**、**経済社**
★★★ 　**会理事会**、**信託統治理事会**、 ★★★ （ICJ）、**事務局**の
6つからなる。

総会，
国際司法裁判所

□ **10** 次の国際連合の組織図の空欄 A 〜 M にあてはまる適
★★★ 語を答えよ。

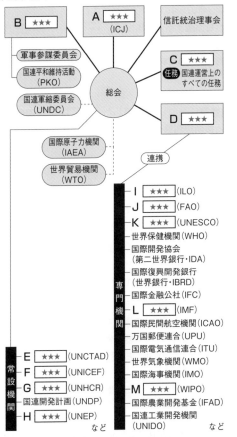

A	国際司法裁判所
B	安全保障理事会（安保理）
C	事務局
D	経済社会理事会
E	国連貿易開発会議
F	国連児童基金
G	国連難民高等弁務官事務所
H	国連環境計画
I	国際労働機関
J	国連食糧農業機関
K	国連教育科学文化機関
L	国際通貨基金
M	世界知的所有権機関

□ **11** **国連の中心的機関として全加盟国で構成される**~~総会~~は、
★★ すべての国が**一国一票の議決権**を持ち、その議決要件
は**一般事項**が総会に参加し、投票する加盟国の ★★ 、
重要事項が ★★ 以上の賛成を必要とする。

過半数,
3分の2

□**12** ★★ ┃ **★★** ┃ は、経済、社会、文化、人権問題など**非政治分野での国際協力**を目的とする国連の主要機関で、総会で選出される任期3年の54の理事国で構成され、必要時には**民間団体とも協議**する。理事国は ┃ **★★** ┃ の割り当てに関係なく**各々1票**の投票権を行使できる。

経済社会理事会

国連分担金

◆経済社会理事会は**任期3年の54理事国**で構成され、**非政治分野の問題に関する討議と勧告**を行う。

□**13** ★★ 国連の経済社会理事会と連携関係にある専門機関として、**世界保健機関憲章**に基づいて発足した ┃ **★★** ┃ や、最貧国に対する**長期無利息の借款**を行う ┃ **★★** ┃ などが設置されている。

世界保健機関
(WHO),
国際開発協会
(IDA)

◆国連の各専門機関は経済社会理事会を通じて国連と連携している。また、国際 NGO には経済社会理事会との協議資格を持つものや、国際会議にオブザーバーとして参加する団体もある。

□**14** ★ 国連には、未開発地域の国家独立を支援する主要機関として ┃ **★** ┃ があるが、現在はその任務を完了した。

信託統治理事会

□**15** ★★ 国家は、他の国家と対等な関係にあり、各国の国内政治に他の国家が**干渉**しないという国際法上の原則を ┃ **★★** ┃ の原則といい、国連憲章においても定められている。

内政不干渉

□**16** ★★ ┃ **★★** ┃ とは、戦争中に起こる国際法の違反を指し、民間人への攻撃や対人地雷、化学・生物兵器の使用、ジェノサイド(集団殺害)や虐待などが国際法で禁じられている。

戦争犯罪

◆2023年、国際刑事裁判所 (ICC) はウクライナの占領地域から違法に子どもたちを連れ去った戦争犯罪容疑で、ロシアのプーチン大統領に逮捕状を出した。

□**17** ★ 他国で行われている人権**侵害を阻止**するために、国際社会を構成する国々が武力**を用いてでも介入**すべきであるという考え方を、一般に ┃ **★** ┃ 的介入という。

人道

◆ユーゴスラビア紛争で、1999年に北大西洋条約機構 (NATO) が国連の安全保障理事会の承認を得ないままにセルビアに対して空爆を行ったのは、人道的介入の一例である。

□**18** ★★ は、**紛争や飢餓**のために他国に逃れ、**生命の**
★★ **危機**にさらされて苦しんでいる ★★ に対する保護
と生活支援に取り組む機関である。

◆国連難民高等弁務官事務所 (UNHCR) は、**非政府組織 (NGO)**
の協力も得るなどして、難民の救援にあたっている。1991～2000
年には緒方貞子が難民高等弁務官を務めた。

□**19** ★★★ は、**貧困問題の解決**を優先課題とし、発展途
★★★ 上国の経済的、社会的発展を、体系的、持続的に援助
する政府間機関で、 ★★★ (HDI) を提示している。

◆人間開発指数 (Human Development Index：HDI) とは、各
国の人々の「生活の質」や度合いを示す指標で、パキスタンの経
済学者マブーブ=ハックによって作成された。センの潜在能力
アプローチを発展させたものであり、国連開発計画 (UNDP) の
『人間開発報告書』で発表される。

□**20** ★★★ とは、国家単位でなく**人間一人ひとりに着目**
★★★ し、**保護と能力強化**を通じて持続可能な**個人の自立と**
社会づくりを促す考え方で、人間の「恐怖からの自由」
と「欠乏からの自由」を確保することが重要とされる。

◆「人間の安全保障」という概念は、国連開発計画 (UNDP) の『人
間開発報告』(1994年版) で提唱された。2000年の国連総会で、
コフィ=アナン国連事務総長 (当時) は「恐怖からの自由」と「欠
乏からの自由」を人間の安全保障の要点として取り上げた。社
会情勢や生活環境の影響もあり、極度の栄養不足、低い就学率、
高い死亡率など人間としての最低限度の生活とは程遠い状態に
置かれる「絶対的貧困」の克服が大きな課題である。

□**21** ★★ は、世界の**食糧問題**の解決のために設立され
★★ た機関で栄養不足人口の半減などを目指している。

□**22** 国連は、発展途上国政府の要望を受けて設立された
★★ ★★ などを**通じた経済協力**を支援している。

□**23** ★★ は、紛争や自然災害の発生した地域の子ども
★★ たちに対して**栄養補給や医療などの援助**を行っている。

□**24** 国連の専門機関である ★★ は、**文化交流を図るこ**
★★ とで国際平和と福祉の促進を目指している。

◆「ユネスコ憲章」は前文で「戦争は人の心の中で生まれるもので
あるから、人の心の中に平和のとりでを築かなければならない」
と掲げている。なお、1984年、アメリカは UNESCO が第三世
界を重視し、放漫財政であることなどから脱退したが、2003年
に復帰。しかし、17年にパレスチナ自治区ヘブロン旧市街の
「世界危機遺産」登録に反発し、19年に再び脱退後、23年に再
び復帰した。

国連難民高等弁務
官事務所 (UNHCR)，
難民

国連開発計画
(UNDP)
人間開発指数

人間の安全保障

国連食糧農業機関
(FAO)

国連貿易開発会議
(UNCTAD)

国連児童基金
(UNICEF)

国連教育科学文化
機関 (UNESCO)

□**25** 国連は、1952年に国連原子力委員会と通常軍備委員会
★ を統合して ★ とし、現在、その実質的な審議は、
84年に国連外に設置された ★ (CD)で行われて
いる。

国連軍縮委員会
(UNDC)、
ジュネーヴ軍縮会議

□**26** 2020年、国連の専門機関である ★★★ は、 ★★★ の
★★★ 感染地域の拡大を受けて警戒水準を引き上げ、**世界的
大流行** (パンデミック) を宣言した。

◆世界保健機関 (WHO) は、感染症などの撲滅事業の奨励や促進
を任務の１つにしている。本部はスイスのジュネーヴにある。

世界保健機関
(WHO)、新型コ
ロナウイルス感染
症 (COVID-19)

□**27** 1874年設立の一般郵便連合が、78年に ★ (UPU)
★ に改称され、国境を越えた郵便の配達や料金などの
ルールが共通化された。

◆1874年、郵便条約が締結され、加盟国間で交換される郵便物は
原則として同一種類のものは均一料金と定められた。現在、万
国郵便連合 (UPU) は国連の機関である。

万国郵便連合

□**28** **国連予算**は、加盟国の ★★ で賄われ、その分担率
★★ は各国の GNI (以前は GNP) 比率をもとに算定される。

◆ただし、発展途上国に関しては負担軽減のための割引措置がな
されており、その不足分を先進国が負担している。

分担金

□**29** 主要国の**国連分担金**の分担率 (％：小数点第３位まで
★★★ 表示) を示した表中の空欄**A〜D**にあてはまる国名を
答えよ。

※＊は５常任理事国

	2000年	2010 〜12年	2022 〜24年
A ★★★ ＊	25.000	22.000	22.000
B ★★★	20.573	12.530	8.033
C ★★★	9.857	8.018	6.111
フランス＊	6.545	6.123	4.318
イギリス＊	5.092	6.604	4.375
イタリア	5.437	4.999	3.189
D ★★★ ＊	0.955	3.189	15.254
ロシア＊	1.077	1.602	1.866

A　アメリカ

B　日本

C　ドイツ

D　中国

◆かつて日本の分担率は世界第２位だったが、2019年からは第３位
となり、分担率は00年の20％程度から8％程度と大幅に減って
いる。一方、中国は00年の約1％から、22年には15％超と急
増している。

3 国際連合 (2) ~平和・安全保障

☐ **1**
★★★
国連の主要機関で**国際平和**と**安全維持**に一次責任を負い、紛争の平和的解決を図るのが ★★★ で、その決定はすべての国連加盟国を拘束する。

安全保障理事会
(安保理)

◆安全保障理事会は、永久にその地位が保証されている5**常任理事国**と、任期2**年**(二期連続の再選は禁止)の10**非常任理事国**から構成されている。なお、日本は2023年より国連加盟国中で最多となる12回目の非常任理事国を務める。

☐ **2**
★★★
安全保障理事会の**常任理事国**は、アメリカ、 ★★★ 、イギリス、フランス、 ★★★ の5つの大国である。

ロシア,
中国 ※順不同

◆1971年、中国の代表権が中華民国(台湾)から中華人民共和国に移り、91年にはソ連の代表権がロシアに継承された。

☐ **3**
★★★
安全保障理事会の議決要件は、**実質事項**については5**常任理事国**すべてを含む ★★★ 理事国の賛成が必要であることから、5**常任理事国**は ★★★ を有する。

9,
拒否権

◆安全保障理事会の議決要件として、**手続事項**については15理事国中9理事国の賛成が必要であるが、五大国一致の賛成は要件ではない。よって、手続事項には拒否権がない。

☐ **4**
★★
1950年に発生した朝鮮戦争の最中、「 ★★ 」決議が採択され、平和・安全保障問題について**安全保障理事会が拒否権により機能停止**した場合に ★★ を開催する道が開かれた。

平和のための結集

緊急特別総会

◆総会で採択された「平和のための結集」決議により、**3分の2以上の賛成**で、総会は兵力の使用を含む集団的措置を加盟国に勧告できる。緊急特別総会は、例えばパレスチナ問題やアフガニスタン情勢など、近年ではウクライナ情勢について開かれた。

☐ **5**
★★
国際司法裁判所 (ICJ) は、**国家間の国際法上の紛争を解決する一審制**の裁判所で、国連の中に設けられており、裁判の開始には**紛争当事国双方**の ★★ が必要である。

付託

◆紛争当事国の一方が拒否すると裁判は開始されないという点に国際裁判の限界がある。例えば、日本と韓国との間にある竹島(独島)の領有権をめぐる問題で、日本は国際司法裁判所への付託を呼びかけたが、韓国が拒否し、裁判は開かれていない。

☐ **6**
★
国際司法裁判所 (ICJ) の裁判官は総会と安全保障理事会それぞれによる選挙を通じて選ばれ、**任期** ★ **年**であり、 ★ **名**からなる。

9,
15

◆一国から複数名の裁判官を出すことはできない。

□**7** 国際司法裁判所（ICJ）は、国際法上の解釈について
★★ ┃ ★★ ┃ を出すことができるが、1996年には一般的な
┃ ★★ ┃ の使用は国際人道法違反であるが、**極限状態**
での自衛目的での使用については最終的な結論は出せ
ないとする見解を示した。

勧告的意見,
核兵器

□**8** 国家間の紛争について、各国は国際裁判で直接取り上げ
★★ られていない事案についても、国際法規則の解釈にあ
たって ┃ ★★ ┃ の判決を参照している。

国際司法裁判所
(ICJ)

□**9** 1901年設立の**国際仲裁裁判所**である ┃ ★★ ┃ では、国
★★ 家間の紛争以外の問題も取り扱う。

常設仲裁裁判所

◆ 1899年の**ハーグ平和会議**で常設仲裁裁判所の設置が決定され
た。近年の訴訟例では、**中国による南シナ海の海洋進出**に関し
て、フィリピンの提訴を受けて審理し、2016年に中国の**主権を**
認めない判決を下した。なお、南極海での日本の調査捕鯨が、国
際捕鯨取締条約に違反するとオーストラリアが訴えた訴訟で、
2014年、日本に南極海での調査捕鯨中止を命じる判決を下した
のは国際司法裁判所である。日本は初めて提訴され、敗訴した。

□**10** **大量虐殺**や**戦争犯罪**など国際人道法**に違反した個人**を
★★ 裁くための**二審制の国際裁判所**を ┃ ★★ ┃ といい、
2003年に活動を開始し、日本も加盟している。

国際刑事裁判所
(ICC)

◆ 1998年の**ローマ規程**に基づいて創設が決定された。国際司法裁
判所と同じオランダの**ハーグ**に設立され、国連の外にある機関
としてジェノサイド罪（集団殺害罪）など**個人**の国際人道法**違反**
を裁く。なお、ハイジャックは含まれない。2024年3月には日
本人で初めて**赤根智子**が同裁判所の所長に選出された。ウクラ
イナ侵攻に関連し、裁判官としてロシアのプーチン大統領らに
対して逮捕状を出したことでも知られる。

□**11** **国連憲章**では他国の国内管轄権内にある事項に国連は
★ 干渉する権限を持たないとしているため、「 ┃ ★ ┃ す
る責任」という考え方を採用している。この考え方は、
虐殺などの ┃ ★ ┃ 侵害から住民の生命を守る責任を
当該国家が果たせない場合、その責任は**国際社会**に移
り、最後の手段として安全保障理事会の決議による
┃ ★ ┃ 行使も容認されるとするものである。

保護

人権

武力

□**12** 国連憲章第 ┃ ★★ ┃ 章では、紛争の当事国に紛争の**平**
★★ **和的解決**を要請するとしている。

6

□**13** 経済・外交制裁などの ★★★ **的措置**、正規国連軍
★★★ (UNF) などによる ★★★ **的措置**といった「**強制措**
置」は国連憲章**第** ★★★ **章**に規定されている。

非軍事,

軍事,

7

□**14** 国連軍とは、加盟各国が自国の兵力をいつでも安全保
★ 障理事会に提供するという ★ を締結して組織さ
れる常設の国連軍のことである。

特別協定

　◆**国連憲章第43条**に定める「**特別協定**」を**締結した国**はこれまで
　 に皆無であることから、**正規国連軍**は過去1度も組織されてい
　 ない。朝鮮戦争時の国連軍は、アメリカ中心の変則型であった。

□**15** 国連憲章**第7章**に基づいて**集団制裁**を行う国連部隊を
★★★ ★★★ 、「**国連憲章6章半活動**」と呼ばれ停戦や軍の
撤退の**監視**などを行う国連の活動を ★★★ 、国連と
直接関係なく任意に組織される部隊を ★★★ という。

国連軍,

国連平和維持活動
(PKO),

多国籍軍

　◆**国連平和維持活動 (PKO)** は、国連憲章**第6章**と**第7章**の中間の
　 活動であることから「**国連憲章6章半活動**」と呼ばれる。紛争の
　 鎮静化のために国連加盟国が自発的に提供した要員を国連が編
　 成して派遣するものである。

□**16** 国連平和維持活動 (PKO) には、**非武装**の少数部隊か
★★ らなる ★★ 、軽武装の多数部隊で停戦**監視**や**兵力**
引き離しを行う ★★ 、選挙監視団などの行政支援
活動や人道的救援活動などがある。

停戦監視団,

国連平和維持軍
(PKF)

□**17** 最初の PKO は、1948年に勃発した ★★ の際に展
★★ 開された停戦監視団であった。

第一次中東戦争
(パレスチナ戦争)

□**18** 1956年に起こった ★★ では、初の**国連平和維持軍**
★★ (PKF) である ★★ が組織され、現地に展開した。

スエズ動乱 (第二
次中東戦争),
国連緊急軍

□**19** PKO 原則には、任意**原則**、 ★★★ **原則**、中立**原則**に
★★★ 加えて、武器使用の要件として ★★★ **原則**がある。

同意,
自衛

□**20** 1992年、国連事務総長の ★★ は、紛争の激しい地
★★ 域には**武力行使**を予定した ★★ を派遣できるとし
て、PKO を強化した。

ガリ,
平和執行部隊

□**21** 武力行使を前提とした PKO は、1993～95年の**第二次**
★★ **国連** ★★ **活動**、92～95年の**国連** ★★ **保護軍**
の際に組織されたが、紛争は泥沼化し事実上失敗した。

ソマリア, ユーゴ
スラビア(ユーゴ)

☐22 1990年のイラクによるクウェート侵攻に対し、**安全保**
★★★ **障理事会**は侵略**行為**であるとして**武力行使**の容認を決
議し、翌91年に国連加盟国による ★★★ がイラク
を攻撃し、撤退を促す ★★★ が起こった。

多国籍軍,
湾岸戦争

◆湾岸戦争終結後、安全保障理事会の決議で国連イラク・クウェー
ト監視団が組織されて非武装地帯で停戦監視などを行った。

☐23 1992年の ★★★ 法成立により、日本は ★★★ へ初
★★★ めて自衛隊を派遣し、選挙監視活動などを行った。

国連平和維持活動
協力 (PKO 協力),
カンボジア

◆PKO には、自衛官だけでなく**文民警察官**なども参加している。
国連カンボジア暫定統治機構 (UNTAC) では、日本の文民警察
官が武装ゲリラの襲撃で命を落としている。

☐24 日本では、**自衛隊が PKO に参加する条件**として、①
★★ 紛争当事者間に ★★ があること、②紛争当事者双
方が PKO の受け入れに**同意**していること、③いずれ
にも偏らない ★★ **性を遵守**すること、④以上の①
～③が欠けた際は独自の判断で**撤収**すること、⑤**武器
使用**は ★★ のために限ることの5つの原則がある。

停戦合意

中立

自衛

◆日本の PKO 参加5原則のうち、中立性の原則によると、いずれ
か一方に対する武器の使用は許されず、**紛争地域に駐留するの
み**の活動が認められる。なお、2015年の PKO 法改正で、武器
使用が自衛隊員のみならず支配下にある者の生命を守るために
も可能となり、従来よりも拡大した。

☐25 1996年から約17年間にわたり実施された**自衛隊の
PKO 活動**には、**ゴラン高原**に展開された中東和平合
★ 意後の監視活動である ★ があった。

国連兵力引き離し
監視軍

◆2013年、非戦闘地域の要件を欠いたことから、独自判断による
活動中止と撤収が行われた。

☐26 PKO 協力法改正により PKF(国連平和維持軍)本体へ
の参加凍結が解除されたのは、2001年の ★ 戦争
★ 後における人道支援活動へ参加するためであった。

アフガニスタン

☐27 正規 ★★★ は**過去1度も組織されていない**が、国連
★★★ の場などで制裁を行うことに同意した国々が創設した
軍隊である ★★★ は、**1991年の** ★★★ **戦争**、**2003
年の** ★★★ **戦争**の駐留軍などで組織された。

国連軍

多国籍軍, 湾岸,
イラク

☐28 各国が国連に協力して提供する軍隊を国内で任意に準
★ 備しておく必要があるが、この軍隊を ★ という。

国連待機軍

□29 歴代の**国連事務総長**について、次の表の空欄**A〜E**に
★★ あてはまる人名を答えよ。

1	1946〜52年	リー	ノルウェー
2	1953〜61年	A ★★	スウェーデン
3	1962〜71年	ウ=タント	ビルマ (ミャンマー)
4	1972〜81年	ワルトハイム	オーストリア
5	1982〜91年	デクエヤル	ペルー
6	1992〜96年	B ★★	エジプト
7	1997〜2006年	C ★★	ガーナ
8	2007〜16年	D ★★	韓国
9	2017年〜	E ★★	ポルトガル

A ハマーショルド

B ガリ
C コフィ=アナン
D 潘基文(パン ギ ムン)
E グテーレス

◆2017年、グテーレス事務総長の指名を受け、日本人女性として
初の事務次長(軍縮担当上級代表)に中満泉が就任した。

□30 紛争や戦争、革命、政治的迫害などで本国を離れ、保
★★★ 護を求めている ★★★ は、国内にいながら同じよう
な境遇にある ★★★ などと合わせて1億人を超えて
いる(2022年末時点)。

難民,
国内避難民

◆国連難民高等弁務官事務所(UNHCR)の推計によると、パレス
チナを含む難民は3,530万人、国内避難民は6,250万人であ
る。難民発生数の上位3ヶ国・地域は、シリア、ウクライナ、ア
フガニスタンとなり、合わせて全体の5割を超える。

4 戦後国際関係史(1) 〜冷戦(東西対立)の展開

ANSWERS □□□

□1 1945年2月、米英ソ首脳による ★★ で、**国連安全**
★★ **保障理事会の**大国一致の原則など第二次世界大戦後の
国際秩序に関する協定が締結された。

ヤルタ会談

◆ヤルタ体制とは、1945〜89年まで続いた**東西冷戦構造**を指す。

□2 第二次世界大戦後における**米ソ間の対立は直接的な軍**
★★★ **事衝突に至らなかった**ことから ★★★ と呼ぶ。

冷戦(冷たい戦争)

□3 1946年、イギリスの ★★★ は、バルト**海のシュテッ**
★★★ **ティンから**アドリア**海のトリエステまで**ヨーロッパを
横切って東西両陣営を分断する「 ★★★ 」が降ろされ
ていると演説し、**ソ連の秘密主義を批判**した。

チャーチル

鉄のカーテン

161

□**4**　西側の資本主義陣営は対ソ連・反共産ブロックの形成
★★★　のため、**1947年3月**には西側の政治結束を図り**対ソ封
じ込め政策**を実施する目的で ★★★ を策定し、**同年
6月**には ★★★ に基づく経済援助で**反共陣営の拡大**
を図ることを決定した。

トルーマン=ドクトリン,
マーシャル=プラン

□**5**　西側の資本主義陣営は**1949年**に ★★★ (NATO) を結
★★★　成して軍事同盟を組織したのに対し、東側の社会主義
陣営は**55年**に ★★★ (WTO) を組織して対抗した。

北大西洋条約機構

ワルシャワ条約機構

　　◆このように地域ごとに取り決めを行うことで、紛争を抑止し、平
和を維持しようとする考え方を**地域的集団安全保障**という。

□**6**　東側の社会主義陣営は、1947～56年に政治的な結束な
★★　どのために ★★ を、**49年**には経済的な分業体制
の確立を図るために ★★ (経済相互援助会議) を設
置した。

コミンフォルム,
コメコン
(COMECON)

□**7**　西側の資本主義陣営から東側の社会主義陣営への輸出
★　は、 ★ により設定された輸出禁止品目リストに
従って制限されていた。

対共産圏輸出統制
委員会
(COCOM)

　　◆対共産圏輸出統制委員会 (COCOM) は、社会主義諸国に対する
戦略物資や技術の輸出を禁止または制限する機関。1949年、ア
メリカの主張で発足し、アイスランドを除く北大西洋条約機構
(NATO) 加盟国と日本とオーストラリアが参加した。冷戦終結
後の94年に解体され、96年には後継機関として通常兵器や技
術などの移転、蓄積を規制する**ワッセナー=アレンジメント**が発
足した。日本を含む40ヶ国以上が参加している。

□**8**　米ソが**ベルリン**の東西共同管理をめぐって対立し、
★★　**1949年に**ドイツが東西に分断されるに至った一連の出
来事を ★★ という。

ベルリン危機(第一
次ベルリン危機)

　　◆米英仏が西ドイツ政府を樹立することを前提に通貨改革（新通
貨マルクの使用開始）を行うと、これに反発したソ連は米英仏の
占領地区からベルリンに至る陸水路を遮断し（ベルリン封鎖）、
両陣営の緊張が高まった。

□**9**　1945年、世界初の核実験に成功し、原爆を実戦に使用
★★★　したのはアメリカである。49年には ★★★ が、52
年に ★★★ が原爆実験を行った。60年にはフラン
ス、64年には ★★★ が世界で5番目に原爆実験に
成功した。

ソ連,
イギリス,
中国 (中華人民共
和国)

□**10**
★★★
1950年の　★★★　戦争では、韓国を支援するアメリカ、北朝鮮を支援する中国およびソ連の**米ソ代理戦争**の様相を呈し、北緯　★★★　度線をはさんで朝鮮半島は南北に分断された。

朝鮮

38

　◆1948年、金日成を首相とする北朝鮮（朝鮮民主主義人民共和国）、李承晩を大統領とする韓国（大韓民国）が、北緯38度線を境として朝鮮半島に建国していた。

□**11**
★★
1953年の朝鮮戦争**休戦協定**と、翌54年のジュネーヴ**休戦協定**により、朝鮮戦争と　★★　がそれぞれ終結し、東西陣営の　★★　の兆しが見え始めた。

インドシナ戦争，
雪解け

□**12**
★★
1954年、　★★　**環礁**における**水爆実験**で日本の民間漁船である第五福竜丸が**被爆**した事件を受けて、翌55年に第1回の　★★　が広島で開かれ、原水爆の禁止を求める国際世論が高まった。

ビキニ

原水爆禁止世界大
会

□**13**
★★
1955年に米、ソ、英、仏の首脳によってジュネーヴで　★★　が開かれ、話し合いによる平和の実現が目指された。

4巨頭首脳会談

□**14**
★★★
ソ連共産党書記長　★★★　の　★★★　の主張とアメリカ大統領ケネディの　★★★　の主張に基づき、米ソ間の首脳会談が定期的に行われた。

フルシチョフ，平
和共存，
デタント(緊張緩和)

　◆1959年にはフルシチョフがソ連首相として初めて訪米した。

□**15**
★★★
1962年に　★★★　が発生し、核戦争勃発の危機に直面したが、米ソ首脳の話し合いで戦争は回避された。

キューバ危機

　◆**1959年**のキューバ革命で社会主義国となったキューバにソ連が対米ミサイル基地の建設を始めたため、アメリカはキューバを**海上封鎖**し、核攻撃を開始する寸前にまで至った。その後、米ソ両国はホットライン（直接対話ができる直通回線）を設置した。一方、61年からアメリカとキューバは国交を断絶したが、2015年に54年ぶりとなる国交回復を果たした。

□**16**
★★
1966年、ベトナム戦争に介入したアメリカを批判した　★★　がNATOの**軍事部門を脱退**した。

フランス

　◆1949年、アメリカとカナダ、西ヨーロッパ諸国の12ヶ国で結成されたNATOは、66年のフランスの軍事機構脱退で内部分裂が生じたものの、冷戦終結後は旧東欧諸国が次々に加盟し、32ヶ国に拡大している。99年、コソボ紛争でのセルビア空爆などヨーロッパを中心とする安全保障に大きな影響力を持っている。なお、フランスは米仏間の関係改善などの観点から、2009年にNATO軍事部門に復帰した。

□**17** 1960年代に入ると、**中ソ対立**などから東側陣営で内部
★　分裂が起こり、アルバニアとユーゴスラビアがソ連と
　　は異なる独自路線を進み始め、　★　では「　★　
　　の春」と呼ばれる自由化政策などの改革運動が行われ
　　た。

チェコスロバキア，
プラハ

　◆1968年、チェコスロバキアではドプチェク第一書記の下で「プ
　　ラハの春」が起きた。「**人間の顔をした社会主義**」をスローガン
　　に、非スターリン化・民主化に取り組み、連邦制の導入や経済
　　自由化を求め、過去の共産党独裁を非難する「二千語宣言」の約
　　7万人の署名も、これを後押しした。

□**18** 1960年代に入ると、本格的に国際政治が多極化し、米
★★★　ソ超大国による**二極対立**に対して、非同盟・中立**主義**
　　を掲げる発展途上諸国などの　★★★　が台頭した。

第三世界

　◆多極化は、東西両陣営で起こった。西側陣営では、フランスの独
　　自防衛路線、西ドイツと日本の復興と高度経済成長である。東
　　側陣営ではソ連と中国、東ヨーロッパ諸国との間でそれぞれ対
　　立が生じた。なお、一般的には先進資本主義国を第一世界、社
　　会主義諸国を第二世界、発展途上諸国を第三世界と呼ぶ。

□**19** 1954年、中国（中華人民共和国）の　★★　とインド
★★　の　★★　が会談し、領土と主権の相互尊重、相互不
　　可侵、内政不干渉、平等互恵、平和的共存を内容とす
　　る　★★　が発表された。

周恩来，
ネルー（ネール）

平和五原則

□**20** 1955年、インドネシアのバンドンで　★★　（A・A会
★★　議、バンドン会議）が開かれ、　★★　が発表された。

アジア・アフリカ
会議，
平和十原則

□**21** 1960年に独立したアフリカ17ヶ国のうち16ヶ国が
★★★　**国連に加盟**したため、この年は「　★★★　」と呼ばれた。

アフリカの年

□**22** 1961年、**ユーゴスラビア**のベオグラードで　★　会
★　議が開かれ、第三世界の結束が図られた。

非同盟諸国首脳

　◆1961年の非同盟諸国首脳会議には25ヶ国が参加した。現在も継
　　続して開催されている（2019年、第18回会議をアゼルバイジャ
　　ンで開催）。

□**23** 第三世界の国連加盟国が増加し、その発言力が増す中
★　で、1974年には**国連　★　特別総会**、78年、82年、
　　88年には**国連　★　特別総会**が開催された。

資源，
軍縮

□**24** 1960年代には**2つの核に関する軍備管理条約**が結ば
★★★ れ、63年には米英ソ間で ★★★ が調印・発効、68
年には ★★★ が調印、70年に発効した。

部分的核実験禁止
条約（PTBT），
核拡散防止条約
（NPT）

◆いずれも自由に加入できる開放条約であり、100ヶ国以上が参
加している。部分的核実験禁止条約（PTBT）は地下を除く**宇宙
空間、大気圏内、水中での核実験を禁止**する条約である。核拡散
防止条約（NPT）は、191ヶ国・地域が締約国となっており、**核
保有国を5ヶ国**（アメリカ、ロシア、イギリス、フランス、中国）
に限定し、それ以外への核拡散の防止や原子力の平和利用などを
定めている。なお、発効当時は米ソ両大国の核独占を固定化させ
るという批判もあり、フランスと中国は条約に不参加で、冷戦終
結後の1992年に加盟した。95年には同条約の無期限延長（永久
条約化）が決まり、**5年ごとの再検討会議**が開催されている。

□**25** ★★★ に加盟する非核保有国は、核兵器の保有を禁
★★★ じられ、 ★★★ の査察を受ける義務を負っている。

核拡散防止条約
（NPT），
国際原子力機関
（IAEA）

◆国際原子力機関（IAEA）の本部はオーストリアのウィーンに置
かれ、NPTが発効する1970年以前の57年に創設されている。
もともとは原子力の平和利用を管理する機関であった。2009〜
19年には日本の天野之弥が事務局長を務めた。

□**26** 1969年、米ソ間で長距離核兵器の上限数を制限する
★★ ★★ が行われ、72年に両国間で条約が調印、発効
した（SALT Ⅰ）。

戦略兵器制限交渉

◆軍事的な衝突の危険性を減らしていく目的で、軍備を互いに抑
制していく措置を**軍備管理**という。SALT Ⅰは核の軍備縮小は
行わない**軍備管理条約**である。**ICBM**（大陸間弾道ミサイル）や
SLBM（潜水艦発射弾道ミサイル）などの核弾頭の運搬手段の総
数を、5年間現状凍結することを決めた。

□**27** ソ連は、「プラハの春」でのチェコスロバキアへの軍事
★★ 介入と同じ ★★ 論に基づき、1979年にアフガニス
タンに侵攻し、民主化運動を鎮圧した。

制限主権

◆制限主権論は、社会主義国の国家主権は社会主義の枠内に制限
され民主化する主権は与えられていないとする考え方である。
ソ連のブレジネフ共産党書記長の考え方であることから、**ブレ
ジネフ=ドクトリン**とも呼ばれた。

□**28** ソ連のアフガニスタン侵攻後、米ソ間の核軍縮交渉は
★★ すべて中断するなどの事態に陥った。**1979〜85年**まで
のこのような米ソの緊張状態は ★★ と呼ばれた。

新冷戦

□**29** SALT Ⅰに続き、 ★★★ が行われ、1979年に条約
★★★ （SALT Ⅱ）が**調印**されたが、同年12月にソ連の
★★★ 侵攻を機に、アメリカは批准を拒否した。

第2次戦略兵器制
限交渉
アフガニスタン

Ⅳ 政治

4 戦後国際関係史(1)〜冷戦（東西対立）の展開

165

□ **30** 1980年代前半は米ソ関係の緊張が一時的に高まった<u>新冷戦</u>とされ、80年に ★★ で開催されたオリンピックでは ★★ 側諸国が、84年に ★★ で開催されたオリンピックでは ★★ 側諸国が、それぞれ<u>ボイコット</u>するなどの事態も起こった。

モスクワ,
西, ロサンゼルス,
東

◆ 1980年の<u>モスクワオリンピック</u>のボイコットは、アメリカのカーター大統領が表明した。

□ **31** 1983年にアメリカの ★★ 大統領は、**宇宙空間でのミサイル迎撃**を想定した防衛計画である ★★ 構想（<u>SDI</u>）を発表したため、ソ連がアメリカとの軍事交渉をすべて中断し、再び緊張が高まった。

レーガン,
戦略防衛

◆ SDI は<u>スターウォーズ計画</u>とも呼ばれた。

5 戦後国際関係史 (2) ~冷戦終焉からポスト冷戦へ

ANSWERS □□□

□ **1** <u>1985年</u>、ソ連共産党書記長に就任した ★★★ は、東西両陣営のイデオロギー対立を解消させる ★★★ 外交を展開し、米ソ間で**包括軍縮交渉**が開始された。

ゴルバチョフ,
新思考

◆ <u>ゴルバチョフ</u>政権は、①<u>ペレストロイカ</u>（**市場原理**導入などの諸改革）、②<u>グラスノスチ</u>（情報公開による行政民主化）、③<u>新思考外交</u>を唱え、**ヨーロッパは東も西もない１つの家**であるとする「欧州共通の家」構想を掲げたことで、東欧諸国では<u>民主化</u>が進んだ。<u>1989年</u>には<u>東欧民主化</u>が進み、ポーランドでは自主管理労組「<u>連帯</u>」が選挙に勝ち、ワレサが大統領に就任した。ルーマニアでは共産主義独裁を行っていた<u>チャウシェスク大統領が処刑</u>された。一方、<u>チェコスロヴァキア</u>では流血の事態を招くことなく政権交代が行われ、「<u>プラハの春</u>」で失脚した<u>ドプチェク</u>が連邦議会議長に、<u>ハヴェル</u>が大統領に就任した（**ビロード革命**）。

□ **2** <u>1989年</u>、地中海の ★★★ 島で、ソ連の<u>ゴルバチョフ</u>書記長とアメリカの ★★★ 大統領との間で<u>米ソ首脳会談</u>が行われ、 ★★★ 終結宣言が出された。

マルタ,
ブッシュ,
冷戦

◆ 東西陣営の冷戦の対立の時代から、冷戦終結の時代への変化は「<u>ヤルタからマルタへ</u>」といわれる。1990年、冷戦終結の功績などにより<u>ゴルバチョフ</u>はノーベル平和賞を受賞した。

□ **3** 冷戦終結により、1989年11月には「 ★★★ 」が崩壊し、翌90年に西側が東側を吸収する形で<u>東西ドイツが統一</u>された。

ベルリンの壁

◆ <u>ベルリンの壁</u>は、冷戦下の1961年に当時の東ドイツがベルリンの西側を取り囲むように築かれた全長150kmを超える壁で、東ドイツ市民の西側への逃亡を阻んでいた。

□ **4**
★★★
1987年、中距離核戦力を廃棄する初の軍縮ゼロ条約である ★★★ が米ソ間で調印され、翌88年に発効した。

◆ただし、INF（中距離核戦力）全廃条約は地上発射ミサイルの廃棄に関するものであり、空中・海中発射のミサイルについては触れられていない。2019年2月にアメリカのトランプ政権は、INF（中距離核戦力）全廃条約からの離脱をロシアに正式に伝え、同年8月2日に条約は失効した。

INF（中距離核戦力）全廃条約

□ **5**
★★
冷戦の終結を受けて、1990年に東西欧州諸国が集まった ★★ （CSCE）が開催され、欧州に配備されている通常兵器を削減する ★★ （CFE）条約と侵略戦争を禁止する ★★ が採択された。

◆全欧安全保障協力会議（CSCE）は、1975年に第1回会議がヘルシンキで開催された。ソ連を含むすべてのヨーロッパ諸国（アルバニアを除く）とアメリカ、カナダを合わせた35ヶ国の首脳が参加し、東西ヨーロッパ諸国の協調を謳うヘルシンキ宣言が採択された。

全欧安全保障協力会議,
欧州通常戦力,
パリ憲章

□ **6**
★★★
東側陣営では、1991年には経済的結束である ★★★ （経済相互援助会議、COMECON）や軍事同盟である ★★★ （WTO）が相次いで解体した。

◆1991年12月、ロシア共和国などが一方的に独立を宣言してソ連邦は崩壊し、東側陣営は完全に解体された。

コメコン

ワルシャワ条約機構

□ **7**
★★★
冷戦終結後、旧東側社会主義陣営の国々は西側の軍事同盟であった ★★★ （NATO）に加盟していくが、この動きをNATOの ★★★ という。

◆2020年に北マケドニア、23年にフィンランド、24年にスウェーデンがNATOに加盟し、加盟国は32ヶ国となった。

北大西洋条約機構,
東方拡大

□ **8**
★★★
★★★ （PTBT）を発展させ、1996年に国連総会で地下核実験禁止を含めたすべての核爆発実験を禁止する ★★★ （CTBT）が採択されたが、発効していない。

◆包括的核実験禁止条約（CTBT）の問題は、臨界前核実験は禁止されていない点と、すべての核保有国および核開発能力保有国が批准しないと発効できない点にある。なお、臨界前核実験（未臨界実験）とは、臨界（現実世界）で爆発させる以前の段階で爆発を停止する実験のことで、コンピュータによるシミュレーション実験などを指す。

部分的核実験禁止条約
包括的核実験禁止条約

□ **9**
★★★
冷戦終結の流れの中で、1991年には米ソ間で長距離・大型核兵器を削減する第1次 ★★★ （START I）が調印され、94年に発効した。

◆STARTは、核の軍備管理条約であったSALTを一歩進めた軍備縮小条約である。2001年、米ソ両国は条約に基づく義務が履行されたことを宣言した。

戦略兵器削減条約

☐**10** 1993年には、米口間で長距離核兵器を削減する第2次
★★　　　　★★　 (STARTⅡ) が調印されたが、未発効のまま
2002年に調印された　★★　 (SORT、モスクワ条約)
へと事実上発展し、翌03年に発効した。

◆米口それぞれが長距離・大型核兵器 (戦略核) を1,700〜2,200発
に削減する条約。2011年には新 START に発展し、戦略核弾頭
を1,550発、大陸間弾道ミサイル (ICBM) を800基機、配備済
みである潜水艦発射弾道ミサイル (SLBM) や戦略爆撃機などの
核運搬手段を700基機まで削減することを約束している。

戦略兵器削減条約,
戦略攻撃戦力削減
条約 (戦略攻撃力
削減条約)

☐**11** 1995年、全欧安全保障協力会議 (CSCE) が発展、常設
★★　化されて　★★　となった。

◆全欧安全保障協力機構 (OSCE) は、軍縮、各国の交渉による問
題解決、地域紛争の仲介、安全保障モデルの討議などを行う機
関として常設化された。

全欧安全保障協力
機構 (OSCE)

6 **戦後国際関係史 (3) ～9・11後の世界**

ANSWERS ☐☐☐

☐**1** 2001年　★★★　月　★★★　日、アメリカの世界貿易セ
★★★　ンタービルと国防総省 (ペンタゴン) への**同時爆破テロ**
が発生し、その首謀者はイスラーム過激派のアルカ
イーダの　★★★　と目された。

◆「9・11同時多発テロ」と呼ばれている。ウサマ=ビンラディン
は、2011年5月にアメリカ海軍の特殊部隊によって殺害された。

9, 11

ウサマ=ビンラ
ディン

☐**2** 2001年10月、テロ集団の　★　を匿っているとし
★　て、アフガニスタンの　★　政権に対する**集団制裁**
が NATO 合同軍によって行われた。

◆NATO 第5条に基づく、**NATO 史上初の集団制裁**となった。

アルカイーダ,
ターリバーン

☐**3** アメリカのブッシュ大統領は、同時多発テロ後、ミサ
★★　イル防衛 (MD) 構想を進めるために、1972年に米ソ間
で締結した　★★　条約**の破棄**をロシアに通告した。

弾道弾迎撃ミサイ
ル (ABM) 制限

☐**4** 2001年の同時多発テロ発生後、02年にロシアは対テ
★★　ロ戦略で NATO と協力するために「　★★　理事会」
の創設に合意し、事実上 NATO に**準加盟**した。

NATO・ロシア

□**5** 2003年3月、アメリカは将来、アメリカに対して　★★
★★　を使用するおそれのある国への先制攻撃は自衛の範囲
内とする　★★　を掲げ、サダム=フセイン政権を打倒
する戦争を正当化して　★★　を始めた。

大量破壊兵器

ブッシュ=ドクト
リン,
イラク戦争

◆2003年3月、アメリカなどの合同軍（有志連合）は**国連安全保障
理事会の武力行使容認決議のないまま**イラク戦争を始めた。その根拠は自衛権の行使であった。このように、多国間の協調が得られなくても一国だけで単独行動するというブッシュ（子）大統領の考え方をユニラテラリズム（単独行動主義）と呼ぶ。

□**6** 2014年、以前よりマリキ政権に反発する**スンニ派**系の
★　武装集団　★　（「イラク・シリア・イスラム国」）は、
　★　のラッカなど一部の都市を中心に占拠しイラ
ク北部と中部を含めて　★　の樹立を宣言した。

ISIS,
シリア,
イスラム国

◆この事態を受けて、アメリカはイラク政府からの要請と、アメリカ国民が生命の危険にさらされている事実から、これを自衛権の行使であるとして空爆を行った。17年10月には、アメリカの支援を受けた少数民族クルド人を中心とする「シリア民主軍」が、「イスラム国」が首都と自称するラッカを制圧・奪還し、同年12月にシリアのアサド政権がISIS掃討の完了を宣言した。

□**7** エジプトとヨルダンを除き、中東湾岸諸国と国交のな
★　かったイスラエルは、2020年9月、　★　と**バーレー**
ンとの間で**国交正常化に合意**した。

アラブ首長国連邦
（UAE）

□**8** 2024年3月現在、NATOに加盟しているがEUには加
★★　盟していない西アジアの主要国は　★★　である。

トルコ

◆2022年2月のロシアによるウクライナ侵攻を受けて、安全保障上の観点から北欧のスウェーデンとフィンランドはNATOへの加盟を決め、23年にフィンランドが、24年にスウェーデンが正式に加盟し、**NATOの北方拡大**が完成、加盟国は32ヶ国となった。現在、加盟を希望する国は、他にもウクライナ、ジョージア、ボスニア=ヘルツェゴヴィナがある。

□**9** 2002年に中国南部から流行した重症急性呼吸器症候群
★　（　★　）、14年の西アフリカにおける　★　出血
熱、20年の新型コロナウイルス感染症（COVID-19）
など、人類は**感染症との戦い**に直面している。

SARS,　エボラ

7 大量破壊兵器の禁止・制限

☐1
★★
近年、南極や南太平洋、ラテンアメリカ、東南アジア、アフリカ地域などで ★★ 条約が採択されている。

非核地帯

◆ラテンアメリカ及びカリブ核兵器禁止条約（<u>トラテロルコ条約</u>）、南極条約、南太平洋非核地帯条約（<u>ラロトンガ条約</u>）、東南アジア非核兵器地帯条約（<u>バンコク条約</u>）、アフリカ非核兵器地帯条約（<u>ペリンダバ条約</u>）、中央アジア非核地帯条約（<u>セメイ条約</u>）が発効し、核兵器の使用や核実験に反対する動きが広がっている。

☐2
★
1950年、平和擁護世界大会が核兵器の使用禁止を訴える ★ を採択し、人々に賛同署名を呼びかけた。

ストックホルム=
アピール

◆<u>ストックホルム=アピール</u>は、①核兵器の使用禁止、②原子力の国際管理、③最初に核兵器を使用した政府を人類に対する犯罪者とみなすこと、という3つの項目を内容とする。

☐3
★★
<u>1955年</u>、哲学者の ★★ と物理学者の<u>アインシュタイン</u>を中心として<u>核兵器廃絶</u>を訴える ★★ 宣言が発表された。これを受けて、<u>57年</u>にはカナダで科学者が中心となり<u>核兵器廃絶</u>を目指す ★★ 会議が開かれた。

ラッセル,
ラッセル=アイン
シュタイン
パグウォッシュ

◆<u>1957年</u>の<u>パグウォッシュ</u>会議と同じ年には、西ドイツでもドイツ人原子核研究者による核武装反対を訴えるゲッティンゲン宣言が発表された。<u>パグウォッシュ</u>会議は、<u>57年</u>の発足以来、核兵器廃絶運動や平和運動など科学と社会の様々な問題に取り組み、95年にノーベル平和賞を受賞している。日本でも<u>湯川秀樹</u>や<u>朝永振一郎</u>らが中心となり、57年に日本パグウォッシュ会議が設立された。

☐4
★★★
アメリカの<u>オバマ</u>**大統領**による一連の軍縮活動は、大統領が目指す ★★★ 実現に向けての動きとされるが、これが評価され、2009年には ★★★ を受賞した。

核なき世界,
ノーベル平和賞

◆2009年4月、<u>オバマ</u>**大統領**はチェコの<u>プラハ</u>で「<u>核なき世界</u>」の実現を唱える演説を行った。また、16年5月に日本で開催された主要国首脳会議（<u>伊勢志摩サミット</u>）への参加に際し、現職のアメリカ大統領として初めて被爆地である<u>広島</u>を訪問した。

☐5
★★★
2010年、<u>オバマ大統領</u>と<u>メドベージェフ大統領</u>が米ロ首脳会談を行い、09年12月に**期限切れになった**<u>第1次</u> ★★★ （START I）に代わる ★★★ に調印し、長距離核ミサイルの削減が決定され、11年に発効した。

戦略兵器削減条約,
新 START

◆<u>戦略核</u>を**米ロで各1,550発に削減**し、その運搬手段の保有上限を800（配備700）とする大幅な削減を決定した。10年間の時限条約で、2021年2月の期限切れを受け、両国は新 START の5年間延長に合意した。しかし、22年2月からの<u>ウクライナ</u>紛争により米ロ間の緊張が高まる中で、23年2月にロシアの<u>プーチン大統領</u>は新 START の**履行停止**を表明した。

□ **6** 2017年、核兵器の使用、開発、実験、製造、取得、保
★★★ 有、貯蔵、移転などを禁じた ┃ ★★★ ┃ が、国連加盟の
122ヶ国の賛成で採択された。

核兵器禁止条約

◆核兵器禁止条約は、核兵器の使用をちらつかせる「脅し(威嚇)」
の禁止も言及する他、「被爆者にもたらされた苦痛」の一節も前
文に盛り込み、人道的見地から核兵器の存在を否定している。核
保有国や被爆国であるがアメリカの「核の傘」の下にある日本が
不参加を表明する中、2020年10月に同条約を批准した国と地域
が発効の要件となる50に達し、翌21年1月に同条約が発効し
た。なお、同条約の成立に向けて活動した国際NGO「核兵器廃
絶国際キャンペーン」(ICAN)は、2017年にノーベル平和賞を受
賞した。

□ **7** 1971年、国連総会で採択、75年に発効した ┃ ★★ ┃ は
★★ 感染力の強い病原菌の兵器としての使用を禁止している。

生物兵器禁止条約

◆日本は、1982年に批准している。**ABC兵器**(**A**:atomic weapon
「核兵器」、**B**:biological weapon「生物兵器」、**C**:chemical
weapon「化学兵器」)とも呼ばれる**大量破壊兵器**は、2度の世
界大戦で民間人を含む大量殺戮を現実化させた。生物兵器や化
学兵器については、1925年に毒ガス・細菌などの使用禁止を定
めた**ジュネーヴ議定書**が国際連盟で採択されている。

□ **8** 1993年、神経ガスなどの化学兵器の**禁止**などを定め
★★ た ┃ ★★ ┃ が調印、97年に発効している。

化学兵器禁止条約

◆日本は、1995年に批准し、第二次世界大戦中に旧日本軍が中国
大陸に埋蔵・遺棄した化学兵器の処理を義務づけられた。

□ **9** 1997年調印、99年発効の ┃ ★★ ┃ 条約は、**非人道的**
★★ **兵器**である対人地雷の使用・貯蔵・生産・移譲などを
全面的に禁止したもので、同条約に関する会議の開催
地であるカナダの都市名から ┃ ★★ ┃ 条約ともいう。

対人地雷全面禁止

オタワ

◆調印に至るまでに国際NGOの活動が果たした役割は大きい。

□ **10** 2008年に採択、10年に発効した ┃ ★★ ┃ 条約は、非
★★ 人道的であるその兵器の使用を禁止している。

クラスター爆弾禁
止(オスロ)

◆クラスター爆弾とは、大量の子爆弾(小さな爆弾)を大きな容器
に格納し、投下すると空中で子爆弾が飛び散ることで被害が広
範囲におよぶ**殺傷能力の高い爆弾**で、不発弾による二次被害も
甚大である。そのような被害をなくすためにノルウェーの呼び
かけに応じた国々とNGOが協力し、クラスター爆弾禁止条約
(オスロ条約)が採択された。2024年3月現在、112ヶ国がを批
准している(日本は2009年に批准)。

□11 アメリカの科学誌「原子力科学者会報 (BAS)」は、地球
★★★　滅亡までの残り時間を示す「**世界終末時計**」を公表して
いる。次の表は、1947～2020年まで、残り時間が変化
した際の主な出来事をまとめたものである（一部、略）。
空欄**A～M**にあてはまるものを、後の語群から選べ。

年号	出来事	終末X前	
1947	終末時計登場	7分	
49	A ★★★ が初の核実験	3分	A　ソ連
53	前年にアメリカが B ★★★ 実験	2分	B　水爆
60	米ソの国交回復	7分	
63	C ★★★ 調印（米英ソ）	12分	C　PTBT
68	フランス・D ★★★ の核兵器開発	7分	D　中国
72	E ★★★ 調印（米ソ）	12分	E　SALT I
84	軍拡競争が激化（米ソ）	3分	
88	F ★★★ 発効（米ソ）	6分	F　INF（中距離 核戦力）全廃 条約
90	前年に G ★★★ 終結	10分	G　冷戦
91	H ★★★ 調印（米ソ）	17分	H　START I
98	インドと I ★★★ が核実験	9分	I　パキスタン
2007	前年に J ★★★ が核実験	5分	J　北朝鮮
15	ロシアの K ★★★ 併合（2014年）	3分	K　クリミア
17	アメリカ L ★★★ 政権発足、北朝鮮 の核実験	2分30秒	L　トランプ
18	アメリカの M ★★★ 核合意離脱	2分	M　イラン
20	F ★★★ の破棄・失効、「AIによる 戦争」の現実化、進まぬ気候変動対策	100秒	

【語群】　水爆　化学兵器　中国　北朝鮮　パキスタン
　　　　イラン　ソ連　ロシア　クリミア　冷戦
　　　　キューバ危機　イラク戦争　トランプ　オバマ
　　　　核兵器禁止条約　INF（中距離核戦力）全廃条約
　　　　SALT I　START I　NPT　PTBT

◆2022年まで3年連続で「100秒」と発表された。新型コロナウ
イルス感染症（COVID-19）、核戦争のおそれや気候変動などが
引き続き危険な脅威をもたらしているとされた。さらに、23年
には過去最短の「90秒」となり、24年も維持された。ロシアに
よるウクライナ侵攻や中東情勢、危機的な気候変動などが主な
理由である。

□**12** 次の表は、世界各国で保有される核弾頭の推定数（2023
★★★ 年6月時点）を多い順に並べたものである。空欄**A**〜
Fにあてはまる国名を答えよ。

国名	全保有数
A ★★★	5,890
B ★★★	5,244
C ★★★	410
D ★★★	290
イギリス	225
パキスタン	170
E ★★★	164
F ★★★	90
北朝鮮	40
合計	12,523

A ロシア
B アメリカ
C 中国
D フランス

E インド
F イスラエル

【出典】「長崎大学核兵器廃絶研究センター」ホームページ

◆核保有国で、インド、パキスタン、イスラエルは核拡散防止条
約（NPT）に加入していない。

□**13** **暴力など恐怖を与える行為**によって自らの政治的な主
★★ 張や思想を押し通そうとすることを、一般に ★★
という。

テロリズム（テロ）

□**14** 官公庁や大企業のコンピュータやデータベース、通信・
★★ 金融・医療などといった重要な社会基盤に対して侵入
し、破壊工作を行う行為を一般に ★★ という。

サイバーテロ

◆サイバーテロは国家の枠組みを超え、全世界に影響を及ぼす。
2017年には「**ランサムウェア**」と呼ばれるコンピュータ＝ウイル
スが多くの国に被害を及ぼし、イギリスでは金融機関や医療機
関が大きな打撃を受けた。また、ウクライナではロシアとの対
立が激化した13年以降、大規模なサイバー攻撃が頻発し、政府
機関や電力網などが大きな被害を受け、混乱に陥った。今後は
人工知能（AI）を用いた電子的攻撃も予想される。

□**15** ★ とは、ある政治的目的を達成するために、軍
★ 事的脅威に加えて、サイバー攻撃による通信・重要イ
ンフラの妨害、インターネットやメディアを通じたプ
ロパガンダを含む偽情報の拡散と心理戦、無人戦闘機
や国籍を隠した秘密部隊による軍事作戦など、様々な
手段を組み合わせて行われる戦争の手法である。

ハイブリッド戦争

8 現代の地域・民族紛争~その背景と原因

□1
★★
　 ★★ は、国民主義、国家主義、民族主義などと訳され、文化的単位と政治的単位とを一致させようとする運動として、主権的国民国家の形成や ★★ 的な民族国家主義、民族独立運動などに大きな影響力を持つ。

ナショナリズム

排他

□2
★★
国家が成立する過程で ★★ 線が画定されたことによって、**民族の居住地域が分断される**ことがあり、このことが国家内で ★★ 民族が生まれる一因とされる。

国境

少数

□3
★
第二次世界大戦後、先進国が発展途上国に対して国家の独立や主権を侵さないが、援助などによって事実上**経済的支配関係を拡大**する考え方を ★ という。

新植民地主義

□4
★★
ドイツのナチズムなどを含めて、国民の自由や権利を抑圧しようとする全体主義的な思想を ★★ という。

ファシズム

◆ファシズムとは、もともと**イタリア**のムッソリーニ率いるファシスト党による独裁政治を指し、**一党独裁、暴力による抑圧**が特徴である。ドイツのナチス（国家社会主義ドイツ労働者党）をはじめ、**国民の自由や権利を否定**する政治のあり方である。

□5
★★★
ポーランド南部にあった ★★★ 強制収容所では、ナチス=ドイツによって ★★★ 人などが**大量虐殺**された。

アウシュヴィッツ，
ユダヤ

□6
★★
国連は、迫害されていたユダヤ人に国家を与えるため、**パレスチナ**の土地をユダヤ人とアラブ人に二分する案（パレスチナ分割案）を決議し、 ★★ の建国（1948**年**）を承認したことで、土地を追われた ★★ が大量に発生した。

イスラエル，
パレスチナ難民

□7
★★
1948～49年、土地を追われたアラブ人（パレスチナ人）が、土地を奪回するためにイスラエルに対して攻撃を行い ★★ （パレスチナ戦争）が起きた。

第一次中東戦争

◆祖国を追放されたイスラエル人（ユダヤ人）たちが祖国とするシオンの丘に再び戻り、国家を再建する運動をシオニズム運動という。1917年、宗主国イギリスが**バルフォア宣言**でそれを認めたことから、第二次世界大戦後の1948年にユダヤ人国家イスラエルが建国される。しかし、イギリスはパレスチナ人にもその土地の占有を認める（**フセイン=マクマホン協定**）という**二枚舌外交**を行ったことが中東戦争（中東紛争）の一因となった。

☐**8** 1956年、**エジプトの** ★★ 大統領による ★★ 国
★★ 有化宣言をきっかけに ★★ が起きた。

◆**イスラエル**はイギリス、フランスと共同出兵したが、**国連
安保理の即時停戦決議**を受けて撤兵した。

ナセル，スエズ運
河，
スエズ動乱（第二
次中東戦争）

☐**9** 1964年に ★★ がイスラエルに追放されたアラブ人
★★ たちによって設立され、69年には ★★ が議長に
就任した。

◆イスラエル占領下でのアラブ人による暴動や抵抗活動をイン
ティファーダ（蜂起）という。その一部は過激化した。

パレスチナ解放機
構（PLO），
アラファト

☐**10** 1967年、 ★★ で圧勝したイスラエルは ★★ 地
★★ 区、シナイ半島、 ★★ 高原、ヨルダン川西岸を占領
下に置いた。

第三次中東戦争，
ガザ，
ゴラン

☐**11** 1973年に起こった ★★ では、OAPEC（アラブ石
★★ 油輸出国機構）が用いた ★★ によって**第一次石油
危機**（第一次オイル=ショック）が発生した。

◆石油戦略とは、イスラエルを支持する国家には石油を輸出しな
いというもの。西側諸国を中心に経済や社会にパニックを引き
起こし、日本では狂乱物価と呼ばれる**急激なインフレーション**
（**インフレ**）の一因となった。

第四次中東戦争，
石油戦略

☐**12** 1979年、イランでは ★★ が指導した**イラン革命**が
★★ 起こり、親米派の国王を追放して**イラン=イスラーム共
和国**が成立した。

◆シーア派のホメイニたちが民衆を指導し、**イラン革命**を起こし
た。王政を打倒し、イスラーム法学者による新たな政治体制を
打ち立てた。これ以降、イランは反米路線をとることになる。

ホメイニ

☐**13** 1980〜88年にかけて、 ★ 戦争が続いたが、**アメ
★ リカ**は当初、**親米的な** ★ のサダム=フセイン政権
を支持し、**反米政権**であった ★ への ★ に
よる侵攻を事実上、容認していた。

イラン・イラク，
イラク，
イラン，イラク

☐**14** 1990年のイラクによる ★★★ 侵攻に対する多国籍軍
★★★ の制裁後、翌91年には ★★★ が開かれ、93年にイ
スラエルとパレスチナ間で合意が成立した。

クウェート，
中東和平会議

□**15** 1993年、イスラエルが過去の中東戦争で奪った土地を
★★★　パレスチナ側に返還し、パレスチナ側もイスラエルという国家を認め、**双方の存在を相互承認する**ことを内容とする ★★★ (オスロ合意) が結ばれた。

パレスチナ暫定自治協定

□**16** 2003年、アメリカなどの仲介で「オスロ合意」に基づ
★★　くイスラエル占領地であるパレスチナ自治政府への返還の工程表を定めた ★★ が提示された。

中東和平ロードマップ

　◆しかし、履行段階に入っても情勢は安定せず、和平への工程は難航している。**パレスチナの暫定自治**が実施されているヨルダン川西岸やガザ地区などで紛争が起きている。現在、穏健派の組織であるファタハがヨルダン川西岸地区を統治し、反イスラエル強硬派でイスラーム原理主義組織のハマスがガザ地区を実効支配している。2023年10月、ハマスはイスラエルに対する大規模な攻撃を行い、それに報復攻撃するイスラエルとの間で紛争状態に陥った。

□**17** トルコやイラン、イラクなど西アジアの複数の国に居
★　住している ★ 人は、**民族独立**を目指して運動し、弾圧や紛争が起きている。

クルド

　◆独自の言語と文化を持つクルド人は、第一次世界大戦後に列強によって居住地域 (クルディスタン) の中央部に国境線が引かれたことで、トルコ、イラン、イラク、シリアなどに分断された「国を持たない世界最大の少数民族」と呼ばれる。

□**18** 旧ユーゴスラビア内戦は、同連邦を構成した6共和国
★★　のうち、1991年に ★★ 、スロベニア、マケドニアが、92年に ★★ が独立を宣言したのに対して、**連邦制を維持**しようとする ★★ 人勢力が独立阻止の軍事介入を行ったことに主な原因がある。

クロアチア,
ボスニア=ヘルツェゴヴィナ,
セルビア

　◆多民族国家であった旧ユーゴスラビア連邦では、各民族をまとめていた指導者ティトーが1980年に死去し、冷戦の終結を迎える中で民族間の対立が表面化した。

□**19** 旧ユーゴスラビア紛争は、**セルビア人と非セルビア人**
★★★　との民族対立が原因となったが、セルビア人は多数派であるべきだとする ★★★ 主義に基づく**異民族の排斥** (★★★) が行われた。

はん
汎セルビア,
民族浄化(エスニック=クレンジング)

　◆1998～99年には、新ユーゴスラビア連邦内のコソボ自治州で独立運動が発生したが、新ユーゴ政府軍 (セルビア人勢力) による独立阻止の民族浄化 (エスニック=クレンジング) が行われた。このセルビア共和国側への軍事的制裁として、NATO軍による**「人道的空爆」**が行われた。2008年には同自治州は独立を宣言し、EU (欧州連合) などが承認している。

□**20** 旧ユーゴスラビア連邦の解体により、セルビア共和国
★★ とモンテネグロ共和国は ★★ に統合されたが、
2003年には ★★ と国名を変更し、06年には独立
国家として分裂した。

◆2006年の分裂後、**モンテネグロは国連に正式加盟**した。

新ユーゴスラビア
連邦,
セルビア=モンテ
ネグロ連邦

□**21** イギリス領内の ★★★ の独立問題は、<u>イギリス</u>から
★★★ の独立を望むキリスト教 ★★★ 系住民と、<u>イギリス</u>
残留を望むキリスト教 ★★★ 系住民との対立を招き、
過激派集団によるイギリスへのテロ行為も行われてき
たが、**1998年に包括和平合意が成立**した。

北アイルランド,
カトリック,
プロテスタント

□**22** 2014年9月、<u>イギリス</u>からの**分離独立**の是非を問う<u>住</u>
★ <u>民投票</u>が ★ で実施されたが、約55%が反対 (残
留支持) に投票し、独立は否決された。

スコットランド

□**23** ロシア南部の**カフカス地方** (コーカサス地方) では、**分**
★ **離独立**を目指す<u>イスラーム</u>独立派武装勢力と、それを
阻止しようとする<u>ロシア</u>との間で ★ が起こり、
<u>ロシア</u>が独立派武装勢力をほぼ制圧した。

◆ロシア連邦にはキリスト教徒 (ロシア正教徒) が多いことから、
<u>チェチェン</u>の独立運動は宗教的対立に基づくとともに、資源主
権を求める<u>資源ナショナリズム</u>の側面を持つ。

チェチェン紛争

□**24** 2014年、 ★★ では大規模な反政府デモで親ロシア
★★ 政権が崩壊したため、領内にある**黒海沿岸**の ★★
自治共和国にロシアが侵攻し、その主導の下で住民投
票が行われた。ロシアはウクライナからの**分離独立と**
ロシアへの編入に賛成する票が多数を占めたと発表し、
同地域のロシアへの<u>併合</u>を宣言した。

◆アメリカやEU諸国は、この住民投票は違法で公正さが担保さ
れないことを理由にロシアの「<u>クリミア併合</u>」を認めず、ロシ
アに対する制裁措置を発動した。また、<u>主要国首脳会議</u> (<u>サミッ</u>
<u>ト</u>) からロシアを排除し、G8はG7サミットとなっている。

ウクライナ,
クリミア

□**25** インド独立運動を指導した<u>ネルー</u>は「**ひとつのインド**」
★★ として ★★ からの独立を目指したが、 ★★ 教
徒が多く住むインドと、 ★★ 教徒が多数派の
★★ に分かれて、1947年に独立した。さらに、イン
ドを挟んだ<u>東パキスタン</u>地域に住むベンガル人の独立
運動をめぐり、印パ両国は紛争を起こし、71年に<u>東</u>
<u>パキスタン</u>が ★★ として分離独立した。

イギリス, ヒン
ドゥー,
イスラーム,
パキスタン

バングラデシュ 177

IV 政治

8
現代の地域・民族紛争〜その背景と原因

□26 **インド最北部**の　★★　地域では、独立派の<u>イスラー</u> <u>ム</u>系住民とインド残留派の<u>ヒンドゥー教</u>系住民の間で 紛争が続いている。

> ◆<u>イスラーム</u>**系住民**はインドから独立して<u>イスラーム国家</u>のパキ スタンへの併合を望んでいるのに対し、<u>ヒンドゥー教</u>**系住民**は <u>ヒンドゥー教国</u>のインドへの残留を望んでいる。

カシミール

□27 中国の　★　自治区では、文化大革命など中国共産 党の中央政府による圧迫や漢族による　★　政策に 反発する動きが加速し、2009年には　★　族と漢族 による大規模な暴動が起きた。

> ◆中国共産党による事実上の一党独裁体制に対し、**1989年6月**に は<u>天安門事件</u>（第二次天安門事件、「6・4事件」）という**民主化 運動の弾圧**も起きている。

新疆ウイグル、 同化、 ウイグル

□28 1988年、　★　では軍事政権下で　★　を指導者 とする**民主化デモ**が起き、多数の逮捕者や亡命者を出 したが、2010年に同氏などの多くが釈放された。

> ◆軍事政権が民主化を容認し、長らく自宅軟禁の身にあった<u>アウ ン=サン=スー=チー</u>が釈放され、12年には国会議員に選出され、 16年には国家最高顧問と外務大臣の要職に就いた。しかし、21 年2月に前年11月の議会総選挙の結果に反発する**軍部がクーデ タ**を起こし、同氏は拘束され、再び軟禁状態にある。

ミャンマー（旧ビ ルマ）、アウン=サ ン=スー=チー

□29 少数民族　★　に対するミャンマー軍の迫害と難民 化について、国際的な非難が起き、20年には<u>国際司 法裁判所</u>（<u>ICJ</u>）が「虐殺防止」を命じた。

ロヒンギャ

□30 1990年代初頭に激化した　★★　<u>内戦</u>では、多数部族 の<u>フツ族</u>の強硬派が、穏健派や少数部族の　★★　族 など80万人以上を大量虐殺したことから、国連は PKOを派遣し、難民救済などを行った。

ルワンダ、 ツチ

□31 1991年のバーレ政権崩壊後、民族対立により生じた 　★★　<u>内戦</u>に対して、国連は強化されたPKOであ る　★★　を派遣したが、解決に失敗した。

ソマリア、 平和執行部隊

□32 アフリカの　★　では、イスラーム化政策を推し進
★　　める政府と反発する南部の非イスラームとの紛争など
により、多数の国内避難民や国外流出する　★
が発生し、結局、2011年に　★　が独立した。

> ◆スーダン西部のダルフール地方では、2003年からアラブ系の政
> 府軍と黒人系の反政府勢力との間で武力衝突が続き、「世界最大
> の人道危機」といわれる非アラブ系住民への大量虐殺（ジェノサ
> イド）による民族浄化（エスニック=クレンジング）が発生した。
> 09年、国際刑事裁判所（ICC）は人道に対する犯罪と戦争犯罪の
> 容疑で、スーダンのバシール大統領（当時）に逮捕状を出した。

スーダン

難民,
南スーダン

□33 2010年末から11年初頭にかけて、軍事独裁政権や開
★★　発独裁政権が民主化暴動で崩壊する動きが、北アフリ
カや西アジア地域で続いた。これを「　★★　」と呼ぶ。

> ◆2010年12月にはチュニジアで民主化運動が起こり、ベン=アリ
> 大統領が失脚した（「ジャスミン革命」）。翌11年2月にはエジ
> プトのムバラク大統領が失脚して独裁政権が、同年8月にはリ
> ビアでカダフィ大佐率いる軍事独裁政権が相次いで崩壊した。

中東の春（アラブ
の春）

□34 「中東の春（アラブの春）」は、　★★　と呼ばれるイン
★★　ターネット上のコミュニティを通じて呼びかけられた
点で、従来にない民主化運動といわれた。

> ◆このような民主化運動の動きを警戒する中国ではインターネッ
> トへの検閲などの情報統制を強化している。

ソーシャル=ネッ
トワーキング=
サービス（SNS）

□35 シリアでは、　★★　父子による政権に対する反政府
★★　運動が激化し内戦状態に陥り、政府側が反政府側に化
学兵器　★★　を使用した疑惑がもたれている。

> ◆中東諸国の民主化運動（「アラブの春」）はシリアにも波及した
> が、アサド父子の独裁政権は倒れず、2011年から政府軍と反政
> 府軍の間で内戦に突入している。「21世紀最大の人道危機」と
> もいわれる泥沼化したシリア内戦は、50万人を超える死者と、
> 650万人近くの難民を数えている。

アサド

サリン

□36 2022年2月、NATOの東方拡大に強く反発するロシア
★★★　は　★★★　に軍事侵攻を行った。

ウクライナ

□37 ロシアは、2014年に併合したクリミア半島に続く陸路
★★　を確保するため、侵攻したウクライナ東部・南東部の
ルハンシク州、ドネツク州、原子力発電所のある
★★　州、ヘルソン州の4州で　★★　を行い、多
数がロシア併合に賛成したとして一方的に併合を宣言
した。

ザポリージャ, 住
民投票

IV
政治

8
現代の地域・民族紛争〜その背景と原因

□38 次の地図は、第二次世界大戦後に発生した主な地域紛
★★ 争の位置や名称、時期を示したものである。地図上の空
欄A〜Gにあてはまる国または地域名を答えよ。

旧ユーゴスラビア内戦
(1991〜95年)
コソボ紛争
(1998〜98年)
北アイルランド
紛争
(1968年〜98)

ウクライナ紛争
(2022年〜)

B ★★ 紛争
(1994〜96年/'99〜2009年)

南オセチア問題

新疆ウイグル問題

F ★★ 独立運動
(1959年〜)
中印国境紛争
(1959〜62年)
中ソ国境紛争
(1969年)
朝鮮戦争
(1950〜53年)
中国・ベトナム(中越)戦争
(1979年)
ベトナム戦争
(1965〜73年)
カンボジア内戦
(1970〜91年)

A ★★ を
めぐるウクラ
イナとロシア
の対立

D ★★ 内戦
(2011年〜)
中東戦争
(1948・56・67・73年)
E ★★ 紛争
(1947年〜)

ダルフール紛争
(2003年〜)
C ★★
内戦
(1977〜92年)

ソマリア内戦(1992年)
ルワンダ内戦(1994年)

G ★★
独立運動
(1975〜2002年)

A クリミア
B チェチェン
C モザンビーク
D シリア
E カシミール
F チベット
G 東ティモール

9 戦後日本外交の展開

□1 1945年7月26日に出された、日本に対する連合国側
★★★ からの宣言を ★★★ という。

ポツダム宣言

◆ドイツのベルリン郊外にあるポツダムで連合国側の首脳会談が
行われ、アメリカ、中華民国、イギリスの連名で出された日本に
降伏を求める宣言。軍国主義の絶滅や戦争犯罪人への厳罰、領
土制限、民主化促進と基本的人権の尊重、日本軍の無条件降伏
などを条件とした。日本は同年8月14日に同宣言を受諾し、9
月2日に降伏文書に調印した。

□2 1951年に主権を回復した日本が掲げた外交の三原則と
★★ は、「 ★★ 中心主義」「 ★★ 主義諸国との協力」
「 ★★ の一員としての立場の堅持」である。

国連, 自由,
アジア

◆「日本外交の三原則」は、日本国憲法前文で謳われる「われらは、
平和を維持し、専制と隷従、圧迫と偏狭を地上から永遠に除去
しようと努めてゐる国際社会において、名誉ある地位を占めた
いと思ふ。われらは、全世界の国民が、ひとしく恐怖と欠乏か
ら免かれ、平和のうちに生存する権利を有することを確認する」
という国際協調の精神にも通じる。

□ **3** 1951年、吉田茂（よしだしげる）内閣時に連合国側の48ヶ国と結ばれ
★★ た ★★ で日本は主権を回復したが、ソ連や中国な
ど東側を除く**西側諸国との** ★★ 講和の平和条約で
あった。

◆日本は、サンフランシスコ平和条約に調印しなかった国々とは、
個別に平和条約などを結ぶこととなった。

サンフランシスコ
平和条約,
片面

□ **4** 1951年のサンフランシスコ平和条約で日本は主権を回
★★★ 復することが決定したが、同時に**アメリカとの間に**
★★★ を締結し、アメリカ軍の日本への駐留を認める
ことになった。

◆以後、日本はアメリカとの同盟関係によって自国の安全保障を
実現することで防衛費を低く抑えながら、その余力を経済成長
に振り向けることで、国際的な地位向上を図っていった（**吉田ド
クトリン、吉田路線**）。

日米安全保障条約

□ **5** 1956年、日本とソ連との間で ★★★ が出され、国交
★★★ の回復が実現するとともに、ソ連が日本の加盟を承認
したため、**日本は** ★★★ **への加盟**を果たした。

◆日ソ共同宣言でソ連は日本の国連加盟について拒否権を行使し
ないことを約束するとともに、日本に対する第二次世界大戦の
賠償請求権をすべて放棄した。なお、第二次世界大戦後から日
ソ間の国交が回復する1956年まで、50万人を超える日本人ら
が**シベリアに抑留**され、過酷な強制労働に従事させられた。

日ソ共同宣言

国際連合

□ **6** **日ソ共同宣言**では、平和条約締結後にソ連は**北方四島**
★★ のうち ★★ と ★★ を**先行して日本に返還する
約束**がなされたが、返還は現在も実現していない。

◆北方四島には、その他に国後島（くなしり）と択捉島（えとろふ）がある。2020年7月、ロ
シアは憲法を改正し、領土割譲の禁止を明記したことで、日ロ
間の領土問題解決への影響が懸念されている。

歯舞群島（はぼまい）, 色丹島（しこたん）
※順不同

□ **7** 佐藤栄作内閣時の1968年にアメリカとの間で ★★
★★ 諸島、71年には ★★ の返還協定がそれぞれ締結
された。

◆日本側は「**核抜き、本土並み**」をスローガンに沖縄返還交渉を進
めたが、72年の返還時には「**基地つき返還**」として、アメリカ
軍の駐留が現在まで続いている。

小笠原,
沖縄

□8 1972年にアメリカの**ニクソン大統領が中国（中華人民**
★★　**共和国）を訪問**したのをきっかけに、　★★　首相が訪
中して　★★　が出され、**中国との**国交**を回復した。**

田中角栄,
日中共同声明

◆日本は1952年に台湾の**中華民国**政府との間に日華平和条約を結
んでいたが、日中共同声明で「中華人民共和国政府を唯一の合法
政府」として承認し、台湾との関係を民間交流と位置づけた。
1978年、**福田赳夫首相**の時に日中平和友好条約が調印された。

□9 **1965年**、日本は大韓民国を朝鮮半島を代表する唯一の
★　合法政権とみなして　★　を締結し**国交は正常化**さ
れたが、北朝鮮との国交は断絶したままである。

日韓基本条約

□10 日朝関係における　★★　**問題**では、2002年10月に
★★　一部被害者の日本への帰国が実現したが未解決である。

拉致

□11 北朝鮮の核問題について、北朝鮮、　★★　、　★★
★★　の**3ヶ国協議**で解決が図られたが、2003年8月以降は
日本、　★★　、　★★　を加えた**6ヶ国協議**が行われ
たものの、08年12月の会合を最後に開かれていない。

アメリカ, 中国
※順不同

韓国, ロシア
※順不同

◆北朝鮮は、2006年頃から断続的に核実験や弾道ミサイルの発射
実験を繰り返すなど、国際社会の支援を引き出すための様々な
外交カードを用いる**瀬戸際外交**を展開している。2011年、金正
日の死去後は、息子の金正恩が北朝鮮の実権を握っている。

□12 1994年に発足した ASEAN 地域フォーラム（　★　）
★　は、アジア太平洋地域の**政治・安全保障問題**に関する
多国間の対話と協力を図る場である。

ARF

◆2024年3月現在、ASEAN（東南アジア諸国連合）加盟10ヶ国
（ASEAN10）や、日本、中国、韓国、インドなど26ヶ国とEU
の外交当局、国防・軍事当局の代表が参加している。

□13 「　★　」とは、2016年に安倍首相が打ち出した外交
★　構想で、アジア太平洋からインド洋を経て中東・アフ
リカに至る幅広い地域を「国際公共財」として発展させ
ることを目指している。

自由で開かれたイ
ンド太平洋
（FOIP）

◆「自由で開かれたインド太平洋」は、中国の台頭を念頭に、航
行の自由や法の支配、自由貿易の普及などを柱とする構想であ
る。2019年には日本、アメリカ、オーストラリア、インドの4
つの民主主義国の首脳や外相が安全保障や経済協力を協議する
Quad と呼ばれる枠組みが構築され、アメリカのバイデン政権
は21年にアメリカ、イギリス、オーストラリアの軍事同盟とし
て AUKUS を、22年に日本を含めたインド太平洋経済枠組み
（IPEF）の創設を決定した。

□**14** 他国に領有されていない土地に対し、ある国が領有の
★ 意思を示し、実効的支配を確立することを ★ と
いう。

先占（無主物先占）

□**15** 日本の領土問題に関して、地図中の空欄 **A** ～ **C** にあ
★★★ てはまる地名および、どの周辺国・地域との領有権問
題であるか番号①～⑤ですべて答えよ。

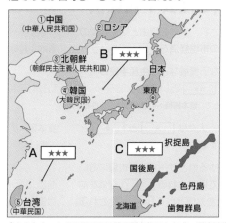

A 尖閣諸島、
  ① ・ ⑤
B 竹島（独島）、
  ④
C 北方領土、②

◆もともと、**A** の尖閣諸島は誰の所有物でもなく、明治時代に日
本が占有し、所有を主張した。法律的には**無主物先占（無主物占
有）**により所有権を取得し、中国とはそれを前提とした協定文書
を作成した。現在に至るまで、日本は一貫して「**領土問題は存在
しない**」と主張している。しかし、1970年代に尖閣諸島周辺で天
然ガスの埋蔵が確認されると、**中国**が領有権を主張し、ガス田
開発を始めた。また、**台湾・香港**も領有権を主張している。**B** の
竹島（独島）領有権問題では、2005年の島根県議会による「竹島
の日」制定決議に対して韓国側が非難した。**C** の北方領土は、**日
ソ共同宣言**で平和条約締結時に歯舞群島と色丹島の**二島を返還**
することが約束されたが、実現していない。日本政府は北方領
土を「**日本固有の領土**」としている。

1 資本主義経済と社会主義経済

ANSWERS □□□

□1 生産手段が<u>私的</u>に**所有**され、<u>契約の自由</u>と<u>私的利潤</u>の
★★★ 追求を認める<u>自由競争</u>の**市場経済**を ★★★ という。

資本主義経済

□2 資本主義経済の前提となる機械などの**生産手段**の<u>私的</u>
★★ **な所有**を認める制度を ★★ という。

私有財産制

◆生産手段を<u>私有</u>できることで、**資本蓄積への意欲**が高められる。

□3 **資本主義経済**において、人々は ★ と ★ と
★ いう2つの階級に分化する。

資本家, 労働者
※順不同

□4 **資本主義経済**は、あらゆる<u>財</u>とサービスが市場におい
★ て対価の支払いをもって取引される ★ 経済を前
提とし、 ★ も賃金を対価として ★ 化される。

商品,
労働力, 商品

□5 **資本主義経済**下では、資本家が ★★ を提供し、労
★★ 働者が ★★ を提供することで生産が行われていく。

生産手段,
労働力

□6 古典派経済学の理論によると、**生産の3つの要素**とは
★★ ★★ 、<u>労働</u>、<u>土地</u>である。

資本

□7 ある生産設備において生産が繰り返されていくことを
★★★ ★★★ といい、資本主義経済では企業は ★★★ の
<u>最大化</u>を目指すので、 ★★★ **再生産**が基本となる。

再生産, 利潤,
拡大

◆1度目の生産量より2度目の生産量が減る場合を<u>縮小</u>**再生産**、1
度目の生産量と2度目の生産量が同じ場合を<u>単純</u>**再生産**という。

□8 **資本主義経済**において、企業は市場での自由な取引を
★★ 通じて ★★ を追求し、それがさらなる ★★ の
資金となって経済が成長する。

利潤, 設備投資

□9 **資本主義経済**においては、社会主義経済と異なり<u>計画</u>
★★ **経済を行わない**という<u>生産</u>の ★★ 性が原則となっ
ているため、需給の不一致や<u>生産過剰</u>が起こり、 ★★
を避けることができないとする。

無政府,
景気変動 (景気循
環)

◆<u>景気変動</u>の中で、<u>貧富の差</u>や<u>失業者</u>が発生する。

□**10** 資本主義経済下では、<u>景気</u>**循環**を避けられず、★★★ の差と ★★★ 者が発生する一方、長期的には生産力の拡大による経済成長が期待される。

貧富,
失業

□**11** **現代の資本主義**は政府の<u>市場</u>介入を認める ★★★ <u>資本主義</u>であり、政府による ★★★ が行われることがある。

修正,
経済計画

　◆<u>計画経済</u>と**経済計画**は異なる。前者は社会主義の<u>集権的計画経済</u>を原則的に意味し、後者は資本主義における**計画的な**<u>市場</u>介入などを意味する。

□**12** <u>生産</u>**手段**は**資本主義経済**下では ★★ に所有され、**社会主義経済**下では ★★ に所有される。

私的,
公的

□**13** <u>社会主義経済</u>においては、生産手段の ★★★ と**中央集権的** ★★★ が行われる。

公的所有 (社会的
所有),
計画経済

　◆<u>生産手段</u>の<u>公的所有</u> (<u>社会的所有</u>) の形態としては、国が所有するケースと協同組合が所有するケースがある。旧ソ連の計画主体を**ゴスプラン**、中国にかつて存在した農業計画主体を<u>人民公社</u>という。1980年代になると<u>人民公社</u>**は解体**され、農業計画は地方主導に改められていく。旧ユーゴスラビア連邦では、中央集権的な計画経済の腐敗を防ぐため、国がガイドラインを作成し、それぞれの**労働者評議会**が具体的な生産量や価格を決めるという<u>分権的計画経済</u>を導入した。

□**14** **社会主義経済**下では、 ★★ の下で需給の不一致や生産過剰は発生しないため、**理論上は** ★★ や ★★ の変動は起こらない。

計画経済,
物価, 景気
※順不同

　◆現実には、社会主義経済下でも<u>計画経済</u>**の失敗や腐敗**によって**需給の不一致**が起こり、<u>インフレーション(インフレ)</u>や<u>不況</u>が発生していた。

□**15** 社会主義経済では<u>計画経済</u>の下、商品の生産量も価格も政府によって決定される。<u>マルクス</u>**経済学**では商品の価格の要因は ★★ にあるとされ、<u>アダム=スミス</u>以来の ★★ 説の立場をとるが、現在、社会主義経済を採用している国は少ない。

労働,
労働価値

　◆**社会主義経済**の問題点は、生産意欲減退による生産低下で経済効率が悪化することである。1962年、ソ連の経済学者<u>リーベルマン</u>は「計画・利潤・報奨金」という論文を発表し、利潤を生み出した企業や組合などに報奨金を支払う<u>利潤</u>導入方式 (<u>リーベルマン方式</u>) を導入することで報奨金の分配を受ける組合員 (労働者) の**生産意欲の向上**を図るべきだと説き、<u>計画経済</u>をめぐって論争が起きた (<u>リーベルマン論争</u>)。

□**16** 社会主義国の下でも、部分的に市場原理を導入する
★★★　　★★★ 社会主義が採用されており、資本主義諸国に
よる自由貿易市場に参入している。

修正

□**17** 1985年、ソ連共産党書記長に就任した ★★ が実施
★★　した**社会・経済改革**などを総称して ★★ という。

ゴルバチョフ，
ペレストロイカ

□**18** 鄧小平は、政治面では中国共産党一党支配を、経済面
★★★　では1978年より ★★★ を訴え、90年代はじめに中
国共産党は ★★★ 経済を採用すると表明した。

改革・開放，
社会主義市場

◆鄧小平は「**四つの現代化**」として、「**農業・工業・国防・科学技
術**」の近代化を目指す改革・開放政策を打ち出した。1992年には
沿岸部の深圳や上海などを視察し、同政策のさらなる推進を提
唱した（「**南巡講話**」）。

□**19** 中国では、**ノルマ以上の生産物の自由処分**を認める
★　　 ★ を採用し、農家の生産意欲を高めている。

農業生産責任制
（農業生産請負制）

◆**人民公社**解体後の中国では、末端となる行政単位が経営する農
村企業である郷鎮企業や個人経営企業の設立も認められた。

□**20** 1979年以降、中国において**外資導入など市場原理を認**
★★★　**める地域**を ★★★ といい、法人税率の低い ★★★
となっている。

経済特別区（経済
特区），タックス＝
ヘイブン（租税回
避地）

◆経済特別区（経済特区）を設けた目的には、**先進国企業の技術を
導入する**と同時に、現地の**雇用拡大、所得向上、税収増加**など
があった。深圳、珠海、汕頭、厦門、海南省が指定されている。

□**21** 中国は「21世紀の ★★ 」と呼ばれ、**高度経済成長**
★★　を遂げた結果、**外国からの資本**が大量に流入し、2006
年には ★★ が日本を抜いて世界第1位となった。

世界の工場

外貨準備（外貨準
備高）

◆「**中国マネー**」とも呼ばれる**中国資本**が、アフリカをはじめ世界
中に投資され、資源会社などに大量に流入している。

□**22** **中国**は社会主義国であるが、返還された ★★★ とマ
★★★　**カオ**では向こう**50年**間、**資本主義体制を維持する**
★★★ を採用している。

香港

一国二制度

◆**1997年**に香港がイギリスから、**99年**にマカオがポルトガルか
らそれぞれ中国に返還された。その後、中国政府の介入に対し、
2014年の民主化要求デモ（「**雨傘運動**」）、19年の**逃亡犯条例改
正案**への大規模な反対運動など市民の反発が続く。20年6月に
は**香港国家安全維持法**が施行、香港に対する統制がさらに強ま
ることで、一国二制度は崩壊の危機を迎えている。

□**23** ベトナムでは、 ★★ 政策によって、**社会主義経済下**
★★　**で市場原理を一部導入**した。

ドイモイ（刷新）

□**24** **★★★** は2001年、ベトナムは07年、**★★★** は12
★★★　年に、西側資本主義陣営が形成してきた自由貿易体制
　　　　である **★★★** (WTO) に正式加盟した。

中国，ロシア

世界貿易機関

□**25** **社会主義経済**においては、経済の安定が目指されてい
★　　るため、繰り返し同じ量の生産を行う **★** 再生産
　　　　が行われることが多い。

　　◆戦争や不況の際には「**縮小再生産**」となる。

単純

2 資本主義の歴史と経済理論

ANSWERS □□□

□**1** 古典派経済学者の **★★** は、**供給を増やして販売**
★★　　**ルートに乗せれば必ず売れて経済は成長する**という
　　　　★★ 説を唱えた。

セー

販路

□**2** **イギリス**は、**1760〜1830年代**に世界で初めて **★★**
★★　　に成功し、生産過程における機械化が進行して生産性
　　　　が飛躍的に拡大した **★★** 資本主義期を迎えた。

産業革命

産業

□**3** 18世紀、産業革命によって生産を拡大して発展を伸
★★　　張した**イギリス**は「 **★★** 」と呼ばれた。

世界の工場

□**4** 18世紀半ば以降、産業革命は**イギリス**を皮切りにし
★　　て欧米諸国に拡大したが、**日本**の産業革命は明治政府
　　　　により**富国強兵**と **★** をスローガンに進められた
　　　　「**上からの近代化**」として、**19世紀後半**に進んだ。

殖産興業

□**5** 産業革命の結果、**熟練工のみが工場生産**を行う **★★★**
★★★　から、**不熟練工も労働力を提供**できる**機械を用いた**
　　　　★★★ に生産形態が変わり、生産性が飛躍的に拡大
　　　　した。

　　◆生産形態は、**独立制家内工業→問屋制家内工業→工場制手工業**
　　　（**マニュファクチュア**）→**工場制機械工業**へと発展した。

工場制手工業
（マニュファクチ
ュア）

工場制機械工業

□**6** **絶対君主制**の時代に、国を富ませるのは国内に蓄えら
★★　　れた**金銀**や**貨幣**であり、それを獲得するために**保護貿**
　　　　易政策を主張した経済思想を **★★** という。

　　◆ 16〜18世紀の**ヨーロッパの絶対王政諸国**では、官僚機構や常
　　　備軍を維持する財源を確保するために重商主義に基づく経済政
　　　策が実施された。具体的な政策は国や時期によって様々である
　　　が、**特権商人の保護や貿易統制**などが行われた。

重商主義

□**7**　**重商主義**を唱えたイギリス東インド会社の重役　★★
★★　は、『外国貿易によるイングランドの財宝』を著し、**特**
　　権商人保護と輸出と輸入の差額で金銀や外貨を稼ぐべ
　　きだとする　★★　**主義**を唱えた。

トマス=マン

貿易差額

　　◆初期重商主義期には重金主義が、後期重商主義期には貿易差額
　　　主義が主張された。

□**8**　農業生産が価値の源泉だとする　★　**主義**に立ち、
★　　**農業生産における**自由放任**主義**を唱えたのは　★
　　である。

重農,
ケネー

　　◆ケネーはフランスの経済学者。主著は『**経済表**』。

□**9**　アダム=スミスやリカードに代表される　★★★　**派経**
★★★　**済学**では、　★★★　**主義**を基本とする資本主義の原則
　　を重視する。

古典,
自由放任

　　◆アダム=スミスは、主権者が注意を払うべき義務は、①防衛の義
　　　務、②司法制度を確立する義務、③特定の公共事業と特定の公共
　　　機関を設立し維持する義務、という３つしかないと述べている。

□**10**　アダム=スミスは『　★★★　』の中で、自由放任**主義**に
★★★　立ち、各々が利己心に基づいて行動すれば「　★★★　」
　　に導かれて**予定調和**に至ると主張した。

諸国民の富（国富
論),
神の見えざる手

　　◆アダム=スミスは価格の上下によって需要と供給の量が調節さ
　　　れる作用を「神の見えざる手」と表現した。

□**11**　アダム=スミスは、　★★　心を尊重し、それが資本主
★★　義の自由競争原理を生み出すと捉えたが、それは自分
　　勝手な利益追求の心情ではなく、公平な観察者（第三
　　者）の　★★　や同情を得られる範囲内で是認される
　　ものと考えていた。

利己

共感

　　◆アダム=スミスは、利己心は道徳感情によって社会正義と調和可
　　　能なものと考え、行為の善悪を決する道徳の評価基準として、
　　　人々の間に共有できる感情である共感を重視した（道徳感情論）。

□**12**　近代経済学の始まりは、　★★★　**価値説**を唱えたワル
★★★　ラス、ジェヴォンズ、メンガー、マーシャルらである
　　が、限界効用とは、**財に対する主観的欲望の大きさ**、い
　　わば　★★★　の大きさのことである。

限界効用

需要

　　◆ワルラスは商品の価格は需要と供給によって決まるとする一般
　　　均衡論を唱え、需要（D）曲線、供給（S）曲線を考え出した。彼
　　　は市場競争によって効率的に**資源配分**の問題は解決されると主
　　　張した。

□**13** 古典派経済学の ★★★ は、もしイギリスが ★★★ 政策を行う場合、国民は ★★★ 政策を行う場合よりも高い価格で輸入品を買わざるをえなくなることから、 ★★★ を擁護する ★★★ を主張した。

◆リカードは、国内的な自由放任主義を重視したアダム=スミスの考え方を国際面にも拡大し、比較生産費説による自由貿易論を唱えた。主著は『経済学及び課税の原理』。

リカード，保護貿易，
自由貿易
自由貿易，比較生産費説

□**14** 19世紀後半以降の**近代経済学**と、それまでの**古典派経済学**との違いは、商品価値の捉え方が ★★★ 価値から限界 ★★★ 価値（需要の大きさ）に変化した点、供給重視から ★★★ 重視に変化した点にある。

労働，
効用，
需要

□**15** 19世紀当時、後進国であったドイツの ★★ が、国内幼稚産業保護のためには、保護貿易が必要であることを著書『 ★★ 』の中で主張した。

◆リストは、19世紀ドイツの歴史学派で、経済発展段階説に立ち、発展途上にあるドイツには保護貿易が必要であると説いた。

リスト

経済学の国民的体系（政治経済学の国民的体系）

□**16** ★★ は『人口論』を著し、**人口は** ★★ **級数的に増加する**のに対し、**食糧は** ★★ **級数的にしか増加しない**ために、食糧不足による貧困が生じ、犯罪などが多発すると予測し、人口抑制を唱えた。

マルサス，幾何（等比），
算術（等差）

□**17** 19世紀前半のイギリスでは、マルサスが穀物法の存続を主張して大地主の ★★ を唱えたのに対し、リカードが穀物法の廃止を主張して ★★ 原理による生産性上昇を唱えた。

保護，
競争

□**18** 15世紀末から産業革命前の18世紀半ばまでには、「 ★★ **上の発見**」によって商業資本家が、エンクロージャー（ ★★ ）によって無産者たる労働者がそれぞれ生み出され、資本の本源的 ★★ が行われたとされる。これを商業資本主義という。

地理，
囲い込み，
蓄積

□**19** 18世紀のイギリスを端緒とする産業革命は、機械化によって生産が拡大するとともに、 ★★ 工のみならず ★★ 工も労働者として組織化されていった。

◆また、機械化された工場での労働力の担い手として農村から都市への人口移動（人口流出）も起こった。産業資本家は児童や女性など単純労働に従事できる者を**低賃金で長時間働かせる**ことで、利益の増大を図った。

熟練，
不熟練

V
経
済

2
資本主義の歴史と経済理論

189

☐ **20** 産業資本主義期の景気変動の中で企業が淘汰され、
★　 19世紀末から20世紀初頭には一部の**少数大企業が**
市場を支配する ┃ ★ ┃ 資本主義期に移行した。

独占

　◆19世紀の技術革新によって起こった軽工業から重化学工業へ
　の転換により、規模の利益（スケール＝メリット）を追求する企
　業規模の拡大が進み、独占・寡占が生み出されていく。

☐ **21** 複数の企業が**カルテル、トラスト、コンツェルン**によっ
★★　 て結合して**資本を集中**させ、┃ ★★ ┃ や**寡占資本**が形
成され**海外市場の獲得**を求めて**植民地分割**に乗り出
し、┃ ★★ ┃ 戦争を招いた。

独占資本

帝国主義

☐ **22** 『 ┃ ★ ┃ 』を著した**ヒルファーディング**は、資本主義
★　 下で重工業化が進むと、銀行資本を頂点としたピラ
ミッド型の企業集団である ┃ ★ ┃ が誕生するとした。

金融資本論

金融資本

☐ **23** 19世紀ドイツの経済学者・哲学者 ┃ ★★★ ┃ は、**人間**
★★★　 **の本質と生産の源泉**を ┃ ★★★ ┃ に見出し、┃ ★★★ ┃ と
『**共産党宣言**』を著した。

マルクス，
労働, エンゲルス

　◆エンゲルスは、マルクスと終生変わらぬ関係を結び、ともに**富の**
　不平等を告発する社会主義思想を「空想から科学へ」と進展させ
　ることに取り組んだ。著書に『**空想から科学へ**』『**イギリスにおけ**
　る労働者階級の状態』などがある。なお、イギリスのオーウェン
　やフランスのサン＝シモン、フーリエたちが唱えた社会主義思想
　のことを、マルクスとエンゲルスは「空想的社会主義」と呼んだ。

☐ **24** **マルクス**は『**資本論**』の中で、労働者はその ┃ ★★★ ┃ の
★★★　 **再生産に必要な価値（賃金）以上の価値**を生み、それが
資本家により搾取されるという ┃ ★★★ ┃ 説を唱えた。

労働（労働力）

剰余価値

　◆マルクスは、剰余価値説の中で商品化された労働力は資本家に
　搾取され、**不等価交換**の状態で取引されていると考えた。

☐ **25** 資本主義経済では、労働者の労働力の価値を超えて生
★★★　 み出される生産物（ ┃ ★★★ ┃ ）が ┃ ★★★ ┃ を持つ資本家
の利益になる。こうして生産物が、それらを作り出し
た労働者から遠ざけられ、彼らの生きがいや自己実現、
人間的な連帯を見失わせるという**人間性の喪失**につな
がる状況を、マルクスは**労働の** ┃ ★★★ ┃ と呼んだ。

剰余価値, 生産手
段

疎外

□26 マルクスは、**生産力**（労働力と生産手段）と**生産関係**
★★★ （**資本家**による労働搾取）という ★★★ 構造が、政治、
法律、精神文化などの ★★★ 構造を規定し、変革さ
せていくという歴史的な見方である ★★★ （史的唯
物論）を唱えた。

下部,
上部,
唯物史観

□27 マルクスは、資本主義の下では資本家と労働者の間で
★★★ ★★★ が激化し、やがて**労働者による革命**（ ★★★ ）
が起こり、歴史必然的に<u>下部</u>**構造である生産関係**が変化
し、<u>上部</u>**構造である政治体制**も社会変革されると説いた。

階級闘争, プロレタ
リア革命（プロレタ
リアート革命）

□28 科学的社会主義の思想を唱えた ★ は、『**帝国主義**
★ **論**』や『**国家と革命**』を著し、植民地再分割が激化する
帝国主義を ★ の前夜であるとして、1917年のロ
シア革命を指導した。

レーニン

プロレタリア革命
（プロレタリアー
ト革命）

□29 1930年代の世界恐慌後、不況対策や完全雇用政策など
★★★ **政府がある程度市場に介入する** ★★★ 資本主義期に
移行した。これは ★★★ （二重経済）とも呼ばれる。
◆混合経済では、政府が景気の安定や雇用の創出にとどまらず、
社会保障や社会福祉でも大きな役割を担う。

修正,
混合経済

□30 「小さな政府」から「大きな政府」への転換の理論的基
★★★ 礎を与えた経済学者 ★★★ は『**雇用・利子および貨**
幣の一般理論』において、雇用量が実質賃金率を媒介
として決まり、常に ★★★ が達成されるとする伝統
的な経済学の考え方を否定し、総雇用量は ★★★ の
原理によって決まるとした。
◆有効需要を単にその商品がほしいからという主観的欲望ではな
く、**購買力を伴った欲望**であると捉えたケインズは、1つの公
共投資が呼び水となって他の投資に拡大していく乗数効果が景
気を回復させると主張した。「**投資が投資を呼ぶ**」という波及的
経済効果のことである。

ケインズ

完全雇用,
有効需要

□31 ケインズは世界恐慌の最中の1936年に『 ★★★ 』を
★★★ 刊行し、**公共投資の拡大**による**完全雇用政策、金利の**
引き下げ、 ★★★ **制への移行**による不換紙幣の増発
の必要性を唱えた。

雇用・利子および
貨幣の一般理論
管理通貨

□ **32**
★★★
ケインズ主義では、不況を克服するには政府が**積極的に市場介入して ★★★ を創出**することが効果的であり、そのためには ★★★ **失業**を解消して完全雇用政策を実施することが必要であると主張される。

有効需要,
非自発的

◆古典派経済学は、生産量を拡大すれば経済は発展するという供給重視の経済学といえるが、逆に近代経済学のケインズは、需要を生み出すことによって供給を拡大するという需要重視の経済学といえる。

□ **33**
★★★
1930年代の世界恐慌の対策として**アメリカの ★★★ 大統領**はケインズの理論から ★★★ 政策を行った。

フランクリン=ローズヴェルト,
ニュー=ディール

◆1930年代のニュー=ディール政策では、**全国産業復興法(NIRA)、農業調整法(AAA)、テネシー川流域開発公社(TVA)**による公共投資や社会保障法による**セーフティネット**の構築が行われた。

□ **34**
★★★
積極的な市場**介入**を行って、福祉**国家の実現**を目指す ★★★ **主義**の問題点は、その安易な経済成長政策の結果、流通通貨量が増加して ★★★ が発生することと巨額の財政赤字が発生することである。

ケインズ,
インフレーション
(インフレ)

□ **35**
★★★
ケインズ主義を実践する国家は ★★★ 政府となり、巨額の財政赤字を発生させたため、無駄な財政支出をやめて自由競争を基本とする ★★★ 政府に戻ることを唱える ★★★ 主義が1970年代以降に登場した。

大きな

小さな,
反ケインズ

□ **36**
★★
反ケインズ主義の立場をとる新保守主義(★★)または ★★ (ネオ=リベラリズム)的な政策を採用する国家では、個人や企業の**自助努力**を重視し、2000年代の**小泉政権**下の日本では ★★ の廃止・民営化などの小さな政府に向けた政策が行われた。

ネオ=コンサバ
ティズム,
新自由主義
特殊法人

◆新保守主義(ネオ=コンサバティズム)の立場をとる**新保守主義者**はネオ=コンサバティブ(**ネオコン**)と呼ばれる。

□ **37**
★
オーストリアの経済学者 ★ は、『隷属への道』で、**社会主義をファシズム**と同断の思想であると批判し、**市場の自由の重要性**を唱え、第二次世界大戦後における新自由主義の潮流に大きな影響を与えた。

ハイエク

◆イギリスのサッチャー首相は、1970年代後半にイギリスが陥っていた長期の経済停滞を脱出すべく、ハイエクの考えを取り入れて**産業民営化や規制緩和**を実施した(サッチャーリズム)。

□ 38 減税と規制緩和を行い、**競争原理**と**民間活力**による生
★★　産性拡大を目指す、ラッファーが唱えた反ケインズ主
　　　義を ★★ という。

　　　◆1981年、「強いアメリカの復活」を掲げて大統領に就任した共和
　　　　党のレーガンは、サプライ=サイド=エコノミックスの理論を取
　　　　り入れ、「小さな政府」を目指す政策を行った（レーガノミック
　　　　ス）。しかし、財政規模は縮小できず、「双子の赤字」に陥った。

サプライ=サイド=
エコノミックス
（供給側の経済学）

□ 39 富裕層が経済的にさらに豊かになることで、最終的に
★　　は貧困層を含めた社会全体に富が行き渡るという理論
　　　を ★ 理論という。

　　　◆トリクルダウン (trickle down) とは「したたり落ちる」という
　　　　意味。例えば、大企業や富裕層に対する減税政策によって、その
　　　　経済活動を活性化させ、社会全体の富を豊かにするという考え
　　　　方は、レーガノミックスの理論的根拠ともなり、実際に景気や
　　　　失業率は改善したが、その一方で巨額の財政赤字を招いた。結
　　　　果として、トリクルダウンは富裕層と貧困層の格差拡大につな
　　　　がるという意見もある。日本でも、第二次安倍内閣による「アベ
　　　　ノミクス」の一環となる**法人実効税率の引き下げ**は、トリクルダ
　　　　ウン効果を狙った政策といえる。

トリクルダウン

□ 40 1980年代、アメリカのレーガン政権は「強いアメリカ」
★★★　を目指し軍事支出を拡大し、 ★★★ の考え方に基づ
　　　いて、**規制緩和や減税**などを実施した結果、**巨額の**財
　　　政**赤字**と貿易収支**赤字が同時に発生する**「 ★★★ 」を
　　　招いたが、財政**赤字**についてはその後、一時的に解消
　　　することに成功した。

　　　◆財政赤字とは過去の赤字の累積ではなく、**単年度あたりの税収
　　　　不足分のこと**。1998年にアメリカは財政赤字を解消したが、2001
　　　　年からのブッシュ政権下で相次いで戦争が行われたため、再び
　　　　財政赤字が発生し「双子の赤字」を抱えるようになった。

サプライ=サイド=
エコノミックス
（供給側の経済学）
双子の赤字

□ 41 反ケインズ主義に立つフリードマンは失業者の解消を
★★　目指すケインズの ★★ 政策を批判し、一定程度の
　　　 ★★ の発生はやむを得ないと考え、**国家は一定の
　　　通貨供給ルールを策定してこれを維持すべきであり、
　　　裁量的な通貨量調節は慎むべきだとする** ★★ （新
　　　貨幣数量説）を主張した。

　　　◆シカゴ学派を代表する経済学者であるフリードマンは、ケイン
　　　　ズの過剰な完全雇用政策が財政赤字とインフレを招くとし、規
　　　　制のない自由主義経済を理想に、政府による市場介入を極力減
　　　　らし、規制緩和や政府機関の民営化を推進すべきだと説いた。金
　　　　融政策では、アダム=スミス以来の**自由市場における調整機能**の
　　　　中で、通貨量を一定率で増大させるルールを作り、それを景気
　　　　変動に関わりなく維持し続けることを重視した。著書に『資本主
　　　　義と自由』などがある。

完全雇用,
自然失業

マネタリズム

☐ **42** マルクス、ケインズ、フリードマンの3人の思想家・
★★★ 経済学者の考え方について、次の表の空欄 **A 〜 C** に
それぞれあてはまる語句を、後の語群よりそれぞれ選
べ。

マルクス	ケインズ	フリードマン
A ★★★	B ★★★	C ★★★

A　社会主義経済

B　修正資本主義

C　マネタリズム

【語群】修正資本主義　重商主義　限界効用価値説
　　　社会主義経済　修正社会主義
　　　サプライ=サイド=エコノミックス　マネタリズム

☐ **43** オーストリアの経済学者 ★★★ は、古いものを破壊
★★★ し新しいものを生み出すという創造的破壊を本質とす
る ★★★ を繰り返すことで経済は発展すると唱えた。

シュンペーター

技術革新（イノ
ベーション）

◆技術革新（イノベーション）とは、新しい**財貨**、新しい**生産方法**
の導入、新しい**販路**の開拓、原料もしくは半製品の新しい**供給源**
の獲得、新しい**組織**の形成として定義される。シュンペーター
は『**経済発展の理論**』において、資本主義の発展は革新的企業家
の均衡破壊による技術革新（イノベーション）によってもたらさ
れると主張した。

☐ **44** アメリカの経済学者 W.W. ロストウは、『経済成長の
★ 諸段階』で、すべての社会は「伝統的社会→離陸のため
の先行条件期→**離陸期**（ ★ ）→成熟への前進期→
高度大衆 ★ **時代**」をたどるという ★ **段階**
説を唱えた。

テイク=オフ，

消費，経済発展

◆経済発展段階説を産業の発展の仕方にあてはめると「農業→軽
工業→重工業→流通サービス業→情報通信産業」となり、かつて
の欧米諸国や第二次世界大戦後の日本が該当する。一方で、近
年はインドなど ICT（情報通信技術）やソフトウェア産業が急速
に発展し他の産業の高度化を促す事例も見られる。

☐ **45** 18世紀末からの水力や ★★★ 機関による工場制機
★★★ 械工業（**第1次産業革命**）、20世紀からの内燃機関と
★★★ を用いた**大量生産**（**第2次産業革命**）、1970年
代からの電子工学などを用いた OA化（オートメー
ション化）の進展（**第3次産業革命**）を経て、現在は
★★★ （モノのインターネット）およびビッグデータ、
AI（人工知能）による「**第4次産業革命**」の時代といわ
れる。

蒸気

電力

IoT

経済分野
ECONOMICS

経済理論②市場・経済変動・金融・財政

1 市場機構 ~需要・供給曲線のシフト

ANSWERS ☐☐☐

□1 空気や水など希少性のない財を ★ という。

自由財

◆生産に投入できる資源が有限であることや成果として享受できる量に限りがあることを**希少性**という。**希少性のない財**とは、有限ではない財＝無限に存在する財のこと。自由財は無限に存在するので、価格が成立しないのが一般的である。

□2 希少性があるため市場で価格がつき、取引の対象となる財を ★ という。

経済財

□3 狭義の財とは**有形の商品**のことであるが、 ★ とは**無形の用役**のことである。

サービス

□4 完全競争市場とは、取引される商品が同質・同等であり、取引に参加する**売り手・買い手が多数**存在し、自らは価格を自由に決められず、価格や数量など取引に関係するすべての情報を持ち、その**市場への** ★★ **および** ★★ **が自由**であるような市場である。

参入, 退出

□5 均衡価格の下では、売れ残りも品不足もない**資源の** ★★ が実現される。

最適配分

□6 需要・供給曲線をグラフ化すると、一般に ★★★ 曲線は右下がりで、 ★★★ 曲線は右上がりである。

需要, 供給

□7 一般に、価格が上昇すると需要は ★★★ し、**価格が**下落すると**需要は** ★★★ する。

減少, 増加

□8 一般に、価格が上昇すると**供給は** ★★★ し、**価格が**下落すると**供給は** ★★★ する。

増加, 減少

□9 その商品にとって**適切な価格**が設定されると、**需要量と供給量は** ★★★ するが、その価格のことを一般に ★★★ という。

一致, 均衡価格

195

□**10** その商品にとって高い**価格が設定されると**超過 [★★★] 　　供給,
★★★ が生じ、安い**価格が設定されると**超過 [★★★] が生じ、　　需要
いずれの場合も資源の最適配分が達成できない。

□**11** 超過需要が生じると**価格は** [★★★] し、やがて需要量　　上昇
★★★ は減少していく。一方、超過供給が生じると**価格は**
[★★★] し、やがて供給量は減少していく。　　下落

□**12** 価格の上下変動を通じて、**需要量と供給量が一致**に向
★★★ かっていくことを [★★★] という。　　価格の自動調節機能

　　◆アダム=スミスは、この価格メカニズムのことを「神の見えざる
　　手」と表現した。価格には多種多様な財やサービスの需要量と供
　　給量を**自動的に調整する機能**があり、これによって、希少な資
　　源の配分が適切に実現される。市場では、売り手と買い手の数
　　が多くなればなるほど、価格の自動調節機能はより作用し、価
　　格メカニズムは理論上、完全競争の下で成り立つと考えられる。

□**13** 価格メカニズムを示した次のグラフを見て、以下の空
★★★ 欄に適語を入れよ。

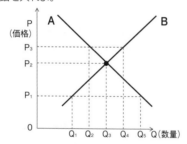

(1) **A**は [★★★] 曲線、**B**は [★★★] 曲線を示している。　　(1)需要, 供給

(2) **価格 P₁が設定された場合**、[★★★] の超過 [★★★]　　(2)$Q_5 - Q_1$, 需要,
　　が発生するため、**価格は** [★★★] する。　　　　　　上昇

(3) **価格 P₃が設定された場合**、[★★★] の超過 [★★★]　　(3)$Q_4 - Q_2$, 供給,
　　が発生するため、**価格は** [★★★] する。　　　　　　下落

(4) **価格 P₂を設定すると**、供給量は [★★★] 、需要量　　(4)Q_3,
　　は [★★★] となる。この場合の**価格 P₂を**均衡価　　　　Q_3
　　格、**数量 Q₃を**均衡数量という。

□**14** ブランド品などでは、**価格が**高い**方がその価値が上
★　　がって需要が**増加し、**価格が**安いと価値が低く見られ
　　　ることで需要が**減少する場合もある。この場合の需要
　　　曲線は ★ を示す。

右上がり

　　　◆通常の需要曲線は右下がりであるが、右上がりとなる場合もあ
　　　り得る。

□**15** 株式などの投機的な金融商品では、価格が高い時にさ
★★　　らに**値上がりすると期待されれば需要量は** ★★ し、
　　　価格が安い時にはさらに**値下がりするとして需要量が**

増加

　　　 ★★ する場合、需要曲線は ★★ を示す。

減少，右上がり

□**16** 賃金が極度に高いと余暇がほしくなり、労働供給が減
★　　少し、賃金が極度に安いと生活費を稼ぐために労働供
　　　給が増加する場合、供給曲線は ★ を示す。

右下がり

　　　◆通常の供給曲線は右上がりであるが、右下がりとなる場合もあ
　　　り得る。

□**17** **需要曲線 (D) がシフトする**ケースについて、以下の空
★★　　欄に適語を入れよ。

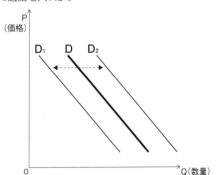

　　　(1) 国民の所得が増加した場合、**D** は ★★ にシフ
　　　　　トする。その結果、**価格は** ★★ し、**取引量は**
　　　　　 ★★ する。

(1) D₂,
　　上昇,
　　増加

　　　(2) ある財に対する嗜好が低下し、**流行遅れになった
　　　　　場合、D** は ★★ にシフトする。その結果、**価
　　　　　格は** ★★ し、**取引量は** ★★ する。

(2)
　　D₁,
　　下落，減少

(3) 代替財が値上げされた場合、**D** は ★★ にシフトする。その結果、**価格**は ★★ し、**取引量**は ★★ する。

(3)D₂,
　上昇,
　増加

　◆代替財とは競争し合う二財であり、その例としては、主食となる**コメとパンとの関係**などがある。

(4) 補完財が値上げされた場合、**D** は ★★ にシフトする。その結果、**価格**は ★★ し、**取引量**は ★★ する。

(4)D₁,
　下落,
　減少

　◆補完財とは補い合う二財であり、その例としては、**パンとバターとの関係**などがある。

□**18** スマートフォンの市場を表す図の縦軸に**価格**、横軸に
★★ **数量**をとった場合、新しい機能が増えて商品の人気が高まると、需要曲線は ★★ に移動する。

右

□**19** **供給曲線 (S) がシフトする**ケースについて、以下の空
★★ 欄に適語を入れよ。

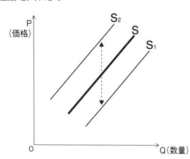

(1) **原材料が**値上がりした場合、**S** は ★★ にシフトする。その結果、**価格**は ★★ し、**取引量**は ★★ する。

(1)S₂,
　上昇,
　減少

(2) **消費税率が**引き上げられた場合、**S** は ★★ にシフトする。その結果、**価格**は ★★ し、**取引量**は ★★ する。

(2)S₂,
　上昇,
　減少

(3) 技術革新 (イノベーション) が起こった場合、**S** は ★★ にシフトする。その結果、**価格**は ★★ し、**取引量**は ★★ する。

(3)
　S₁, 下落,
　増加

□**20** キャベツの市場を表す図の縦軸に**価格**、横軸に**数量**を
★★ とった場合、キャベツが豊作になると、他の事情が同
じであれば、供給曲線は ［ ★★ ］ 下方向に移動する。　　右

□**21** ある商品の価格が一定幅変化した場合、その商品の需
★★ 要量と供給量がどのくらい変化するのかを示す数値を
［ ★★ ］ という。　　価格弾力性

□**22** 今、大豆がキロ200円から300円に値上がりし、そ
★★ の結果として需要量が800kgから700kgに減少し
た時、価格弾力性の値は ［ ★★ ］ である。また、大豆　　0.25,
の価格弾力性が0.50であった場合、大豆は ［ ★★ ］ 的　　非弾力
な財である。

◆価格弾力性は需要量の変化率÷価格の変化率で求められる。こ
の場合、{(800 − 700) ÷ 800} ÷ {(300 − 200) ÷ 200} =
0.25となる。その値が1より小さければ、弾力性が小さい非弾
力的な財である。

□**23** 労働市場において、労働供給量よりも労働需要量が
★★ ［ ★★ ］ と賃金水準は上昇し、賃金が1％上昇したと　　大きい,
きの労働供給の変化率が1％を ［ ★★ ］ 回ると賃金に　　上
対する労働供給は弾力的である。

□**24** スイーツの値段が表参道では1,500円、赤坂では
★★ 1,700円で販売されている場合、その価格差が解消さ
れていくのは、表参道でスイーツの ［ ★★ ］ が減少　　供給,
し、赤坂ではスイーツの ［ ★★ ］ が減少するからであ　　需要
る。

□**25** 生存や生活のために絶対不可欠な財については、**需要**
★ **曲線**は ［ ★ ］ になる。　　垂直

◆例えば、砂漠で売られる水、必須科目の教科書などがこれにあ
てはまる。

□**26** 生産に特殊技能を要し、生産量が決まってしまう商品
★ の**供給曲線**は ［ ★ ］ になる。　　垂直

□27 次のグラフに関して、以下の空欄に適語を入れよ。
★★

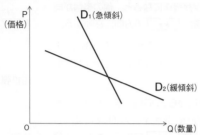

(1) **生活必需品や代替性の乏しい財**は、**需要の**価格弾
力性が ★★ なり、グラフ中の ★★ で示さ
れる。

◆生活必需品は、その性質ゆえに価格の上下と無関係に、需
要量がほぼ一定である。

(2) **ぜいたく品や代替性のある財**は、**需要の**価格弾力
性が ★★ なり、グラフ中の ★★ で示され
る。

◆需要の価格弾力性は「需要の変化率÷価格の変化率」で求
められる。ぜいたく品は価格によって需要量が大きく変化
するため、需要の価格弾力性が大きくなる。

(1)
小さく，D₁

(2)
大きく，D₂

□28 次のグラフに関して、以下の空欄に適語を入れよ。
★★

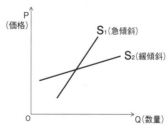

(1) **自然農作物**は、**供給の**価格弾力性が ★★ なり、
グラフ中の ★★ で示される。

◆農作物は、生産量や出荷時期が決まってしまうので、供給
量の調整が困難である。

(2) **工業機械製品**は、**供給の**価格弾力性が ★★ な
り、グラフ中の ★★ で示される。

◆工業機械製品は生産量の調整が容易である。

(1)小さく，
S₁

(2)大きく，
S₂

□**29** 次のグラフは、ある財の需要曲線（D）、供給曲線（S）
★★ およびその均衡価格（P_0）と均衡数量（Q_0）を示してい
る。ここで国が法律に基づき財の価格の上限（P'）を設
けた場合、取引される財の数量は ★★ となる。

Q_1

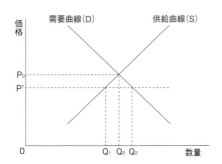

◆国が均衡価格（P_0）よりも低い価格に上限を設けた場合、需要が
Q_2あったとしても Q_1 しか供給されない。ゆえに、この財の現
実の市場取引量は Q_1 となってしまう。

□**30** 次のグラフは、国内で自給されていたある財の需要曲
★★ 線（D）、供給曲線（S）およびその均衡価格（P_0）と均衡
数量（Q_0）を示している。ここで国際価格（P_1）で無関税
で無制限の輸入が解禁された結果、国内価格が P_1、国
内需要量が Q_2に変化し、新たな均衡点をとった場合、
国内生産量は ★★ 、輸入量は ★★ － ★★
となる。

Q_1, Q_2, Q_1

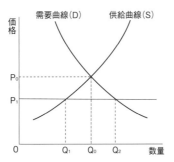

◆国内均衡価格（P_0）よりも安い国際価格（P_1）でこの財が国内に
流入してくる。価格 P_1 での国内供給量は Q_1、国内需要量は Q_2
となる。このとき、Q_2 － Q_1 の超過需要（品不足）となるので、
その分が輸入量となる。

□**31**
★★★
次のグラフは、ある製品の需要曲線と供給曲線を実線で描いたものであり、当初の市場均衡点は**E**である。まず、その製品を生産するために用いる原材料の価格が下落し、市場均衡点が変化した。その後、その製品に対する人気が落ちたことにより、再び市場均衡点が変化した。これ以外の条件が変化しないと仮定し、均衡点が図中の**A**～**I**しか存在しない場合、このときの市場均衡点は **E** → **★★★** → **★★★** の順に変化する。

H, G

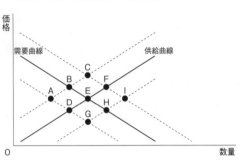

◆原材料の値下がりで、まず供給価格が下落するので、**供給曲線は右下方にシフト**する。もともとの均衡点 E の価格よりも安い H の価格に下落する。次に、製品への人気が落ちたとあるので、**需要曲線は左下方にシフト**する。すると、最終的には新しい供給曲線と新しい需要曲線の交点 G の価格に落ち着くであろう。

□**32**
★★
次のグラフは、ある財の需要曲線 (D) と供給曲線 (S)、2つの交点である均衡点 (E) を表している。後の文章の空欄**A**、**B**にあてはまる数値を、後の語群から答えよ。

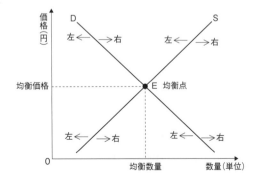

今、市場における財の需要曲線、供給曲線がそれぞれ次の数式で与えられているとする。ただし、Pは価格（円）、Dは需要量、Sは供給量を表す。

需要曲線：D＝150－P
供給曲線：S＝P－10

ここで、均衡点において需要量Dと供給量Sが一致することから、この財の均衡価格は**A** ◯**★★**◯ 円、均衡数量は**B** ◯**★★**◯ 単位となる。また、需要曲線や供給曲線は、需要や供給を変化させる状況が生じると、図の矢印（左または右）の方向に移動する。

A　80
B　70

【語群】　60　70　80　90　100
　　　　　130　140　150　160

◆需要量＝供給量となる均衡点を求める。
　D＝S　150－P＝P－10　2P＝150＋10
　∴ P＝<u>80</u>（均衡価格）
　P＝<u>80</u>を代入すると、D＝150－80＝<u>70</u>（需要量）
　S＝<u>80</u>－10＝<u>70</u>（供給量）　∴ 均衡数量は<u>70</u>

□**33**　2020年、<u>新型コロナウイルス感染症（COVID-19）</u>の
★★　感染拡大が日本の経済・社会に及ぼしたであろう影響について、ある商品の需要曲線（D）と供給曲線（S）の変化、および均衡価格、均衡取引量の変化に関する以下の空欄にあてはまる語句を、後の語群から答えよ。

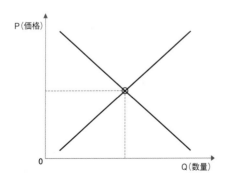

（1）雇用の機会を奪われた労働者の賃金が減り、国民
　　所得が減少する場合、このグラフの ◯**★★**◯ 曲線

（1）
需要，

は　★★　にシフトする。その結果、均衡価格は
★★　。また、均衡取引量は　★★　。

左方（左下方），
下落する，減
少する

◆国民所得の減少である商品の需要量が減少するので、右下
がりの曲線（需要曲線）は、左方（左下方）にシフトする。
すると、需給量で決定される均衡価格は下落し、取引量は
減少する。

(2) 企業が経済活動を「自粛」し、生産を減少させた場
合、このグラフの　★★　曲線は　★★　にシフ
トする。その結果、均衡価格は　★★　。また、均
衡取引量は　★★　。

(2)

供給，左方
（左上方），
上昇する，
減少する

◆企業が経済活動を控えることで、生産量が減少すると右上
がりの曲線（供給曲線）は左方（左上方）にシフトする。す
ると、均衡価格は上昇し、取引量は減少する。ちなみに、
その製品が感染症予防に必要な商品（マスクなど）である
ために需要量が増加した場合、右下がりの曲線（需要曲線）
が同時に右方（右上方）にシフトするため、その価格はさ
らに上昇する。

(3) 感染症の流行が長期化し、上記 (1) と (2) が同時
並行的に続く場合、このグラフの需要曲線と供給
曲線は**同時にシフト**する。その結果、均衡価格
は　★★　。また、均衡取引量は　★★　。

(3)

上昇するか下
落するかわか
らない，減少
する

◆均衡価格の決定には3つのパターンが想定される。①需要
曲線と供給曲線のシフト幅が同じ場合。均衡価格は変化せ
ず、均衡取引量は減少する。②需要曲線のシフト幅が供給
曲線のシフト幅よりも大きい場合。均衡価格は下落し、均
衡取引量は減少する。③需要曲線のシフト幅が供給曲線の
シフト幅よりも小さい場合。均衡価格は上昇し、均衡取引
量は減少する。

【語群】　需要　供給
　　　　左方（左上方）　右方（右上方）
　　　　左方（左下方）　右方（右下方）
　　　　上昇する　下落する　乱高下する
　　　　増加する　減少する　ほぼ変わらない
　　　　上昇するか下落するかわからない
　　　　増加するか減少するかわからない

□**34** 次のグラフは、ガソリンの需要曲線と供給曲線を表し
★★ たもので、当初の均衡点が **P** であることを示してい
る。出荷に際しガソリンに炭素税を課す場合、消費者
の事情に変化がないとすれば、課税後の新たな均衡点
はグラフ中の **A** ～ **F** の ★★ である。

A

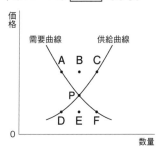

◆均衡点 P における均衡価格に炭素税分が価格転嫁されるため、
供給曲線は上方にシフトする。消費者の事情、すなわち需要側
の条件に変化がなく需要曲線が一定だとすれば、新たな均衡点
（交点が成り立つ可能性）は A しかない。

□**35** 次のグラフには、スポーツ用品の需要曲線と供給曲線
★★ が実線で描かれており、矢印 **A** ～ **D** は均衡の移動を表
す。生産者は、当初、**賃金の安い児童を多く雇用して**
いたが、**労働基準の遵守**が求められた結果、この生産
者は児童を雇用せず、**より高い賃金を支払う**ように
なったと仮定する。他の条件を一定として、当初の均
衡から生産者が高い賃金を支払うようになった後の均
衡への移動を表す矢印は ★★ である。

A

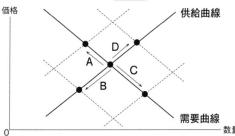

◆賃金の引き上げで商品の供給コストが上昇するため、供給曲線
は上方（左上方）にシフトし、均衡点は矢印 A の方向に移動する。
その結果、スポーツ用品の価格は上昇し、取引量は減少する。

□**36** 次のグラフは、リンゴジュースの市場における需要曲
★★ 線と供給曲線を表したものである。当初、価格が **P₀**、
取引量が **Q₀** において需要と供給が均衡していたとす
る。今、リンゴの不作により原材料費が上昇したため、
供給曲線が移動（シフト）し、同時にリンゴジュースの
人気が低下したため、需要曲線も移動したとする。そ
の結果、新たな均衡に達するとすれば、それは図中に
示されている領域**ア**～**エ**の中の ┌ ★★ ┐ に位置する。　　ウ

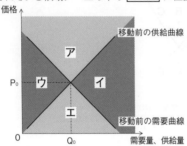

◆**供給曲線（S）**は上方（左上方）方向に、**需要曲線（D）**は左方（左
下方）方向にシフトすると、その交点はウの領域に変化する。

□**37** 次の図は、ある商品（例えば牛肉）の価格と需要量・供
★★ 給量の関係を示している。後の文章の空欄にあてはま
る表中の記号の組み合わせ**1**～**5**から最も適切なもの
を答えよ。

［図］

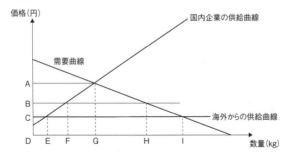

	ア	イ	ウ	エ	オ	カ
1	F	E	A	B	H	G
2	G	G	B	C	E	G
3	G	H	A	B	G	F
4	H	I	B	C	H	F
5	H	E	A	B	I	E

　　国内生産者保護のために国が関税をかける結果、価格がB円に定まるとしよう。すると消費者は**ア**　★★　kg の牛肉を消費できる。かりに関税を撤廃して牛肉がC円の価格で海外から無制限に輸入されるならば、消費者は**イ**　★★　kg の牛肉を消費できる。つまり、関税を撤廃して商品を自由に輸出入させると、消費者はよりたくさんの牛肉を消費できる。もちろんこの例でも、生産者は貿易自由化によって損害を被るし、たとえ関税をかけて（**ウ**　★★　ー**エ**　★★　）×（**オ**　★★　ー**カ**　★★　）円となる関税収入を生産者に配分しても、なお損失が生じる。

◆安い国際価格C円に関税をかけるとB円になるので、1単位当たり関税は B−C 円となる。関税をかけた後のB円の超過需要は H−F であり、これが**輸入量**となる。よって、関税収入は（B−C）×（H−F）である。

□**38**　次のグラフは、米の市場を表している。後の文章の空
★★　欄 **A ～ E** にあてはまる文字を、後の語群から答えよ。

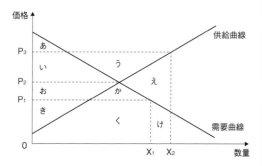

　　はじめに政府が介入しない状況を考えると、需要曲線と供給曲線が交差するところが市場均衡点となり、

4

均衡価格は P_2 となる。このとき、消費者が市場取引によって得られる便益を表した消費者余剰は、図中の「A ★★ +い」の面積で測られる。一方で、生産者の利潤を表す生産者余剰は、図中の「B ★★ +き」で表される。ここで、政府が生産者から一定の価格 P_3 ですべて買い入れて、買い入れ価格よりも安い価格 P_1 で消費者に独占的に販売する場合、$(X_2 - X_1)$ だけ生産が過剰となる。このときの消費者余剰は図中の「C ★★ +お+か」、生産者余剰は「D ★★ +お+き」で表される。しかし、政府がこのような政策を行うためには、米の買い入れにかかる費用と売上の差を補助金として支出することとなる。米の買い入れにかかる費用は $P_3 \times X_2$ であるのに対して、米の販売による売上は $P_1 \times X_1$ となる。よって、社会的余剰が減少し、政府による市場介入は経済厚生を損失させる可能性もある。

A　あ
B　お
C　あ+い
D　い+う

【語群】　あ　い　う　え　お　あ+い　い+う
　　　　　う+え　え+か　え+け　き+く

◆**消費者余剰**とは、消費者が財の購入で支払ってよいと思う金額と実際に支払った額の差額のことを指す。**生産者余剰**とは、生産者が財の販売で受け取った額と生産に要した費用の差額を指す。この2つの余剰の合計に、厳密には政府余剰（税収−補助金）を加えたものが**社会的余剰**（総余剰）である。例えば、消費者が支払ってよいと思う金額は、各数量における価格の集積である（**図1**）。実際に支払った額は、均衡価格×均衡数量なので**図2**のようになる。よって、その差額となる**図3**が消費者余剰となる。一方、供給者の売上は均衡価格×均衡数量である（**図4**）。生産費用は各々の数量×価格の集積である（**図5**）。よって、その差額となる**図6**が生産者余剰である。政府の市場介入がないとすると、この両者の合計（**消費者余剰＋生産者余剰**）が**社会的余剰**（総余剰）である。

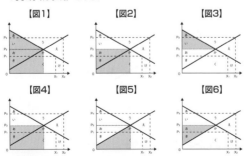

【図1】　【図2】　【図3】
【図4】　【図5】　【図6】

39 ある国のガソリン市場において、次の図のような需要
★★ 曲線・供給曲線が存在していると想定する。同国には
価格規制などはなく、ガソリン価格は、市場の需給
により決定されることが知られている。ガソリン価格の
高騰で国民生活が苦しくなることを懸念して、政府が
高齢者の家計すべてに対し、当該家計のガソリン購入
額の2割にあたる現金を給付する措置を導入すると仮
定する。この国のガソリン市場で、この措置が、同措
置を実施しなかった場合と比較する。後の文章の空欄
A～Dにあてはまる語句を、後の語群から答えよ。

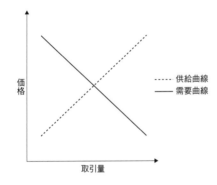

a. 需要曲線は **A** ★★ 。
b. 供給曲線は **B** ★★ 。
c. ガソリンの市場価格は **C** ★★ 。
d. ガソリンの市場での販売量の合計は **D** ★★ 。

A 右へ移動する
B そのままである
C 上昇する
D 増加する

【語群】 左へ移動する　右へ移動する
　　　　そのままである
　　　　上昇する　下降する　増加する　減少する

◆ガソリンへの補助金支給によって需要量は増加するであろうか
　ら、需要曲線は右方向に移動する。一方、供給量は変化せず供
　給曲線はそのままであるので、新たな交点は価格上昇、取引数
　量は増加方向に移動する。

□40 次のグラフは、ドルと円の交換を行う外国為替市場に
★★ おけるドルの需要曲線と供給曲線を表している。現在
の為替レートは、ドルの需要曲線と供給曲線が交わる
点にあるとしよう。ここで、変動為替相場制の下で日
本の金利がアメリカの金利より低くなると、需要曲線
が ┌─★★─┐ にシフトして、円 ┌─★★─┐ ・ドル ┌─★★─┐ と
なる。

右, 安, 高

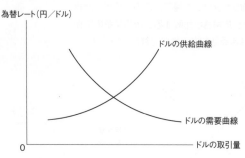

為替レート(円／ドル)

◆日米金利格差 (日本＜アメリカ) が発生すると、ドル預金が得な
ので、ドルの需要量は増加する。よって、ドルの需要曲線は右
方向に移動する。すると、新たな交点の価格は上方向に向かい、
ドル高となる。よって、ドル高＝円安となる。

□ **41**
★★
労働力移動の自由化が実現していない産業の **X** 国内
と **Y** 国内の労働市場について考える。次のグラフの
D$_x$、**D**$_Y$ と **S**$_x$、**S**$_Y$ は、各国内の需要曲線と供給曲線
である。今、この産業の商品の国際価格が **P**$_0$ になった
とすると、二国間の労働移動が自由化された場合、新
たな均衡点として適当なものは、**X** 国では点 □ ★★ 、
Y 国では点 □ ★★ となる。なお、**X**・**Y** 国ともにこ
の産業の商品のみを生産しているものとする。

B,
C

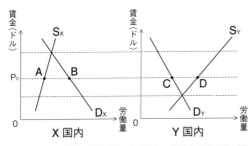

◆**X・Y国間で労働力移動が自由化**すると、価格 P$_0$ における Y 国
の需要量は **C** なので過剰な労働者（**D－C**）が X 国に移動する。
一方、価格 P$_0$ における **X** 国の需要量は **B** なので、国内の労働者
A では不足する労働者（**B－A**）を Y 国の過剰な労働者で満たす
ことになる。よって、X 国の労働者は B に、Y 国の労働者は C
に至り、それが均衡点となる。

VI 経済

1 市場機構 〜需要・供給曲線のシフト

□**42**
★
ある学生食堂では、定食の価格を10%下げても販売
される食事の数が8%ほどしか増えない時間帯1と、
10%の価格変化が食事の数を20%も変化させる時
間帯2があることがわかった。次のグラフに描かれた
需要関数AとBは、それぞれどちらの時間帯のもの
か。また、売上金額（「価格×販売される食事の数」と
して計算される値）を増やすため、どちらか一方の時
間帯の定食の価格を値上げすることにした。それはど
ちらの時間帯か。最も適当な組み合わせは、表中の選
択肢 ┌ ★ ┐ である。

（ア）

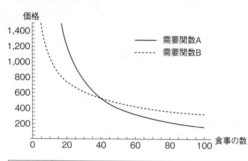

選択肢	需要関数 A	需要関数 B	価格を高く する時間帯
（ア）	時間帯1	時間帯2	時間帯1
（イ）	時間帯1	時間帯2	時間帯2
（ウ）	時間帯2	時間帯1	時間帯1
（エ）	時間帯2	時間帯1	時間帯2

2 市場の失敗〜独占・寡占

ANSWERS □□□

□**1**
★★
個人や企業などのある経済主体の行動が、対価の受け
渡しがなく、市場を通さずに、他に利益または損害など
何らかの影響を与えることを、一般に ┌ ★★ ┐ という。

外部効果（外部性）

□ **2** ┌─┐ ★★★ の失敗とは、┌─┐ ★★★ ┌─┐市場、公共財や公共サー
★★★ ビスの提供、公害などの ┌─┐ ★★★ 、情報の非対称性な
ど市場メカニズムがうまく働かない状況をいう。

◆独占・寡占と情報の非対称性（企業と消費者との間に持っている
情報の格差があり、情報が公平に与えられていないこと）は「完
全競争市場自体が不成立のケース」、公共財や公共サービスの提
供は「市場では解決不能のケース」、公害などの外部性は「市場
外第三者に影響を及ぼすケース」である。公共財や公共サービス
は、他の人々の消費を減らさずに複数の人々が同時に消費でき
る性質（非競合性）、対価（お金）を支払わなくても消費できる性
質（非排除性）の両方を持ち合わせている財・サービスである。

□ **3** 次の表は、身のまわりの財やサービスにおいて、非排
★★ 除性と非競合性を持つかまとめたものである。空欄A
〜Cに入るものを、後の語群から番号で選べ。

		非競合性	
		持つ	持たない
非排除性	持つ	A ┌─┐ ★★	B ┌─┐ ★★
	持たない	C ┌─┐ ★★	食料品・衣料品など

A ③

B ①

C ②

【語群】①出入り自由な狭い小川に生息するザリガニ
②スマートフォンの月額型オンラインゲーム
③近所の一般的な公園に設置されている防災無線放送

◆非排除性とは費用を追加することなく使用できてフリーライ
ダー（タダ乗り）を防げないこと、非競合性とは複数人が同時に
使用できることを意味する。①は代金を支払わずにタダで出入り
自由なので非排除性を持つ一方、狭い小川なので1人しか利用で
きず、他者と同時利用できないので非競合性を持たない（B）。②
は月額料金を支払わなければゲームができない点で非排除性を
持たないが、課金した人は同時にプレイできるため非競合性を持
つ（C）。③は公園の利用は無料なので非排除性を持ち、防災無
線放送も人々が同時に利用できるため非競合性を持つ（A）。

□ **4** 座席数が十分にある劇場が提供するサービスは、劇場
★★ の入場料を支払った人であるならばその多くの人が同
時に利用でき、ある人が公演を観ることが他の人が公
演を観ることの妨げにはならないというサービスの性
質は、┌─┐ ★★ ┌─┐性はあるが、┌─┐ ★★ ┌─┐性はないといえる。

◆料金を支払わないと観れないのでタダ乗りは許されず、非排除
性を持たないことから、公共財としての非排除性の要件を欠い
ている。しかし、料金を支払えば同時に多くの人が競合せずに
観られる点で、非競合性を持つ。

□**5** 市場が完全競争市場にならない原因の1つに、情報の
★★ 非対称性がある。情報の非対称性に関する以下の記述
の空欄 A 〜 F にあてはまる語句を、後の語群から選
べ。なお、同じ語句を繰り返し選んでもよい。

　情報の非対称性とは、製品・サービスの売り手と買
い手との間で、保有する情報の質や量に差があること
である。例えば、消費者金融市場においては、A ★★
は自分の返済能力や意欲をよく知っているが、B
★★ にとってはよくわからないことが多い。この
場合、B ★★ は平均的な貸し倒れ率をもとに金利
を設定するため、優良な A ★★ にとっては
C ★★ な貸し付け条件となり、逆に貸し倒れリス
クの高い A ★★ にとっては D ★★ な条件とな
る。したがって、貸し倒れリスクの E ★★ い A
★★ のみが、この市場に残ることになる。その結
果、消費者金融における金利は非常に高いものになり
やすい。各個人の貸し倒れリスクがより簡単にわかる
ようになれば、F ★★ は貸し倒れリスクに応じて、
個人ごとに適切な金利を設定できる。

A　借り手

B　貸し手

C　不利

D　有利

E　高

F　貸し手

【語群】　貸し手　借り手　売り手　買い手
　　　　　有利　均一　不利　複雑　高　低　安　近

□**6** **市場を1社が支配**している状態を ★★★ 、**少数企業**
★★★ **が支配**している状態を ★★★ といい、これらは<u>完全</u>
<u>競争市場</u>が成立しておらず**資源の**<u>最適配分</u>**が実現しな**
いことから<u>市場の失敗</u>にあたる。

独占,
寡占

　◆<u>独占</u>市場では、通常、効率的な資源配分を実現する均衡状態と
　比べて、価格は<u>高く</u>なり、取引量は<u>少なく</u>なる。

□**7** **電力やガスなど大量生産を行えばコストが大幅に下**
★ がっていく産業を ★ 産業というが、これらの産
業は**自由競争**を行うと、いずれ1社が勝ち残って<u>独占</u>
に至ることが予想されるため ★ とも呼ばれる。

費用逓減

自然独占

　◆電力やガスなどは<u>自然独占</u>に至る前に、国が1社と**供給独占契**
　約をあらかじめ結ぶことになる。ただし、その際、**公共性のあ**
　る財であることから使用料の**料金設定は国の許可制**として安く
　設定することが多く、**自由価格は成立しない**。

□ **8** 一般に、その産業の市場をいくつかの複数企業が担っ
★ ているものの、それらが異なるデザインや特性を持つ
差別化された製品を販売して競争が行われている寡占
は ★ と呼ばれる。

競争的寡占

◆競争的寡占がさらに進み、競争も排除された状況は協調的寡占
と呼ばれる。

□ **9** ある製品の業界全体の売上高のうち、それぞれの企業
★★ が占める、売上高の割合のことを ★★ という。

市場占有率（マー
ケットシェア）

◆1つの企業の市場占有率（マーケットシェア）が100%であっ
た場合、その市場は独占となる。

□ **10** 市場メカニズムが十分に機能せずに**効率的な資源配分**
★★★ **が行われない**市場メカニズムの限界を ★★★ という。
これには**市場外の第三者にマイナスの影響**を及ぼす
★★★ があり、その具体例は公害である。

市場の失敗

外部不経済

□ **11** 駅の建設によって駅周辺の住民の生活が便利になった
★★ などの ★★ も、市場外に影響を及ぼしていること
から、市場の失敗の1つといえる。

外部経済

◆例えば、国や地方公共団体がインフラを整備することで、それ
を利用する民間企業の利益が増えることや、公的な教育を拡充
することで市民の知的水準が上がり、民間企業の生産効率が向
上することなども外部経済に含まれる。

□ **12** 政府は、市場の失敗**を補完**するために財政政策による
★★ 市場介入を行い、**公共財や公共サービスを提供**する
★★ や、**累進課税や社会保障**によって**貧富の差を
解消**する ★★ を行っている。

資源配分調整,
所得再分配

◆政府の市場介入によって人為的ミスが発生することは、市場の
失敗に対して政府の失敗という。

□ **13** 市場の失敗により発生した**公害対策**には、**公害防止の
★★ コストを汚染者自身に負担**させるために、外部不経済
の ★★ が必要である。

内部化

◆企業は、自然環境の破壊などによる**社会的費用**を支払う必要が
ないと汚染物質の排出に対する関心が低くなりがちである。ゆ
えに、外部不経済**の内部化**の方法としては、**環境税**などを導入
して汚染者負担の原則（PPP）を徹底することが考えられる。こ
の外部不経済**を内部化する理論**は、イギリスの経済学者ピグー
が提唱したことから「**ピグー税**」とも呼ばれる。その他にも、環
境に負荷を与える経済活動に対して負荷の低減につながる取り
組みに補助金を出す施策や、環境に負荷を与えない製品に課さ
れる税金を安くする施策も考えられる。

□**14** 重工業においては ★★ 投資に多額の資金が必要で
★★　あるが、大量生産が可能になると ★★ が働くため、
他企業の新規参入を抑えることができる。

設備,
規模の利益 (スケ
ール=メリット)

　◆資本主義が高度化して重工業化が進展した 19 世紀には、巨額の
　　設備に先行投資をして、規模の利益 (スケール=メリット) を追求
　　した企業の市場占有率 (マーケットシェア) が高まっていった。

□**15** 次の表は 1 種類の財を生産する 4 企業 (ア〜エ) の、そ
★★　れぞれの生産量水準に対応する企業の総費用を示す。
表の 10、20、30、40 の生産量水準を通して規模の
経済を有する企業として、最も適当と思われる企業名
は ★★ である。

ア

生産量 企業名	10	20	30	40
ア	40	90	120	180
イ	45	100	165	200
ウ	50	100	150	200
エ	70	130	180	220

□**16** **商業やサービス業**においては、大量の資金がなくても
★　事業に参加しやすいので、一般的に既存企業による
★ 障壁は形成されにくい。

参入 (新規参入)

□**17** 19 世紀に入ると、産業資本は銀行と結び付き、**巨大**
★★★　**金融資本**へと変容し、一企業が一市場を支配する独占
や少数企業が支配する ★★★ が形成されていった。

寡占

□**18** **複数の企業が結合して巨大化**することを**資本の** ★★
★★　といい、**1 社が利潤を蓄積して巨大化**することを**資本**
の ★★ という。

集中

集積

□**19** 価格や生産数量、販売地域などを協定する**企業連合**を
★★★　 ★★★ 、市場に複数存在する同業産業に属する同業
会社の**合併・吸収された企業合同**を ★★★ という。

カルテル,
トラスト

□**20** 異種産業部門の複数企業が、独立を保ったまま、**株式**
★★★　**保有や融資関係、人員派遣などを通じて事実上の支配**
従属関係に入る企業結合のことを ★★★ という。

コンツェルン

　◆典型例は第二次世界大戦前の日本の財閥である。

□21 次の空欄 **A ～ C** にあてはまる企業結合の名称をそれ
★★★ ぞれ答えよ。

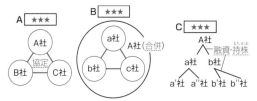

A　カルテル
B　トラスト
C　コンツェルン

□22 1890年に、アメリカで制定された**トラストを規制**する
★ 法律を ★ 法という。

◆カルテル、トラストなどの独占支配の強まりを背景に、1890年
に諸州間および外国との取引制限・独占を目的とする契約、結
合、共謀などを禁止する<u>シャーマン法</u>が制定された。しかし、ど
こまでを独占行為とみなすのかにおいて曖昧さを残したもので
あった。そのため、1914年に同法の補正、強化の役割を持つク
レイトン法、連邦取引委員会法が成立した。

シャーマン

□23 業種や業務に直接関係を持たない企業が ★★ を繰
★★ り返し、複数の産業や業種にまたがって多角的に企業
活動を展開する巨大化した**複合企業**を ★★ という。

◆ <u>M&A（合併・買収）</u>で期待される効果として、事業を統合する
ことで効率性が向上し、企業価値が高まることが挙げられる。な
お、<u>合併</u>は複数の企業が1つの企業になるのに対し、<u>買収</u>は被
買収企業は存続し、経営権が移行する。一方、<u>TOB</u>（**株式の公
開買い付け**）により相手企業の株式を大量かつ一挙に購入して、
相手方企業の同意なく行われる買収は<u>敵対的買収</u>と呼ばれる。

M&A（合併・買収）

コングロマリット

□24 ★ とは、買収者以外の既存の出資者に市場価格
★ よりも安く株式を買える新株予約権を与えて、買収者
の持株比率を低下させたり、買収コストを増加させた
りすることで買収を困難に導く、買収する側には毒薬
になるような<u>敵対的買収</u>**への防衛・対抗策**を指す。

ポイズンピル

□25 他の会社の株式を所有することで、その会社の事業活
★★★ 動を支配することを主要な事業とする会社を、一般に
★★★ という。

◆なお、会社どうしがお互いの株式を保有し合うことを**株式持ち
合い**という。また、<u>メインバンク</u>（主力銀行）を同じくする企業
どうしが株式持ち合いを行い、役員などの人材の相互派遣など
を通じて1つのグループと化したものを**企業集団**と呼ぶ。

持株会社

□26 **工場を一定の地域に集める**ことで ★ の利益を追
★ 求する工業地域や企業集団を ★ という。

集積,

コンビナート

□**27** 独占 (寡占) 市場では、**価格先導者**である ┃ ★★★ ┃ が決
★★★   **定した価格**に他社が暗黙のうちに追従するという慣行
が見られ、┃ ★★★ ┃ が形成される。

プライス=リーダー

管理価格

◆少数の大企業が利潤や市場占有率を高めるために設ける価格を
寡占価格という。

□**28** 市場における資源配分が効率的に行われるための条件
★   の 1 つは、需要者と供給者がいずれも多数ということ
で、これにより両者は価格支配力を持たなくなる。そ
のような**価格支配力を持たない主体**のことを ┃ ★ ┃
という。

プライス=テイカー
(価格受容者)

◆完全競争市場では、特定の者が大きな市場シェアを持つわけで
はないために、需要者も供給者も市場価格に影響を与えること
ができない。逆に、財の供給者が 1 人だけの独占市場では、供
給者は他の供給者と競争する必要がないために、市場価格を自
由に決めることができる。このような市場価格を定められる主
体をプライスメーカー (価格設定者) という。

□**29** ┃ ★★ ┃ とは、市場での競争を勝ち抜くことで、事実
★★   上支配するようになった標準規格のことを指す。

デファクト=スタ
ンダード

◆デファクト=スタンダードを持つ商品やサービスは、市場に受け
入れられたことで生産量が多くなり、生産費用の引き下げが見
込まれる。また、使用者が増えることで商品やサービスの利便
性が増すことも想定される。

□**30** 独占 (寡占) 市場では、価格メカニズムが働かず、**価格**
★★★   **の** ┃ ★★★ ┃ **化** (下がり**にくい状況**) **が**起こり、むしろ、
価格の ┃ ★★★ ┃ **化** (上がり**やすい状況**) が見られる。

下方硬直,
上方弾力

◆独占 (寡占) 市場では、価格メカニズムがうまく働かず、管理価
格によるインフレーション (インフレ) **が発生**したり、**中小企業**
が倒産したりする危険性がある。なお、日本の国内市場で寡占状
態にある製品には、**ビール**、**自動車**、**板ガラス**、**パソコン**、**ス**
マートフォン、**ゲーム機**などがある。

□**31** 一般に、寡占企業では広告・宣伝やアフターサービス
★★★   に力を入れ、品質やデザインによる**製品の**差別化を図
るなどの ┃ ★★★ ┃ を展開する。

非価格競争

◆価格競争は排除されるが、競争が排除されるわけではない。

□**32** 現代においては**消費者行動が広告や宣伝に左右**される
★★   という ┃ ★★ ┃ 効果を指摘し、『ゆたかな社会』を著し
たのはアメリカの経済学者 ┃ ★★ ┃ である。

依存,
ガルブレイス

☐ **33** 現代の消費者には**他の消費者の行動に影響を受けやすい**という ☐ ★★ 効果が作用している。

デモンストレーション

☐ **34** 例えば、買い手に中古車について知識がなく、その市場で値段が高くて質の良い中古車が売れ残り、値段が安くて質の悪い中古車ばかりが取引されるような消費行動を ☐ ★ という。

逆選択

◆逆選択は売り手と買い手の**情報の非対称性**によって生じる。その下では、買い手が質の良し悪しを識別できないため、消費者は価格の安いものを選択して購入するため、結果的に、質の悪い財が市場で取引される傾向が強くなる。

☐ **35** **私的独占**や<u>不当</u>**な取引制限**、<u>不公正</u>**な取引方法を禁止**する ☐ ★★★ 法は、これらの行為を監視する「**市場の番人**」として、**準司法権限**を持つ ☐ ★★★ の設置を規定している。

独占禁止,
公正取引委員会

◆独占禁止法は、<u>不公正</u>**な取引方法の禁止**として欺瞞的取引方法による**資本の蓄積**を禁止するとともに、<u>不当</u>**な取引制限の禁止**として<u>カルテル</u>を原則的に禁止してきた。

☐ **36** 2013年の<u>独占禁止法</u>改正で、<u>公正取引委員会</u>が下した ☐ ★★★ に対する**不服申立ての審判**を ☐ ★★★ で行うことになり、<u>公正取引委員会</u>の**準司法権限は縮小**し、行政上の命令・勧告を出す組織となった。

行政処分,東京地方裁判所

◆現在、**公正取引委員会**は**独立行政委員会**として<u>内閣</u>から独立した職権行使が保証されている。委員長1人と委員4人の計5人で構成され、<u>内閣総理大臣</u>が任命するが、衆参両院の同意が必要である(**国会同意人事**)。

☐ **37** ☐ ★★ **カルテル**と ☐ ★★ **カルテル**は、例外的な合法カルテルとして**1953年**の<u>独占禁止法</u>改正以来認められてきたが、**99年に禁止**された。

不況,合理化
※順不同

◆公正取引委員会が指定した特定の<u>不況</u>業種や<u>合理化</u>業種についてのみカルテルを認めるのは不透明であることから、1999年改正で禁止された。ただし、国会で特別法を制定すれば<u>カルテル</u>は可能である。

☐ **38** メーカー(製造会社)が小売店に定価販売を約束させるという ☐ ★★ 制度は、実質的な**価格カルテル**である。

再販売価格維持
(再販)

◆かつては医薬品や化粧品も再販指定されていたが、価格自由化の流れを受けて、1990年代初めより<u>再販</u>**指定品目**は減っている。現在は**書籍、CD、新聞**などが指定されている。

□39 三大経済民主化の１つである ★★★ を進めることを
★★★ 目的とした独占禁止法は、**私的**独占**の禁止**のため、1947
年の制定から半世紀にわたり ★★★ の設立を全面禁
止してきたが、**97年に**金融ビッグバンの一環とし
て ★★★ が、過度の集中（事業支配力）に至る場合を
除いて**原則解禁**された。

財閥解体

持株会社

持株会社（金融持
株会社）

□40 日本では、長らく ★★ 取引慣行**を持つ企業集団**と
★★ して六大企業グループが形成されたが、バブル崩壊後
の長期不況の中で企業集団の崩壊や再編が見られた。

排他的

□41 2006年の独占禁止法改正により、 ★★ の引き上げ
★★ と、談合などの違法行為を**自ら申告した者**への**課徴金
の減免措置**を導入した。

カルテル課徴金

◆課徴金減免制度のことをリニエンシー（leniency）という。第1
の申告者は課徴金を免除、第2の申告者は50%減額、第3〜5
の申告者はそれぞれ30%減額となる。

□42 2007年施行の改正会社法は、A 社が B 社を**吸収合併**す
★ る場合、A 社は自分の親会社の株式を B 社の株主に対
価として提供するという ★ を認めた。

三角合併

3 経済の三主体と企業形態

ANSWERS ☐☐☐

□1 **経済主体**は ★★★ ・ ★★★ ・ ★★★ の３つに大別
★★★ され、これに ★★★ を加えて**経済の四主体**という。

家計, 企業, 政府,
※順不同 外国

□2 **家計**は、 ★★ や資本、土地などの生産要素を企業に
★★ 提供し、その対価である ★★ や地代、利子、配当
などの所得を用いて財・サービスを購入する。これ
は ★★ と呼ばれる。

労働（労働力）,
賃金

消費

□3 **企業**は、家計から提供された労働（労働力）、資本、土
★★ 地などの生産要素を用いて ★★ を行う。

生産

□4 **企業**は、通常、所与の技術の下で ★★ を最大化す
★★ るように生産活動を行うと想定される。

利潤

□5 **家計**は、限られた所得の中で ★★★ を最大化するよ
★★★ うに支出を行うと想定される。

効用

◆効用とは、財やサービスに対する主観的満足（欲望）のことで、
いわば需要を意味する。

□**6**
★★
政府は、家計と企業から ★★ を徴収し、それによっ
て企業から財・サービスを購入するとともに、社会保
障や道路、公園などの**公共財や公共サービスを提供**す
る。

租税（税金）

□**7**
★★
毎年生産されたものの価値は、課税分を除いて分配さ
れ、家計部門などで消費された残りが ★★ となる。
それは現金通貨、預金、債券、株式、生命保険などの
★★ 資産、または土地などの ★★ 資産として
蓄積される。

貯蓄

金融，実物

□**8**
★★
企業の種類には、**私的利潤を追求する**民間人が出資する
会社企業などの ★★ 企業、その他に国や地方公共
団体が経営する ★★ 企業、出資者が政府と民間の
共同である**半官半民**の ★★ 合同企業がある。

私,

公,

公私

◆日本では、かつて国営であった郵政、国有林野、印刷、造幣の
4現業といわれるものの中で、国有林野だけが現在も公企業と
して営まれている。農林水産省の外局である林野庁が、森林の
整備、保全、林業の発展、国有林野事業の運営を行っている。

□**9**
★
会社形態は、大きく ★ 会社と株式会社に分けら
れ、前者は合名会社、合資会社、合同会社の3つの種
類の会社の総称である。

持分

◆持分会社は少数の相互に信頼関係のある者が集まって運営され
ることを想定し、原則として出資者である社員が業務を執行す
る権限を持つ。利益の配分方法については、出資額の多寡にか
かわらず定款で配当を決める。

□**10**
★★★
出資者は自己の**出資金**の範囲内でのみ会社債務を負え
ば足りるとする有限責任**社員**のみで**構成**される、大企
業に多く見られる会社組織を ★★★ という。

株式会社

◆有限責任**社員**の「社員」とは**出資者**のことを意味し、株式会社の
場合は「**株主**」を指す。2006年、新たに施行された会社法で設立
が認められた合同会社も有限責任**社員**のみで構成される。

□**11**
★
会社の債務に対して連帯して責任を負う無限責任**社員の
みで構成**される、比較的小さな人的会社を ★ という。

合名会社

□**12**
★
株式会社と**合名会社**の中間形態として、有限責任**社員**
と無限責任**社員で構成**される会社を ★ という。

合資会社

□**13**
★★★
2006年施行の会社法によると、資本金を1,000万円以上とする ★★★ 制度が廃止され、**資本金1円以上で**株式会社を設立することが可能になったことから、★★★ の新設が禁止されることになった。

最低資本金

有限会社

◆既存の有限会社は以後も経営を継続できる（特例有限会社）。

□**14**
★★
会社法は、会社が定款に定めれば出資比率と配当率を不一致にできる ★★ の新設を認めた。

合同会社

◆合同会社は、アメリカ各州の州法で設立が認められている **LLC**（Limited Liability Company）をモデルとしたことから**日本型LLC** とも呼ばれ、これを会社名の表記に用いることができる。**議決権のない出資者**の設定が可能となるため、企業買収を防衛できる利点がある。なお、合同会社の出資者はすべて有限責任で、社員＝出資者の出資持分（出資の財産権）の譲渡には、他のすべての社員の承認が必要となる。

□**15**
★★
1990年の商法改正で ★★ 制度が導入され、**株式会社**では最低 ★★ 万円の資産保持が必要になったが、2005年の会社法制定に伴い廃止された。

最低資本金,
1,000

◆実体のない会社は悪徳商法の温床になることから、最低資本金制度が導入されていたが、その廃止目的は、資金はないがアイディアのある者の起業などを支援することにある。

□**16**
★★★
★★★ とは、先端産業分野を中心に、独自の知識や技術を用いて商品を開発する中小企業のことをいう。

ベンチャー企業
（ベンチャービジ
ネス）

□**17**
★
起業家は、自分や家族の蓄えを資金とするのみならず、**エンジェル**と呼ばれる個人投資家や ★ から資金提供を受ける場合が多い。

ベンチャーキャピ
タル

◆近年、インターネットなどを通じて特定の事業に賛同する不特定多数の者に資金の援助を求める資金調達方法として**クラウドファンディング**が増えている。**クラウド**（crowd：群衆）と**ファンディング**（funding：資金調達）を組み合わせた造語である。

□**18**
★★
★★ とは、創業して間もない企業を経営面で国や地方公共団体などが支援・育成することを指す。

インキュベーショ
ン

◆インキュベーション（incubation）とは「卵がかえること」という意味。

□**19**
★★
ベンチャー企業が盛んな ★★ は、**ベンチャー投資**がアメリカ西海岸の中で最も集中している地域である。

シリコンバレー

◆シリコンバレーには、大学などでの研究成果を事業化する**ベンチャー企業**に、資金や専門知識を提供する専門家や専門機関が数多く集まっている。なお、企業が独自の技術や新製品の開発のために行う投資のことを研究開発（R&D）投資という。

□**20**
★

★ とは、起業や新規事業の立ち上げを意味し、革新的な商品やサービスで新たな市場を開拓し、急成長する企業のことを指す。

◆世界規模に成長したスタートアップの代表例として、Google（グーグル）や Amazon（アマゾン）などのプラットフォームビジネスにおける新興企業が挙げられる。日本では、2022年に岸田内閣が省庁一体で新興企業への支援を強化するためにスタートアップ担当大臣を新設した。

スタートアップ

□**21**
★★

株式、国債、社債などの財産的価値を持つ証券を ★★ という。

◆株式市場や公社債市場のような直接金融が行われる場を証券市場という。証券市場には、企業が発行する株式や社債などの有価証券を新規に売る発行市場と、既存の有価証券を売買する流通市場がある。

有価証券

□**22**
★★

株式会社の活動によって生じた利潤は、株主への分配金となる ★★ や設備などへの ★★ のための資金として利用される。

配当, 投資

□**23**
★★

企業が株主数や時価総額など一定の基準を満たし、証券取引所の承認を得て**株式市場での**株式**の売買が可能**となることを ★★ と呼ぶ。

◆**経済のグローバル化**を背景に、世界の証券市場の統合が進む中、2013年には日本でも三大証券取引所のうち、東京証券取引所（東証）と大阪証券取引所（大証）が経営統合し、世界第3位の規模となる日本取引所グループが発足した。

上場

□**24**
★★

2022年4月、東京証券取引所（東証）は、それまでの1部、2部、マザーズ、ジャスダックの4つの市場から、各企業の申請に基づいて「 ★★ 」「**スタンダード**」「 ★★ 」の3つの市場に改変された。

◆「プライム」は国際的に活動する大企業、「スタンダード」は国内中心に事業を展開する企業、「グロース」は今後成長が見込まれる新興企業をそれぞれ想定した市場である。なお、日経平均株価とは、東京証券取引所「プライム」上場銘柄のうち、日本経済新聞が選んだ225銘柄の平均株価を指す。

プライム,
グロース

□**25**
★

★ とは、未上場企業が新規に株式を証券取引所に上場し、投資家に株式を取得させることを指す。

◆企業は上場して新規株式公開（IPO：Initial Public Offering）を行うことで、直接、金融市場から広く資金調達することが可能となり、また上場によって知名度や社会的信用を高めるというメリットがある。なお、個人投資家が証券取引所で株式の売買を行う場合には**証券会社**を経由する必要がある。

新規株式公開
（IPO）

□26 株式会社の株主は投下資本の回収方法として、株式を
★★　時価で第三者に売却できる　**★★**　**の原則**が保障され
ている。

> ◆なお、**株式譲渡制限会社**とは株式を譲渡する際に、取締役会ま
> たは株主総会の承認がないと譲渡できない会社のことで、会社
> 設立時の定款で定められる。日本では上場企業以外のほとんど
> がこれにあたり、その会社が株式を上場する際に定款を改めて
> 株式譲渡制限を外す（**株式公開会社**）。

株式譲渡自由

□27 株式会社の**最高意思決定機関**は　**★★★**　で、その**業務**
★★★　**執行の決定機関**は　**★★★**　である。

> ◆株主は、株式会社の経営の基本的な方針を決める株主総会に出
> 席し、原則として**1株1票の議決権**を行使し、経営に関与でき
> る。株主には様々な権利が認められており、特に重要な三大権
> 利として議決権、利益配当請求権、残余財産分配権がある。そ
> の他にも株主代表訴訟を起こす権利や株主優待を受け取る権利
> なども挙げられる。なお、株主の権利を行使して、投資先の企
> 業に積極的に提言し、影響力を及ぼそうとする投資家のことを
> **アクティビスト**（**物言う**株主）という。

株主総会,
取締役会

□28 株式会社では、　**★★★**　が対外的取引の代表者となる。
★★★　また、企業会計の公正確保のために、原則として
　★★★　という機関が設置されることになっている。

> ◆近年、対外的に「最高経営責任者」を意味する CEO（Chief
> Executive Officer）と呼称する場合が増えている。従来の会長
> や社長といった名称では責任者が誰なのかわかりにくいためで
> ある。法的には代表取締役がその企業の最高責任者である。な
> お、株式公開会社である株式会社においては、経営者の監視・監
> 督という観点から取締役会（3名以上の取締役により構成）と監
> 査役（1名以上）の設置が義務づけられている。ただし、一定の
> 条件を満たせば、監査役に代わって監査委員およびその組織体で
> ある監査委員会を設置できる。

代表取締役

監査役

□29 現代の株式会社では、出資者の株主が配当や株価上昇
★★★　などの経済的利益を追求し、経営は専門家である取締
役に委ねる所有（資本）と　**★★★**　**の分離**が見られる。
このことによって**経営の自律性が保たれる**点が株式会
社の特徴の1つといえる。

> ◆所有（資本）と経営の分離は、1932年にアメリカのバーリとミー
> ンズが発表した『近代株式会社と私有財産』で明らかにされた。

経営

□30 経営者**が所有者に代わって会社を支配**し、やがて社会
★　全体を支配する　**★**　が発生することをアメリカの
政治哲学者バーナムが指摘した。

経営者革命

□**31** 顧客や株主、投資家などの利害関係者（ステークホルダー）に対して**企業の経営情報を適切に開示する**ことを ★★★ （情報開示）という。
★★★

ディスクロージャー

□**32** 会社の経営陣などが法令に違反して会社に損害を与えた場合、**会社または総株主を代表して一部の株主でその責任を追及**する ★★★ を提訴できる。
★★★

株主代表訴訟

◆株主代表訴訟では、株主が会社に代わって損害を与えた会社の経営陣（役員など）に対して**損害賠償責任**を求めることができる。1993年には改正商法が施行され、株主代表訴訟の手数料の値下げが行われたため、訴訟件数が増加した。

□**33** 株主の経営参加権に関して、保有株が ★★★ ％以上の少数株主も ★★★ で議題を提案できる。
★★★

1，
株主総会

□**34** **自社の株式を前もって定めた価格で購入できる権利**を ★ といい、これを認めることで会社経営陣の経営努力や社員の勤労意欲の向上が期待できる。
★

自社株購入権（ストック・オプション）

◆例えば、3年後に自社株を100万円で購入できる権利を取締役などに与えておけば、取締役は経営努力を行って3年後に自社株を100万円以上の高い価格に引き上げる努力をするであろう。

□**35** 2001年の商法**改正**で、企業の乗っ取り防止のために、目的を限定せずに**自社の株式を購入し保有できる**という ★ が認められた。
★

金庫株

□**36** 2003年の商法**改正**により、経営を監視する取締役会と実際の業務を担う執行役の役割を分離するというアメリカ流の ★★★ が導入された。
★★★

コーポレート＝ガバナンス

◆コーポレート＝ガバナンスは、**企業の自己統治**のこと。代表取締役や取締役などの会社経営陣の不正は、取締役相互間の監視システムの確立によって自ら抑止するという考え方である。社内に監査委員会、報酬委員会、指名委員会を設置し、代表執行役や執行役をチェックするこの仕組みは委員会設置会社と呼ばれていたが、2015年からは指名委員会等設置会社と呼ばれている。

□**37** 企業資産の評価を**資産購入時の帳簿上の価格**（**簿価方式**）から、**現在の資産価格**（**時価方式**）に変更したことなどの改革を一般に ★ という。
★

会計ビッグバン

◆現在の企業の財務状況を正確に市場に知らせるためには時価方式の方が優れているという理由から、時価方式がグローバル・スタンダード（国際標準）となっている。

□**38** **株式**は会社自身の資本金となることから ★★★ 資本
★★★　と呼ばれ、**社債・借入金**は ★★★ 資本と呼ばれる。

自己,
他人

◆両者の区別のポイントは、自己資本とは会社が返済する必要の
ない資金、他人資本とは会社が返済する必要のある資金である。

□**39** 次のグラフは、**日本の株式市場における持株比率**（金
★★　額ベース）の推移を示したものである。折れ線 **A 〜 D**
　　の空欄にあてはまる語句を下の語群からそれぞれ選べ。

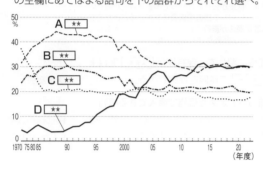

A　金融機関

B　事業法人等

C　個人その他

D　外国法人等

【語群】　個人その他　外国法人等
　　　　　事業法人等　金融機関

◆外国人の持株比率が上昇しているのは、外国企業による日本企
業への経営参加や買収の増加による。2008年にそれが低下した
のは、同年9月のリーマン=ショックで損失を被った外国企業
や外国人投資家が資金繰りのために日本の株式を売却したためで
ある。なお、個人ではなく投資信託や投資ファンドなどの法人
（企業体）で投資を行う投資家を機関投資家という。生命保険、
年金基金、投資銀行、各種ファンドなどの株式投資の運用益を主
な収益源とし、大規模な株式会社の大株主の多くを占めている。
なお、近年の円安の進行で外国法人等の対日投資に割安感が出
て、持株比率が増加傾向にある。

□**40** 株式や債券（社債）などを発行して**投資家などから資金**
★★★　**を調達する方法**を ★★★ といい、銀行などからの**融**
　　資や借入の形で資金調達する方法を ★★★ という。

直接金融,
間接金融

◆直接金融のうち、株式発行による資金調達は、投資家に対して**財
務状況に関するディスクロージャー（情報開示）**が求められる。

□**41** 企業が利潤を株主への配当金や従業員の給与の上昇に
★★★　用いず、資金を蓄積することにより調達した資金を
　　 ★★★ といい、自己資本に分類される。

内部留保（利益剰
余金）

◆企業は調達した資金と内部留保（利益剰余金）などの資金で**総固
定資本形成**（建物や機械設備、車両など新たな耐久消費財の購
入）を行う。近年は**法人実効税率の引き下げ**により、企業の内部
留保が巨額化し、2022年度は過去最高の約555兆円を超えた。

□**42** ★★ **★★** とは、工場や機械、設備などの固定資本が生
産を行うたびに、その価値が下落していく分を企業会
計上の費用とした評価したものである。

　◆固定資本減耗と同義語で、固定資本の消耗分に相当する費用の
　ことである。これを積み立てていき、新たな固定資本の整備に
　かかる代金にあてる。よって、これは<u>内部金融</u>に含まれる。

減価償却費

□**43** ★★ 企業の持つ資産と負債について、**資産の運用状態や資
金の調達方法**を確認できる財務諸表を **★★** という。

　◆<u>貸借対照表</u>は左右に分かれており、左側はお金の用途（**運用**）を、
　右側はお金の出どころ（**調達**）をそれぞれ表す。左右の関係の金
　額は一致し、「**資産＝負債＋純資産**」という計算式が成り立ち、
　左右のバランスがとられていることから、<u>貸借対照表</u>は「**バラン
　スシート（B/S）**」ともいう。

貸借対照表

□**44** ★★ 企業の一定期間における**収益と費用の状態**を記載した
財務諸表を **★★** という。

損益計算書

□**45** ★ **★** とは従業員の持つ技術や知識、ノウハウなど
の能力を企業価値を高める資本としてとらえる考え方
のことである。

　◆近年、人材への投資が企業の成長につながる点に着目し、アメ
　リカや日本などでは上場企業などを対象に<u>人的資本</u>の情報開示
　が義務づけられている。

人的資本

□**46** ★★★ 企業などにおいて組織の再編や人員の削減や配置転換
などを行うことで**経営の効率化**を図ることを **★★★**
といい、不採算部門の整理だけでなく、成長部門の拡
充も含まれる。

リストラクチャリ
ング（リストラ）

□**47** ★★ <u>金融商品取引法</u>（旧証券取引法を含む）は、会社関係者
や証券会社社員などが会社の**内部情報を不正利用して
株式を取引する** **★★** 取引を禁止している。

　◆<u>金融商品取引法</u>は、証券取引などにおける株式売買などが**公正**
　に行われるように、企業内容をはじめとする**情報の開示制度**に
　ついて定めており、不公正な取引を禁じている。<u>インサイダー
　取引</u>は、**内部者だけが株式取引で巨額の利益を得られる**ことに
　なってしまい、一般投資家に損失を与える可能性があることか
　ら禁止され、違反者には刑事罰が科される。

インサイダー

□**48** ★★★ 行政機関や公務員、また企業などが自らの判断や行為
に関して、市民や国民が納得できるように **★★★** す
る<u>責任</u>のことを **★★★** と呼ぶ。

　◆近年では、公的機関や企業についても<u>社会的責任</u>を問う風潮が
　高まっており、倫理的振る舞いを求める考え方が広まっている。

説明,
アカウンタビリテ
ィ（説明責任）

□**49** 企業活動全般において、企業やその経営陣・従業員が
★★★　**法令 (ルール) を遵守**することを　★★★　という。

コンプライアンス
(法令遵守)

□**50** 企業が生産拠点を選択する場合、安価で良質な　★★
★★　や土地に加え、安価で安定した　★★　供給なども勘
案される。また、原材料や部品の産地、製品の消費地
との距離とそこまでの道路・鉄道・港湾などの　★★
インフラも重要である。さらに自然災害や国際紛争、感
染症などの発生に備えて<u>サプライチェーン</u>(供給網)に
おける<u>生産</u>と<u>物流</u>の拠点を　★★　することも求め
られる。

労働力,

電力

物流

分散

□**51** 財やサービスを提供することだけでなく、**環境保護活**
★★★　**動や社会的な貢献活動**にも責任を持つといった**企業の**
社会的責任を　★★★　という。

CSR

　◆<u>CSR</u> は Corporate Social Responsibility の略で、環境保護な
　ど社会的な貢献活動においても利害関係者 (ステークホルダー)
　に責任を負うべきであるという理念に基づく。また、企業で働
　く従業員やその家族も<u>利害関係者</u>に含まれ、**福利厚生を拡充**さ
　せることは <u>CSR</u> の１つである。

□**52** 近年、公共性の高い課題を収益が得られる事業にする
★★　ことで解決を目指す NPO などが増えており、それら
は　★★　企業と呼ばれる。

社会的

　◆<u>社会的企業</u>とは、社会的目的を持った企業のことで、株主や
　オーナーのために利益の最大化を追求するのではなく、コミュ
　ニティや活動に利益を再投資する(内閣府の定義)。その中でも、
　地域の資源を使って地域の課題解決に取り組む<u>コミュニティ=</u>
　<u>ビジネス</u>が注目されている。

□**53** <u>2015</u>**年の国連サミット**で採択された　★★★　で達成す
★★★　るべき**17 の目標**を掲げられて以降、これに則り企業
活動を行うことを表明する会社が増えている。

持続可能な開発目
標 (SDGs)

　◆<u>持続可能な開発目標</u> (SDGs : Sustainable Development
　Goals) は、地球上の「**誰一人取り残さない (leave no one**
　behind)」ことをスローガンに、2030 年までに世界各国が「**貧困**
　をなくそう」「作る側と消費する側の**持続可能**なパターンを作ろ
　う」「**気候変動のため緊急の対策を**」など、**17 の目標を達成**する
　ことを目指している。企業は、循環型経済の確立など、これら
　の目標達成への取り組みを通じて、<u>CSR</u> (企業の社会的責任) を
　果たす。

□ 54 投資家が、企業が CSR（企業の社会的責任）を積極的
★ に果たしているかという観点で評価し、投資活動を通
して支援することを一般に ［ ★ ］ という。

◆ SRI は Socially Responsible Investment の略で、法令遵守
といった企業統治上の観点だけでなく、環境保全や福祉、教育、
人権、地域経済活動などが含まれる。なお、企業による寄付や福
祉、ボランティアなどの社会貢献活動をフィランソロピー、芸
術・文化に対する貢献活動をメセナという。

社会的責任投資
（SRI）

□ 55 ［ ★★ ］ 投資とは、企業の価値を測る1つの基準とし
★★ て、環境（Environment）、社会（Social）、ガバナン
ス（Governance）要素を考慮した投資のことをいう。

◆ ESG は、2006年に国連が掲げた「責任投資原則（PRI）」に盛り
込まれ、20年時点での ESG 投資残高は世界全体で約35兆ド
ル（約3,900兆円）と増加傾向にある。投資家は、その企業の
配慮が足りないと判断した場合、資金を引き揚げること（ダイベ
ストメント）ができる。

ESG

□ 56 ［ ★ ］ とは、企業がその活動において人権への負の
★ 影響を調査・評価し、それを防止あるいは停止、軽減
させることである。

◆ 人権デューデリジェンスとは、強制労働やハラスメント、差別な
ど人権に対するリスクが、一連の事業活動の中で、社内外とそ
のサプライチェーン（供給網）において発生していないかを特定
し、それを停止または軽減する、あるいは未然に防止する取り
組みを指す。近年では、世界的な衣料品メーカーの商品が、中
国政府による人権弾圧の可能性が指摘されている新疆ウイグル
自治区の生産団体が関与した綿花を原材料としていた疑いがあ
るとして、アメリカへの輸入が差し止められた例がある。

人権デューデリ
ジェンス

4 広義の国民所得、狭義の国民所得

ANSWERS □□□

□ 1 国民が一定期間（通常1年間）に作り出した付加価値の
★★★ 総額＝市場取引総額を広義の ［ ★★★ ］ という。

国民所得

□ 2 広義の国民所得とは、1年間の市場活動を商品ないし
★★ はその時価である貨幣の流れで捉える ［ ★★ ］ の概念
である。

フロー

□ 3 国民所得は消費と投資の2つに支出されるが、過去の
★★★ 投資部分の蓄積が国富を形成することから、国富は
［ ★★★ ］ の概念と呼ばれる。

ストック

□ 4 一国の国民が外国に保有する資産残高と外国に対して
★★ 負う負債残高の差額を ［ ★★ ］ という。

対外純資産

229

□ **5** 日本の対外純資産は2022年末時点で約418兆円に達
★★ し、世界第 **★★** 位である。

1

◆日本は1991年以来、世界最大の対外純資産を有する債権国である。

□ **6** アメリカは、有力企業の多国籍化や世界資金が投資あ
★ るいは預金されていることから **★** 国で、2022年
末時点で **★** は約2,138兆円のマイナスである。

純債務,
対外純資産

□ **7** 国民が1年間に生産した財とサービスの価格の総合計
★★★ 額（総生産額）から、**★★★** の価格を差し引いた付加
価値の合計金額を **★★★** という。

中間生産物,
国民総生産(GNP)

□ **8** 一国内で1年間に生産された財とサービスの価格の
★★★ 総合計額から **★★★** の価格を差し引いた付加価値の
合計金額を **★★★** という。

中間生産物,
国内総生産(GDP)

□ **9** 国内総生産（GDP）に海外からの所得を加え、海外へ
★★★ の所得を差し引いた金額を **★★★** という。

国民総生産(GNP)

◆「海外からの所得－海外への所得＝海外純所得」である。海外か
らの所得とは日本国民が海外で生産した財とサービスのこと。
海外への所得とは外国人が日本国内で生産した財とサービスの
こと。前者は国民総生産に入り、後者は国民総生産に入らない。

□ **10** 国民総生産（GNP）に海外への所得を加え、海外から
★★★ の所得を差し引いた金額を **★★★** という。

国内総生産(GDP)

□ **11** 国民総生産（GNP）は居住者による経済活動の成果を示
★ す。このような集計方法を **★** 主義という。

属人

◆経済統計上の「国民」とは、日本人（国籍）ではなく「6ヶ月以
上、日本に居住する者」（居住者）を意味する。

□ **12** 国内総生産（GDP）は自国領域内の経済活動の成果を
★ 示す。このような集計方法を **★** 主義という。

属地

□ **13** 国民総生産（GNP）から減価償却費（固定資本減耗（引
★★★ 当）分）を差し引いた価格を **★★★** という。

国民純生産(NNP)

◆国内総生産（GDP）から減価償却費（固定資本減耗（引当）分）を
差し引いた価格を国内純生産（NDP）という。

□ **14** 国民純生産（NNP）から **★★★** を差し引き、**★★★**
★★★ を加えた価格を狭義の **★★★** という。

間接税, 補助金(政
府補助金),
国民所得 (NI)

□15 GNP と NNP が ★ 表示の国民所得であるの
★ に対し、NI は ★ 表示の国民所得である。

市場価格,
要素費用

◆市場価格は、単に市場の値段だけで生産額を評価したものであるが、要素費用とは市場への政府介入による価格影響分を取り除いた真の生産規模を測った金額である。例えば、市場価格には間接税が転嫁されているため、真の生産額は市場価格から間接税を控除して表示する。

□16 2000年以降、国民総生産（GNP）に代わって用いられ
★★ るようになった指標を ★★ という。

国民総所得（GNI）

◆国民総生産（GNP）は、海外での利子所得なども含むため、生産面からではなく所得面からとらえる国民総所得（GNI）の概念が使われるようになった。

□17 ★★ とは、一国全体の経済の大きさを所得面から
★★ 計測した指標で、国内で一定期間内に支払われた賃金
や利潤、配当などの合計額である。

国内総所得（GDI）

□18 国民総生産（GNP）を支出面から計測した概念を
★ ★ といい、両者の金額は一致する。

国民総支出（GNE）

□19 国民総支出（GNE）は、国内消費と国内投資の合計で
★ ある ★ に経常海外余剰を加えたものである。

国内総支出（GDE）

□20 経常海外余剰とは、「海外からの所得 − 海外への所得
★ ＋ ★ − ★ 」である。

輸出, 輸入

□21 GDP（国内総生産）は一国の経済規模を把握するため
★★ に、重複計算を避ける目的から原材料などの ★★ の
金額を含まない ★★ を示すように工夫されている。

中間生産物,
付加価値総額

□22 経済の規模を測る代表的な指標は国内総生産（ ★★★ ）
★★★ であり、その対前年度伸び率を ★★★ という。

GDP,
経済成長率

□23 狭義の国民所得は1年間の市場取引総額を生産面、分
★★★ 配面、支出面の三面から見ることができるが、これは
同じものをそれぞれの面から見ているだけであるから、
その金額は等しくなる。これを ★★★ の原則という。

三面等価

◆国内総所得（Gross Domestic Income：GDI）も国内総支出（Gross Domestic Expenditure：GDE）も、それぞれ国内総生産（GDP）と名目上では一致する（三面等価）。

□**24** 第一次産業、第二次産業、第三次産業の各産業別の生
★★　産額を合計した国民所得を ★★ という。

生産国民所得
(NIP)

　◆生産国民所得の内訳として、第三次産業の金額が約70%と最も
　大きな割合を占めているという、日本経済の産業構造（各産業の
　比重）が見えてくる。

□**25** 生産に寄与した経済主体に分配される価格を合計した
★★　国民所得を ★★ という。

分配国民所得
(NID)

　◆分配国民所得の内訳として、雇用者報酬の金額が約70%と最も
　大きな割合を占めているという、労働分配率（付加価値のうち、
　労働力を提供した雇用者への分配額の割合）が見えてくる。

□**26** 分配国民所得は、労働者に対する**賃金である** ★ 、
★　利子、配当金、地代など**生産要素提供の対価である**
　 ★ 、**企業の利潤である**企業所得で構成される。

雇用者報酬

財産所得

□**27** **消費**と**投資**を合計した国民所得を ★★ という。
★★

支出国民所得
(NIE)

　◆支出国民所得は、支出面から見た国内所得 (NI) を示す。その内
　訳は、**消費**と**投資**では消費の方が多い。消費が約7～8割、投
　資が約2～3割で、消費の中では「**民間＞政府**」となっている。

□**28** 統計上、消費**は民間最終消費支出と** ★ の合計で、
★　投資は**民間総固定資本形成と公的総固定資本形成の合**
　計である ★ で表示される。

政府最終消費支出

国内総資本形成

□**29** 国民経済全体の活動水準を測るフローの指標について、
★★　次の表はある年の諸指標の項目と金額を示したもので、
　国民総生産 (GNP) は ★★ 、**国民純生産** (NNP) は
　 ★★ 、**国民所得** (NI) は ★★ とわかる。

520,
420, 380

項　　目	金　額
国内総生産 (GDP)	500
海外からの純所得	20
間接税－補助金	40
固定資本減耗	100

　◆**国民総生産**(GNP)＝国内総生産(GDP)＋海外からの純所得＝
　500＋20＝520
　国民純生産(NNP)＝国民総生産(GNP)－固定資本減耗＝520
　－100＝420
　国民所得(NI)＝国民純生産(NNP)－間接税＋補助金＝国民純
　生産(NNP)－(間接税－補助金)＝420－40＝380

□30 次の図の空欄 **A ～ I** にあてはまる適語を答えよ。
★★★

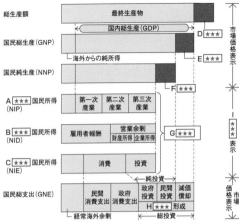

A　生産
B　分配
C　支出
D　中間生産物
E　減価償却費
　　（固定資本減
　　耗（引当）分）
F　間接税－補助
　　金（政府補助
　　金）
G　三面等価
H　国内総資本
I　要素費用

◆国民経済計算（SNA）は、一国の経済状況について、生産、消費・投資などのフロー面や、資産、負債などのストック面を体系的に記録するための国際的な基準のことである。SNA に関連する指標の概念とその関係を表したものが上記の図となる。

□31 次の表は、ある国の一年間の産業別の財・サービスの
★★ 総生産額と中間生産物の価額を示している。表中の総生産額には海外で生産されたものは含まれない。今、この国の GDP の総額が 4,000 と計算されるとき、第二次産業の中間生産物の価額 **A** は ┌ **★★** ┐ である。

1,100

	総生産額	中間生産物の価額
第一次産業	1,300	600
第二次産業	2,000	**A**
第三次産業	3,500	1,100

◆総生産額－中間生産物
（1,300＋2,000＋3,500）－（600＋**A**＋1,100）＝4,000
6,800－（1,700＋**A**）＝4,000
A = 1,100

□**32** 次の表は、あるリンゴ農家が、ジュースのメーカーに
★★　リンゴを売り、そのメーカーが販売会社にリンゴ
　　　ジュースを売り、販売会社が一般消費者にリンゴ
　　　ジュースを小売販売することを、数値とともにまとめ
　　　たものである。減価償却を0とした場合、リンゴジュー
　　　スの生産から販売の過程で、三者それぞれで生み出さ
　　　れる**付加価値の合計**は ★★ である。

290

	収入	支出	損益
リンゴ農家	リンゴ売上：100	肥料代：10 賃金：50	利潤：40
メーカー	リンゴジュース 売上：200	リンゴ仕入代： 90 容器代：10 賃金：50	利潤：50
販売会社	リンゴジュース 売上：300	リンゴジュース 仕入代：170 運送会社への 支払い：30 賃金：50	利潤：50

◆各段階で生み出される**付加価値**は、収入から原材料費を差し引
　いた額＝賃金と利潤の合計額である。よって、生産面から測る
　と、（100−10）＋{200−（90+10）}＋{300−（170+30）}
　＝290、分配面から測ると、(50+40)＋(50+50)＋(50+50)
　＝290となり、両者は三面等価**の原則**より一致する。

□**33** 国内総生産（GDP）は、国内において一定期間に生産
★★　された**付加価値の合計**として計算される。ここで、農
　　　業法人のみからなる国の経済を考える。土地と技術を
　　　有する農業法人が労働者を雇い、種芋と燃料を輸入し、
　　　サツマイモを生産した。種芋の購入費用は400万円、
　　　燃料代は100万円、労働者への賃金支払いは600万
　　　円、サツマイモの販売額が1,400万円だった。この場
　　　合、この国の国内総生産（GDP）は ★★ 万円であ
　　　る。

900

□**34** ある企業がパンを製造し、消費者に販売している。1
★★ 年間に原材料として小麦粉を300万円分使用し、1個
200円のパンを5万個製造し完売した。人件費は200
万円であった。パン製造・販売における減価償却費は
ゼロ、小麦粉の代金と人件費以外は一切かからなかっ
たとすると、この企業が1年間に生み出した付加価値
金額は ★★ 万円になる。　　　　　　　　　　　700

◆200円×5万個=1,000万円

1,000万円−小麦粉代300万円=<u>700</u>万円

□**35** ★ とは、実収入（個人所得）から**租税や社会保険**　　可処分所得
★ **料などを引いた残り**の手取り収入のことで、<u>貯蓄か消
費</u>に振り向けられる。

□**36** ある家計の1ヶ月の所得と支出についてまとめた次の　　32,
★★ 表より、**可処分所得**は ★★ 万円、**平均消費性向**は　　75, 25
★★ ％、**エンゲル係数**は ★★ ％であるとわかる。

所得	40万円	食費	6万円
税金	4万円	家賃	7万円
社会保険料	4万円	水道・光熱費	2万円
貯蓄	10万円	他の消費支出	9万円

◆<u>可処分所得</u>は「所得−（税金＋社会保険料）」、<u>平均消費性向</u>は
「（食費＋家賃＋水道・光熱費＋他の消費支出）÷可処分所得」、エ
ンゲル係数は「食費÷家計の総支出（食費＋家賃＋水道・光熱費
＋他の消費支出）」の計算式でそれぞれ求めることができる。こ
の家計の場合では、<u>可処分所得</u>が40−（4＋4）＝<u>32</u>（万円）、
平均消費性向が（6＋7＋2＋9）÷32×100＝<u>75</u>（%）、エ
ンゲル係数が6÷（6＋7＋2＋9）×100＝<u>25</u>（%）となる。

□**37** 今、4,600円の料金を支払うことでアイドルグループ
★★ のライブをオンライン配信で視聴できるとする。同じ
時間をアルバイトで働き2,200円の収入を得ること
や、家事を手伝うことで2,000円のお小遣いをもらえ
ることもできる。この3つの選択肢から1つしか選べ　　2,200,
ない場合、<u>機会費用</u>は ★★ 円、それを含めた配信　　6,800
ライブを視聴する費用は ★★ 円となる。

◆すべての選択を同時に行うことはほぼ不可能で、仮に選ばれな
かった他の選択肢を選んだ際に得たであろう最大の価値が<u>機会
費用</u>となる。ここでは選択されなかったものの最大値であるア
ルバイトの収入（<u>2,200</u>円）がこれにあたる。

38 何かを得るために何かを断念しなければならないとい
★★ う状況を一般に ★★ という。

トレードオフ

◆人は選択や交換によって失うもの（費用）と得るもの（便益）を
比較検討し、自らの行動を決めるが、その判断は必ずしも金銭
的なものだけとは限らない。一般的には一方が増加すれば他方
は減少する関係を示す。

39 狭義の国民所得に関する次のグラフ（2019年度）の空
★★ 欄 A 〜 D にあてはまる適語を答えよ。

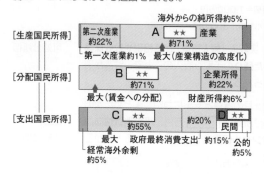

A 第三次

B 雇用者報酬

C 民間最終消費
支出

D 国内総資本形成

40 2010年に中国の国内総生産（GDP）は ★★★ を抜い
★★★ て、★★★ に次いで世界第 ★★★ 位になった。

日本，
アメリカ，2

◆日本は中国に抜かれて世界第3位に転落し、2023年にはドイツ
に抜かれて世界第4位となった（名目GDP、ドル換算）。さら
に、国際通貨基金（IMF）は、25年にインドに抜かれて第5位
になるという予測を発表した。

41 2022年時点の日本の国内総生産（GDP）は世界第 ★★★
★★★ 位である。一方、1人あたり国内総生産（GDP）は、00年
に世界第 ★★★ 位であったのが、不況など経済の長
期低迷が続き21年には世界第28位にまで転落した。

3

2

◆国内総生産（GDP）は人口の多い国ほど大きくなる傾向がある。
よって、平均的な豊かさを示す指標として、1人あたりの大きさ
を用いることが多い。また、中長期的な比較や各国の国際比較で
も有効な指標といえる。「失われた10年」の中で、日本の1人あ
たり国内総生産は減少し、21年には第28位となった（39,340
ドル）。世界トップクラスは人口の少ないヨーロッパ諸国（ルク
センブルク、スイス、アイルランドなど）などが占めている。

□42 次のグラフは、日本とアメリカの家計における**金融資**
★★★ **産の構成**を示している（2023年3月末現在）。空欄A〜
Cにあてはまる語句を下の語群より選べ。

A ★★★   B ★★★ C ★★★

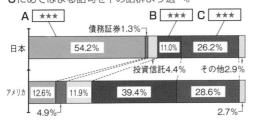

A 現金・預金
B 株式など
C 保険・年金など

【語群】株式など　保険・年金など　現金・預金

◆日銀によると、2023年6月末時点で家計の金融資産は2,115兆
円となり、新型コロナウイルス感染症（COVID-19）の流行で個
人消費が抑制されて現金・預金が積み上がったが、正常化した
経済状況でもその傾向は続いている。おもな内訳は、現金・預
金（1,117兆円）、保険・年金など（538兆円）となる。

5 国富 ～「豊かさ」と「格差」

□1 一国の国民が年度末に保有する**有形資産などの総額**の
★★★ ことを ★★★ という。

国富

◆厳密には「正味の国富」となる。国富は、その国の**個人、企業、
政府**の三者が保有する**有形財**などの合計で、**一国の国民が保有
する資産の総計**を示し、工場や機械などの**生産設備**の他に、公
園、学校などの生活関連の**社会資本や住宅**も算入される。

□2 国富は、 ★★ と ★★ の合計を指す。前者は国民
★★ が**国内**に保有する有形資産である ★★ 資産（社会
資本など）、非生産資産（自然資本など）の価格の合計、
後者は国民が**国外**に保有する資産から外国人が日本に
保有する資産を控除した額の合計である。

非金融資産, 対外
純資産,
生産

◆正味の国富には、**無形財である知的所有権や金融商品（預金、株
式など）は含まれない**が、**知的財産による生産物**であるソフト
ウェアなどは含まれる。国内金融資産（預金）が国富に含まれな
い理由は、預金者にとってはプラスの資産であるが、日本企業
である銀行にとってはマイナスの資産であるため、日本人の資
産全体で見ると、結局±0になるからである。一方、道路や公
園、学校などの**社会資本**や住宅、**自然資本**である漁場、森林な
どはいずれも国富に含まれる。

□**3** 日本の非金融資産の内訳としては、非生産資産を構成
★★ する ★★ の額が最も大きいために、 ★★ 期に
は地価高騰で統計上、**国富は増大**した。

土地, バブル

◆バブル崩壊期には**地価の下落**で、国富は統計上、減少を続けた。

□**4** 一国全体の豊かさを測る指標である実物資産と対外純
★★ 資産の蓄積量（国富）は、フローとストックのうち、
★★ に分類される。

ストック

◆国富は<u>ストック</u>であり、国民所得 (NI) や国内総生産 (GDP) は
<u>フロー</u>に分類される。

□**5** 国民の真の豊かさを測るために考案された**福祉水準の**
★★★ **指標を** ★★★ **という。「**<u>国民総生産</u>**－市場価格表示の**
非福祉項目＋非市場価格表示の福祉項目」で表される。

国民福祉指標 (国
民純福祉、NNW)

◆**市場価格表示の非福祉項目**とは公害防止費用、防衛費など金銭
評価されているが福祉に結びつかないもの、**非市場価格表示の**
福祉項目とは家事労働、ボランティア活動、余暇時間などを金
銭に換算したもののことである。日本の <u>NNW</u> は高度経済成長
期の間に約2.9倍に上昇した。

□**6** 国民の豊かさを環境の保全度などの視点から表示する
★ ために、<u>環境省</u>が試算している指標が ★ である。

グリーン GNP
(グリーン GDP)

□**7** <u>国連開発計画</u> (UNDP) は各国の**保健水準や教育水準、**
★★★ **所得水準**をもとに、その国の人々の「**生活の質**」や発展
度合いを示す ★★★ (HDI) を作成している。

人間開発指数

◆<u>人間開発指数</u> (HDI : Human Development Index) は、出生
時の平均余命、識字率・就学率などの教育指標、購買力平価に
よる1人あたり GDP などを指数化したもので、人間の基本的
ニーズの充足を目指す中で導入されたものである。2024年3月
に<u>国連開発計画</u> (UNDP) が発表した<u>人間開発指数</u> (HDI) の世
界ランキング（23~24年版調査）では、日本は前年より2つ
順位を下げ第24位であった。第1位はスイスで、ノルウェー、
アイスランドが続く。

□**8** ★ とは、心身ともに健康な状態であるだけでな
★ く、社会的、経済的にも良好で満たされている状態で
あることを意味し、近年は<u>持続可能な開発目標</u> (SDGs)
のターゲットに掲げられている「**すべての人に健康と**
福祉を」という観点からも注目されている。

ウェルビーイング

□ **9**
★★★
資産や所得の格差を測る方法の1つとして、次の図に示したローレンツ**曲線**がある。図は、横軸に最低所得者から最高所得者へ順に並べた場合の人数の累積比率を、縦軸にそれらの人々の所得の累積比率をとり、所得の分布の状態を示したものである。所得が完全に均等に分配されていれば、この曲線は原点0を通る45度の直線に一致し、不均等であればこの直線から下に張り出す曲線となる。図に示した曲線**イ**と曲線**ロ**は、2つの異なる所得分布の状態をそれぞれ示している時、不均等の度合いは**A** ★★★ よりも**B** ★★★ の方が大きい。また、格差を是正する累進所得税や公的扶助などの**所得再分配政策**によって、曲線は**C** ★★★ から**D** ★★★ の方向に移動する。

A　イ
B　ロ
C　ロ
D　イ

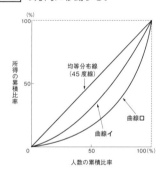

(%)
100

所得の累積比率

50

均等分布線
(45度線)

曲線ロ

曲線イ

0　　　　50　　　100(%)

人数の累積比率

□ **10**
★★★
★★★ は、0から1までの値をとり、分布が<u>平等</u>であれば<u>0</u>に近づき、<u>不平等</u>であれば<u>1</u>に近づく係数として、その値の大きさが ★★★ の差や不平等度を測る指標として用いられている。

ジニ係数

貧富

◆ <u>ジニ係数</u>は、0.3～0.4程度で経済格差はあるものの適当な状態とされるが、0.4を超えると国民生活に不安を招くおそれがあるといわれる。

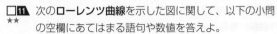

□**11** 次の**ローレンツ曲線**を示した図に関して、以下の小問
★★ の空欄にあてはまる語句や数値を答えよ。

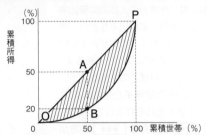

(1) 点Aを通るローレンツ曲線が対角線を示す場合
は各世帯の所得が全く ★★ ことを、弓形の
ローレンツ曲線上の点Bは ★★ %の世帯の合
計所得が国全体の所得の ★★ %しか存在しな
いことを示す。

(1)
　等しい,
　50,
　20

(2) 対角線以下の三角形の面積に占める弓形の面積の
比率のことをジニ係数といい、所得分布の不平等
を示している。弓形の斜線部分の面積が大きくな
るほどジニ係数は0から1に近づき、所得分布の
不平等は ★★ くなる。

(2)

　大き

◆ジニ係数は**グラフの斜線部の面積を対角線がなす三角形の面積
で割った数値**である。この図では、所得が完全平等の場合、ロー
レンツ曲線は対角線に一致するため弓形の軌跡にはならず、面
積は0となる（0÷対角線OPより下の三角形の面積）。一方、
所得が完全不平等の場合で、例えば、99%の国民の累積所得が
0%、1%の国民の累積所得が100%とすると、
（斜線の弓形の面積÷対角線OPより下の三角形の面積）＝1
に限りなく近づく。よって、ジニ係数が0に近づけば所得は平
等に近づき、1に近づけば所得は不平等であることを示す。

□**12** 日本の当初所得（所得再分配前）のジニ係数は、1980
★★ 年には0.35程度であったが、それ以降、80年代後半
のバブル景気や、2000年代初めの小泉政権下で ★★
が拡大し、21年は ★★ 程度にまで上昇している。

所得格差,
0.57

◆なお、当初所得のジニ係数の算出には公的年金が含まれない。そ
のため、年金のみで生活する世帯が増えると当初所得のジニ係
数は上昇する。

□**13**
★

格差社会を示す指標に関する次の表中および後の文中の空欄 **A** ～ **D** に適する国名または語句を入れよ。国名はアメリカ、スウェーデン、日本のいずれかが入る。

国名	2000年頃	2018年
A ★	17.1%	17.8%
B ★	15.3%	15.4%
C ★	5.3%	8.9%

A アメリカ
B 日本
C スウェーデン

全世帯の中で**所得中央値の世帯の半分未満の所得しかない世帯の割合**を **D** ★ といい、階層間の**格差**を示す指標として注目されている。

D 相対的貧困率

◆相対的貧困とは、世帯の所得が、その国の等価可処分所得の中央値の半分に満たない状態を指し、一般的な水準から比べて生活に困窮しているとされる。日本の相対的貧困率は、2000年15.3%、09年16.0%、12年16.1%、15年15.7%、18年15.4%、21年15.4%と高い傾向にあり、格差が続いていると推測される。また、18歳未満の「子どもの貧困率」は、21年が11.5%と**子どもの9人に1人が貧困状態**にある。2014年には「子どもの貧困対策の推進に関する法律（子どもの貧困対策法）」が施行された。

6 経済成長率と景気変動

ANSWERS □□□

□**1**
★★★

1年間の生産総額の増加率を ★★★ という。正確には ★★★ の**対前年度伸び率**で表される。

経済成長率,
国内総生産（GDP）

□**2**
★★★

物価変動分を考慮しない**名目 GDP の伸び率の前年比**を ★★★ 、名目 GDP から1年間の物価変動分を控除した**実質 GDP の伸び率の前年比**を ★★★ という。

名目経済成長率,
実質経済成長率

◆名目経済成長率は、名目上の GDP 金額（＝生産金額）の増加率を示す。一方、実質経済成長率は、名目 GDP 金額から物価変動分を除いているので、生産量（規模）の増加率を示す。

□**3**
★★

名目**経済成長率**（%）＝

$$\frac{\boxed{★★}\text{ の名目 GDP} - \boxed{★★}\text{ の名目 GDP}}{\text{基準年次の名目 GDP}} \times 100$$

比較年次, 基準年次

VI 経済

6 経済成長率と景気変動

241

□ **4** 実質**経済成長率** (%) =
★★★

$$\dfrac{\boxed{\text{★★★}} \text{ の実質 GDP} - \boxed{\text{★★★}} \text{ の実質 GDP}}{\text{基準年次の実質 GDP}} \times 100$$

比較年次，基準年
次

$$実質 \text{GDP} = \dfrac{\text{名目 GDP}}{\boxed{\text{★★★}}} \times 100$$

GDP デフレーター

◆ GDP デフレーターとは、基準年次の物価水準を100で示した
際の比較年次の**物価水準を示す指数** (百分率)。例えば、10%物
価が上昇すれば110、10%物価が下落すれば90となる。

□ **5** 昨年の実質 GDP が100兆円、今年の名目 GDP が150
★★★ 兆円で、1年間で物価が10%上昇した場合、昨年から
今年にかけての実質経済成長率は約 ★★★ % (小数
点第1位まで) である。

36.4

◆今年の実質 GDP = 150兆円÷110×100≒136.4兆円
(136.4兆円－100兆円) ÷100兆円×100 = 36.4%

□ **6** 次の表は、日本の2021年と22年の**名目 GDP** (概数)
★★ と **GDP デフレーター**である。この場合、実質経済成
長率は ★★ % (小数点第2位まで) と算出される。

1.75

	名目 GDP	GDP デフレーター
2021年	550.6兆円	101.7
2022年	561.9兆円	102.0

◆計算式は次の通りである。
2021年の実質 GDP =550.6/101.7×100≒541.4兆円
2022年の実質 GDP =561.9/102.0×100≒550.9兆円
実質経済成長率＝(550.9－541.4)/541.4×100≒1.75%

□ **7** 実質 GDP は、ある基準年の価格水準を基準として、一
★ 定期間内に国内で生産された財、サービスの付加価値
の合計額である。今、A 国では Y 財と Z 財のみを国内
で生産していると考える。

	t 年 (基準年)	t + 1 年 (翌年)
Y財の価格	100円	150円
Z財の価格	200円	150円
Y財の数量	50個	80個
Z財の数量	100個	90個

ある基準年 (t 年) と翌年 (t + 1 年) の Y 財・Z 財
の価格および数量が次の表のようになっているとき、

A国のt+1年の実質GDPは ┌ ★ ┐ 円であり、実質経済成長率は ┌ ★ ┐ %となる。

26,000,
4

◆基準年次の名目＝実質生産総額は、
Y財が100円×50個＝5,000円、Z財が200円×100個
＝20,000円
の合計25,000円である。比較年次の名目生産総額は、
Y財が150円×80個＝12,000円、Z財が150円×90個
＝13,500円
である。Y財は基準年次100円が比較年次150円と50%（物価）上昇している。よって、Y財の比較年次の実質生産額は物価上昇分50%を割り引くと、
12,000円×（100/150）≒8,000円
となる。Z財は基準年次200円が比較年次150円と25%（物価）下落している。よって、Z財の実質生産額は物価下落分25%を割り増すと、
13,500円×（100/75）≒18,000円
となる。比較年次の実質生産額は、
Y財8,000円＋Z財18,000円＝26,000円
となる。以上を前提に実質経済成長率は、
（26,000円−25,000円）÷25,000円×100＝4%。

□ **8** t年実質GDPに対する各支出項目の比率が、次の表1
★★ のようになっている経済を想定する。表2はt+1年の各支出項目のt年に対する増加率を表している。この経済のt+1年のt年に対する実質経済成長率は ┌ ★★ ┐ %である。

8

[表1]

	消費	投資	政府支出	輸出	輸入
t年の各支出項目のGDPに対する比率（%）	60	30	10	10	10

[表2]

	消費	投資	政府支出	輸出	輸入
t+1年の各支出項目のt年に対する増加率（%）	5	20	−10	10	10

◆国内総生産＝国内総支出＝消費＋投資＋政府支出＋輸出−輸入である。表1より、
t年の国内総支出＝60＋30＋10＋10−10＝100
と仮定する。表2より、t+1年の国内総支出は、消費は60が5%増加して63、投資は30が20%増加して36、政府支出は10が10%減少して9、輸出は10が10%増加して11、輸入は10が10%増加して11となるので、
63＋36＋9＋11−11＝108
以上から、実質経済成長率は、100が108になるので8%。

VI 経済

6 経済成長率と景気変動

□9 次の表は、ある国における名目 GDP、GDP デフレー
★★ ター、人口の数値を示したものである。名目 GDP は
実際の取引額から算出されるのに対し、そこから物価
変動の影響を取り除いた金額を実質 GDP という。実
質 GDP は「名目 GDP ÷ GDP デフレーター×100」
で算出される。この国における、2000年度から2019年
度にかけての実質 GDP、1人当たり名目 GDP、1人
当たり実質 GDP のそれぞれの変化の組み合わせとし
て最も適切なものは、後の表の①〜⑧の ★★ であ
る。

⑤

年度	名目 GDP	GDP デフレーター	人口
2000	4,000億ドル	100	800万人
2019	6,000億ドル	150	1,000万人

	実質 GDP	1人当たり名目 GDP	1人当たり実質 GDP
①	増加	増加	増加
②	増加	増加	減少
③	増加	減少	増加
④	変化なし	増加	増加
⑤	変化なし	増加	減少
⑥	変化なし	減少	減少
⑦	減少	減少	増加
⑧	減少	減少	減少

◆2019年の実質 GDP
＝名目 GDP6,000億ドル× GDP デフレーター
＝名目 GDP6,000億ドル×（100/GDP デフレーター150）
＝4,000億ドル
よって、2000年の名目 GDP4,000億ドルが、2019年の実質
GDP4,000億ドルなので、実質経済成長率は0%で変化なしと
なる。1人当たり名目 GDP は、2000年が、
4,000億ドル÷800万人＝5万ドル
2019年が、
6,000億ドル÷1,000万人＝6万ドル
よって、増加している。一人当たり実質 GDP は、2000年は基
準年次であるから、名目と実質は一致している。2019年の実質
GDP は4,000億ドルなので、一人当たり実質 GDP は、
4,000億ドル÷1,000万人＝4万ドル
2000年の5万ドルよりも1万ドル減少している。

□**10** 景気変動とは、景気が「 ★★★ →**後退**→ ★★★ →**回復**
★★★　（**拡張**）」の４つの局面を繰り返す**景気循環**のことで、次
　　　の模式図で示すことができる。

好況，不況

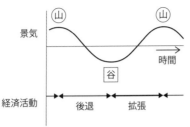

◆景気変動の波は、基本的に好況期に投資や生産が過剰になるこ
とで起きる。なお、景気が急激に後退することを恐慌という。
1929年10月、アメリカのニューヨーク・ウォール街の株式市場
における株価暴落を発端とした恐慌は、瞬く間に各国の経済に
影響を与えたことから世界恐慌（世界大不況）と呼ばれる。2020
年、新型コロナウイルス感染症（COVID-19）の大流行（パンデ
ミック）は、それ以来の急激な景気後退となった。

□**11** 景気の局面をいち早く把握できる ★ という指標
★　　　には、景気の転換点に先立って転換する**先行指数**（**先
　　　行系列**）、景気とほぼ同時に転換する ★ 、景気に
　　　遅れて転換する**遅行指数**（**遅行系列**）がある。

景気動向指数

一致指数（一致系
列）

□**12** 景気循環の類型の中で、 ★★ が原因となる**50〜
★★　　60年周期**の景気の長期波動を ★★ の波という。

技術革新（イノ
ベーション），
コンドラチェフ

◆コンドラチェフ循環によれば、1960年代に石炭から石油へのエ
ネルギー革命が見られ、2010年代以降には大きな技術革新（イノ
ベーション）が起こる段階に突入し、その周期も短くなっている。

□**13** 景気循環の類型の中で、機械の耐久年数に対応して行
★★　　われる ★★ が要因となる**約10年周期**の中期波動
　　　を ★★ の波という。

設備投資，
ジュグラー

◆ジュグラーの波は、資本主義によく見られることから、**基本波
動**（主循環）とも呼ばれる。

□**14** 景気循環の類型の中で、 ★★ が要因となる**約40ヶ
★★　　月周期**の短期波動を ★★ の波という。

在庫投資(在庫調整)，
キチン

□**15** 景気循環の類型の中で、建築物の改築などの投資を要
★★　　因とする**周期18〜20年**の波を ★★ の波という。

クズネッツ

7 インフレーション、デフレーション

ANSWERS □□□

□**1** 商品価格(物価)が継続的に**上昇**することを ★★★ と
★★★ いい、 ★★★ の増加によって ★★★ 価値が**下落**す
ることで引き起こされる。

インフレーション
(インフレ),
流通通貨量, 貨幣

□**2** 物価が急上昇するインフレを ★ =インフレという。
★

ハイパー

◆しのびよるインフレをクリーピング=インフレ、かけ足のイン
フレをギャロッピング=インフレといい、インフレの進む速さは
「クリーピング→ギャロッピング→ハイパー」の順に大きくなる。
ハイパー=インフレの例として、第一次世界大戦後のドイツや
2000年代のジンバブエがある。

□**3** 総需要が総供給を上回る ★★★ によって生じる物価
★★★ 上昇のことを ★★★ =インフレという。

超過需要,
ディマンド=プル

□**4** 供給側のコスト(費用)の値上がりが商品価値に転嫁され
★★ て発生する**物価上昇**のことを ★★ =インフレという。

コスト=プッシュ

◆石油危機(オイル=ショック)当時の輸入原油の値上がりによっ
て生じる物価上昇は、コスト=プッシュ=インフレの1つである。

□**5** 輸入原材料の値上がり分が商品価格に転嫁されること
★ で発生する**インフレ**を ★ インフレという。

輸入

□**6** ★★ とは**不況と**インフレが同時に進行することで
★★ ある。

スタグフレーション

◆スタグフレーションは、不況にもかかわらず物価の上昇が続く
現象である。1970年代の2度の石油危機(オイル=ショック)で
は、先進国を中心に、原材料となる石油の値上がりによるコス
ト=プッシュ=インフレが発生すると同時に、原燃料の輸入が減
少して生産が停滞してスタグフレーションが発生した。

□**7** 通貨増発などで**政策的にインフレを起こして国の債務**
★ **の実質的価値の減少**を図る考え方を ★ 論という。

調整インフレ

□**8** デフレーション(デフレ)は、**流通通貨量の** ★★★ に
★★★ より**貨幣価値が** ★★★ することで引き起こされる。

減少,
上昇

□**9** デフレが不況を招き、さらに不況がデフレを招くような
★★★ **悪循環を** ★★★ という。

デフレ=スパイラル

◆デフレが極度に進み価格破壊が生じると企業経営が悪化して不
況となり、デフレ=スパイラルに陥るおそれがある。

□**10** 土地や株などの資産値下がりに伴う担保価値の下落に
★★ よる銀行借入の減少や、**心理的な消費需要の減退**を原
因とする**デフレ**を ★★ デフレという。

資産(ストック)

□**11** □ **★★** の進行による**輸入原材料や輸入製品の値下が**
★★ り、**割安な外国製品の大量流入**を原因とする**デフレ**
を □ **★★** デフレという。

円高

輸入

□**12** 流通の簡素化、ディスカウント・ショップの台頭を原
★ 因とする**デフレ**は □ **★** コスト**の値下がり**によるも
のと考えられる。

流通

□**13** デフレ時には、**土地や建物、金**などの □ **★★** 資産**は**
★★ **値下がり**するので、その所有者にとって不利になる。

有形

□**14** インフレ時には、**借金(債務)の実質価値が**減少するの
★★ で □ **★★** に有利、□ **★★** に不利となる。反対に、デ
フレが進行すると、**貨幣価値は**上昇するので □ **★★**
に有利、□ **★★** に不利となる。

債務者，債権者，
債権者，
債務者

◆インフレ時には物価上昇により通貨価値が下がるため、借金の
価値も下がり、債務者**は得をする**(債務者利得)。一方、デフレ
時には物価下落により通貨価値が上がるため、債務(借入金)の
実質的価値も上がり、債務者**は損をする**(債務者損失)。

□**15** □ **★★★** では「名目**経済成長率**>実質**経済成長率**」、
★★★ □ **★★★** では「名目**経済成長率**<実質**経済成長率**」となる。

インフレ，
デフレ

◆インフレの場合、仮に10%物価が上昇している場合で考える
と、生産規模(量)が前年と同じならば実質経済成長率は0%で
あるが、生産金額は+10%となり、名目経済成長率は+10%
となる。よって、**名目経済成長率>実質経済成長率**となる。デ
フレの場合は、その逆となる。

□**16** 1999〜2000年代半ばまで、物価は □ **★★★** の傾向が続
★★★ き、いったんその傾向が止まった後、08年9月の
□ **★★★** 以降、09年から10年代に入って再び □ **★★★**
の傾向を示した。

デフレ

リーマン=ショック，
デフレ

8 通貨制度と日本銀行の役割

ANSWERS □□□

□**1** 通貨には □ **★★** 通貨と □ **★★** 通貨がある。
★★

◆預金通貨には当座預金を担保に流通する小切手などがある。企
業は当座預金を利用した小切手や手形支払を、安全かつ確実な
資金決済手段として用いている。

現金，預金
※順不同

□**2** 景気・物価対策として、金融機関や中央政府を除く**民間**
★★ **部門や地方公共団体が保有する通貨総量**である □ **★★**
の管理が重視されている。

マネーストック

◆かつては、マネーサプライ(通貨供給量)と表現されていた。

247

□3 マネーストック(マネーサプライ)の指標に関する次の
★★ 図の空欄 **A** ～ **C** にあてはまる適語を答えよ。

〈通貨の種類〉〈具体例〉

M₁ ┬ **A** ★★ 通貨－日本銀行券(紙幣)、補助貨幣(硬貨) 　A　現金

M₃ ┤ └ **B** ★★ 通貨－要求払い預金(当座預金、通知預金など)　B　預金

├─ 準通貨───定期性預金

└─ CD ───── **C** ★★ 預金(国内銀行)　　　　　　　　C　譲渡性
 　　　　　　　　　(預金証書自体を支払いとして
 　　　　　　　　　引き渡すことができる預金)

◆マネーストックには M₁ に準通貨(定期性預金)と譲渡性預金
(CD)を加えて計算される M₃ がある。M₃ は現金通貨＋預金通
貨＋準通貨＋CD(預金通貨、準通貨、CD の発行者は**全預金取
扱機関**)と定義され、現在、**日銀は M₃ を重視**している。M₃ は
外貨預金も含み、M₃ に投資信託などを加えたものを**広義流動性**
と表現する。なお、M₂(現金通貨＋預金通貨＋準通貨＋CD(預
金通貨、準通貨、CD の発行者は**ゆうちょ銀行を除く国内銀行な
ど**))も存在する。

□4 紙幣は金属との交換性を認める ★★ **紙幣**から認め　兌換,
★★ ない ★★ **紙幣**へと移行していった。　　　　　　　　　不換

◆兌換の対象となる金属は金、銀などである。

□5 資本主義の発達に伴って、用いられる貨幣自体に価値
★★ を含む必要がなくなっていく現象は一般に ★★ の　グレシャム
法則と呼ばれる。この法則を端的に表す言葉として

「 ★★ **は良貨を駆逐する**」が知られる。　　　　　　　悪貨

□6 通貨(貨幣)の機能には、**商品の価値**を表す ★ 、　価値尺度,
★ **商品を交換**する媒体としての ★ 、**債務を決済**す　流通(交換)
る支払手段、劣化しにくい財産として富を蓄えておく

ことで購買力を保つ ★ 、**世界貨幣**として国際取　価値貯蔵
引を決済することなどがある。

□7 通貨制度は、19世紀の ★★★ 制から、1930年代の　金本位,
★★★ 世界恐慌の中で ★★★ 制に移行した。　　　　　　　　管理通貨

□8 金本位制では通貨を普遍的価値のある金貨それ自体と
★★ する ★★ 制も見られたが、国が保有する金の量を　金貨本位,
基礎にして金**との交換性が保証**された ★★ 紙幣を　兌換
発行する制度が採用された。

□**9** 管理通貨制とは、金との交換性がない ★★ 紙幣が、
★★ 国の信用と判断によって流通する制度である。　　　　不換

◆世界恐慌後は、ほとんどの国が管理通貨制を採用している。

□**10** ★ とは、当座預金口座を持つ個人や企業が、一　　手形
★ 定金額を支払うべきことを委託もしくは約束したもの
で、商品やサービスを受け取る人が一定の期日までに
代金の支払いを約束する証書は ★ と呼ばれる。　　約束手形

◆約束手形は企業が取引の決済に用いるもので、日本独自の商慣
行である。取引先への支払猶予となるため、高度経済成長期に
は資金に余裕のない発注企業の資金繰りに役立ったが、長期不
況下で下請けとして受注する中小企業が支払い（対価）を現金化
する時期が遅くなるなど経営難に陥るケースも増えていた。オ
ンライン決済の普及が進む中、政府は2026年までに約束手形の
利用廃止を目指す方針である。

□**11** ★★ とは、インターネット上でやり取りが可能な　　暗号資産 (仮想通
★★ 財産的価値である。　　　　　　　　　　　　　　　　　貨)

◆暗号資産（仮想通貨）は、もともと国や中央銀行が発行する**通貨
（法定通貨）ではない。**代表例はビットコインやイーサリアムな
どで、交換所や取引所と呼ばれる暗号資産交換業者から入手・換
金できるが、利用者の需給関係などから、その価格は変動しがち
である。また、不正アクセスによって業者の外部に送金（流出）
されるおそれや、麻薬取引といった反社会的活動により不正に
得た現金の名義などを変更する**マネーロンダリング（資金洗浄）**
に用いられる危険性が指摘されている。一方、2021年には中米
のエルサルバドルが世界で初めて法定通貨としてビットコイン
を認めた。なお、暗号資産とは仮想通貨を表す国際標準の呼称
で、19年より日本政府も用いている。

□**12** ★ とは、中央銀行が発行するデジタル通貨のこ　　中央銀行デジタル
★ とで、ブロックチェーンなどの技術を用いて世界各国　　通貨 (CBDC)
で導入が検討されている。

◆中央銀行デジタル通貨（CBDC:Central Bank Digital Currency)
は、①デジタル化されていること、②法定通貨建てであること、
③中央銀行の債務として発行されること、の３つの条件を満た
すものと定義されている。導入を検討している国の例として、イ
ンドでは「デジタル・ルピー」と呼ばれる CBDC を導入する計
画を発表している。

□**13** 「今買って後で支払う」という意味の ★ は、クレ　　BNPL
★ ジットカードを使わない後払い決済サービスのことで、
手軽なことから若年層を中心に利用者が広がってる。

◆ BNPL は、"Buy Now, Pay Later" の略で、クレジットカード
と比べて信用調査が厳しくなく、新たな決済方式として世界で
普及し始めている。

□**14** 日本の中央銀行となる ★★ は、1882年に株式会社
★★ に類似した特殊銀行として設立された。

日本銀行（日銀）

　◆1942年制定の日本銀行法（日銀法）で認可法人となった。

□**15** 日銀の三大業務は唯一の ★★★ 銀行、★★★ の銀
★★★ 行、政府の銀行とされる。

発券，銀行

　◆日銀は紙幣（日本銀行券）を発行する唯一の銀行であるが、硬貨
　（補助貨幣）は政府（財務省）が発行する。2024年には、20年ぶ
　りに紙幣デザインが一新された（肖像画は一万円札が渋沢栄一、
　五千円札が津田梅子、千円札が北里柴三郎）。また、「最後の貸
　し手」として資金繰りが悪化した市中金融機関に資金供給を行
　う場合がある。政府の銀行として国庫金の出納や国債発行の代
　行も行う。

□**16** 1997年の日本銀行法改正により、日銀の ★ 省か
★ らの独立性と透明性が保証された。

大蔵

　◆2001年より、大蔵省は金融監督権限や金融企画権限が縮小され
　て財務省に改組された。

□**17** 日銀の金融政策は日銀の代表者である ★★ をはじ
★★ めとした計9名で構成される、★★ で決定される。

日本銀行総裁（日
銀総裁），
日銀政策委員会

　◆1997年の日本銀行法改正（98年施行）で同委員会への政府代表
　常時2人参加という制度を廃止するとともに、内閣による日銀
　総裁解任権と日銀への業務命令権を廃止し、日銀政策の独立性
　が確保された。

□**18** 日銀の金融政策の1つとして、日銀は市中銀行に対し
★★★ て行う貸付の金利である ★★★ を上下させることを
重視してきたが、1994年に金利自由化が完了し、市中
金利が公定歩合に連動しなくなったことから、日銀の
貸付金利は ★★★ の上限を画する役割を担うことに
なった。

公定歩合

無担保コールレー
ト翌日物

　◆2006年、日銀は公定歩合を「基準割引率および基準貸付利率」と
　表示することにした。なお、日銀の政策金利は、かつての公定
　歩合から無担保コールレート翌日物に変更されたが、16年2月
　に市中金融機関が行う日銀当座預金の一部に－0.1%というマ
　イナス金利を導入し、24年3月まで続けられた。16年9月に
　は長期金利と短期金利に差を設ける長短金利操作付き量的・質
　的金融緩和（イールドカーブ＝コントロール）の導入が決定され、
　24年3月まで続けられた。

□**19** 市中銀行は預金に対する支払準備のために、**預金の一**
★★★ **定割合を日銀に預けなければならない。**この割合を
　　　 ★★★ （預金準備率）といい、これを操作することで
　　　 通貨量を調整できる。例えば、日銀がこれを引き上げ
　　　 ると、市中銀行が企業など民間に貸し付けることので
　　　 きる資金は ★★★ するため、通貨量は ★★★ する。

支払準備率

減少，減少

　　◆支払準備率（預金準備率）操作も日銀の三大金融政策の１つであ
　　　る。

□**20** 為替の変動が激しく、経済に及ぼす影響も大きくなる
★★★ ことが予測される場合は、政府（財務省）の決定の下
　　　 で ★★★ 銀行が為替の売買を行うことで、市場を落
　　　 ち着かせようとする ★★★ （為替介入）を行う。

中央，
外国為替市場介入
（外国為替平衡操作）

□**21** ★★★ とは、**日銀が市中の民間金融機関との間で直**
★★★ **接的に有価証券を売買する**ことを通して、市中の通貨
　　　 量を調整していく政策である。

公開市場操作（オー
プン＝マーケット＝
オペレーション）

□**22** 金利政策として、**景気過熱・インフレ対策**では日銀が
★★★ 金利を ★★★ るのに対し、**景気停滞・デフレ対策**で
　　　 は ★★★ る。

引き上げ，
引き下げ

　　◆引き上げて市中金利も引き上げられれば借りにくくなり、**流通
　　　通貨量が**減ることから、**景気過熱・インフレを抑制**できる。

□**23** 公開市場操作として、**景気過熱・インフレ対策**では
★★★ ★★★ を、**景気停滞・デフレ対策**では ★★★ を行う。

売りオペレーショ
ン（売りオペ），買
いオペレーション
（買いオペ）

　　◆日銀が有価証券（国債、手形、小切手など）などの売りオペを行
　　　えば、**市中金融機関の手持ち資金が**減少し、**貸出も**減少する。す
　　　ると、**流通通貨量が**減少するため、**景気過熱・インフレを抑制**
　　　できる。

□**24** 支払（預金）準備率操作として、**景気過熱・インフレ対**
★★★ **策**では支払準備率を ★★★ るのに対し、**景気停滞・**
　　　 デフレ対策では支払準備率を ★★★ る。

引き上げ，
引き下げ

□**25** 日銀は金融機関が日銀に提供している担保の範囲内で
★　　 あれば、**金融機関の求めに応じて自動的に融資する制**
　　　 度を採用している。これを ★ 制度という。

ロンバート型貸出

　　◆日銀の融資は基準金利で行われるため、銀行間の貸借金利が基
　　　準金利よりも高い場合、銀行は日銀から借りてしまうことから、
　　　銀行間のコールレートは低めに誘導されていく。

□**26**
★★
日銀は市中銀行に対して貸出を行うことができ、市中銀行は<u>コール市場</u>で**相互に** ★★ **資金を**融通し合うことができるが、 ★★ は貸出はできるが預金の受け入れはできない。

短期,
ノンバンク

◆日銀は資金不足に陥った金融機関に対して、一時的な資金の貸付を行う場合がある。「**銀行の銀行**」としての日銀の役割であり、日銀は「**最後の貸し手**」である。例えば、昭和40年不況や1990年代のバブル崩壊時に日銀は証券会社や破綻リスクのある金融機関を対象とした無担保かつ無制限となる**特別融資（日銀特融）**を行い、信用秩序を維持することに努めた。

□**27**
★★★
日銀が金融市場の国債を買うことと同時に、**市場に資金を供給する**<u>国債</u>の買入れは、 ★★★ の一種である。

買いオペレーション（買いオペ）

◆2000年代初めに<u>量的金融緩和政策</u>として日銀が実施した買いオペは国債を再び売り戻す条件なしに買い取ってしまう<u>国債買い切りオペレーション</u>と呼ばれる方法で行われた。なお、20年4月に日銀は**金融政策決定会合**で、**金融機関から買い入れる国債の保有を銀行券（紙幣）の発行残高以下に抑える**という自主ルール（<u>日銀券ルール</u>）を撤廃し、上限を設けずに購入を行う**無制限買いオペ**を実施した。<u>新型コロナウイルス感染症（COVID-19）</u>対策で政府は支出する多額の財政出動の財源として借入金となる新規国債を大量発行し、いったん市中金融機関に引き受けてもらうが、売れ残った国債については日銀が増発した通貨で買い取り、財政を金融で下支えしていた（「<u>財政ファイナンス</u>」）。

□**28**
★★
日本では、世界では**禁じ手**と呼ばれる、銀行が保有する ★★ や**投資信託**、最近では**不動産投資信託**などを<u>買いオペ</u>の対象に加えていた。

株式

◆株価指数連動型上場投資信託はETF、日本国内の不動産関連投資信託はJ-REIT（Jリート）と呼ばれる。2024年3月、日銀はこれらリスク性資産の<u>買いオペ</u>を段階的に廃止することを発表した。

□**29**
★★★
日本の公定歩合が最も高い<u>9</u>%を示したのは**1970年代**の ★★★ 対策時だが、2001年9月の同時多発テロによる不況対策として、06年7月まで ★★★ %という**超低金利政策**を実施した。

石油危機（オイル＝ショック）,
0.1

◆<u>超低金利政策</u>は、企業の設備投資などを促すことで景気回復を図る政策である。

□**30** バブル崩壊後の長期不況対策として、**銀行間で担保な**
★★★ **しに翌日まで資金を貸借する際の金利**である ★★★
を、手数料を除くと実質0%とした。これを ★★★ 金
利政策といい、 ★★★ 的金融緩和を徹底した。

◆「無担保コールレート翌日物」は、**1999年2月～2000年8月**には
手数料を除くと実質ゼロ金利となった。いったんこれは解除さ
れたが、**01年3月～06年7月**まで再びゼロ金利となり、10
年10月以降もゼロ金利が実施されてきた。なお、買い入れる国
債の期間を伸ばすことや、リスクのある資産を積極的に買い入
れることを質的金融緩和と呼ぶが、**24年3月**にはマイナス金利
が解除されて政策金利は0～0.1%程度に引き上げられた。

□**31** 日銀が、市中銀行が保有する有価証券（手形、小切手、
★★★ 国債）の買いオペを積極的に行い、資金供給を行う政
策を ★★★ 的金融緩和という。**2004年1月から06
年3月**まで日銀当座預金目標は30～35兆円とされた。

◆日銀当座預金は**各銀行が日銀に持っている預金口座**で、買いオ
ペ代金などが振り込まれる。**2006年**に入り、小泉政権は景気回
復を完了させたとの判断から、同年3月に日銀当座預金目標の設
定を廃止することによりいったん量的金融緩和を中止し、同年7
月にはゼロ金利政策も中止して利上げを行った。しかし、リー
マン=ショックによる景気減退を受けて、**10年10月**にはゼロ
金利が復活し、**13年4月**には量的金融緩和が復活した。

□**32** 2006年7月、日本は戦後最長となる好況の中、公定歩
★★ 合を01年9月～06年7月の ★★ %から引き上げ
たが、**08年12月**、リーマン=ショックという「**100
年に1度の経済危機**」で再び引き下げた。

◆リーマン=ショック以後の経済危機の中、当時日本の政策金利と
して重視された無担保コールレート翌日物が0.1%に引き下げ
られ、後にゼロ金利に誘導されていく。

□**33** 日本が低金利、アメリカが高金利の場合、日本で借金
★ をして金利の高いアメリカに預金するという動きが起
こる。これを ★ トレードという。

◆この場合、円が日本から流出し、ドルで預金されるため、**円安
ドル高**が進行する。

□**34** リーマン=ショックがギリシアを中心とした**欧州危機**
★★★ に拡大する中、2010年10月に日銀は ★★★ 金利政
策を復活させ、**13年4月**には ★★★ も復活させた。

無担保コールレー
ト翌日物,
ゼロ,
質

量

0.1

円キャリー

ゼロ,
量的金融緩和

□**35** ★★ ┃ **★★** ┃ **政策**とは、デフレ**状態を脱却**するために**積極的な**インフレ**政策**で市場の心理を回復させ、インフレ期待感や景気回復期待感の高まりを目指すものである。2013年に就任した黒田東彦総裁の下、日銀は**第二次**安倍晋三**内閣の経済政策「アベノミクス」**と政策協調し、┃ **★★** ┃ を設定し、消費者物価上昇率目標を**年率**┃ **★★** ┃**%**と設定し、**大胆な金融緩和**に踏み切った。

リフレ (リフレーション)

インフレ=ターゲット、
2

◆ 「**再膨張**」を意味するリフレ (リフレーション) とは、デフレからインフレに移行する途中の状況を指す。なお、いくつかの政策手段を用いて政策目的を実現することをポリシー=ミックスという。例えば、景気を回復させるために**金融政策だけでなく為替政策や財政政策などを複合的に行うこと**を指す。

□**36** ★★★ 日本経済の長期停滞について、金融緩和に積極的な┃ **★★★** ┃ の立場からは、┃ **★★★** ┃ が原因と捉え、これを押しとどめて┃ **★★★** ┃ を目指そうとした。物価が上昇すれば労働者の┃ **★★★** ┃ も上昇し、需要 (消費) が喚起されると考える。一方、これに対立する立場からは、バブル崩壊や日本企業の国際競争力の低下、金融危機などによって労働者の┃ **★★★** ┃ がなかなか上昇しないようになり、その結果┃ **★★★** ┃ に陥っていると考える。

リフレ (リフレーション)、デフレ (デフレーション)、インフレ (インフレーション)、
賃金
賃金、
デフレ (デフレーション)

◆なお、実質賃金とは、労働者が実際に受け取った給与 (名目賃金) から物価上昇分を差し引いたもので、購買力の実態を示す指標となる。仮に名目賃金が前年より増えたとしても、物価上昇率が名目賃金の上昇率を超えれば、実質賃金は目減りする。2023年の実質賃金は2.5%減と2年連続で減少し、1990年以降で最低水準を記録した。ただし、岸田内閣は24年の春闘で大幅な賃金引き上げが実現し、実質賃金の引き上げと物価上昇の好循環が見通せるようになったと発表している。

□**37** ★★★ **第二次安倍内閣の**アベノミクスにおいて、日銀は市場に存在する現金と市中銀行が保有する**日銀当座預金残高の合計**である┃ **★★★** ┃ を、2012年末の138兆円から、14年末には270兆円と約2倍に増やす目標を設定し、**「異次元の金融緩和」**ともいう┃ **★★★** ┃ を続けた。

マネタリーベース (ベースマネー、ハイパワードマネー)
量的・質的金融緩和

◆ 「**異次元の金融緩和**」は、市中のマネタリーベースの増加を図るものである。2014年末までの2倍目標は達成された。なお、23年4月、日銀総裁に植田和男が就任し、これまでの黒田総裁下での金融緩和政策 (長短金利操作付き質的・量的金融緩和) を維持しつつも、長期金利目標の変動幅の上限を目途とし、ある程度の上限超えを容認するという運用柔軟化を打ち出してきた。物価高 (インフレ) や日米金利格差による円安の進行、春闘による賃金引き上げ実現で物価上昇目標2%の達成も安定的に見込める状況になったとの判断から、金融緩和政策の修正が行われ、「異次元の金融緩和」の転換を迎えた。

□**38** 2016年２月、金融機関（市中銀行）が日銀に預けている当座預金の一部に ★★★ 金利を適用し、市中に出回る通貨量の増加を促す政策を行った。

マイナス

◆マイナス金利の適用により、金融機関は日銀にお金を預けていると利子を支払わなければならず、損をすることになる。そのため、日銀に預けておくよりも企業や個人などへ積極的に貸出を行う方が得であると考え、市中にお金が出回ることが期待され、経済活性化とデフレ脱却を目指す「アベノミクス」の「異次元の金融緩和」の１つに位置づけられた。

□**39** 日銀のマイナス金利政策によって起こることが予測される市場や社会の動きについて、空欄**A**〜**F**にあてはまる語句を答えよ。

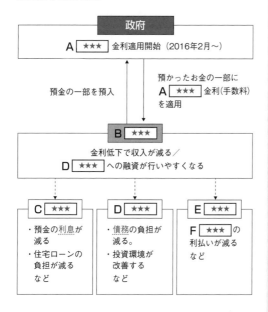

A マイナス

B 金融機関
（市中銀行）

C 家計
D 企業
E 政府
F 国債

9 金融と金融機関の役割

□**1** **市中銀行の三大業務**は、 ★★★ 業務、 ★★★ 業務、遠隔地間の支払いや送金を代行する為替業務である。

◆これらの業務は銀行の持つ仲介機能や決済機能である。

ANSWERS ☐☐☐

預金（受信）, 貸出
（授信・与信）
※順不同

□**2**　遠隔地取引の決済手段である為替について、二国間貿
★★　易の為替による決済の基本的な仕組みを説明した、次
　　　の図中の空欄 **A ～ C** に、①支払いを確約する信用状
　　　（L/C）、②為替手形・船積み書類、③自国通貨のどれ
　　　があてはまるか答えよ。

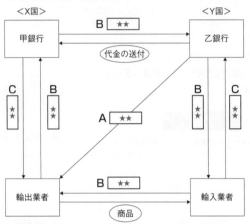

A　①

B　②

C　③

（注）代金の決済は、複数の為替取引の相殺を活用して行われる。
　　　Aは、輸出業者の依頼の下に乙銀行から甲銀行に送られる場
　　　合もある。

◆上記の決済をX国（日本）の会社が自動車をY国（アメリカ）の
　会社に輸出するケースで説明する。売買契約後、アメリカの輸
　入業者がアメリカの乙銀行に**A**（①支払いを確約する信用状（L/
　C））を発行するように求め、日本の輸出業者に通知するよう依
　頼する。日本の輸出業者は**B**（②為替手形・船積み書類）を日本
　の甲銀行に買い取らせ、甲銀行から**C**（③自国通貨：円）で支払
　いを受け取る。甲銀行は乙銀行へ**B**を引き渡し、一方、アメリ
　カの輸入業者はアメリカの乙銀行に**C**（③自国通貨：ドル）で支
　払いを行う。最後に、立替払いをしていた日本の甲銀行はアメ
　リカの乙銀行から**決済代金の送付**を受け、同時に乙銀行は輸入
　業者に**B**を渡す。アメリカの輸入業者はそれを日本の輸出業者
　に呈示して自動車という商品を受け取ることになる。

□**3**　銀行の持つ機能の１つとして、当座預金（小切手）によ
★★★　る貸付操作を繰り返すことで、初めの**本源的預金量以
　　　上の預金通貨を一時的に創造する**ことを ★★★ とい
　　　い、 ★★★ 率が小さいほど生み出される総額は大き
　　　くなる。

信用創造,
支払準備（預金準
備）

□**4** 本源的預金（最初の現金による預金）が1,000万円、支
★★★ 払準備率が10%だと仮定すると、銀行全体で生み出
される信用創造総額は ★★★ 円となる。

9,000万

◆信用創造を加えた預金総額＝$\dfrac{\text{本源的預金}}{\text{支払準備率}}$＝$\dfrac{1,000万円}{0.1}$＝1億円

新たに生み出される信用創造総額＝預金総額－本源的預金＝
1億円－1,000万円＝9,000万円

□**5** 46億円の本源的預金に対して、**信用創造**の結果、預
★★ 金総額が1,150億円になった場合の支払準備率は
★★ ％である。

4

◆本源的預金を預金総額で割って求められる百分率が支払準備率
となる。

預金総額＝$\dfrac{\text{本源的預金}}{\text{支払準備率}}$

1,150億円＝$\dfrac{46億円}{x}$

x＝46億円÷1,150億円＝0.04

よって、4%。

□**6** 銀行が不良債権の拡大を防ぐために貸出の審査を厳し
★★★ くして貸出を抑えることを ★★★ といい、そのこと
によって金融システムが逼迫（ひっぱく）する ★★★ が発生する。

貸し渋り,
クレジット=クラ
ンチ（信用収縮）

◆2002年、小泉政権下では総合デフレ対策として不良債権を処理
し、貸し渋りを防止する政策が掲げられた。

□**7** 返済期日前の貸付金を銀行が取り立てに行くことを
★★ ★★ という。

貸しはがし

□**8** 企業が有価証券などを発行して**市場から資金を集める**
★★★ **方法**のことを ★★★ 金融という。

直接

◆例えば、自社の株式の発行は直接金融であり、返済の必要がな
い**自己資本**である。自己資本には、企業の内部留保（利益から税
や配当などを除いた残りのもので、社内に蓄積されたもの）によ
る**自己金融**がある。社債の発行も直接金融で、一定の時期に利
子をつけて返済する必要がある**他人資本**である。

□**9** 直接金融の具体例として、 ★★★ や ★★★ の発行に
★★★ よる資金調達がある。

株式, 社債
※順不同

□**10** 企業が**銀行からの借入によって資金を集める方法**のこ
★★ とを ★★ 金融という。

間接

◆国民が銀行に預金した資金が、銀行を媒介にして企業に貸し付
けられることから間接金融と呼ばれる。銀行からの借入（銀行融
資）は間接金融であり、返済の必要があるため**他人資本**である。

□**11** 日本企業は間接金融方式によって高度経済成長を達成
★★
したが、バブル期以降、株式発行による直接金融は
[★★] 傾向にある。

増加

□**12** 企業の資金調達について、**アメリカでは** [★★★] **金融**
★★★
方式、**日本では** [★★★] **金融方式が中心**である。

直接,

間接

◆日本では**伝統的に**間接金融**方式が中心**で、**日銀が行う金利政策**は
企業の投資に**直接的な影響を及ぼし効果的**であったが、最近は、
金融の自由化や規制緩和で間接金融**への依存度が低下**し金利政
策の効果は薄れつつある。

□**13** 企業が発行する株式などを購入する形で資金を提供す
★★★
る資金調達方法である [★★★] 金融の重要性が指摘さ
れ、金融制度や金融業務などにかかわる規制を緩和す
る**日本版**金融 [★★★] と呼ばれる自由化の大改革が行
われた。

直接

ビッグバン

◆もともと金融ビッグバンは、サッチャー政権下の1986年にイギ
リスで行われた証券市場改革（証券ビッグバン）を指す。

□**14** **金融の自由化**には、[★★★] **の自由化**と [★★★] **の自由**
★★★
化の**2つ**がある。

金利, 金融業務
※順不同

□**15** 金融ビッグバンの内容には、**銀行、信託、証券、保険**
★★★
の相互参入、[★★★] **関連業務の自由化**、[★★★] **の解**
禁、**証券取引手数料の自由化**などがある。

外国為替, 持株会
社(金融持株会社)

□**16** 日本版金融ビッグバンの**3つの原理**は、「[★★★] （自
★★★
由）・ [★★★] （公正）・ [★★★] （国際化）」である。

フリー,
フェア, グローバ
ル

◆金融ビッグバンによる**金融の自由化**については、1983年の日米
円ドル委員会で円を国際化する前提として日本に対するアメリ
カの金融市場の開放要求とともに、金融国際化の中で**国際競争**
力のある金融を育成するという国内事情がある。

□**17** 金融ビッグバンでは [★★] 法を改正して、**証券取引**
★★
手数料を自由化した。

証券取引

□**18** 金融ビッグバンの一環として、**独占禁止法が改正され、**
★★★ **┃ ★★★ ┃ が解禁され、それによるグループ化で金融再**
編を進めたことで、┃ ★★★ ┃ が形成された。

持株会社（金融持
株会社）、
メガバンク

◆第一勧業銀行、富士銀行、日本興業銀行が合併してみずほ銀行
が、住友銀行とさくら銀行が合併して三井住友銀行が、UFJ ホー
ルディングスと三菱東京フィナンシャルグループが合併して三
菱東京 UFJ 銀行 (2018年4月、三菱 UFJ 銀行に改称※) が生ま
れ、**三大メガバンク・グループ**となる。

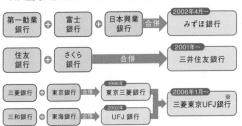

□**19** アメリカからの金融市場開放と規制緩和要求の下、**日**
★★ **銀が各市中銀行の設定する金利を決定する ┃ ★★ ┃ が**
廃止され自由金利**になるとともに、日銀や大蔵省（現**
在の財務省）が金融機関を保護する「┃ ★★ ┃ 方式」が
事実上廃止された。

規制金利

護送船団

◆金利政策や公定歩合操作、支払準備率操作などを補完するため
に、日銀は市中銀行に対して3ヶ月ごとに貸出増加枠を指示す
る窓口規制という行政指導を行っていた (1991年廃止)。

□**20** **破綻銀行への預金は ┃ ★★★ ┃ 制度により全額保護され**
★★★ **てきたが、保護上限を預金**元本 1,000万円**＋利子までで**
遮断する ┃ ★★★ ┃ 解禁という措置が採られた。

預金保険

ペイオフ

◆なお、1971年には預金保険機構が設立され、金融機関が経営不
振などで預金の払い戻し能力を欠いた場合、それに代わって預
金を払い戻す役割を担っている。2005年には利子なし預金を除
き本格的にペイオフが解禁されたが、**10年9月に**日本振興銀行
が破綻し、初めてペイオフが適用されることになった。

□**21** 銀行が保有する回収不能、ないし著しく回収困難な貸
★★★ 付金を ┃ ★★★ ┃ という。

不良債権

□22 国際決済銀行（BIS）**規制の**自己資本比率　**★★**　**％を**
下回る不健全銀行（破綻懸念銀行）に対して、リストラ
を条件に**公的資金を投入**することなどを定めた、1998
年制定の３年間の時限立法を　**★★**　法という。

8

金融再生関連

　◆国際決済銀行には自己資本比率の算定方法、国際業務を営む銀行の最低水準となる自己資本比率を定めるバーゼル銀行監督委員会の常設事務局が置かれている。

□23 金融再生関連法では、破綻銀行は**一時的に国営企業で**
ある　**★★★**　**を設立**して経営再建を図り、営業譲渡先
を探すことになる。

ブリッジバンク
（つなぎ銀行）

　◆時限切れの金融再生関連法の内容をほぼ引き継いで恒久化されたのが**預金保険法第102条**である。これによると、**金融危機対応会議**が自己資本の不足する銀行の破綻認定を行い、**破綻銀行の一時国営化**や公的資金投入などの金融再生措置を決める。

□24 現在、旧大蔵省が持っていた**金融監督権限**と金融企画
権限は、　**★★★**　が持つようになった。

金融庁

　◆旧大蔵省の不祥事から1998年に大蔵省の金融監督権限が剥奪されて、金融監督庁が創設された。2000年には**金融監督庁と旧大蔵省の金融企画局部門が統合**されて金融庁となった。

□25 旧政府系金融機関のいくつかは、2006年の　**★★**　法
の成立を受けて、　**★★**　公庫、**中小企業金融公庫、農**
林漁業金融公庫、国際協力銀行の国際金融業務が合体
して　**★★**　公庫に統合された。

行政改革推進,
国民生活金融

日本政策金融

　◆**国際協力銀行**の海外経済協力業務は国際協力機構（JICA）に合流した。日本政策投資銀行と商工組合中央金庫は持株会社となったが、2008年より５〜７年間での民営化が決まったが先送りされている。**商工組合中央金庫**は2022年までに最終的な結論を出すとされたが存続しており、日本政策投資銀行は完全民営化しないでおくべきとの主張が根強い。

□26 銀行が特定の企業と強く結び付き、資金供給のみならず債権者や大株主として経営の監視を行う仕組みを
　★★　制という。

メインバンク

☐**27** 次の図は、ある地方銀行の**貸借対照表** (以下、B/S) で
★★ ある。総資産のうち、貸出金70を持つが、そのうち
の30が不良債権である。この損失を自己資本で補填
して処理する場合、不良債権処理後の B/S における
自己資本は ★★ 、総資本は ★★ となる。

10, 70

【総資産】	【総資本】
貸出金：70 （うち、不良債権：30）	預金：60
その他：30	自己資本：40

◆不良債権30を自己資本40から補填するので、総資本として残
る自己資本は、40−30＝10となる。その結果、総資本は、預
金60＋自己資本10＝70である。

10 財政~機能・政策・構造

VI 経済
10 財政~機能・政策・構造

☐**1** アメリカの経済学者マスグレイブの定義によると、政府
★★★ が行う経済活動である**財政**には、**公共財と公共サービス
を提供する** ★★★ 機能、**貧富の差を解消させる** ★★★
機能、景気や物価状況に対応して**増減税**を行ったり**財
政支出を増減**させたりする ★★★ 機能の３つの機能
がある。

資源配分調整,
所得再分配
経済安定化

◆資源配分調整機能を果たすために、政府は利潤を追求する民間
では提供されにくい**公共財や公共サービス**を採算が取れなくて
も提供する。そのために税金を徴収している。

☐**2** **所得再分配機能**を果たすために、政府は直接税である
★★★ 所得税に ★★★ を導入して高所得者から高率の税を
徴収し、その資金を**生活保護や失業保険などの** ★★★
によって低所得者に移転する。

累進課税,
社会保障給付

◆財政規模を縮小して「小さな**政府**」を実現すべきであるという考
え方においては、社会保障関係費を削るべきであるという主張
が出されている。

□**3** 次のグラフは、2013年度税制改正以降の**所得税の累進**
★★ **課税率**を示したものである。この内容を前提とした場
合、**課税所得1,000万円**の人が支払うべき所得税額
は ★★ 円である。

176万4,000

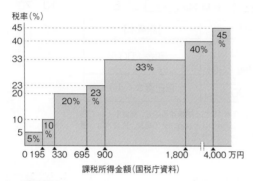

税率(%)

◆計算方法は以下の通りである。
195 (万円) × 0.05 + (330 (万円) − 195 (万円)) × 0.1 +
(695 (万円) − 330 (万円)) × 0.2 + (900 (万円) − 695
(万円)) × 0.23 + (1,000 (万円) − 900 (万円)) × 0.33 =
176万4,000円

□**4** **経済安定化機能**として、景気動向に応じて政策的、裁
★★★ 量的に財政支出を伸縮させる ★★★ (補整的(伸縮
的) 財政政策) と、あらかじめ設けていた財政メカニズ
ムが**景気を自動的に調整**する ★★★ がある。

フィスカル=ポリ
シー
ビルト=イン=スタ
ビライザー

◆不況の場合に、公共事業の増加や前倒しでの実施、減税で有効需
要の増加を図るといった**政府の裁量的な財政政策**がフィスカル
=ポリシー (補整的(伸縮的)財政政策) である。ビルト=イン=ス
タビライザーとは、失業保険や生活保護などの社会保障、累進
課税制度など景気変動に応じて自動的に**有効需要を補整(伸縮)
させる機能**を働かせる仕組みが組み込まれていることである。

□**5** 景気過熱対策としてのフィスカル=ポリシーは、**歳入面**
★★★ では ★★★ を、**歳出面**では財政支出の ★★★ を
行って**流通通貨量を**減少させることである。

増税, 削減

□**6** 景気停滞対策としてのフィスカル=ポリシーは、**歳入面**
★★★ では ★★★ を、**歳出面**では財政支出の ★★★ を
行って**流通通貨量を**増加させることである。

減税, 拡大

□**7** 財政政策と金融政策などを組み合わせて実施すること
★ は、一般に ★ という。

ポリシー=ミックス

8 次のグラフは、 ★★ **曲線**と呼ばれ、過度の増税がかえって税収を減らしてしまうために、**減税を行う方が税収が増加する場合がある**ことを示す。 ★★ 主義の減税論の根拠となっている。

ラッファー

反ケインズ

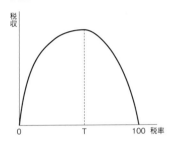

◆所得税の減税で家計による消費需要を刺激し景気回復の効果が期待され、その結果、税収の増加が見込まれると主張した。

9 **予算**には、通常の歳入・歳出の会計である一般会計、国が特定の事業を特定の資金の運用や特定の歳入で行う ★★ 会計、国が全額出資する法人などの予算である ★★ 予算の3つがある。

特別,
政府関係機関

◆特別会計は「ヤミの財布」と呼ばれ、主務官庁に使途を丸投げする**委任予算**という性質を持つ。小泉内閣下で31存在したが、2014年の第二次安倍内閣下で15に、18年に13に統廃合された。

10 ★★ 主義は「国の財政を処理する権限は、国会の議決に基いて、これを行使しなければならない」とする**憲法第83条**の規定を指す。

財政国会中心
(国会財政中心、財政民主)

◆なお、予算成立後に経費の不足や、新たな経費の必要が生じた場合、内閣の責任において支出できるあらかじめ定められた予算部分を予備費という(**憲法第87条**1項)。2020年度に政府は新型コロナウイルス感染症(COVID-19)の対策として3度の補正予算を経て確保した予備費から、ワクチン確保、中小企業や貧困世帯への支援、入国検疫強化などに用いた。

11 日本の会計年度は ★★ から翌年 ★★ **月末日**までで、それまでに国会が本予算を可決できなければ、日常的な**必要最小限度の予算**を ★★ として執行する。

4月1日, 3

暫定予算

12 会計年度途中に予算を追加・変更するために作成される予算を ★★ といい、その中には新項目を付け加える ★★ と特定項目から他項目への資金流用を行う ★★ がある。

補正予算,
追加予算,
修正予算

□ **13** 国の予算は、その執行を終えると、会計年度ごとに内 ★★ 閣が決算を作成して ★★ に送付し、その検査を終 えたのちに次の年度に内閣は決算に決算報告を添付し て ★★ に提出し、審議・承認を受ける。

会計検査院

国会

◆国会の審議を通じて主権者たる**国民の意思が反映**される点が財 政国会中心主義のあらわれである。

□ **14** 「歳入＝歳出」となる**均衡財政を原則**に、**デフレ・不況** ★★★ 対策としては ★★★ 財政、**インフレ・景気過熱対策** としては ★★★ 財政が図られる。

赤字 (積極),
黒字 (緊縮)

□ **15** **一般会計歳出**のうち ★★★ の占める割合は社会保障 ★★★ 関係費、国債費に続いて大きいが、いわゆる三位一体 の改革により、その額は削減の方向にある。

地方交付税交付金

□ **16** 2022年度まで一般会計歳出の第4位であった ★★ ★★ 費は、1989年の日米構造協議に基づく**内需拡大策**によ り、**90年代は増加傾向**にあった。

公共事業関係

◆2001～06年の小泉内閣の下では公共事業関係費の削減が行われ た。その後増加することもあったが、民主党政権下では、「**コン クリートから人へ**」というスローガンをマニフェスト(政権公 約)に掲げたことで、削減が進んだ。岸田内閣は5年間で防衛予 算を倍増する方針を示し、23年度には防衛関係費が公共事業関 係費を超えて第4位となった。

□ **17** 1990年代の日本の財政状況を見ると、歳入は長期不況 ★★★ を背景とした税収自体の減少に加え、景気対策として の ★★★ や ★★★ の減税により減少する一方で、 歳出は景気対策としての度重なる公共事業の追加や急 速な高齢化に伴う ★★★ の増大が続き、財政赤字が 拡大し、財政収支は危機的な状況に陥った。

所得税, 法人税
※順不同
社会保障関係費

□ **18** 橋本内閣は**財政赤字解消策**として**1997年**に ★★ 法 ★★ を制定した。

財政構造改革

◆財政構造改革法では、2003年までに国および地方の単年度あた りの**財政赤字を対 GDP 比3%以下**とし、赤字国債(特例国債) の発行をゼロにする目標を掲げた。橋本内閣が取り組んだ中央 省庁のスリム化をはじめとした行政改革も行政コストを削減す ることで財政再建を図ることを目的とした。しかし、続く**小渕 内閣**は、赤字国債の濫発による財政支出拡大路線に転じ、1998 年に財政構造改革法を凍結した。

□**19** 「三位一体の改革」の一環として、2006年度の税制改正
★★★ で、 ★★★ 税から ★★★ 税への**3兆円規模の**税源
移譲が実施された。

所得，住民

> ◆三位一体の改革の１つである「国から地方への税源移譲」の具体的な方法として、国税である**所得税を**減税し、その減税分は地方税である**住民税を**増税するという方法が実施されている。

□**20** **一般会計歳入**の主要科目別の割合(%)を示した次のグ
★★★ ラフの空欄 **A**、**B** にあてはまる適語を答えよ。

A　租税・印紙収入
B　公債金（公債、
　　国債）

その他

| 2024年度
（政府予算案） | A ★★★
62.1 | B ★★★
31.2 | |

□**21** **一般会計歳出**の主要経費の割合(%)を示した次のグラ
★★★ フの空欄 **A 〜 C** にあてはまる適語を答えよ。

A　社会保障関係費
B　国債費
C　地方交付税交
　　付金

公共事業関係費 5.4
防衛関係費 7.1

| 2024年度
（政府予算案） | A ★★★
33.7 | B ★★★
24.1 | 15.9 | | | | | その他 |

C ★★★ 等
文教及び科学振興費 4.9

> ◆2024年度政府予算案の一般会計の総額は**112兆717億円**とされた。

□**22** 国が財政資金を用いて行う、投資や融資などの国家の
★★★ **金融活動**のことを ★★★ という。

財政投融資（財投）

> ◆財政投融資は、2001年の改革により、政府の信用力を背景に金融市場から調達した資金などを財源に、民間では困難な**社会資本整備や中小企業への資金供給**などの役割を担うことになった。

□**23** 2001年４月以前の**財政投融資**の財源として ★ 、
★ ★ 、産業投資特別会計があったが、財政資金が
組み入れられることでコスト意識が低下して放漫経営
が行われ、赤字が拡大した。

大蔵省資金運用部
資金，
簡易保険資金
※順不同

> ◆かつての大蔵省資金運用部資金の原資は、郵便貯金、厚生年金積立金、国民年金積立金などであった。

VI 経済

10 財政〜機能・政策・構造

□**24** **財政投融資**は巨額の赤字を生んだため、**2001 年の制度**
★ **改革**で独立行政法人などの財政投融資機関に融資を行
う特別会計として財政融資資金特別会計（現在の
　★　**特別会計**）が設置され、特別会計は　★　を
発行して市場から資金を借入できることになった。

財政投融資，財投
債（財政投融資特
別会計国債）

　◆財投債とは別に財政投融資機関が自ら市場から借入を行う財投
　機関債も認められるなど、自主的な資金調達システムを採用し
　ている。

□**25** 財政投融資の運用先には、**特別会計**、**地方公共団体**、**特**
★★ **殊会社**、**独立行政法人**、**公庫**などの　★★　がある。

政府系金融機関

□**26** **財政投融資額**は、従来、一般会計の金額の約　★★★　%
★★★ に匹敵する額で、景気調整の役割も果たしていたこと
から、一般会計に次ぐ「　★★★　」ともいわれた。

50

第二の予算

　◆もともと**財政投融資**の使途としては**生活関連社会資本**に対する
　割合が多かったが、近年は**不況対策**が重視され、**中小企業への**
　融資の割合が高まりつつあるが、財政投融資の額は大幅に削減
　され、現在一般会計の 15%程度になっている。

11 租税制度

ANSWERS ☐☐☐

□**1** アダム＝スミスの「**租税四原則**」によれば、近代以降の
★★ **租税国家**では、徴税のルールとして　★★　、明確、便
宜性とともに、徴税にかける費用を　★★　にするこ
とが重視されている。

公平，
最小

　◆**租税国家**とは、前近代の封建国家や、生産手段を国有化する社
　会主義国家に対し、資本主義国家の性質を財政面から捉えたも
　の。租税国家である資本主義国家は私有財産制の下で自由な経
　済活動の中で、その権力によって税金を徴収する。なお、日本
　の**租税三原則**は「**公正・中立・簡素**」に集約される。

□**2** 納税**義務者**と実際に税を負担する租税**負担者**(担税者)
★★★ が同一である税を　★★★　、両者が異なり、租税の価
格転嫁を予定する税を　★★★　という。

直接税，
間接税

□**3** 直接税と間接税の比率(直間比率)は第二次世界大戦前
★★★ は3.5：6.5であったが、戦後は直接税**中心**となり、近
年はほぼ　★★★　：　★★★　であるが、社会保障関係費
の財源確保を目的とした消費税**率の引き上げ**で、今後
は間接税の割合が大きくなると見込まれる。

6，4

□4 次の表は、日本（2020年度）、アメリカ、イギリス、ド
★★ イツ、フランス（以上、2020年）における**税収の直間
比率**(国税＋地方税)を示している。空欄**A～C**にあた
る国名をそれぞれ答えよ。

A ★★	B ★★	イギリス	ドイツ	C ★★
77：23	65：35	57：43	55：45	55：45

A　アメリカ
B　日本
C　フランス

◆アメリカは直接税の比率が高いのに対し、ドイツやフランスな
どのヨーロッパ諸国は直接税と間接税の比率が近い。

□5 主な**租税の種類**に関する次の表中の空欄 **A ～ E** にあ
★★ てはまる税目を答えよ。

<table>
<tr><th colspan="2"></th><th>直接税</th><th>間接税</th></tr>
<tr><td colspan="2" rowspan="4">国税</td><td>所得税
法人税
A ★★
贈与税</td><td>D ★★
酒税
たばこ税
揮発油税
自動車重量税</td></tr>
<tr><td rowspan="2" colspan="0">道府県税</td><td>B ★★
自動車取得税
事業税
不動産取得税
自動車税</td><td>道府県たばこ税
ゴルフ場利用税
E ★★ (2019年度
～ D ★★ の10
%のうち2.2%分)</td></tr>
</table>

		直接税	間接税
国税		所得税 法人税 A ★★ 贈与税	D ★★ 酒税 たばこ税 揮発油税 自動車重量税
地方税	道府県税	B ★★ 自動車取得税 事業税 不動産取得税 自動車税	道府県たばこ税 ゴルフ場利用税 E ★★ (2019年度 ～ D ★★ の10 %のうち2.2%分)
	市町村税	C ★★ 固定資産税 事業所税 都市計画税	市町村たばこ税 入湯税

A　相続税

B　道府県民税

C　市町村民税

D　消費税

E　地方消費税

◆BとCを合わせて住民税という。Dの消費税は、消費者が直接
納税するのでなく、製造者、卸業者、小売業者が納税する**間接
税**である。消費税とともに歳入の中心をなす法人税は企業が得
た利益に対して支払う**直接税**である。固定資産税は、土地や建
物といった不動産に継続的に毎年課される**直接税**である。

□6 所得税、相続税など、**課税標準が大きくなるのに応じ
★★★ て税率が高くなる税**を ★★★ 税という。

累進

□7 法人税、消費税など、**課税標準に対して適用される税
★★ 率が一定である税**を ★★ 税という。

比例

□8 EU 諸国での ★★★ をモデルに、日本では財やサー
★★★ ビスの消費**に対して課せられる**間接**税として ★★★
が導入されている。

付加価値税,

消費税

VI
経済

11
租税制度

□**9**
★★★

日本では、1989年4月に税率 ★★★ ％で ★★★ が
導入され、97年4月から5％、2004年改正で**外税方
式**から ★★★ 方式（税込価格表示）となり、**14年**4
月の ★★★ ％への引き上げではいずれの方式も選択
が可能とされていたが、19年10月に ★★★ ％に引
き上げられたのち、21年4月より税込価格を示す**総
額表示**が義務づけられた。

3，消費税

内税，

8，

10

◆2013年10月には第二次**安倍内閣**より**翌**14年4月からの消費税
率8％への引き上げが発表され、予定通りに実施された。しか
し、15年10月からの10％への引き上げは、17年4月、さら
に19年10月へと2度、実施が延期された。

□**10**
★★★

安倍首相は、消費税率の ★★★ ％への引き上げを19
年10**月**に実施した。それに伴い、消費者への負担を
軽減し**逆進性を緩和**する ★★★ が導入され、一部の
生活必需品の税率は ★★★ ％に据え置かれた。

10

軽減税率，

8

◆軽減税率は持ち帰り（テイクアウト）など一定条件を満たした酒
類を除く飲食品、週2回以上発行されている新聞（定期購読）
などの**生活必需品**を対象とする。なお、**電気・ガス・上下水道
などは軽減税率の対象外**である。

□**11**
★★

現在、消費税には8％と10％という複数税率が設定
され、適用税率の区分が必要になるため、消費税の適
正な課税を確保する観点から、税抜価格・税額・適用
税率など情報が明記された**適格請求書**(伝票)を課税事
業者が消費税の納税の際に用いる ★★ 制度が、
2023年10月より導入された。

インボイス

□**12**
★★

ある商品に対する流通経路のすべてが次の図のように
示されるとき、10％の単一税率の付加価値税が例外
なく課税されたとする。ただし、生産者の仕入れ額は
0円とする。この付加価値の下で、各事業者は、税抜
き売上額にかかる税額を差し引いて、その差引税額を
最終的に課税当局に納付する。

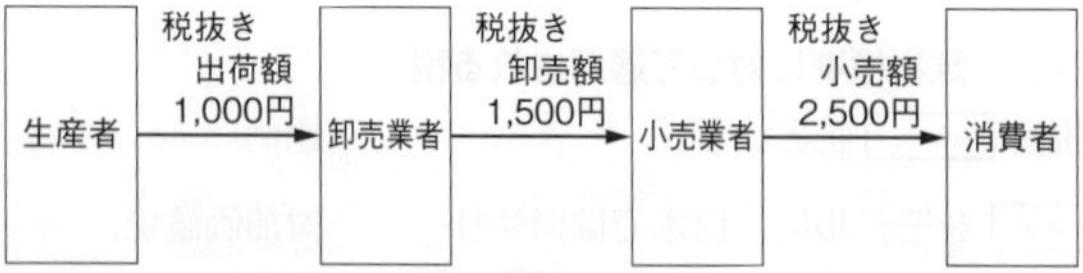

この図から読み取れることとして、生産者が課税当
局に納付する付加価値税額は ★★ 円、卸売業者が

100

課税当局に納付する付加価値税額は ★★ 円、小売
業者が課税当局に納付する税額を算定する際に控除で
きる付加価値税額は ★★ 円となり、消費者がこの
商品を購入する際に支払う付加価値税額は、生産者、卸
売業者、小売業者が課税当局に納付した税額の合計で
ある ★★ 円に等しい。

50

150

250

□■13 生活必需品に対する**消費税**は、**低所得者の税負担感が
大きくなる**という ★★★ 性を持つ。また、消費者が
★★★ 事業主に支払った消費税のうち、納税されず事業主の
手元に残る部分である ★★★ の発生が問題点である。

逆進

益税

□■14 **消費税**は、商品やサービスの**すべての購入者に同じ税
率が課される**ために、 ★★★ 的な性質を持ち、 ★★★
★★★ **的公平の原則**に反する傾向を持つ。

逆進，垂直

◆消費税の問題点である逆進性を緩和するために、1991年の法改
正によって福祉サービス、出産、学校教育、家賃など**非課税品目**
が設けられた。

□■15 税務当局が所得税を課する際に把握できる**所得捕捉率
の格差**の問題を ★★★ 問題という。
★★★

クロヨン

◆所得税は職種によって徴収方法が異なり、**所得捕捉率は給与所
得者よりも自営業者や農業従事者が低い**とされる。源泉徴収で
ある雇用労働者 (サラリーマン) が9割、**申告納税**である自営業
者6割・農業所得者4割という格差が生じている。捕捉率をそ
れぞれ「10割」「5割」「3割」とし、これを「**トーゴーサン**」と
称する場合もある。

□■16 **所得税**における**累進課税**は、**租税負担において** ★★
★★ **的公平を図る**という長所の一方で、**クロヨンの問題な
ど** ★★ **的公平を失する**という短所がある。

垂直

水平

◆垂直的公平とは、**租税負担能力に応じて租税を負担して、実質
的平等を図る**考え方。水平的公平とは、**租税負担能力にかかわ
らず全員が同じ負担**をして、形式的平等を図る考え方。消費税
は、同一税率の負担を所得の高低にかかわらず課すという水平
的公平を図るという特徴がある。

□■17 所得税は現世代における所得 ★★★ の効果を持ち、
★★★ 相続税は世代間の所得 ★★★ の効果を持つ。

再分配，
再分配

□■18 ★★ は累進課税であることから、親の世代におけ
★★ る資産の多寡が、そのまま子の世代における資産の格
差につながることを抑制する効果がある。

相続税

◆所得税は現世代における所得再分配を図ることができるが、相
続税は世代間の所得再分配を図ることができる。

269

□**19** ★ （少額投資非課税制度）とは、専用の口座を作
★ り、その口座内で毎年一定金額の範囲内で購入した株
式や投資信託などの金融商品から得られる利益が非課
税になる制度のことである。

NISA

◆イギリスのISA（Individual Savings Account：個人貯蓄
口座）をモデルにした NISA（Nippon Individual Savings
Account）は、2014年に創設され、24年には年間投資上限額や
非課税限度額が増額され、従来の非課税期間が無期限になるな
ど、より非課税制度を活用しやすい新しい NISA（新NISA）に
再編された。

□**20** 国税の内訳（%）を示した次のグラフ中の空欄 **A ～ C**
★★★ にあてはまる税目を答えよ。

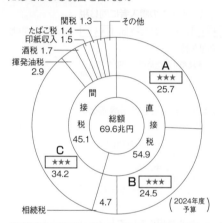

A　所得税

B　法人税
C　消費税

◆国税収入の税目を金額の多い順に並べると、2019年まで所得税・
消費税・法人税であったが、19年10月から消費税率が10%
に引き上げられたため、以後は消費税が第１位となっている。

□**21** 使途が限定されない租税を ★★ 財源といい、**使途**
★★ **が限定される租税**を ★★ 財源という。

一般,
特定

□**22** 所得税が課される最低所得（年収）の基準を ★ と
★ いうが、景気過熱対策として増税する場合はその水準
の ★ を行うことが、不況対策として減税する場
合は ★ ることが有効である。

課税最低限（最低
課税水準）
引き下げ,
引き上げ

◆例えば、課税最低限（所得税を課税する年収）を120万円から
300万円に引き上げれば、年収300万円以下の人は所得税が
免除になるので減税となる。逆に、課税最低限を引き下げれば、
低所得者にも課税され（「フリーター課税」）実質増税となる。

□**23** 次のグラフは、**一般会計税収の推移**を示したものであ
★★★ る。折れ線**A**〜**C**の空欄にあてはまる租税の種類を答
えよ。

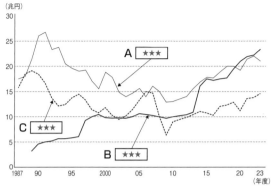

(兆円)

A　所得税

B　消費税
C　法人税

◆消費税は税率が引き上げられた1997年（3→5%）、2014年（5
→8%）、19年（8→10%）に階段状に税収が増加する（**B**）。
なお、24年度当初予算での税収に占める割合のトップ3は、
①消費税（約34%）、②所得税（約26%）＝**A**、③法人税（約
25%）＝**C**となる。19年10月の消費税率10%への引き上げ
により、20年度には税収の第1位が消費税となり、基幹税の役
割を果たすようになった。

□**24** 都道府県の**法人事業税**を法人の所得に対してではなく
★ **売上高、土地面積、従業員数などをもとに課税する**方
式を ★ 課税といい、2004年より資本金1億円超
の法人に導入された。

外形標準

□**25** **揮発油税**（ガソリン税）と**自動車重量税**は道路 ★★
★★ 財源であるが、無駄な道路工事が行われることから、
2009年に ★★ 化された。

特定

一般財源

◆当時の麻生内閣は、道路特定財源の削減分を地方に補填する目
的で、国が地方に支給する**地域活力基盤創造交付金**を創設した
ことから、事実上、道路特定財源を温存したものとして批判さ
れた。

VI 経済
11 租税制度

271

□26 租税負担に**社会保障**負担を加えたものの**国民所得に対
★★★ する割合**を ★★★ という。次のグラフは主要国の割
合を表している（2020年度データ）。空欄**A～C**にはア
メリカ、スウェーデン、日本のいずれかがあてはまる。
それぞれの国名を答えよ。

国民負担率

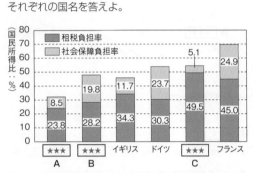

◆日本の国民負担率は40%超であり、約70%のフランス、約
60%のスウェーデンと比べれば負担は低い。スウェーデンはか
つて70%超の高負担・高福祉国家だったが、欧州財政危機の影
響で小さな政府への転換を進めていることがわかる。

A アメリカ
B 日本
C スウェーデン

12 公債~国債と地方債

ANSWERS ☐☐☐

□1 **政府**や**地方公共団体**が財政資金の不足を補うために発
★★★ 行する債券を ★★★ という。

公債

□2 国債には、**社会資本（インフラ）整備のための借入金**で
★★★ ある ★★★ 国債と、**一般会計の歳入不足を補うため
の借入金**である ★★★ 国債の2種類がある。

建設,
赤字（特例）

□3 財政法（1947年成立）は、**借入金を原則禁止している**
★★ が、社会資本を後世代に残す ★★ 国債**の発行は認
めている**（第4条）。

建設

◆第1回の建設国債は1966年に発行され、公共投資（政府）主導型
の第二次高度経済成長を実現して以来、現在に至るまで**毎年発
行**されてきた。

□4 財政法上、赤字国債は発行が禁止されているが、実際
★★★ は**会計年度ごとに** ★★★ 法**を制定し発行**されている。

財政特例

◆2016年に**特例公債法**が改正され、16～20年度の5年間は、毎
会計年度に赤字国債の発行が可能となった。さらに、新型コロ
ナウイルス感染症（COVID-19）の対応のため、25年まで延長
されることになった。

□**5** 一般会計の**歳入不足を補うための借入金**である ┌★★★┐
★★★ 国債は、**1965年度に1度発行**されたが、┌★★★┐ 後の不
況対策をきっかけに発行が慣行化し、75〜89年度、
94年度から現在に至るまで発行されている。

赤字（特例）,
第一次石油危機
（第一次オイル=
ショック）

□**6** **一般会計歳入に占める国債の割合**を ┌★★┐ という。
★★

国債依存度

◆1990〜93年度は赤字国債発行をゼロにしたが、94年度より再
び発行し始め、90年代末から2000年代前半にかけての**破綻金融
機関への公的資金投入**や**ITバブル崩壊による不況対策**などに
より、国債依存度は40%を超えた。その後、景気回復による税
収増加で、07年度は30%台に低下したが、09年度には**リーマ
ン=ショック**による**世界経済危機**で50%超（51.5%）と跳ね上
がり、初めて「**租税収入＜国債収入**」となった。11年度には**東日
本大震災**の**復興財源確保**のために再び50%近く（48.9%）に上
昇したが、12年12月以降の**アベノミクス**効果などから徐々に
低下し、20年度当初予算で約30%（31.7%）となった。しか
し、新型コロナウイルス感染症（COVID-19）対策の大規模な財
政出動の支出（補正予算）すべてを国債の新規発行で賄ったた
め、最終的には過去最大の73.5%に達した。

□**7** **小泉内閣**では、2010年代初頭での ┌★★★┐ （PB）の均
★★★ **衡ないし黒字化**という目標が設定されたが、これは、
「歳出−┌★★★┐＜┌★★★┐−公債金（＝┌★★★┐ 発行
額）」という式で示すことができる。

プライマリーバラ
ンス
国債費, 歳入, 公
債

◆プライマリーバランス（PB）は、**基礎的財政収支**を意味する。深
刻な財政状況を打開するために小泉内閣が掲げた2010年代初頭
の均衡・黒字化目標は結局達成されず、麻生内閣は18年くらい
までに、民主党政権は20年代までにと、目標時期を相次いで遅
らせた。**第二次安倍内閣**は15年度までに**プライマリーバラン
ス**の**赤字半減**を目標に掲げていた。19年10月、安倍首相は25
年度の**プライマリーバランス**の**黒字化**を表明したが、20年の
「**コロナ=ショック**」の中、**3度にわたる補正予算**を編成し、巨額
の経済対策を行ったことで、20年度は**90.4兆円の赤字**に達し、
25年度の黒字化目標は達成不可能な状況にある。

□ **8** 次の図が示す**プライマリーバランス（PB）**の状態は
　★★★　 　★★★　 であり、公共サービスに用いられる金額は、国
民が負担している税金の額を 　★★★　 回っている。

赤字,
上

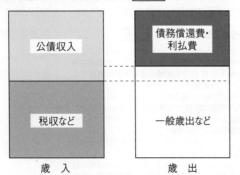

公債収入	債務償還費・利払費
税収など	一般歳出など
歳　入	歳　出

□ **9** 国債償還費が歳出の上位にあることは**財政として不健**
　★★★　 **全**であり、その膨張が社会保障や景気対策などの**財政**
支出を圧迫する財政の 　★★★　 **が生じてしまう。**

硬直化

□ **10** 政府発行の**国債を日銀が発行時に買い取る** 　★★　 を
　★★　 **禁止**し、市中金融機関が買い取って**市中の遊休資金で**
賄う原則を 　★★　 **の原則**という。

日銀引き受け

市中消化

　◆日銀引き受け禁止＝市中消化の原則は、政府が新規国債を発行
　する際に直ちに日銀が通貨を増発することを防ぎ、インフレの
　発生を防止することが目的である。

□ **11** 　★　 とは、**国債の濫発**により国民の遊休資金を政
　★　 府に集めさせてしまうことから、**民間資金を圧迫し、民**
間銀行からの貸出を減少させて民間投資を押しのけて
しまう現象で、民間の景気を後退させ不況を招く。

クラウディング＝
アウト（押しのけ
効果）

□ **12** 国債が濫発されて国債価格の暴落が予想されると、**国**
　★　 **債を売却**し、その資金が**海外に流出する** 　★　 が起
こるおそれがある。

資本逃避（キャピ
タル＝フライト）

　◆日本の国債は保有者のおよそ9割が日本国民であり、その多く
　が金融機関であることから、国債の投げ売りによる資本逃避
　（キャピタル＝フライト）のリスクは低く、暴落は起きにくいとい
　う楽観論も存在する。

□ **13** **国債が濫発される**と、返済のための通貨増発などを招
　★★★　 き、 　★★★　 **を発生させる**おそれがある。

インフレ

□**14** 次の国債残高の蓄積（2022年度末見込み。復興債は除
★★★ く）を示したグラフについて、以下の空欄にあてはま
る数値や語句を答えよ。

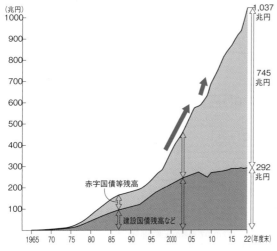

（兆円）
赤字国債等残高
建設国債残高など

1,037兆円
745兆円
292兆円

国債残高は、2022年度末で約 ★★★ 兆円、対GDP
比で ★★★ ％に達する見込みである。これに地方債
残高を加えた長期公的債務残高は ★★★ 兆円を突破
し、対GDP比も200％を超えている。20年、新型
コロナウイルス感染症（COVID-19）**への緊急経済対
策**として、同年度の ★★★ 予算が3度にわたり組ま
れ、そのすべてが ★★★ の追加発行で調達されたこ
とにより国債依存度は急上昇し、国債残高は激増した。

1,070,
186,
1,250

補正,
国債

◆2020年度は、訪日外国人旅行客（インバウンド）の需要激減、東
京オリンピック・パラリンピックの延期、店舗や大型施設などの
営業自粛などで日本の経済・社会は大きな停滞を余儀なくさ
れた。全国民に対する**特別定額給付金**や、中小企業や個人事業
主などを対象とした**持続化給付金**などの**緊急経済対策**による多
額の財政出動の財源は国債発行に依存した。なお、「アフターコ
ロナ」の中で、入国制限が緩和されたことから、インバウンド需
要が急増している。

□**15** 次のグラフは主要国における**国および地方の債務残高**
★★★ **の対GDP比**の推移を示している（一部、推計含む）。
空欄**A**〜**C**にはアメリカ、イタリア、日本のいずれか
があてはまる。それぞれの国名を答えよ。

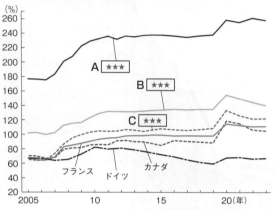

A 日本

B イタリア

C アメリカ

◆**A**の日本はグラフが突出し、**G7の中で最悪の水準**で推移してい
る。**C**のアメリカは、**2008年**のリーマン=ショックによってグラ
フが急上昇している。なお、ドイツは財政規律が厳しく守られ
ており、対GDP比は70％程度と低く抑えられている点に注
意。

経済分野
ECONOMICS
現代経済の諸問題

1 第二次世界大戦前の日本経済

☐**1** 明治維新によって近代国家を目指す日本は ★★ と
★★
★★ を**近代化のスローガン**に掲げた。

富国強兵,
殖産興業 ※順不同

☐**2** **1873年**の ★ 改正による税収をもとに政府が出資
★
して、**富岡製糸場**などの ★ が設立された。

◆2014年、**富岡製糸場**は世界文化遺産に登録された。

地租,
官営模範工場

☐**3** 1880年代、**官営模範工場**は ★★ に払い下げられ、国
★★
家による**産業資本家の育成**が行われ、これにより財を
なした者たち（政商）は、四大 ★★ を形成した。

民間

財閥

☐**4** 日本の産業革命は、★★ 工業を中心に進展し（第一
★★
次産業革命）、さらに ★★ （1904〜05年）を境に**官
営八幡製鉄所**などの設立に代表される ★★ 工業中
心の第二次産業革命期を迎えた。

軽,
日露戦争,
重

☐**5** **第一次世界大戦期**には、★ 業の活況を受けて、政
★
商から成長した ★ が**コンツェルン**を形成し、ア
ジア地域への資本進出を図った。このことは日本が
★ **資本主義**段階に到達したことを表す。

海運,
財閥

独占

☐**6** 第一次世界大戦後の反動恐慌、**1923年9月**の ★
★
による首都機能不全、27年の ★ 恐慌、**29年**の
★ などで日本経済は壊滅的な状況となった。

◆1931年には犬養毅内閣（高橋是清蔵相）のもとで金**本位制から離
脱**し、財政支出を拡大する**積極財政**が行われた（**高橋財政**）。

関東大震災,
金融,
世界恐慌

☐**7** 国内市場が狭く、不況打開のために海外市場の獲得が不
★★
可避となる中、1930年代に日本は ★★ の引き上げや
★★ **ダンピング**などを行い、★★ 圏を形成した。

◆1930年代、各国の為替ダンピング（為替引き下げ）やブロック経
済圏の形成（イギリスの**スターリング＝ブロック**、フランスの**フ
ラン＝ブロック**など）によって世界貿易が縮小し、植民地や勢力
圏が拡大する中で、第二次世界大戦につながっていく。

関税（保護関税）,
為替, ブロック経
済

2 日本経済の動向 (1)~復興から高度経済成長へ

ANSWERS ☐☐☐

□1
★★★
第二次世界大戦後、戦争再発防止のために、 ★★★ 、
農地改革、 ★★★ の保護・育成という、**三大経済民主
化**が行われた。

財閥解体,
労働組合

□2
★★★
財閥解体では、 ★★★ 整理委員会によってこれを解
散させ、その根拠立法となった ★★★ 法と、解体し
た財閥の再編を防ぐ機能を持つ ★★★ 法が、**1947年
に施行**された。

持株会社,
過度経済力集中排
除,
独占禁止

◆ GHQ の指示に基づく経済民主化政策として、日本の資本主義
経済を発展させる自由競争を阻んでいた旧来の財閥を解体する
ために過度経済力集中排除法や独占禁止法 (正式名称は「**私的独
占の禁止及び公正取引の確保に関する法律**」) を制定した。

□3
★★★
★★★ は、 ★★★ 地主制を廃止して ★★★ を創設
することが目的であった。

農地改革,寄生,自
作農

◆寄生地主とは、田畑などの農地を他人 (小作農) に耕作させる**不
在地主**のことで、コメなど生産物の一部を地代 (小作料) とし
て徴収し、生計を立てた。また、連合国軍最高司令官総司令部
(GHQ) の指示による第二次農地改革では、**不在地主の小作地は
すべて**、在村地主の土地は北海道を除いて1町歩を超える部分
を買い上げ、小作農に売り渡した。こうした農地改革によって
多くの小規模自作農が誕生した。

□4
★★★
第二次世界大戦後、**戦後経済復興**を目的として、**石炭・
鉄鋼・電力**などの**基幹産業の建て直し**を図るため、そ
こに重点的に投融資を行う ★★★ が採られた。

傾斜生産方式

□5
★
傾斜生産方式の原資は、一般会計からの価格差補給金
以外に、 ★ の設置による ★ の発行に依存
していたが、その実質は、**日銀引き受けの**国債であっ
たため、インフレを招いた。

復興金融金庫, 復
興金融金庫債

□6
★★
アメリカによる戦後復興のための対日援助として、**生
活物資の援助**である ★★ (占領地域救済政府資金)
と産業復興の援助である ★★ (占領地域経済復興
援助資金) が拠出された。

ガリオア資金,
エロア資金

◆国内政策とアメリカからの援助という2つの政策により、経済の
再建を遂げていく戦後復興期の状況は「竹馬経済」といわれた。

□**7** 戦後インフレ抑制のため、**超均衡予算**の実施、1ドル
★★★ ＝ ┌───┐ 円という**単一為替レート**の設定などの、い
わゆる ┌───┐ が実施された。

360,
ドッジ=ライン

◆インフレ対策として、1948年に GHQ は総合予算の均衡化，徴税
や物価統制の強化などの「**経済安定9原則**」を指令し、これに基
づき<u>ドッジ=ライン</u>が実施された。徹底したデフレ政策の結果、
インフレは鎮静化したが、その反動で**安定恐慌が発生**した。

□**8** <u>ドッジ=ライン</u>**の超均衡予算**のために徴税強化策とし
★★★ て ┌───┐ 勧告（1949・50年）に基づく**税制改革**を行
い、┌───┐ など直接税中心の税体系に改め、国税とは
別に ┌───┐ を独立化した。

シャウプ,
所得税,
地方税

□**9** **1950年**に隣国で発生した戦争を契機とした ┌───┐ に
★★ より、日本経済は敗戦から立ち直り、51年秋には**戦
前の鉱工業生産水準にまで回復**した。

朝鮮特需

◆<u>朝鮮特需</u>は、駐留アメリカ軍による日本政府を通じての軍事品
の大量発注（<u>特殊調達需要</u>）によるものであった。

□**10** 実質経済成長率が**年平均10%**を超えた1950年代半ば
★★★ ～70年代初頭の時期を ┌───┐ 期という。

高度経済成長（高
度成長）

◆1955～64年が<u>第一次高度経済成長期</u>、65～70年が<u>第二次高
度経済成長期</u>と呼ばれる。

□**11** <u>第一次高度経済成長</u>は、┌───┐ 主導・┌───┐ 主導型
★★★ の経済成長であった。

民間設備投資, 内
需 ※順不同

□**12** **第一次高度経済成長期**の貿易収支は ┌───┐ 字基調で
★★★ あった。

赤

◆日本の**貿易収支**（国際収支統計）は、**1964年から黒字**に転じ、オ
イル=ショック時も含めて、**2010年まで黒字**が続いたが、11年
3月の**東日本大震災**の影響で、48年ぶりに<u>赤字</u>を記録し、**以降
の<u>赤字の年</u>（2011～15年など）が目立つ**ようになった。

□**13** 石油化学や合成繊維などの新興産業への ┌───┐ **投資**
★★ **の拡大**と「**三種の神器**」などの<u>耐久消費財</u>**ブーム**が牽引
役となった1955～57年の好景気を ┌───┐ という。

民間設備

神武景気

◆家庭電化製品、乗用車、住宅などの、中長期的に使用できるも
のを耐久消費財という。

□**14** **1956年度**の『**経済白書**』は、その序文で「<u>もはや ┌───┐
★★ ではない</u>」と謳い、**戦後復興の「終了」**が宣言された。

戦後

☐15 第一次高度経済成長期の消費を支えた「三種の神器」と
★★ は、　★★　、　★★　、白黒テレビの3品目である。

冷蔵庫，洗濯機
※順不同

☐16 第一次高度経済成長期には、設備投資の拡大が生産財
★ や原料輸入を増加させ国際収支の赤字を招いたことか
ら、それ以上の輸入増加を防ぐために　★　が行わ
れ、国内の成長が止まった。このような成長の限界
を　★　という。

金融引き締め

国際収支の天井

◆神武景気と岩戸景気の間に発生した「なべ底不況」は、国際収支
の天井が原因であった。

☐17 1958～61年の　★★　の好況期に池田勇人内閣が発
★★ 表した、61年からの10年間でGNPを2倍にするとい
う計画を　★★　という。

岩戸景気

国民所得倍増計画

◆1960年に策定されたこの計画は10年を待たずに達成された。池
田内閣の最終年となる1964年10月には東海道新幹線の開業、東
京オリンピックの開催と、日本の高度経済成長を象徴する出来
事が続いた。

☐18 1963～64年の　★　を経て、65年には　★　とい
★ う激しい反動不況に見舞われた。

オリンピック景気，
昭和40年不況

◆第一次高度経済成長期と第二次高度経済成長期の間の時期を転
換期（転型期）という。1964年の東京オリンピックが終了した翌
65年は、その反動不況が起こり、大手証券会社が倒産したので
昭和40年不況、または証券不況という。

☐19 神武景気、岩戸景気、オリンピック景気と続き、次の
★★★ 　★★★　は　★★★　ヶ月継続する、20世紀後半で最も
長い好況となった。

いざなぎ景気，57

☐20 高度経済成長期には銀行に豊富な資金が存在したため、
★★★ 　★★★　方式に基づく民間設備投資が旺盛であり、こ
れを支えたのは、国民の高い　★★★　であった。

間接金融，
貯蓄性向（貯蓄率）

◆高度経済成長期の貯蓄率は15～20%程度に達していた。また、
高度経済成長を支えた現象として、地方（農村）から都市へ良質
な労働力が大量に流入したことも挙げられる。

☐21 高度経済成長期の後半となる第二次高度経済成長期は、
★★★ 政府による　★★★　主導型、1965年以降のベトナム特
需による　★★★　主導型の経済成長であった。

公共投資，
外需（輸出）

☐22 第二次高度経済成長期の消費を支えた「3C」とは、
★★ 　★★　、　★★　、カラーテレビの3品目である。

カー(自動車)，クー
ラー ※順不同

□**23** 日本は、**1952年**に為替**の自由化**を進める ★★★ （国際
★★★ 通貨基金）に**加盟**し、神武景気の時期となる**55年**に貿
易**の自由化**を進める ★★★ （関税及び貿易に関する
一般協定）に**加盟**した。

IMF

GATT

□**24** 日本は、高度経済成長期の**1963年**に国際収支の赤字を
★★★ 理由に貿易**制限**が認められる GATT ★★★ 条国か
ら、貿易**制限**が認められない GATT ★★★ 条国に移
行し、貿易の自由化義務を負うことになった。

12,
11

□**25** 日本は、1964年に国際収支の赤字を理由に為替**制限**が
★★ 認められる IMF ★★ 条国から、それが認められな
い IMF ★★ 条国に移行し、為替**の自由化義務**を負
うことになった。

14,
8

□**26** 日本は、高度経済成長期の**1964年**に「**先進国クラブ**」
★★★ とも呼ばれる ★★★ （経済協力開発機構）に**加盟**し、
資本**の自由化義務**を負うことになった。

OECD

◆ OECD（経済協力開発機構）は、資本**の自由化**を進めている。国
際的には OECD 加盟国を「**先進国**」、非加盟国を「**発展途上国（開
発途上国）**」と定義している。日本は、高度経済成長期のいざな
ぎ景気の時期となる**1967年**に西側世界で国民総生産（GNP）が
イギリスを抜いて第3位に、**68年**には当時の西ドイツを抜いて
第2位となり、名実ともに**経済大国**として**先進国の仲間入り**を
果たした。

□**27** **高度経済成長期の経済成長率の動向**を示した次のグラ
★★★ フ中の空欄 **A** 〜 **D** にあてはまる景気の名称を答えよ。

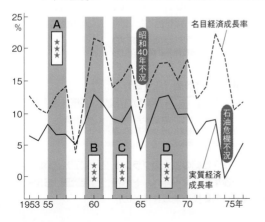

A　神武景気

B　岩戸景気
C　オリンピック
　　景気
D　いざなぎ景気

□28 1960年代後半、**貿易・資本の自由化**に伴う国際競争の
★★ 激化を予想して大型 ★★ が相次ぎ、財閥解体や
　 ★★ 法などで分割・解体された旧財閥系企業も多
くが再結集した。

合併，
過度経済力集中排
除

□29 高度経済成長期には都市での ★★ 需要の増加に伴
★★ い、都市労働者の賃金が ★★ した。

労働力，
上昇

□30 高度経済成長期以降、家族の形態に現れた変化の1つ
★★ に ★★ 化がある。この背景には、産業構造の変化
により若年層が ★★ を求めて**地方の農村部などか
ら都市部へ集中**したことなどがある。

核家族，
職

◆近年は単身（独身）世帯**が増加**している。2024年、厚生労働省は
「日本の世帯数の将来推計」で、33年には1世帯当たりの人数
が1.99人と、**初めて2人を割り込む**とする推計を公表した。

□31 高度経済成長期には都市での ★★ 需要の増加に伴
★★ い、都市の地価が ★★ した。

住宅，
上昇

□32 第二次世界大戦後の国土構造の形成過程では、貿易に
★★ 有利な ★★ と呼ばれる地域に集中的に**公共投資や
民間投資**が行われた。

太平洋ベルト

◆太平洋ベルトとは、京浜、中京、阪神、北九州の四大工業地帯
と、その間に位置する東海、瀬戸内といった工業地域を含む太
平洋岸における帯状の地域を指す。第二次世界大戦後、新しい
工業基地として形成が検討された。

□33 1962年策定の ★★ は、全国に15の開発拠点とな
★★ る新産業都市を設置する拠点開発方式の計画として、
　 ★★ 内閣の国民所得倍増計画の一翼を担った。

全国総合開発計画
（旧全総）
池田勇人

◆1969年からの**新全国総合開発計画（新全総）**では**大規模開発プロ
ジェクト方式**、77年からの**第三次全国総合開発計画**（三全総）
では**人口定住圏構想**が打ち出された。

□34 1987年策定の**第四次全国総合開発計画**（四全総）で
★ は ★ 型の国土建設のための ★ が謳われた。

多極分散，首都機
能移転

◆1992年には**国会等移転法**が成立した。しかし、財政赤字に直面
している現在、これを実施するか否かは再検討の余地がある。な
お、文化庁は2023年3月に京都に全面移転した。

□35 1998年策定の ★ では「**21世紀の国土のグランド
★ デザイン**」として、東京一極集中・太平洋ベルト地帯
一軸型から多軸型国土構造への転換や地域連携軸の形
成が目指された。

第五次全国総合開
発計画（五全総）

□**36** **★★** **★★** とは、IoT（モノのインターネット）などを活用して生活インフラやサービスなどを効率的に管理・運営するとともに、新エネルギーを軸に**持続的な経済発展**を目指す新しい都市の形である。

◆少子高齢化社会が進む中で、AI（人工知能）や5G（**第5世代移動通信システム**）などの最先端技術や**ビッグデータ**を活かしたまちづくりを目指す。日本では、国土交通省がスマートシティ実現に向けて主導的役割を果たしている。また、2022年に岸田政権は「**デジタル田園都市国家構想**」の5ヶ年総合戦略を閣議決定し、27年度までに東京圏から地方へ年間1万人の移住を促し、デジタル化に取り組む地方公共団体を1,500に増やすなど、デジタル化に重点を置いた地方創生を目指す構想を掲げた。

スマートシティ

3 日本経済の動向 (2)〜2度の石油危機

□**1** 日本の高度経済成長が終焉したきっかけは、1970年代に発生した **★★★** と **★★★** の2つのショックであった。

◆1971年8月に**ドル=ショック**が、73年10月の**第四次中東戦争**を機に第一次石油危機（第一次オイル=ショック）が発生した。

ドル=ショック（ニクソン=ショック），オイル=ショック
※順不同

□**2** **★★★** 年の **★★★** の勃発により石油輸出国機構（OPEC）による**原油公示価格が約4倍**になったのをきっかけとして、日本などの世界各国では**景気停滞下**で**インフレが発生する** **★★★** の状況に陥った。これを第一次 **★★★** という。

◆1バレル=約3ドルの原油公示価格が約12ドルに値上げされた（1バレル=159リットル）。

1973，第四次中東戦争

スタグフレーション，石油危機（オイル=ショック）

□**3** 1970年代初頭、OPEC の**原油公式価格の値上げ**による**コスト=プッシュ=インフレ**と、田中角栄首相の掲げた **★★** 論による**過剰流動性の発生**で **★★** と呼ばれる急激なインフレが起こった。

日本列島改造，狂乱物価

□**4** **狂乱物価**対策として実施された **★★** 政策の結果、インフレは抑制されたが、景気は停滞し、 **★★** 年には**第二次世界大戦後初の実質マイナス成長**を記録した。

総需要抑制，1974

□**5** 第一次石油危機後の不況克服として、政府は **★★** **依存型の産業**から、 **★★** **依存型の産業**への**構造転換**を図った。

石油，非石油

□ **6** 第一次石油危機後の不況克服策として、企業は 　★★ 　
★★ 経営を進め、無駄なコストを削減するとともに商品の
値下げを行い、日本製品の 　★★ 　 の回復を図った。

減量

国際競争力

◆日本企業が国際競争力を高め、輸出を伸ばすことにより、日本
経済の外需依存度は高まっていった。

□ **7** 第一次石油危機後の不況による税収不足対策として、
★★★ **1975年度より** 　★★★ 　 **国債の発行**が継続的に行われ、
いわゆる 　★★★ 　 **財政**が実施された。

赤字(特例)，
赤字

□ **8** 　★★ 　 年の 　★★ 　 **革命**により原油供給が削減され、
★★ 再び OPEC は**原油公示価格を約**2.5**倍に引き上げた**
ため、日本などの世界各国では再びスタグフレーショ
ンが発生した。これを**第二次** 　★★ 　 という。

1979，イラン

石油危機(オイル=
ショック)

◆原油公示価格が、1バレル=10ドル台から40ドル台に値上げ
された。

□ **9** **第二次石油危機**の影響により、**1980～83年に36ヶ月**
★ **続いた戦後最長の不況**を 　★ 　 という。

世界同時不況

□ **10** **世界同時不況**が続く中で、日本は欧米諸国に**家電製品**
★★★ や 　★★★ 　 を大量輸出することで不況を克服していっ
た。この大量輸出の状況は 　★★★ 　 **的輸出**と呼ばれ、日
米貿易摩擦を激化させていった。

自動車，
集中豪雨

□ **11** 高度経済成長期に**技術革新**が進んだ産業は、石油化学
★★ や鉄鋼など資源**多消費型**の 　★★ 　 産業であったが、
石油危機後になると資源を浪費しない 　★★ 　 型の
　★★ 　 産業へと移行した。

素材，
資源寡消費(省資
源・省エネルギー)，
加工組立

◆省資源・省エネルギーによる産業構造の転換を図った日本経済
は、石油危機後のマイナス成長から回復し、1991年のバブル経済
崩壊まで**年5%程度の安定した経済成長**を果たした(安定成長)。

□ **12** 1970年代の**日米貿易摩擦の品目**は 　★★ 　 、 　★★ 　 、
★★ **工作機械**であった。

鉄鋼，カラーテレ
ビ ※順不同

◆1950年代からの日米貿易摩擦品目は繊維製品であった。

4 日本経済の動向 (3)～「バブル」と「失われた10年」

ANSWERS □□□

□ **1** **1980年代**に両国間で政治問題化した日米貿易摩擦品目
★★ は 　★★ 　 、 　★★ 　 などであった。

自動車，半導体
※順不同

□**2** 1989～90年に行われた ★★ では、**日米貿易不均衡の一因**が日本特有の**経済構造の閉鎖性**にあるとアメリカが主張し、日本は実効的な措置を迫られた中で、日本の自動車メーカーは対米輸出 ★★ を行った。

★★　日米構造協議

　　自主規制

　◆日本の規制緩和の遅れは、日本の対米貿易黒字を膨らませる一因になっているという指摘がアメリカから度々なされていた。

□**3** **日米構造協議**では、独占禁止法**強化**による ★★ の撤廃（ ★★ 取引の見直し）が要求された。

★★　排他的取引慣行，
　　系列

□**4** 日米構造協議では、海外では安い製品が日本では高く販売されていることが、アメリカから日本への輸出を阻害する原因であるとして ★★ の是正とともに、アメリカの大型スーパーマーケットやデパートの日本進出を阻む ★★ 法の廃止が求められた。

★★　内外価格差

　　大規模小売店舗

□**5** アメリカは、**1980年代**には ★★★ 赤字と ★★★ 赤字という「**双子の赤字**」を抱えた。

★★★　財政，経常収支(貿易収支) ※順不同

□**6** 1990年代のアメリカでは、IT景気により税収が増加し、98年には ★★★ 赤字**を一時的に解消**できたが、 ★★★ 赤字**は拡大**し続けた。

★★★　財政，
　　経常収支(貿易収支)

□**7** 日米構造協議で、日本は向こう10年間（1990年代）で総額430兆円の ★★ を行い、 ★★ バランスを図ることを受諾した。

★★　公共投資，貯蓄・投資(I・S)

□**8** **1985年9月**に開催された先進5ヶ国財務相・中央銀行総裁会議（G5）では、日米貿易摩擦解決のための為替レート調整として円 ★★★ ・ドル ★★★ 誘導を決定した。この合意を ★★★ という。

★★★　高，安，
　　プラザ合意

□**9** **1985年9月**のプラザ合意によるレート調整により、日本経済は86年11月まで ★★★ に陥った。

★★★　円高不況

　◆プラザ合意前から日本の輸出産業は減量経営を進め、自動化（FA化、OA化）や省エネ化などの**合理化**により自動車や電気製品などの分野で国際競争力を高めていた。しかし、プラザ合意後に円高・ドル安が急激に進むと、日本の輸出品は海外で割高となり、**輸出産業の国際競争力は低下**した。その結果、1986年には輸出産業が振るわなくなり、輸出産業への依存度（外需依存度）が高かった日本経済は一時、不況に陥った（円高不況）。

□**10** 1986年の「 ★ 」は、経常収支の**大幅黒字是正**を掲げ、**内需拡大**に向けた経済構造の調整を提言した。

★　前川レポート

□**11** 1986年12月～91年2月の好況を ★★★ といい、こ
★★★ の時期には資産価格が実体評価以上に上昇した。

平成景気 (バブル
景気)

□**12** 円高による輸入原材料の値下がりで、**輸入関連企業**
★★ **に** ★★ **現象**が生じた。その余剰資金は土地、株、貴
金属などに投資され ★★ **インフレ**を発生させた。

金あまり,
資産 (ストック)

◆バブル期には**財テクブーム**が起こったので、株式と土地がとも
に買われインフレを発生させた。1989年12月29日、日経平均
株価はそれまでの最高値となる38,915円87銭を記録し、こ
れが**バブル景気の絶頂**となった。時を経て、2024年2月には
39,000円を超え、同年3月には一時40,000円を突破、史上
最高値を更新した。日本企業の「稼ぐ力」の回復、脱デフレへの
期待感と円安による海外マネーの流入などが要因とされる。

□**13** 資産インフレの結果、**株式や土地の値上がり益**となる
★★★ ★★★ (資本利得) を得た人々は、**心理的に**消費を拡
大させた。これを ★★★ という。

キャピタル=ゲイン,
資産効果

□**14** 平成景気の時期、日本企業は**強い円**を背景に ★★★
★★★ を増加させ、アメリカ企業の ★★★ を行った。

海外直接投資,
M&A (合併・買
収)

◆日本企業がアメリカ企業を買収するという**1980年代後半**に見ら
れた状況は、日米投資摩擦と呼ばれた。

□**15** 円高に伴う企業の海外進出により、**国内の生産・雇用**
★★★ **が減少**し、**国内産業が衰退**する現象を ★★★ という。

産業の空洞化

◆1980年代後半以降、日本企業による海外直接投資が活発化し、国
内の産業の空洞化を引き起こした。なお、企業が自社の業務の一
部またはすべてを海外に移すことをオフショアリングという。

□**16** 円高の進行によって、国内企業は海外の工場で生産し
★ た製品や部品を ★ して生産コストを抑えた。

逆輸入

◆この結果、日本企業が海外で生産した製品が日本国内でも流通
するようになった。

□**17** 1989年からの金融引き締めで**株や土地の価値が暴落**
★★★ し、資産 ★★★ が生じ、多額の ★★★ (資本損失)
が発生した。これで損失を被った人々は**心理的に**消費
を抑制した。これを ★★★ という。

デフレ, キャピタ
ル=ロス
逆資産効果

◆なお、国土交通省の土地鑑定委員会が毎年1月1日の標準地に
ついて毎年3月下旬に公示する土地の代表的な公的指標価格を
「**公示地価**」、国土利用計画法に基づいて都道府県知事が毎年9
月下旬に公表する各都道府県の基準地の土地価格を「**基準地価**」
という。

☐**18** 1991年3月〜93年10月の不況を ☐ **★★★** といい、大
★★★ きく値上がりしていた**土地や株などの**資産(ストック)
の価値が下落し、消費や投資が減退した。

◆公定歩合の引き上げや地価税の導入などによる**金融の引き締め**
や**不動産融資規制**を機に**バブル**経済が崩壊し、長期不況に陥る。

☐**19** **バブル崩壊**による消費不況と同時に、不良債権を抱え
★★ た金融機関の貸し渋りによる**消費と** ☐ **★★** の減退と
超円高が重なって**長期不況**となった。このような状況
を ☐ **★★** 不況という。

☐**20** 1993〜94年に行われた ☐ **★★** で、アメリカは日本に
★★ 対し具体的な**輸入数値目標である** ☐ **★★** の設定や政
府調達などを要求した。

☐**21** 日米包括経済協議で、アメリカは日本に対し具体的な
★★★ **輸入数値目標の設定**を要求したが、日本は数値目標の
受諾は ☐ **★★★** 貿易を崩し ☐ **★★★** 貿易に陥るとして
拒否し、交渉は難航した。

◆1991年の**第二次日米半導体協定**で日本は**国内シェアの20%輸**
入という数値目標を受諾した。

☐**22** **不公正取引慣行国への経済制裁条項**である米国包括通
★★ 商法301条の拡大適用を行う、いわゆる ☐ **★★** 条
は、日本に対する市場開放要求の手段として、しばし
ば適用されそうになった。

☐**23** 社会資本整備のための土地取得がバブル期の地価高騰
★ で難しくなったこともあり、 ☐ **★** 法が制定された。

◆土地基本法 (1989年) における土地の基本理念として、①公共の
福祉の優先、②適正計画での利用、③投機対象とすることの抑
制、④土地価格が上昇した場合には道路や鉄道など利益に応じ
た適切な負担を求められること、などが明記された。

☐**24** 1980年代後半、日本は ☐ **★★★** **主導の** ☐ **★★★** 経済に
★★★ 沸いたが、90年代初頭にその好況は終わり、「 ☐ **★★★** 」
と呼ばれる**長期不況に陥った。**

◆バブル崩壊後の1990年代は「失われた10年」と呼ばれる。しか
し、2000年代に入っても実際は景気停滞が続き、低迷から脱す
ることができない経済状況から「失われた20年」と呼ばれるこ
ともある。さらに経済の低迷や景気の横ばい状態が続いている
ことから「失われた30年」とする指摘もある。

平成不況 (バブル
不況)

投資

複合

日米包括経済協議,
客観基準

自由, 管理

スーパー301

土地基本

内需, バブル,
失われた10年

☐25 1990年代の長期不況では、資産価格が急落する一方で、
★★★ 企業と金融機関の財務状況が悪化し、**国内需要が減退**
したため、 ★★★ が発生した。

◆デフレが不況を招き、さらに不況がデフレを招くことで経済全
　体が下降するデフレ=スパイラルの危機に日本経済は直面した。

デフレーション
（デフレ）

☐26 1990年代の長期不況において、企業部門では ★★ ・
★★ ★★ ・ ★★ （「**3つの過剰**」）を抱え込むととも
に、金融機関の保有する ★★ が膨大な規模に達す
るなど循環的な不況とは異なる構造的課題に直面した。

雇用,
設備, 債務,
※順不同
不良債権

☐27 1990年代に金融の自由化が進んだため、経営体力や競
★★ 争力が最も弱い金融機関に合わせて、**当時の大蔵省（政
府）が業界全体を規制して金融システムを守る**とい
う ★★ 方式**は崩壊した。

護送船団

☐28 1995年4月、1ドル＝ ★★ 円75銭という**超円高**
★★ が進行したため**輸出が減退**するとともに、中国製品や
NIES 製品がさらに安く日本に流入し、 ★★ とい
う現象が発生した。

79

価格破壊

☐29 1997年、**橋本龍太郎内閣**による財政健全化を目指した
★★ 消費税率の ★★ ％から ★★ ％への引き上げ、
健康保険の本人負担率の ★★ 割から ★★ 割へ
の引き上げなどのため**消費が減退**し、**98年度は**マイ
ナス**成長を記録した。

3, 5,
1, 2

☐30 1998年、**小渕恵三内閣**は長期不況の一因である銀行の
★★★ 貸し渋り対策として ★★★ 法を制定し、金融機関に
対し**公的資金を投入**して ★★★ の処理を進めた。

◆1997～98年には、大手証券会社の**山一證券**、都市銀行の**北海道
拓殖銀行**、長期融資を行い高度経済成長を支えてきた**日本長期
信用銀行**、日本債券信用銀行が相次いで破綻した。

金融再生関連,
不良債権

☐31 2001年9月11日の ★★★ によるアメリカの消費減
★★★ 退を受けて ★★★ が崩壊した。

同時多発テロ,
IT バブル

☐32 2001年、**小泉純一郎内閣**は郵政民営化や ★★★ の廃
★★★ 止・民営化などによる**財政支出の削減**を目指した。

特殊法人

□**33** ★★ ▮ **★★** ▮ とは特定分野について規制緩和が認められる
特別区域のことで、**2003**年から**総合デフレ対策**の1つ
として設置された。

◆具体例として、輸入品の入関手続を24時間行う**国際物流特区**、
株式会社の学校教育への参入を認める**教育特区**、産・官・学連
携で先端技術の研究を行う**知的特区**、医療経営や**農業経営に株
式会社の参入**を認める特区などがある。成功事例を全国に拡大
することを当時、小泉首相は「**規制改革**」と呼んだ。

□**34** ★ ▮ **★** ▮ は、破綻寸前であるが**再建の見込みがあると
認定した企業**に対して、リストラ・再建計画を実施す
ることを条件に、銀行と協力して**公的融資**を行い、企
業に対する救済措置を行った。

◆カネボウ、大京、ミサワホーム、ダイエーなどの大企業が救済
された。**2007年3月に任務を完了**して解散した。

□**35** ★ 2009年、破綻の危機にある企業の再建のために**公的資
金を投入**する組織として産業再生機構とほぼ同じ目的
や機能を持つ ▮ **★** ▮ が発足し、13年には企業を再
建する ▮ **★** ▮ に改組された。

◆再生企業の代表例は**日本航空（JAL）**である。

□**36** ★★★ **2002年2月から08年2月まで、73ヶ月続いた好況**は、
06年11月に ▮ **★★★** ▮ （57ヶ月）を超え、それまでの
最長の好況となった。

◆**設備・債務・雇用**の「**3つの過剰**」が解消したことで、再び生産
の拡大が見られ好景気が実現した。この好況は「**いざなみ景気**」
「**戦後最長の景気**」「実感なき景気回復」などと呼ばれている。

□**37** ★★ 経済のグローバル化が進む2000年代の日本企業の経営
合理化は、人件費削減のための ▮ **★★** ▮ 雇用**の拡大**や
国内産業の ▮ **★★** ▮ **化による雇用機会の喪失**を伴った
ため、労働者の所得は減少し、00年代初頭の長期景
気拡大は「 ▮ **★★** ▮ 景気回復」とも呼ばれている。

□**38** ★★★ 2008年9月のアメリカ大手証券会社リーマン=ブラ
ザーズの破綻をきっかけに**世界同時株安**が発生し、
「**100年に1度の経済危機**」とされる ▮ **★★★** ▮ を招いた。

□**39** ★ リーマン=ショックが発生した2008年の日本の年平均
完全失業率は ▮ **★** ▮ **%台**であったが、翌09・10年
にはその影響を受けて ▮ **★** ▮ **%台**に達し、また09
年の**有効求人倍率**は ▮ **★** ▮ **倍**を下回った。

VII 経済

4
日本経済の動向(3)〜「バブル」と「失われた10年」

□ **40** 1990年代半ばの超円高により、もともと安価な中国製
★★★ 品などがさらに値下がりする ★★★ が進んだ。その
結果、国産品の ★★★ 傾向が進行し、企業収益を悪
化させて ★★★ **が深刻化**する ★★★ の危機が、
リーマン=ショック後の超円高で再燃した。

価格破壊,
デフレ,
不況, デフレ=スパ
イラル

□ **41** 消費者が日常的に購入する財やサービスの価格の動き
★★★ を表すものを ★★★ 指数、国内の企業間取引での財
の価格の動きを表す指数を ★★★ 指数という。次の
グラフは、1970〜2022年のそれぞれの推移を示し、**A**
は ★★★ 指数、**B**は ★★★ 指数を指し（いずれも
2020年基準）、グラフの背景がグレーの期間は景気の
★★★ 局面を表す。

消費者物価,
国内企業物価

国内企業物価, 消
費者物価
後退

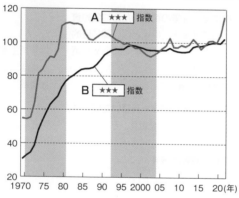

1973年と79年の2度の ★★★ では、いずれの指
数も急上昇（「狂乱物価」）するとともに不況に陥ると
いう ★★★ の状況に見舞われた。85年には ★★★
合意を受けて円高による輸入素材の値下がりから、
Aの指数が下がっている。90年代後半、「失われた
10年」といわれた長期 ★★★ では、いずれの指標
も下落傾向を示し、2000年代半ばに歯止めがかかる
が、08年の ★★★ の影響で再び下落するという
★★★ 傾向を示した。12年12月に発足した第二
次安倍内閣は、この局面を脱却するための経済政策
として「 ★★★ 」を掲げた。

石油危機（オイル=
ショック）
スタグフレーション,
プラザ

不況

リーマン=ショック,
デフレ

アベノミクス

◆2006〜08年までは、消費者物価指数と国内企業物価指数ともに上昇した。世界的な原油の値上がりによる。しかし、08年のリーマン=ショックの影響で、09・10年はいずれも下落した。近年は、原油などエネルギー価格の上昇に加え、22年2月のロシアによるウクライナ侵攻が大きく影響し、上昇に転じた。同年には円安も加速し（同年10月に1ドル=150円台を記録）、円安基調が輸入品価格を為替面から押し上げ物価上昇が深刻化している。

5 日本経済の動向 (4)〜2010年以降

□**1** 2011年3月11日、 ★★★ が発生し、 ★★★ で1986
★★★ 年の ★★★ 原子力発電所事故と同じ「レベル7」となる深刻な事故が起こり、日本の経済と社会に大きな影響を及ぼした。

東日本大震災，福島第一原子力発電所(福島第一原発)，チョルノービリ（チェルノブイリ）

□**2** 東日本大震災により生じた津波によって大きな被害が
★★ 発生し、自動車や家電、パソコンなどの ★★ （供給網）が寸断されたため、新しい製品の生産が激減した。

サプライチェーン

◆在庫を最小化することで過剰在庫や不良在庫の発生を抑える「かんばん方式」と呼ばれる生産方式を採用するトヨタ自動車は、地震や津波でサプライチェーンが寸断されたことによって新車の生産がストップした。もともと在庫は最小化されていたため、販売するものがなくなり、収益が大きく悪化した。

□**3** 例年、日本の貿易収支は大幅な ★★ を記録してい
★★ たが、2011年の国際収支統計では1963年以来48年ぶりに、貿易統計では1980年以来31年ぶりに、それぞれ ★★ を記録し、15年まで続いた。

黒字

赤字

□**4** 2011年の東日本大震災以後、**超円高**が進行することに
★★★ より、再びデフレと不況の繰り返しで経済全体が下降する ★★★ の危機が発生した。

デフレ=スパイラル

◆1995年1月17日の阪神・淡路大震災後の同年4月にも1ドル=79円台という超円高を記録したという経験則から、2011年3月11日の東日本大震災直後、海外投資家を中心に円が買われ、同17日に1ドル=76円台、同年10月31日には海外市場で1ドル=75円台の超円高を記録した（75円32銭）。その原因は、日本の保険会社が震災関連で生じた保険金支払のために外国資産を売り、円を買い戻す結果、円高が進むとの予測が投資家の間に流れ、投機的な円買いが加速したためである。

5 2012年12月、政権与党に復帰した**自民党の第二次安倍晋三内閣**は ★★★ と名づけた**経済政策**を掲げ、**大胆な** ★★★ 、**機動的な** ★★★ 、民間投資を喚起する ★★★ の「**三本の矢**」を打ち出し、デフレからの脱却や日本経済の再生を目指した。

アベノミクス, 金融政策 (金融緩和), 財政政策 (財政出動), 成長戦略

◆2020年10月、菅首相は前政権下でアベノミクスの政策を議論してきた未来投資会議を廃止し、新たに成長戦略会議を設置した。菅首相は経済財政諮問会議を成長戦略の司令塔に位置づけ、引き続き首相が議長を務める。この新たな会議では官房長官が議長を務め、経済財政諮問会議と連携していく。

6 2012年12月、**第二次安倍内閣**が掲げたアベノミクスと日銀の政策は、消費者物価**を年率** ★★★ **%上昇**させることを目指す ★★★ を実施してデフレ=スパイラルの進行を食い止めようとした。

2, インフレ=ターゲット

7 2013年、**第二次安倍内閣は構造改革特区**をグレードアップさせた ★ の創設を決定し、14年に改革拠点などを全国各地に指定した。

国家戦略特区 (国家戦略特別区域)

◆東京圏を「国際ビジネス、イノベーションの拠点」、関西圏を「医療等イノベーション拠点」、沖縄圏を「国際観光拠点」、兵庫県養父市を「中山間地農業の改革拠点」などに指定している。

8 2014年、**第二次安倍内閣**は成長戦略の1つとして ★ 法を施行し、**財政支出や税制優遇**により企業の先端的な設備投資や赤字不採算部門の整理などを促すとともに、税制面では ★ への投資を支援する。

産業競争力強化

ベンチャーファンド

9 世界貿易機関(WTO)の ★★★ =ラウンドが難航する中、太平洋の周辺地域を中心に**例外なく**関税**撤廃**を目指す ★★★ (TPP) の拡大交渉が行われ、日本も**第二次安倍内閣**下で正式に交渉へ参加した。

ドーハ

環太平洋経済連携協定

◆環太平洋経済連携協定 (TPP) は、東南アジア地域の**シンガポール**とブルネイ、太平洋地域の**ニュージーランド**、南米地域の**チリ**の4ヶ国で発効し、**アメリカ、カナダ、ペルー、ベトナム、日本**などが加盟交渉に参加した。参加国間の関税撤廃を行うことで**自由貿易圏**を拡大する多国間の経済連携協定 (EPA) や自由貿易協定(FTA)といえる。2018年12月、アメリカを除いた11ヶ国で発効した (TPP11)。23年7月にはイギリスの加入が決まり、TPPの経済圏はヨーロッパにも広がることになった。

□ **10** 2012年12月からの好況は「　**★★**　」と呼ばれ、20
★★ 年1月で**いざなみ景気**（2002年2月～08年2月、73ヶ
月）を抜き**戦後最長の好況**といったんは発表されるも、
同年7月に景気回復局面は<u>18年10月</u>（<u>71</u>ヶ月）で終
了したと判断され、戦後最長記録に及ばなかった。

◆雇用状況が改善して失業率が低下、日銀や**年金積立金管理運用
独立行政法人**（<u>GPIF</u>）による株式購入で株価上昇を支え続けた
（**官製相場**）。しかし、結果として株式を大量保有する大企業、大
口投資家たちの利益に偏り、格差社会はさらに広がっていった。
高度経済成長期の<u>いざなぎ景気</u>（<u>57</u>ヶ月間の年実質<u>10～12%</u>
の経済成長）と比べ、「<u>アベノミクス景気</u>」は平均で年率1.1%程
度と力強さを欠く<u>実感なき景気回復</u>であった。所得や個人消費
はあまり伸びず、<u>米中貿易摩擦の激化</u>や、2度の先送り（2015年
10月→17年4月→19年10月）を経て行われた**消費税率10%
への増税**などで、景気が落ち込んでいったとされる。

アベノミクス景気

□ **11** 2015年9月、「アベノミクス」の第2ステージとして、
★★ 「希望を生み出す強い<u>経済</u>」「夢をつむぐ　**★★**　支援」
「安心につながる　**★★**　」をスローガンとする「<u>新・
三本の矢</u>」が発表された。

◆従来の「<u>三本の矢</u>」を強化し、最大600兆円の名目GDPを目
標に、「<u>希望出生率1.8%</u>」「<u>介護離職ゼロ</u>」「<u>一億総活躍社会</u>の
実現」などを図る経済財政政策である。

子育て，
社会保障

□ **12** **地方創生**の方法の1つとして、「　**★**　立国」をス
★ ローガンに　**★**　が進めるビジット・ジャパン事業
を通じた**訪日外国人の誘致活動**が行われている。

観光，
観光庁

□ **13** 観光分野の政策に充当するため、2019年1月より、日
★ 本からの出国時に2歳以上の日本人と外国人から1人
あたり1,000円の　**★**　税の徴収が始められた。

国際観光旅客

□ **14** 2019年10月、**消費税率**が　**★★★**　%から　**★★★**　%
★★★ に引き上げられたが、その背景には、翌20年に開催
が予定された<u>東京オリンピック・パラリンピック</u>によ
る　**★★★**　（<u>訪日外国人旅行客</u>）需要などで、日本経済
が空前の好況を迎えることで、増税による**景気後退**を
相殺し、それを上回る増収への期待があった。

8，10

インバウンド

☐**15** 2020年1月、新型コロナウイルス感染症 (COVID-19)
★★ の感染者が日本でも正式に確認され、同年4月には全
国に「 ★★ 」が発令されるなど、「 ★★ =ショッ
ク」という深刻な経済の落ち込みから、実質 ★★
成長となった。

緊急事態宣言, コ
ロナ,
マイナス

　◆倒産・廃業件数、失業者数が急増し、2020年7～9月開催の東
　京オリンピック・パラリンピックの1年間延期、観光目的をはじ
　めとした訪日外国人旅行客によるインバウンド需要の大幅な落
　ち込みなど、日本経済は大きなダメージを負った。しかし、「ア
　フターコロナ」の中で、入国制限が緩和されると、円安を背景に
　訪日外国人が急増し、インバウンド需要が拡大している。

☐**16** 2021年に発足した岸田文雄内閣の「岸田ビジョン」を
★★ 支える経済政策の考え方である「 ★★ 」とは、市場
の競争原理に依存しすぎるのではなく、政府が一定の
役割を担いつつ、賃上げや人的投資などの面で官民が
協力して「成長」と「分配」の好循環に向けて取り組ん
でいくことを指す。

新しい資本主義

6 産業構造の変化

ANSWERS ☐☐☐

☐**1** イギリスの経済学者の ★★ は、産業を第一次産業、
★★ 第二次産業、第三次産業に分類した。

コーリン=クラーク

☐**2** 商業、サービス業、公務などは ★★★ 産業に、鉱工
★★★ 業、製造業、建設業は ★★★ 産業に、農林水産業は
★★★ 産業に分類される。

第三次,
第二次,
第一次

☐**3** 経済の成長に伴い生産額、就業人口割合が「第一次産
★★★ 業→第二次産業→第三次産業」へとその比重を移して
いくことを ★★★ といい、コーリン=クラークの法則
または ★★★ の法則とも呼ばれる。

産業構造の高度化,
ペティ=クラーク

☐**4** 第二次産業の内部で軽工業から重工業に生産額や就業
★ 人口が移行していくことを ★ 工業化といい、
★ の法則とも呼ばれる。

重化学,
ホフマン

□**5** 日本の**産業別就業人口割合**を表す次のグラフ中の空欄
★★★ **A～C**にあてはまる適語を答えよ。

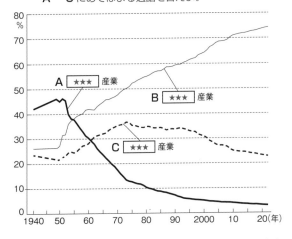

A 第一次
B 第三次

C 第二次

□**6** 高度経済成長期において、日本の就業人口は**第一次産**
★★★ **業**が減少し、**第二次産業**と**第三次産業**が増加した。こ
のような変化を ★★★ という。

就業構造の高度化

□**7** 次の図は、日本の企業が属する主要業種のうち4業種
★★ （**サービス業**（生活関連、娯楽、物品賃貸など）、**自動**
車・自動車付属品製造業、**情報通信**、**鉄鋼業**）の売
上高の変化を示したものである。図中の**A～D**にあ
てはまる業種名として最も適切なものをそれぞれ答え
よ。

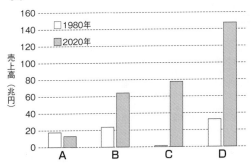

A 鉄鋼業
B 自動車・
  自動車付属品
  製造業
C 情報通信業
D サービス業
  （生活関連、
  娯楽、物品賃
  貸など）

□**8**　近年、**地域活性化**の取り組みの1つとして、**第一次産**
★★★　**業に従事する事業者**が、**第二次産業**や**第三次産業に進**
出したり、これらと**連携**を図ったりするものがある。こ
れを ┌─★★★─┐ 産業化と呼ぶ。

六次

□**9**　2度の**石油危機**によるエネルギーコストの上昇によっ
★★　て石油依存型の ┌─★★─┐ は、大きな打撃を受けたため、
非石油依存型の ┌─★★─┐ に転換していった。

素材産業,
加工組立産業

□**10**　**石油危機後の産業形態**は、大量の原材料を投下する
★★　┌─★★─┐ **集約型産業**からコンピュータのソフト開発な
どの ┌─★★─┐ **集約型産業**に移行していった。

資本,
知識

□**11**　アメリカの社会学者 ┌─★─┐ は、高度に工業化が発達
★　した社会がさらなる発達を遂げて、産業構造における
第三次産業の占める割合が高まった社会を分析し、こ
れを ┌─★─┐ 社会と呼んだ。

ダニエル=ベル

脱工業（脱工業化）

◆現在の情報通信技術 (ICT) にかかわる産業の発達は、ダニエル
=ベルが示した脱工業化社会の特徴の1つといえる。

□**12**　第三次産業を中心に、モノを売る産業から付加価値を
★★　売る産業に重点が移ることを**経済の** ┌─★★─┐ **化**という。

サービス

◆産業の中心が情報、通信、金融、保険、コンピュータ、プログ
ラミングやネットワークなどの分野に移行していく中で、経済
のサービス化は、経済のソフト化と強く関連づけられている。

□**13**　食料品や雑貨を中心とする小型のスーパーマーケット
★★　である ┌─★★─┐ は、現在、日常生活に不可欠なインフ
ラ的な役割を果たしている。その商品管理は、仕入か
ら販売、在庫・返品管理までを総合的に行う販売時点
情報管理（ ┌─★★─┐ ）システムによって行われている。

コンビニエンスス
トア（コンビニ）

ポス
POS

◆経済産業省の定義によると、コンビニエンスストア (コンビニ)
は主に飲食料品を取り扱う、売場面積30～250平方メート
ルの1日14時間以上営業するセルフサービス店を指す。POS
(Point of sale) システムとは、各店舗の商品をバーコードなど
を用いて運営会社本部のコンピュータで管理し、商品の販売状
況、在庫品の過不足を把握し、速やかに**最適な商品の店頭数量**を
設定、実現するという流通・管理システムである。現在、POS
システムをはじめ、店舗運営に関するシステムは情報通信技術
(ICT) に大きく依存している。

☐**14** 情報通信技術（ICT）の進歩により、**インターネット**に
★★★ よる ┃★★★┃（e コマース）**が拡大**し、**インターネット
銀行**や ┃★★★┃による決済手段が普及するなど、新た
な**流通革命**が起きている。

電子商取引，
電子マネー

◆電子マネーには、前もって資金をカードにチャージ（積み増し）
しておき、買い物の際にカードで支払うプリペイド（**前払**）型や、
携帯電話などで買い物をし、後日に支払（決済）を行うポスト＝
ペイ（**後払**）型などがある。

☐**15** インターネットの発達と普及に伴い、電子商取引（e コ
★★ マース）が活発化している。このことに関する次の空
欄 **A 〜 F** にあてはまる適語を答えよ（ただし、**B 〜 D**
はアルファベットの略語が入る）。

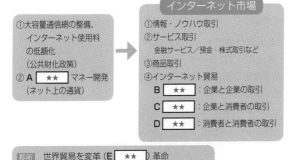

A　電子

B　B to B

C　B to C

D　C to C

E　流通

F　デジタル＝
　　デバイド

◆2022年の日本のインターネット利用端末の割合はパソコン
（48.5%）、スマートフォン（71.2%）とスマートフォンが広く
普及している。これに伴い、フリーマーケットアプリ（フリマア
プリ）などを用いた、C to C（個人間取引）の電子商取引も急増
している。

☐**16** ┃★┃とは、主にインターネットを通じて個人（＝消
★ 費者）と個人（C to C）、企業と個人（B to C）などの
間でモノ、場所、技能などを貸借するような新しい経
済モデルのことである。

シェアリングエコ
ノミー

◆モノ（メルカリなど）、場所（Airbnb など）、技能（CrowdWorks
など）、移動や時間（Uber など）について様々な資産を共有（シェ
ア）する経済モデルや消費スタイルが広がりを見せている。

□**17** 定期購読や継続購入を意味する　★　は、モノや
★　サービスを所有・購入するのではなく、一定期間利用で
　きる権利に対して料金を支払うビジネスモデルである。

サブスクリプショ
ン

　◆ソフトウェアやコンテンツの提供など様々な分野でサブスクリ
　　プションによる利用（消費）が広がっている。

□**18**　★　とは、金融（finance）と技術（technology）
★　を組み合わせた言葉で、各種の金融サービスと情報通
　信技術を結び付けた技術革新の動きを指す。

フィンテック
（FinTech）

□**19** 暗号資産（仮想通貨）などで用いられる　★　とは、
★　ネットワーク内で生じた取引記録を「ブロック」という
　データの塊に格納し、これを暗号技術を組み合わせて
　複数のコンピューターで鎖のようにして記録する仕組
　みのことで、データの改ざんが難しいとされる。

ブロックチェーン

□**20**　★　と略称される**非代替性トークン**とは、暗号資
★　産（仮想通貨）と同じく、ブロックチェーン上で発行・
　取引される偽造不可な鑑定書・所有証明書付きのデジ
　タルデータのことである。

NFT

　◆従来、デジタルデータは容易に複製や改ざんが可能であるため、
　　実際の宝石や絵画などのような資産価値があるとはみなされな
　　かったが、仮想空間の美術品や録音物、不動産などのデジタル
　　資産の所有権を認証できる NFT（Non-Fungible Token：**非代**
　　替性トークン）の技術によって、ブロックチェーン上のデジタル
　　データにも真実性に裏打ちされた資産価値を持たせられるよう
　　になった。

□**21** 近年は、ネットワーク上に構築される　★　と呼ば
★　れる3次元グラフィックの仮想空間で参加者どうしが
　交流し、コミュティを形成することや、暗号資産（仮
　想通貨）を用いた経済活動などが行われている。

メタバース

　◆現実空間と仮想空間であるメタバースを交錯する知的財産の利
　　用やメタバース内でのデザインなどに関する諸権利の保護、ア
　　バター（仮想空間上でのユーザーの分身となるキャラクター）の
　　肖像権利用に関する取り扱いなど様々な法整備が必要とされて
　　いる。

□**22** ICT（情報通信技術）の進歩により、　**★★**　という**在**
★★ **宅勤務**による電子化事務所や電子化家庭が実現した。

◆近年は、IT に communication の「C」を加えて ICT（情報通信技術）と呼ばれる。SOHO はワーク・ライフ・バランス（仕事と生活の調和）の実現に向けた**「働き方改革」**の中で注目されている自営型の働き方のスタイルである。2020年の新型コロナウイルス感染症（COVID-19）の感染拡大に対して、**ホワイトカラー**（事務職）を中心に在宅勤務（テレワーク、リモートワーク）の実施が進んだ。

7 中小企業

□**1** 1963**年制定**の　**★★★**　法による中小企業の定義を示し
★★★ た次の表中の空欄 **A 〜 E** にあてはまる数値を答えよ。

中小企業基本

業種	資本金	従業員数
鉱工業・製造業	A **★★★** 円以下	B **★★★** 人以下
卸売業	C **★★★** 円以下	100人以下
小売業	D **★★★** 円以下	E **★★★** 人以下
サービス業		100人以下

A　3億
B　300
C　1億
D　5,000万
E　50

◆2016年現在、日本の事業所の約99％が中小企業であるが、製造業出荷額に占める割合は約50％である。小売販売額に占める中小企業の割合は約70％である。**小売業には中小商店が多い。**なお、従業員数において製造業その他で20人以下、商業・サービス業で5人以下の事業者を**小規模企業**という。

□**2** 中小企業には、大企業から発注を受けて部品などを製
★★★ 造する　**★★★**　、大企業のグループに入り製品開発を
進める　**★★★**　、ある地域に多くの企業や産業が集ま
る　**★★★**　型企業、地元の地域伝統産業である　**★★★**
を営む企業などがある。

下請企業,
系列企業,
産業集積, 地場産業

◆日本の産業構造として、円高の進行は、中小企業製品の輸出を不利にさせ、また、中小企業分野と競合する財が大量に安価で輸入されるために中小企業の倒産**を増加**させる。

□**3** 中小企業の近代化が遅れ、大企業と比較して ★★★ 　　　　資本装備
★★★
率、**労働生産性**、**収益性**、**賃金**などで大きな格差が生

じる大企業と中小企業の関係を ★★★ という。　　　　　二重構造

◆日本の中小企業は伝統的な地場産業を支えている反面、親企業
との系列・下請関係が存在し、大企業との間に二重構造が生じ
ている。その改善策は、中小企業基本法（1999年改正）と**中小
企業近代化促進法**（現在の中小企業新事業活動促進法）が中心と
なっている。なお、**資本装備率とは総資本を労働力で除した指
標**で、企業内の労働者数に対する設備投資の比率を指す。**労働
生産性**とは従業員１人あたりが生み出す付加価値額を指す。

□**4** **二重構造**の原因として、土地などの担保物件が乏しく
★★
十分な担保がないため、銀行などの融資を受けられな

い ★★ の二重構造と、原料が高く製品が安いとい　　　　金融

う**原料高・製品安**、中小企業の多くが大企業の下請企

業であるため ★★ として利用され、不況期に倒産　　　　景気変動の調節弁
　　　　　　　　　　　　　　　　　　　　　　　　　　　　　　（景気の安全弁）
しやすい構造にあることなどが挙げられる。

□**5** 次のグラフは、日本の企業の開業率と廃業率の推移を
★★
表している（『小規模企業白書』）。グラフ**A**は ★★ 、　　　開業率,

Bは ★★ を指す。近年は ★★ の効果もあり「**A**　　　廃業率, アベノミ
　　　　　　　　　　　　　　　　　　　　　　　　　　　　　　クス
＞**B**」の状態が続いた。

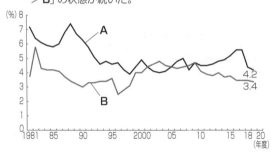

□**6** 企業の生産プロセスは、下請や分社化、外部の他企業
★★
に業務を委託する ★★ など多様化している。　　　　　アウトソーシング

□**7** **経済産業省の外局**である ★★ は、中小企業を保護・　　　中小企業庁
★★
育成し、その経営を向上させ発展を図る環境づくりの

ために設置されている。

□**8** 　　★　　法は、デパートや大型スーパーの出店を当時の
★
通産大臣の**許可制**とし、数年間の　　★　　を義務づけ、
営業日数や営業時間などの規制を設けていた。

　　◆1973年制定の大規模小売店舗法の立法目的は中小商店の保護に
　　　あった。出店調整期間は当初3年間であったが、アメリカによ
　　　る同法の**廃止要求**を受け、1992年より1年間に短縮された。

大規模小売店舗,
出店調整

□**9** 大規模小売店舗法**の廃止**に伴い、2000年に施行された
★★★
大規模小売店舗立地法は、百貨店や大型スーパーの出
店や営業時間について　★★★　を認め、交通渋滞緩和
策とごみ処理の実施など生活環境保持のみを出店条件
としている。

　　◆大規模小売店舗法（**大店法**）の廃止により、大型店の郊外への出
　　　店が進んだため、中小小売店舗の保護や中心市街地の空洞化の
　　　抑制を目的に「**まちづくり3法**」が制定された。大規模小売店舗
　　　立地法の他、土地の利用規制を図る（**改正）都市計画法**、中心市
　　　街地の再活性化を図る**中心市街地活性化法**の3つの法律である。

規制緩和

□**10** 独自の研究開発で経営展開を行い、新たな市場を開拓
★★★
する企業を一般に　★★★　企業という。

ベンチャー

□**11** 既存の産業や大企業が行っていない取り組みによって成
★
長を遂げる「**すき間産業**」は　　★　　産業とも呼ばれる。

　　◆需要はあるがこれまで取り組まれていなかった「**すき間**(niche)」
　　　にあるのがニッチ市場である。

ニッチ

□**12** 中小企業のベンチャービジネス**を支援**するため、2003
★★★
年には時限立法として**中小企業挑戦支援法**が制定され、
資本金　★★★　円の**株式会社の設立**が認められ、**05年**
の会社法制定（06年施行）で恒久法化された。

　　◆近年、ベンチャービジネスをはじめとした技術革新（イノベー
　　　ション）を促すために**産官学**（産業界、国・地方公共団体、大学
　　　など教育・研究機関）の連携が進んでいる。また、**起業家精神**
　　　（アントレプレナーシップ）をはぐくむ**起業家教育**（**アントレプ**
　　　レナーシップ講座）などを通じて、ベンチャービジネスの育成を
　　　進めていく仕組み（ベンチャーエコシステム）が求められてい
　　　る。

1

□ **13** 企業活動において、<u>サプライチェーン</u>（供給網）の構
★★ 築・維持の重要性が高まっている。次の図は、ある製
品の企画・発案後のサプライチェーンを示し、AとB
は製造、販売ともにサプライチェーンを構成する過程
を示す。図の右矢印は製品が作られ、販売されるまで
の流れを意味する。また、後の事例ア～ウは自然災害
によって、サプライチェーンが寸断された事例を示し
たものである。図中の**A**と**B**の過程とそれぞれに該
当する事例ア～ウは、**A**が ★★ 、**B**が ★★ で　　　　ウ，ア
ある。

- 【事例ア】大雪により、高速道路が閉鎖され、製品を小
  売店に配送することができなくなった。
- 【事例イ】洪水により、自社工場の機械設備が浸水し、
  一時的に操業を停止することになった。
- 【事例ウ】地震により、取引先企業が被災し、原材料を
  仕入れることができなくなった。

8 農業問題と農政

ANSWERS □□□

□ **1** 世帯員全員が農業だけに従事している農家を一般に
★★★ ★★★ 農家、世帯員中に農業以外に従事している者　　専業，
がいる農家を一般に ★★★ 農家という。　　　　　　　　兼業

□ **2** 自分と自分たち家族が食べるための農作物を、自分た
★ ち自身で生産する農家は一般に ★ と呼ばれ、「経　　　自給的農家
営耕地面積が30 a 未満かつ農産物販売金額が50万
円未満の農家」と定義される。

◆「農家」とは「経営耕地面積が10a 以上または農産物販売金額が
15万円以上の世帯」と定義され、<u>自給的農家</u>の規模を超える「経
営耕地面積が30a 以上または農産物販売金額が50万円以上の
農家」を<u>販売農家</u>という。

□**3** 次の図の空欄 **A ～ J** にあてはまる言葉または数字を
★★ 　答えよ。

分類法	農家類型	定義
専兼業別	A ★★ 農家	世帯員の中に B ★★ 従事者がいない農家
	B ★★ 農家	世帯員の中に B ★★ 従事者が F ★★ 人以上いる農家
主副業別	C ★★ 農家	G ★★ 所得が主であり、H ★★ 歳未満の自営農業従事60日以上の世帯員がいる農家
	D ★★ 農家	I ★★ 所得が主であり、H ★★ 歳未満の自営農業従事 J ★★ 日以上の世帯員がいる農家
	E ★★ 農家	H ★★ 歳未満の自営農業従事 J ★★ 日以上の世帯員がいない農家

A　専業
B　兼業

C　主業
D　準主業
E　副業的
F　1
G　農業
H　65
I　農外
J　60

VII 経済

8 農業問題と農政

◆**第1種**兼業**農家**：農業所得＞農外所得、**第2種**兼業**農家**：農業所得＜農外所得となる。現在は**第2種**兼業**農家**が圧倒的に多い。また、農業世帯を構成する者における兼業従事者の有無で区分していた従来の**専兼業分類**から、実態をより正確に把握することを目的に、1995年より**主副業別分類**が用いられ、主業農家、準主業農家、副業的農家という収入と働き手の両面から農家を定義する新たな分類法が導入された。この3つの種別はまとめて「販売農家」とされ、その中で現在は副業的農家の割合が大きい。

□**4** 高度経済成長期の ★★ 人口の減少に伴って、GNP
★★ 　（国民総生産）に占める農業生産の割合が ★★ した。

農村,

低下

□**5** 高度経済成長期に主な働き手である ★★ 労働者が
★★ 　工業に流出し、俗にいう「 ★★ 農業」が出現した。

男子,

三ちゃん

◆農業の主な働き手を失い、農家に残された「おじいちゃん、おばあちゃん、おかあちゃん」が農業を担うことから名づけられた。

□**6** 政府が<u>コメ</u>を**管理**することを定めた ★★★ 法は第二
★★★ 　次世界大戦中に制定され、**1995年に廃止**された。

食糧管理

◆コメの需要と供給、価格を調整し安定させる目的で定められた食糧管理法は戦時立法であり、**統制経済**の一環である。

303

□**7** コメを政府が<u>生産者米価</u>を設定して高く**買い**、消費者
★★
には<u>消費者米価</u>を設定して安く**売る**という ┃ ★★ ┃ 制
度は、┃ ★★ ┃による**食糧管理特別会計**の<u>赤字</u>が拡大
したことから、1970年代に見直された。

食糧管理,
逆ザヤ

◆1995年まで実施されていた<u>食糧管理制度</u>の下では、**生産者米価
は**<u>高く</u>、**消費者米価は**<u>安い</u>**という**<u>逆ザヤ</u>が存在していたが、そ
の差額を負担する**食糧管理特別会計**は<u>赤字</u>に陥っていた。

□**8** コメの増産や消費の減少の結果として生じた ┃ ★★ ┃
★★
に対応するため、1970年代の総合農政の下、作付面積
を減らし**コメを生産調整**する ┃ ★★ ┃ 政策が行われた。

生産過剰

<ruby>減反<rt>げんたん</rt></ruby>

◆<u>減反</u>政策は、2018年度産米から廃止された。

□**9** <u>食糧管理法</u>**の廃止**に伴い、1995年に施行された ┃ ★★ ┃
★★
法は、<u>コメ</u>の生産、流通、販売を**自由化**し、強制<u>減反</u>
を選択的<u>減反</u>とし、計画流通として**自主流通米**を政
府が管理する一方、計画外流通米として生産者の直接
販売を合法化した。

新食糧（食糧需給
価格安定）

◆2004年の改正<u>新食糧法</u>の施行により、自主流通米と計画外流通
米の区別をなくし、民間流通米に一本化した。

□**10** 1960年代に<u>農業基本法</u>の下で**自立経営農家の育成**や農
★★
業構造改善事業、**付加価値性の高い**農作物に<ruby>作付<rt>さくづけ</rt></ruby>転換
を進める**農業生産の選択的拡大**などの政策を進める
┃ ★★ ┃ が行われた。

基本法農政

□**11** 1999年制定の ┃ ★★ ┃ 法は**新農業基本法**とも呼ばれ、
★★
農業の機能として、**食糧の安定供給の確保**、**農業の持
続的発展**や農村振興以外にも、**自然環境の保全**などの
多面的機能が明示されている。

食料・農業・農村
基本

◆**多面的機能**は農業・農村だけでなく、水産業・漁村にも存在し、
その多くは供給者以外にも利益が及ぶ<u>外部経済</u>である。

□**12** 2022年度の日本の食糧全体の**供給熱量自給率**（cal
★★
ベース）は ┃ ★★ ┃ ％である。

38

◆1960年代に80％、70年代に60％、2000年代に40％程度ま
で低下し、10年からは40％台を割り込んでいる。100％超の
カナダやアメリカ、フランス、60％程度のイギリスやイタリア
と比べ、先進国では最低レベルで、人口比としても低い。**農地
面積や農業従事者数の減少**、<u>環太平洋経済連携協定（TPP）</u>の締
結による農業自由化の加速など、日本の食料自給率の行く末が
懸念されている。

□**13**
★★
日本の食料自給率(2022年度概算値)は、かつて100%を超えていた ★★ が99%、鶏卵が97%、野菜が79%、肉類が53%であるが、小麦や大豆などの穀物（食用＋飼料用）は ★★ ％を下回る。

コメ

30

　◆穀物類は29%（小麦15%、大豆6%など）と極めて低い。なお、JA（農業協同組合、農協）グループは「国民が必要とし消費する食料は、できるだけその国で生産する」という「**国消国産**」の考え方を提唱している。

□**14**
★★★
次のグラフは、2020年（日本のみ2022年度）の主要国の**食料自給率**を供給熱量（cal）ベースと生産額ベースをそれぞれ試算したものを示したものである。空欄A～Cにはアメリカ、日本、フランスのいずれかがあてはまる。それぞれの国名を答えよ。

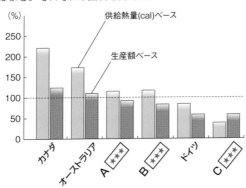

A　アメリカ
B　フランス
C　日本

　◆先進主要国の中で、供給熱量（cal）ベースの食料自給率が120%前後となる国はAのアメリカと、ヨーロッパ最大の農業国であるBのフランスである。

□**15**
★★★
外交および安全保障政策上、少なくとも**主食は国内完全自給体制を維持**することが望ましいとの考え方を ★★★ 論といい、 ★★★ の**市場開放反対論**としてしばしば主張されてきた。

食料安全保障，コメ

　◆ GATT **ウルグアイ=ラウンド**（1986～94年）でコメの市場開放・自由化を迫られた際、これに反対する立場の根拠となった。

□**16**
★★★
1980年代以降には海外からの ★★★ 要求により**農産物の輸入自由化**が行われ、91年には ★★★ とオレンジ、92年にはオレンジ果汁、99年にはコメが ★★★ （包括的関税化）に移行した。

市場開放，
牛肉

例外なき関税化

VII 経済

8 農業問題と農政

□17 1994年、**GATT ウルグアイ=ラウンド**でコメの例外な
★★ き関税化が決定するも、日本は直ちにその実施を猶予
される代わりに、95年から国内消費量の4〜8%を輸
入する ★★ を受諾し ★★ が行われた。

ミニマム=アクセ
ス（最低輸入量）,
部分開放

　◆**1999年**から日本はコメの例外なき関税化に移行した。なお、日
　本に輸入されているコメには関税として**従量税**が課されてい
　る。これを従価税に換算すると778%の高関税となるが、これ
　によって**内外価格差**を縮め、**国内農家を保護**している。

□18 ★★★ は、太平洋の周辺諸国で例外なく関税を撤廃
★★★ することを目指しているが、これに加入することへの
反対論として ★★★ が主張された。

環太平洋経済連携
協定（TPP）
食料安全保障論

　◆環太平洋経済連携協定（TPP）により、関税なしに、ないしは低
　関税で外国から安価な農作物が日本の市場に流入する可能性が
　あるため、日本もコスト引き下げのために**農業への法人**の参入
　規制をさらに緩和すべきだとの主張がある。

□19 環太平洋経済連携協定（TPP）や日本・EU間の ★★★
★★★ （経済連携協定）の発効に伴い、日本の農作物を世界中
に輸出する中で、2009年の農地法**改正**でリース方式に
よる農業経営への ★★★ の**参入**を認めるなどの**規制**
緩和により、今後は農作物を作り、加工し、製品化して
販売する ★★★ 産業化を推進することが重要となる。

EPA

法人（株式会社）

六次

　◆1952年制定の農地法は、地主制の復活を防止するために農地の
　所有や賃貸、販売に対して厳しい規制を設けていたが、2009年
　の法改正で農地の貸借が自由化された。農業人口の減少に対応
　し、広く人材を確保するための施策としている。そのような中で、
　第一次産業が第二次産業や第三次産業と連携し六次産業化され
　た新たな農業のあり方が模索されている。バイオテクノロジー
　やAI（人工知能）、ICT（情報通信技術）などの最先端技術を活用
　した「**強い農業**」へ転換できるかが課題である。

□20 2010年、民主党政権下において**国内農業の保護**を目的
★★ に ★★ 制度が導入されたが、自民党への政権交代
後は**新農政プラン**に基づき経営規模拡大や施設機械整
備などの ★★ 的機能を直接支援する支払制度に転
換を図っている。

農業者戸別所得補
償
多面

□21 農業就業者の高齢化と後継者不足により ★ 地が
★ 増加する中、2013年には ★ 法が制定され、同機
構（農地集積バンク）がその農地を借り受け、農業の担
い手を募り、貸借・譲渡の橋渡しを行うことになった。

耕作放棄,
農地中間管理機構

9 食の安全をめぐって

□**1** 高度経済成長期の日本では、1950年代半ばから60年
★ 代にかけて、大規模な食品被害や薬害が発生し、社会
問題となった。例えば、55年に発生した ★ 事
件では、1万人超の乳幼児が中毒となり、約130人が
死亡した。59年頃から63年にかけて発生した
★ 事件では、つわり止めとして服用した睡眠剤
によって、母親から手足の不自由な子どもが生まれ、そ
の被害者は1,000人に上ると推定される。68年に発
生した ★ 事件では、米ぬか油に混入した化学物
質により、皮膚疾患やしびれなどの油症患者が発生し
た。

森永ヒ素ミルク中
毒

サリドマイド

カネミ油症

□**2** 日本では、★★★ 食品を販売する場合、原則的にその
★★★ 旨を表示することが義務づけられているが、**加工食品
の場合は表示義務が免除**されるケースがある。

遺伝子組み換え

◆遺伝子組み換え食品は、遺伝子組み換え作物（Genetically
Modified Organism：GMO）を用いて作られた食品のことで
ある。

□**3** 近年の日本の農林業を取り巻く状況として、**地元で生
★ 産**されたものを**地元で消費**することで、消費者と生産
者が対話することなどを通じて相互の信頼の構築を目
指す ★ の動きがある。

地産地消

□**4** 消費地と生産地との距離に輸送量をかけて算出した、
★★ 二酸化炭素の排出量など**環境への負荷の度合い**を示す
イギリスで提唱され、2001年には日本でも導入された
指標を ★★ という。

フードマイレージ

□**5** 流通段階で生産情報や流通経路などを明示するなど
★★ ★★ （**履歴管理**）システムを実現した農産物の販売
が増加してきた。これは、多くの人々の間に ★★
の**安全性**への関心の高まりから生じたためである。

トレーサビリティ,
食（食品）

◆農産物やその加工品の生産から流通までの過程を追跡できるよ
うにするシステムであるトレーサビリティが確立した背景に
は、牛海綿状脳症（BSE）発生の際、消費者の食への不安を取り
除く必要があった。

□**6** 食品の安全性を確保する施策として、2009年に**消費者**
★★★ **行政の一元化**を目的に**内閣府の外局**として ★★★ が
発足した。

消費者庁

□**7** 国内で販売される ★ 食品については、食品添加
★ 物だけでなくアレルギーの原因とされる特定の原材料
も原則として ★ が義務づけられている。

加工

表示

□**8** 防虫や防腐のために収穫後、農作物に農薬を散布する
★ ことを ★ といい、その健康被害が問題となった。

ポストハーベスト

□**9** 複数の化学物質による相乗効果が現れることを ★
★ といい、想定外の健康被害の発生が懸念されている。

複合汚染

□**10** 日本では、食中毒事件や食品の**表示**偽装など、食の安
★★ 全性をめぐる問題を受けて、2003年に ★★ 法が制
定された。

食品安全基本

□**11** 食品に含まれる放射性 ★ の量について、日本は、
★ 子どもの健康への影響に配慮し、公的な基準値の区分
を設定した。

セシウム

□**12** ★ は、2003年に内閣府の下に設置され、消費者
★ 庁などと連携し、食品の安全性を確保するための科学
的な知見に基づく中立かつ公正なリスク評価を行って
いる。

食品安全委員会

◆食品安全基本法に基づき設置された機関で、食の安全のための
多様な活動として、リスク評価の他にリスクコミュニケーショ
ンや緊急事態への対応なども行っている。

10 消費者問題

□**1** 1962年、アメリカのケネディ大統領は、欠陥商品や悪
★★★ 徳商法などが社会問題化する中で、**消費者の** ★★★
を消費者特別教書の中で唱え(「**消費者の権利宣言**」)、
★★★ の考え方を提唱した。

4つの権利

消費者主権

◆**消費者運動**はアメリカの弁護士ラルフ=ネーダーらが始めた。

□**2** アメリカのケネディ大統領による**消費者の4つの権利**
★★★ とは「**安全である権利**」「 ★★★ 」「 ★★★ 」「意見を
反映させる権利」である。

選ぶ権利, 知る権
利 ※順不同

◆知る権利とは、**商品の品質と性能を知る権利**のことである。

□**3**
★★★
日本では、1947年に ★★★ 法が制定され、独占価格や不公正な競争を排除するとともに、 ★★★ が適正な価格で商品を購入できることを保障した。

独占禁止，
消費者

□**4**
★★★
1968年に消費者保護基本法が制定され、2004年に同法の改正で制定された ★★★ 法の第1条では「**消費者の** ★★★ **の尊重及びその自立の支援**」を基本理念に掲げている。

消費者基本，
権利

◆消費者保護基本法は、従来の**消費者の**保護から消費者の自立支援を目的として抜本改正された。

□**5**
★★
消費者行政の最高意思決定機関は内閣総理大臣を長とする ★★ であり、消費者の国の窓口が ★★ 、地方の窓口となって苦情処理や品質テストを行うのが ★★ である。

消費者政策会議，
国民生活センター
消費生活センター

□**6**
★★
国民生活センターが仲介するなど、身近な消費者間のトラブルを当事者以外の第三者の介入により**迅速かつ簡易に解決するシステム**を ★★ という。

裁判外紛争解決手
続（ADR）

□**7**
★★★
消費者行政の主務官庁は ★★★ であるが、新たな主務官庁として厚生労働省の一部や農林水産省の一部などが統合し、2009年9月に各省庁が行っていた**消費者行政を一元化**するために ★★★ が創設された。

内閣府

消費者庁

□**8**
★★
「 ★★ **社会**」とは、自らの消費行動が社会や自然環境に与える影響を自覚し、環境にやさしい商品への選好を高めるなど、**消費者が主体的に社会の改善や発展に参加する社会**を意味する。

消費者市民

◆例えば、日本の**消費者庁**が普及に取り組んでいるものとして、自然環境や社会的課題を考慮し行う消費活動である倫理的消費（エシカル消費）がある。

□**9**
★
近年、注目されている ★ とは、モノやサービスの購入によって、個人や企業、組織・団体などを応援、または支援する消費行動のことをいう。

応援消費

◆応援消費は、2011年の東日本大震災を機に知られるようになり、コロナ禍を経てさらに広まっている消費行動である。例えば、被災地の生産品を購入すること、好きなアイドルやアニメーション作品のゆかりの地を訪ねる「聖地巡礼」、ふるさと納税やクラウドファンディングなども応援消費にあたる。

□**10** **★★** は、消費者が**商品の共同購入**を通して商品を
★★ 少しでも安く購入することを目的に作られた組織で、
1844年にイギリスの **★★** で創設された。

生活協同組合

ロッチデール

□**11** 通信販売などで注文していない商品を勝手に送付し、
★ 代金を一方的に請求する **★** は、消費者が受領を
拒否したにもかかわらず、業者が14日以内に引き取
りに来なければ、送り主である業者の返還請求権は
★ すると特定商取引法に明記された。

ネガティブ=オプ
ション（送りつけ
商法）
消滅

□**12** **商品の買い手を次々と勧誘するネズミ講式の取引**で、
★ 特定商品を複数セット購入させ、これらの商品を複数
の人に各々複数セット購入させることに成功した場合、
一定割合の利益を与えるなどの方法で**商品を連鎖的に
販売する商法**を **★** という。

マルチ商法（連鎖
販売取引）

□**13** 「消防署の方から来ました」などといい、消火器の検査
★ をするふりをして消火器を高く買わせるなどの悪徳商
法を **★** という。

かたり商法

□**14** 手紙や電話で「あなたは選ばれました」などといって呼
★ び出し、英会話教材などを買わせる悪徳商法を **★**
という。

アポイントメント
商法

□**15** 経営や建築などの「○○○士」と呼ばれる資格が、近く
★ 国家資格になるなどといって、資格取得講座に誘う悪
徳商法を **★** という。

資格商法（士商法）

□**16** 街頭でアンケートなどを理由に近づき、事務所などに
★ 連れ込んで化粧品や美術品などの商品を売りつける悪
徳商法を **★** という。

キャッチ=セールス

□**17** 1976年制定の **★★** 法が改称され、訪問販売やマル
★★ チ商法（連鎖販売取引）などについて**悪徳商法の禁止**を
定めた **★★** 法が、2000年に制定された。

訪問販売

特定商取引

□**18** 消費者保護を目的として、訪問販売や割賦販売、宅地
★★★ 建物取引、マルチ商法 (連鎖販売取引) などについて、
成立した**売買契約を一定期間内**ならば ★★★ なしに
買主側から無条件で解除できる ★★★ という制度が
設けられている。

違約金,
クーリング=オフ

◆クーリング=オフで買主が売買契約を無条件で解除できる期間
は、マルチ商法では20日間、訪問販売では8日間である。店頭
で購入したものや通信販売については認められない。なお、2022
年施行の改正特定商取引法で、従来はハガキなどの書面を郵送
して通知することで有効とされたクーリング=オフが、電子メー
ルの送信でも可能となった。

□**19** ある保険会社が、契約を変更すると料金が高額になる
★ ことを知らせずに、消費者に契約を変更させていた場
合、企業と消費者との取引における**情報の** ★ に
よって、**消費者に不利益が生じている**といえる。

非対称性

□**20** ★★★ 法は、欠陥商品の製造業者が過失の有無にか
★★★ かわらず被害者たる消費者に対して ★★★ 損害賠償
責任を負うことを定めているが、製造当時の科学水準
で被害結果の発生が予見不可能であることが立証でき
た場合にのみ**免責**される ★★★ も認められている。

製造物責任 (PL),
無過失

開発危険の抗弁権

□**21** 現代の消費社会において、**広告や宣伝に左右されやす
い消費者の心理的傾向**を、アメリカの経済学者ガルブ
レイスは『ゆたかな社会』の中で ★★ と呼んだ。

依存効果

□**22** ★ とは、実際は「地球にやさしくない」商品や
★ サービスについて、企業などが誤解を生むような表現
を用いて、あたかも環境に良さそうに見せかけ、環境
意識の高い消費者を引きつけようとする行為を指す。

グリーンウォッ
シュ

◆環境や持続可能性 (サステナビリティ) への取り組みを見せかけ
で行うグリーンウォッシュや「SDGs ウォッシュ」によって利益
や広告効果を得ている企業などが見受けられる。

□**23** 当事者の一方がある商品を提供し、相手方がその代価
★★ として代金を支払うことを約束した時点で売買 ★★
は成立する。

契約

◆民法上、契約の成立は**合意のみで足り**、契約書は必要ないが、ト
ラブルに備えて契約書を作成するのが通常である。

24 現行の民法第90条は、**公序良俗に反する内容の契約**は ★★ であると規定し、反社会的契約の防止を図っている。

無効

◆当事者の合意があったとしても**公序良俗違反の契約**は無効であるとする強行規定である。

25 民法改正により、2022年4月から成年年齢が ★★★ 歳となり、民法に定められた ★★★ を取り消すことができる権利（未成年者取消権）が適用されなくなる。

18,
契約

◆契約のルールにおいて、未成年者は法定代理人（親などの保護者）によって守られている。例えば、スマートフォンの購入やクレジット契約では、原則として法定代理人の同意が必要となるが、成年年齢が18歳に引き下げられることで、18・19歳は成年（成人）と扱われるので法定代理人の同意を得ずに結んだ契約を取り消すことができる権利（未成年者取消権）は適用されなくなり契約責任を負う。

26 民法は私的目的、すなわち ★★ の原則に立ち、契約当事者の意思を尊重しているが、**信義則や公序良俗に違反する内容の契約**は ★★ ないし ★★ と扱うことにしている（民法第1条・90条）

契約自由

無効，無効

◆例えば、利息制限法の法定金利を上回る高金利の消費貸借契約を結んでも無効である。

27 必ず儲かると説明された契約に関する**消費者の取消権**や**メーカーの免責特約の無効性**を定めた法律は ★★ 法である（2000年制定、01年施行）。

消費者契約

◆消費者契約法では、不実告知があった場合、消費者が契約を取り消すことができることが定められている。2006年の法改正で**適格消費者団体**が創設され、消費者に代わり悪徳事業主への販売差止めなどの裁判を行うことが認められた。さらに、約款については、17年の民法改正により規定が設けられ、約款が不当に消費者の利益を一方的に害する場合、このような約款は合意しなかったものとみなされるようになった。

28 ★★ とは、消費者被害の発生と拡大を防ぐために、一定の消費者団体が裁判により消費者に代わって事業者の不当な行為の差止めを請求できる制度である。

消費者団体訴訟制度

29 2013年、企業と消費者との間の情報収集力や交渉力の格差を是正するために、**集団的消費者被害回復制度を**定めた ★ 法が施行された。

消費者裁判手続特例

◆正式名称は「消費者の財産的被害の集団的な回復のための民事の裁判手続の特例に関する法律」。消費者被害の集団的な回復を図るために2段階型の訴訟制度を設けている。

□30 単利型の「単利」とは、利息の計算方法の1つで、期間
★ に利率（元本に対する利息の割合）を乗じて利息を算出
する。例えば、年利（1年間の利率）が13％の単利型
で10年間を満期とする金融商品を100万円で購入し
た場合、10年間の利息の合計は [★] 万円となる。

130

□31 複利とは、元本から生じた利息を一定期間ごとに元本
★ に組み入れ、その合計額を次の期間の元本として利息
を計算する方式である。例えば、10万円を借り、月
利（1ヶ月を単位とする利率）3％の複利で3ヶ月後に
一括返済すると約束をした。この場合、3ヶ月後の返
済時の利息の合計に最も近いものを、下の語群から選
べ。

【語群】 9,000円 9,300円 9,546円 10,000円

9,300円

◆10万円×0.03＝3,000円
10万3,000円×0.03＝3,090円
10万6,090円×0.03≒3,183円
利子の合計は、9,273円となる。

□32 本人自らの申請を裁判所が認定することで多重債務者
★★ の借金を事実上、帳消しにする救済方法を [★★] と
いう。

自己破産

□33 消費者の自己破産の増加を招く [★★] 問題に対処す
★★ るため、2006年の貸金業法改正による借入金額の総量
規制などに加え、10年の出資法改正で法律上の借入
金利の上限を引き下げ、上限金利が利息制限法の上限
金利を上回ることで生じる「 [★★] 金利」が消滅した。

多重債務

グレーゾーン

◆この背景には、バブル崩壊後の長引く不況の中、1990年代に急
速に普及した消費者金融など個人への無担保融資事業から、多
くの消費者が借入を受けたことがある。

□34 サイバー犯罪には、金融機関などになりすまし、偽サ
★★ イトの作成やメッセージを送信して情報を入力させる
[★★] 、URL を1度クリックしただけで一方的にサー
ビスへの入会などを告げられ多額の料金を請求される
[★★] 詐欺、サイトやメールからウイルスに侵入さ
れ情報を盗み取られる [★★] による犯罪などがある。

フィッシング

ワンクリック，
スパイウェア

11 公害問題と環境保護

□■1 日本における公害の原点は、1890年の ★★ 事件で
★★ あり、代議士の ★★ が天皇にその解決を直訴した。

足尾銅山鉱毒,
田中正造

◆日本の公害の歴史は、産業革命により本格的な工業化が始まった明治時代にさかのぼる。足尾銅山鉱毒事件のほか、愛媛県で起きた別子銅山煙害事件が、その代表例である。

□■2 日本で公害問題が深刻化したのは ★★ 期である。
★★

高度経済成長

□■3 1967年制定の ★★ 法において、公害を ★★ 汚
★★ 染、 ★★ 汚濁、土壌汚染、騒音、振動、地盤沈下、
悪臭の7種類に規定した。

公害対策基本, 大
気,
水質

◆これら7種類の公害は「典型7公害」と呼ばれる。1993年に公害対策基本法に代わり、環境基本法が制定されたため、現在は同法に規定されている。

□■4 四大公害とは、三重県で発生した ★★★ 、富山県で
★★★ 発生した ★★★ 、熊本県で発生した ★★★ 、新潟
県で発生した ★★★ の4つを指す。

四日市ぜんそく,
イタイイタイ病,
水俣病,
新潟水俣病

◆四大公害訴訟の概要は以下の通り。

	水俣病	新潟水俣病	イタイイタイ病	四日市ぜんそく
場所	熊本県水俣湾周辺	新潟県阿賀野川下流域	富山県神通川流域	三重県四日市市
原因物質	メチル水銀など	メチル水銀など	カドミウム	亜硫酸ガス
被告	チッソ	昭和電工	三井金属鉱業	四日市石油化学コンビナート6社
発生時期	1950年代（1956年公式確認）	1965年	1910年代（1950年代に激増）	1961年頃
提訴年	1969年	1967年	1968年	1967年

四日市ぜんそくは大気汚染、イタイイタイ病はカドミウムによる水質汚濁、2つの水俣病は有機水銀による水質汚濁である。四大公害の裁判では、いずれも加害者側となる企業の責任が明らかにされ、原告である被害者側に損害賠償金が支払われ、1974年には公害健康被害補償制度が開始されている。なお、13年に水銀とその使用製品の製造・輸入を禁止する水俣条約が採択され、17年に発効した。

□**5** ★★★ ┃ ★★★ ┃ 年の国会では、公害対策基本法第１条の「**公害**
★★★ **対策と経済発展の**調和**条項**」が削除され、公害罪法な
ど14の公害対策関係法の改正と制定が行われたこと
から「 ★★★ 」と呼ばれ、 ★★★ の設置が決まった。

1970

公害国会，環境庁

□**6** 1971**年**に公害対策の主務官庁として ★★★ が発足
★★★ し、2001**年**の中央省庁改革で ★★★ となった。

環境庁，
環境省

□**7** 公害対策が一定の成果をあげたことから、重化学工業
★★ の生産活動による ★★ 公害は減少したが、一方で、
高度経済成長期から、都市部で大気汚染や騒音などの
★★ 型公害が社会問題化し、その対策を求める
★★ が盛んに行われた。

産業

都市・生活，
住民運動

◆例えば、自動車の排出ガスと紫外線が反応して起こる**光化学ス
モッグ**やごみ処理場の不足、下水や廃棄物による河川の汚濁な
どの環境問題が発生した。

□**8** 1973年には特定の公害の被害に対して、**国による補償**
★ を定めた ★ 法が制定された。

公害健康被害補償

◆ただし、金銭的補償は次善の手段であり、公害被害者の原状回復
を被害者救済の第一義にすべきであることが原則とされている。

□**9** 1993年には廃棄物や放射性物質、地球環境問題などに
★★★ 対処すべく、公害対策基本法と ★★★ 法を発展的に
統合して ★★★ 法を制定した。

自然環境保全，
環境基本

◆環境基本法は、いわゆる環境憲法として制定されたが、環境権
を認める規定は置かれなかった。

□**10** 公害は、市場を経由せずに被害を及ぼすため、その**社**
★★★ **会的費用が市場取引に反映されない**がゆえに、市場で
は適切な ★★★ が行われない。

資源配分

□**11** **公害を発生させた企業が汚染防除や被害者救済のため**
★★★ **の費用を負担すべきである**という ★★★ は、日本の
環境政策に採用されている。

汚染者負担の原則
（PPP）

◆ 1972年の**OECD 環境委員会**で汚染者負担の原則（PPP）の国際
ルール化が提唱された。日本において、PPP は自動車の排気量
によって自動車関係諸税を重くする**グリーン化税制**（2001年実
施）や、二酸化炭素排出量に応じた税率を上乗せする**地球温暖化
対策税**（2012年10月より導入）などに具体化されている。

□**12** 過失の有無を問わず公害発生企業や欠陥商品製造企業
★★ 　の損害賠償責任を認める原則を　★★　という。　　　　無過失責任の原則

　◆民法の損害賠償義務に関する故意・過失責任の原則を被害者保
　　護の観点から修正した。**大気汚染防止法**、**水質汚濁防止法**、**原
　　子力損害賠償法**などに規定されている。

□**13** 公害問題における無過失責任の原則や汚染者負担の原
★★★ 　則 (PPP) は、企業の　★★★　(CSR) の一例である。　　　社会的責任

□**14** **公害などの環境汚染**について、深刻な損害が生じるお
★★ 　それがある場合には、科学的な確実性が十分でなくと
　　も**未然に防止する措置をとるべきである**とする原則を
　　　★★　という。　　　　　　　　　　　　　　　　　　　予防原則

　◆1992年の地球サミットで採択された「リオ宣言」には、「環境を
　　保護するため、予防的方策は、各国により、その能力に応じて
　　広く適用されなければならない。深刻な、あるいは不可逆的な
　　被害のおそれがある場合には、完全な科学的確実性の欠如が、環
　　境悪化を防止するための費用対効果の大きい対策を延期する理
　　由として使われてはならない」と記されている。

□**15** 公害規制のあり方としては、かつての有害物質の排出
★★ 　濃度を規制する方式に加え、地域や企業別に**排出量を
　　割り当てて　★★　を規制**する方式も導入されている。　排出総量

　◆濃度規制から総量規制へと政策の重点が変化している。

□**16** 環境に著しい影響を及ぼすとされる事業の**環境負荷量**
★★★ 　を事前に調査、予測、評価することを　★★★　という。　環境アセスメント
　　　　　　　　　　　　　　　　　　　　　　　　　　　　　（環境影響評価）

　◆以前より地方での条例はあったが、1997年の環境影響評価法に
　　より初めて国レベルで環境アセスメントが法律化された。

□**17** 副産物を廃棄物にせず技術的に相互に利活用し、**廃棄
★★ 　物をゼロにする　★★　**や国際標準化機構(ISO)の**環
　　境マネジメントに関する国際規格**（　★★　**シリー
　　ズ**）、　★★　**マーク**を表示した商品など、企業の自己　ゼロ=エミッション,
　　規制や環境技術開発を促進する政策が進んでいる。　　　ISO14000,
　　　　　　　　　　　　　　　　　　　　　　　　　　　　　エコ

□**18** 家庭や事務所から排出されるごみを　★　というの
★ 　に対して、工場などの生産活動に伴って排出されるご　　一般廃棄物
　　みを　★　という。　　　　　　　　　　　　　　　　　産業廃棄物

□**19** 2019年12月、経済産業省は　★★　法の関係省令を改
★★ 　正し、翌20年7月よりプラスチック製買物袋（　★★　）　容器包装リサイク
　　の有料化を開始した。　　　　　　　　　　　　　　　　ル,
　　　　　　　　　　　　　　　　　　　　　　　　　　　　レジ袋

□20 近年の**訪日外国人旅行客**(インバウンド)の増加は、地
★ 方活性化につながることが期待される一方で、その地
   方の受け入れを超える数の人々が訪れることで地域住
   民の平穏な生活を脅かす ┌─★─┐ (観光公害)も懸念さ
   れている。

オーバーツーリズ
ム

12 国際分業と貿易

□1 発展途上国が先進国に対して ┌─★★─┐ を輸出し、先進
★★ 国は発展途上国に対して**工業製品などの加工製品を輸
   出**するという貿易形態を ┌─★★─┐ 分業という。

一次産品

垂直的

□2 同一産業に属する製品どうしの対等な貿易形態のこと
★★ を ┌─★★─┐ 分業という。
   ◆先進国間に見られる工業製品どうしの貿易形態などを指す。

水平的

□3 ┌─★★─┐ は、**国際分業を社会分業の最高形態**と捉え、自
★★ 由放任に基づく国際取引を主張した。

アダム=スミス

□4 ┌─★★★─┐ はアダム=スミスの ┌─★★★─┐ 主義の考えを発
★★★ 展させて、┌─★★★─┐ 説によって自由貿易を主張した。
   ◆アダム=スミスは主として**国内的**自由放任を、リカードは主とし
   て**国際的**自由放任を唱えた。2人とも古典派経済学の立場に立つ。

リカード,自由放任,
比較生産費

□5 ┌─★★★─┐ は、外国貿易において、**各国は**比較優位にあ
★★★ る商品の生産に特化し、それを輸出し合えば双方が利
   益を得られると主張した。
   ◆リカードは『**経済学および課税の原理**』の中で、各国は自国内で
   生産コストが比較的安く済む商品に生産を特化し、お互いがそ
   れを自由に交換し合えば双方に有利だと考えた。

リカード

□ **6** 次の表は、甲国と乙国で衣料品と食料品を１単位生産
★★ するのに必要とされる労働者数を示している。**絶対優**
位説に立つと、 ★★ 国は ★★ 国に比べて両方　　　乙，甲
の生産に優れているが、**比較生産費説**に立つと
★★ 国は ★★ 品の生産に**比較優位**があるため、　　甲，衣料
その生産に特化した方がよい。

	甲国	乙国
衣料品	100人	46人
食料品	120人	48人

◆衣料品と食料品のそれぞれで生産が優れているのは、より少な
い労働者数で１単位を生産する乙国である。しかし、比較優位
を考えると、衣料品は甲国100人÷120人≒0.83、乙国46
人÷48人≒0.96、食料品は甲国120人÷100人＝1.2、乙
国48人÷46人≒1.0となり、甲国は衣料品の生産に特化した
方がよい。

□ **7** 次の表を見て、下の文章の空欄にあてはまる適語を答
★★ えよ。なお、表中の人数はそれぞれの製品を１単位生
産するのに必要な労働者数を指す。

	ラシャ1単位	ブドウ酒1単位
イギリス	100人	120人
ポルトガル	90人	80人

この例では、比較生産費説によると、**イギリスは** ★★ 　　ラシャ，
に生産を特化し、**ポルトガルは** ★★ **に生産を特化**　　ブドウ酒
して、お互いで作った製品１単位どうしを自由に交換
すれば、イギリスは ★★ 単位、ポルトガルは ★★ 　　0.2，0.125
単位増産できる。

◆イギリスはラシャに特化すれば、**全労働者220人÷100人＝**
2.2単位、2.2単位－2単位＝0.2単位増産できる。ポルトガ
ルはブドウ酒に特化すれば、**全労働者170人÷80人＝2.125単**
位、2.125単位－2単位＝0.125単位増産できる。最後に両国間
でラシャ１単位とブドウ酒１単位を**自由貿易によって交換し合**
えば、生産しなかった財を１単位入手できる。

□ **8** ★ 化とは、**それまで輸入していた製品を国産化**　　輸入代替工業
★ **するために国内の工業化を図る**ことである。

□**9** ドイツの経済学者 ★★ は、**国内の幼稚産業を保護・**
★★ **育成**するために国家が貿易に介入し、輸入品に関税を
課すことで輸入品の国内流入を抑える ★★ の必要
性を主張した。

 ◆**幼稚産業**とは、今は競争力はないが、自国で育成することでや
 がて国際競争力を持つことが期待される産業を指す。

リスト

保護貿易

□**10** 輸入品に**高率の**関税を課して**国内販売価格を**関税**分だ**
★★★ **け高くすること**を ★★★ の形成という。

 ◆国内保護を行う場合、アメリカは関税を引き上げる場合が多い
 ことから、先進国では関税障壁**の高い国**である。近年の**米中貿**
 易摩擦ではトランプ政権(2017～21年)が**中国に対して高関税政**
 策を行った。

関税障壁

□**11** 貿易において、 ★★ の制限、輸入課徴金、 ★★
★★ 手続の複雑化、排他的取引慣行などで国内産業を保護
することを ★★ の形成という。

 ◆**日本**は非関税障壁**の高い国**といわれている。

輸入数量, 入関(検
疫)
非関税障壁

□**12** 第二次世界大戦後は、大戦前の反省に立ち徹底した
★★★ ★★★ 体制が構築され、 ★★★ の引き下げや輸入数
量制限の撤廃による貿易**の自由化**を目指して ★★★
(関税及び貿易に関する一般協定) が創設された。

 ◆第二次世界大戦前の**保護貿易**は、排他的なブロック経済圏を**形成**
 したため、市場拡大のための**帝国主義戦争**を招くことになった。
 その反省から、国際的な自由貿易体制を構築し維持、拡大するこ
 とを目的に、1947年に GATT (関税及び貿易に関する一般協定)
 が23ヶ国で調印され、翌48年に発効した。

自由貿易, 関税,
GATT

□**13** 第二次世界大戦後の国際経済を支える ★★★ は、貿
★★★ 易の支払手段である ★★★ の**安定化と自由化**を図り、
自由貿易を支払面からバックアップしている機関であ
る。

 ◆ GATT と IMF は同時期に設立されたことから、第二次世界大
 戦後の国際経済は IMF＝GATT **体制**と呼ばれた。なお、IMF が
 債務返済が困難になった国に対して緊急の救済融資を行う場合
 に、金融と財政の引き締めやインフレ抑制など当該国に課す政
 策的な条件をコンディショナリティーという。

IMF (国際通貨基
金),
外国為替

☐ **14** 1961年発足の ┃ ★★ ┃ は、**先進加盟国の経済の安定成**
★★ **長と貿易拡大**を図ると同時に、**発展途上国に対する援**
助とその調整を目的とする政府間機関で「先進国クラ
ブ」とも呼ばれ、二国間援助の実態調査も行う。

経済協力開発機構
(OECD)

　◆経済協力開発機構 (OECD) の前身は、1948年に設立された欧州
　　経済協力機構 (OEEC) である。第二次世界大戦後、アメリカが
　　資本主義陣営の経済再建のため、ヨーロッパに対してマーシャ
　　ル=プランを実施する中で、その受け皿となった。

13 国際収支

ANSWERS ☐☐☐

☐ **1** 国際収支（居住者の海外投資を除く）が ┃ ★★ ┃ の場合
★★ は外国からの通貨の受け取りが多く、外貨準備高は増
加し、┃ ★★ ┃ の場合は外国への通貨の支払いが多く、
外貨準備高は減少する。

黒字,

赤字

☐ **2** **国際収支**について、日本はかつて ┃ ★★ ┃ で表示して
★★ きたが、現在は ┃ ★★ ┃ で表示している。

ドル,
円（自国通貨）

☐ **3** 2013年までの旧統計の主な国際収支項目に関する次の
★★ 表の空欄 **A ～ G** にあてはまる適語を答えよ。

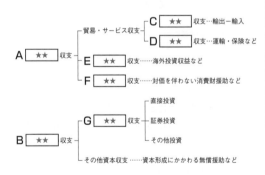

A　経常
B　資本
C　貿易
D　サービス
E　所得
F　経常移転
G　投資

320

□**4** 2014年からの**新統計**の主な国際収支項目に関する次の
★★★ 表の空欄 **A** ～ **E** にあてはまる適語を答えよ。

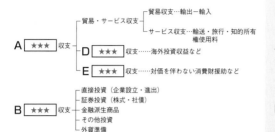

A ┌─ 貿易・サービス収支 ┬─ 貿易収支…輸出－輸入
  │   └─ サービス収支…輸送・旅行・知的所有権使用料
A ★★★ 収支 ┤
  ├─ **D** ★★★ 収支……海外投資収益など
  └─ **E** ★★★ 収支……対価を伴わない消費財援助など

B ★★★ 収支 ┬─ 直接投資（企業設立・進出）
               ├─ 証券投資（株式・社債）
               ├─ 金融派生商品
               ├─ その他投資
               └─ 外貨準備

C ★★★ 収支 ── 資本形成にかかわる無償援助、非生産・非金融資産の譲渡（知的財産権の譲渡・売買）

A 経常

B 金融

C 資本移転等
D 第一次所得
E 第二次所得

◆**旧統計**では日本からお金が流出すれば赤字（マイナス）、日本にお金が流入すれば黒字（プラス）と表示される。新統計では**経常収支**と**資本移転等**収支は従来と同様であるが、**金融収支のうち、居住者の海外投資だけ逆の符号で表示**することになった。すなわち、日本人が海外に投資して海外資産（金融資産）を持つことを黒字（プラス）と表示し、お金の流出入ではなく資産が増加したことをプラスと評価する。また、海外から日本への対内投資が増えた場合、外国人に対する負債が増加したので従来と同じく黒字（プラス）と表示する。

□**5** 新統計の経常収支と資本移転等収支の合計が ★★
★★ であれば、理論上、金融収支は ★★ となる。

黒字（プラス），
黒字（プラス）

◆「経常収支＋資本移転等収支－金融収支＋誤差脱漏＝0」という計算式が成り立つ。よって、経常収支と資本移転等収支の合計が黒字（プラス）であれば、金融収支は黒字（プラス）となる。実際は、統計上の誤差が生じるために誤差脱漏で補正される。

□**6** 日本車の外国への輸出は、 ★★ 収支の ★★ に
★★ 計上される。

貿易，黒字（プラス）

□**7** アメリカで出版されている経済学の教科書を、日本に
★★ いる学生がインターネットを通じて購入する取引は、
★★ 収支の ★★ に計上される。

貿易，赤字（マイナス）

□**8** 日本の企業が持つ特許権に対して外国の企業が支払う
★★ 使用料の収入は、新統計では ★★ 収支の ★★
に計上される。

サービス，黒字（プラス）

◆特許権・著作権などの**知的財産権**を外国企業に**売却**した収入は、資本移転等収支の黒字に計上されることに注意！

9 日本からの旅行客が、パリのレストランで食事をする
★★　ような取引は、新統計では ★★ 収支の ★★ に
　　計上される。

サービス, 赤字(マ
イナス)

10 日本人の外国への旅行は、 ★★ 収支の ★★ に
★★　計上される。

サービス, 赤字(マ
イナス)

◆従来、「日本人の海外旅行客>外国人の訪日旅行客」であったこ
とから、日本のサービス収支は赤字であったが、2019年は後者
が増加し、インバウンド需要も急増して第二次世界大戦後初めて
黒字を記録した。翌20年は東京オリンピック・パラリンピック
関連でさらなる黒字の拡大が期待されていたが、新型コロナウイ
ルス感染症(COVID-19)の感染拡大による海外往来の大幅な制
限により、期待されたインバウンド需要はほぼ消失した。その
後、「アフターコロナ」の中で入国規制が撤廃されてからは、イ
ンバウンド需要が急増している。

11 新統計の ★★ 収支に含まれる ★★ 収支には、
★★　外国で稼いだ給料や利子などの対価の受け取りと、外
　　国への対価の支払いを差し引いたものが含まれる。

経常, 第一次所得

12 日本の居住者が外国の銀行に定期預金をした場合、
★★　 ★★ 収支の ★★ に計上され、その**利子の受け**
　　取りは、 ★★ 収支の ★★ に計上される。

金融, 黒字 (プラ
ス),
第一次所得, 黒字
(プラス)

13 金融収支が ★★ の場合、外国からの通貨の受け取
★★　りが多く、対外純資産は減少する代わりに**国内流通通**
　　貨量は増加し、 ★★ の場合、外国への通貨の支払い
　　が多く、対外純資産は増加する代わりに**国内流通通貨**
　　量は減少する。

赤字 (マイナス)

黒字 (プラス)

14 イギリスの国債や株式に投資した日本の投資家が、そ
★★　の国債の利子や株式配当金を受け取るような取引は、
　　新統計では ★★ 収支の ★★ に計上される。

第一次所得, 黒字
(プラス)

15 日本の企業が外国に現地工場を建設した場合、新統計
★★　ではその資金の流れは ★★ 収支の ★★ に、そ
　　の工場が上げた利潤の一部が配当として日本の企業本
　　社に送金された場合、新統計では ★★ 収支の
　　 ★★ に計上される。

金融, 黒字 (プラ
ス)
第一次所得,
黒字 (プラス)

□**16** 日本政府が ODA（政府開発援助）で、アフリカの国々
★★　に食糧品や医薬品購入のための資金援助を行う取引は、
新統計では ★★ 収支の ★★ に計上される。

第二次所得，赤字
（マイナス）

□**17** 日本政府が発展途上国に対して固定資産を援助した場
★★　合、新統計では ★★ 収支の ★★ に計上される。
◆特許権や著作権などの知的財産権の譲渡・売買は資本移転等収支に算入されるが、知的財産権の使用料はサービス収支に算入される。

資本移転等，赤字
（マイナス）

□**18** 次のグラフは、2000〜22 年における**日本の経常収支**
★★　とその項目別（新統計）の推移を示している。空欄**A〜
D**にあてはまる項目名を答えよ。

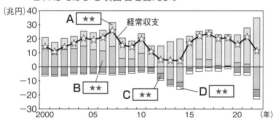

A　第一次所得収
　　支

B　貿易収支
C　サービス収支
D　第二次所得収
　　支

◆なお、2023 年の経常収支は、20.6 兆円の黒字となり、前年比で92.5%の伸びを記録した。資源高が一段落したことで輸入額が減り、自動車などの輸出も好調で貿易赤字が縮小したことによる。また、貿易収支は 15.7 兆円と過去最大の赤字を記録した前年から減少するも9.3 兆円の黒字を記録した。輸出額が初めて100 兆円を超え、エネルギー価格の高騰が一段落して輸入額が減少したことなどで赤字幅は縮小した。

□**19** 旧統計では**対外直接投資が増えると資金が流出**するた
★★　め ★★ と表示されていたが、新統計では資本流出
（居住者の海外投資）は ★★ と表示される。

赤字（マイナス），
黒字（プラス）

◆新統計は日本居住者の海外資産・負債の増減を見るため、資本流出（日本居住者の海外投資）は日本居住者の保有する海外資産が増加するため黒字（プラス）、資本流入（非居住者の日本国内投資＝対内投資）は負債が増加するため黒字（プラス）と評価する。

□**20**　新統計の金融収支の ★★ （旧統計の資本収支の
★★
★★ ）が拡大すると、やがて新統計の ★★ 収支
の**黒字**が拡大していく。

黒字（プラス），
赤字（マイナス），
第一次所得

◆海外の株式への投資や海外への預金が増加すると、新統計では
金融収支の**黒字**（旧統計では資本収支を構成する投資収支の**赤
字**）が発生する。すると、うまくいけばいずれ配当金や利子が流
入して、新統計でいう投資収益を示す第一次所得収支の**黒字**が
発生する。日本は、このような状況の下で第一次所得収支の**黒
字**が拡大し、貿易収支の赤字分ないしは黒字の減少分を補塡し
ている。

□**21**　 ★★ とは、**政府と中央銀行が保有する公的な**外貨
★★
の総額を意味する。

外貨準備高

◆2005年まで、日本の外貨準備高は世界第1位であったが、06年
に中国に抜かれ、第2位となった。

□**22**　次の表は、2023年（速報値）の日本の**国際収支**を**新統
★★
計**による国際収支表に基づいてまとめたものである。
この表から計算した当年の経常収支は ★★ 兆円、
また金融収支の金額は ★★ 兆円となる。

20.6,
22.7

貿易収支	−6.6兆円
サービス収支	−3.2兆円
第一次所得収支	34.5兆円
第二次所得収支	−4.1兆円
資本移転等収支	−0.4兆円
金融収支	★★ 兆円
誤差脱漏	2.5兆円

◆**経常収支＝貿易・サービス収支（貿易収支＋サービス収支）＋第
一次所得収支＋第二次所得収支**
上記の表より、（−6.6−3.2）＋34.5−4.1＝20.6兆円
経常収支＋資本移転等収支−金融収支＋誤差脱漏＝0
経常収支＋資本移転等収支＋誤差脱漏＝金融収支
ゆえに、20.6−0.4＋2.5＝22.7兆円

□**23**　1980年代には、日本の ★★★ の多くが対米輸出のた
★★★
めであるとして日米 ★★★ が問題化した。

貿易黒字，
貿易摩擦

□**24** 1980年代後半、旧統計の資本収支が大幅な赤字を記録
★★　したのは、**85年の** ★★ 合意による円高誘導を背景　プラザ,
　　　に日本企業の**対米** ★★ **が増加**したためである。　直接投資

　　◆円高になるとドルが安く入手できるため、アメリカでの企業設
　　　立がしやすくなり、アメリカ人労働者も安く雇用できる。その
　　　結果、日本企業の対米進出が増加する。このようにして起こっ
　　　た摩擦を日米投資摩擦という。

□**25** 日本の国際収支は、2000年代までは ★★ 収支が大　貿易,
★★　幅黒字であったことから ★★ 収支が大幅黒字を記　経常,
　　　録したが、それは旧統計では ★★ 収支が大幅赤字、　資本,
　　　新統計では ★★ 収支が大幅 ★★ となる。　金融, 黒字

□**26** 日本の国際収支は、従来 ★★★ 収支が新統計の　貿易,
★★★　★★★ 収支を上回ったが、**2005年以降は逆転**した。　第一次所得

　　◆日本はモノを作って輸出**する国**から、**過去の資産を海外で**運用
　　　して稼ぐ国に変化している。

□**27** 日本の国際収支は、**2003・04年**に旧統計の ★ 収　資本
★　支が**34年ぶりに黒字**を記録した。

　　◆2003年4月に日本の株価（東証平均）が1株＝7,607円と当時の
　　　バブル後最安値を記録し、日本株の割安感から**外国人による日**
　　　本への株式投資や企業買収、資本参加が増加したためである。

□**28** 近年、**韓国**や**中国**の製品の輸出が伸長する中、**日本の**
★★　貿易収支**は大幅な** ★★ を記録することが困難な状　黒字,
　　　況に追い込まれ、**2011～15年には** ★★ **を記録**した。　赤字

□**29** **2008年**の日本の貿易収支が、前年比で**大幅に減少して**
★★　**2兆円程度**の黒字にとどまったのは ★★ によるア　リーマン＝ショック
　　　メリカの消費減退に伴い輸出**が激減**したためである。

□**30** 2011年の日本の国際収支は、東日本大震災の影響もあ
★★　り、★★ 収支が03・04年以来の ★★ を記録　資本, 黒字,
　　　した。一方で、**下請メーカーが被災し** ★★ （**供給**　サプライチェーン
　　　網）が寸断され生産が減少したことや**超円高の進行**に
　　　よる輸出の低迷、原発停止に伴う**天然ガスなどのエネ**
　　　ルギー輸入増加などにより、**11～15年の** ★★ 収　貿易,
　　　支が1980年以来の ★★ に転じた。　赤字

□31 日本の<u>経常収支</u>（旧統計）の内訳に関して、次のグラフ
★★ Aは ★★ 、Bは ★★ 、Cは ★★ 、Dは<u>サー</u>
<u>ビス収支</u>の推移を示している。

貿易収支，所得収
支，経常移転収支

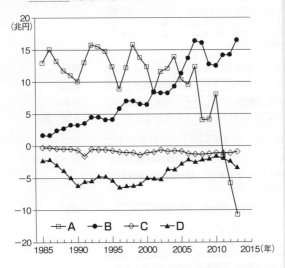

- □A - ● B - ◇ C - ▲ D

□32 アメリカは巨額の ★★★ の<u>赤字</u>と ★★★ 赤字とい
★★★ う「 ★★★ の赤字」を抱えている。

経常収支（貿易収
支），財政，
双子

◆1980年代、アメリカの巨額となった「<u>双子の赤字</u>」への対応策と
して、主要先進国は<u>ドル高（円安）</u>を是正して<u>ドル安（円高）</u>**に**
誘導することに合意した（<u>プラザ合意</u>）。このことにより、98年
には財政が黒字に転じたが、2000年代に入り、<u>同時多発テロ</u>や
<u>イラク戦争</u>、<u>リーマン=ショック</u>、<u>コロナ=ショック</u>などの影響
で、再び「<u>双子の赤字</u>」が巨額化している。

□ **33** 次の**図1**は1人あたりGDPの実質成長率の推移を、**図**
★★ 2は経常収支の対GDP比の推移を、**日本**、**アメリカ**、
タイ、**中国**の4ヶ国について示したグラフである。図
中の空欄 **A** ～ **C** にあてはまる国名を答えよ。

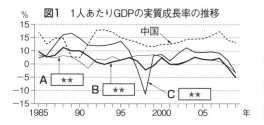

図1　1人あたりGDPの実質成長率の推移

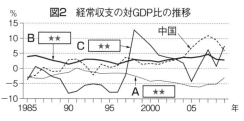

図2　経常収支の対GDP比の推移

◆1997年の通貨バーツの下落を契機にしたアジア通貨危機（タイ：
C）、2001年以降の財政赤字のさらなる悪化（アメリカ：**A**）、80
年代後半のバブル景気、90年代の「失われた10年」という長
期不況（日本：**B**）といった出来事や事象などから判別する。な
お、00年代になって、中国は外国資本を導入して製造業で輸出
を伸ばし、経常収支黒字を続けている。

A　アメリカ

B　日本

C　タイ

14 外国為替市場

ANSWERS ☐☐☐

□ **1** ┌─ ★★★ ─┐ とは、遠く離れている個人や企業との間で、実
★★★ 際に現金を運搬せずに、振込や振替によって資金の受
け渡しを行うことである。

為替

□ **2** 一般に、異なる国の通貨と自国通貨との交換比率は
★★★ ┌─ ★★★ ─┐ と呼ばれる。

為替レート（外国
為替相場）

□ **3** 変動為替相場制の下では、為替レートは外国為替市場
★★ における各国 ┌─ ★★ ─┐ の需要と供給によって決定する。

通貨

□**4**
★★
外国為替市場でドル［　★★　］・円［　★★　］が行われる
と、ドルが供給されて円の需要が高まるので、**円高・**
ドル安になる。

売り, 買い

□**5**
★★
為替レートを決定する基礎的条件（ファンダメンタル
ズ）には、［　★★　］、**金利**、マネーストック、**経済成長**
率、**失業率**、**インフレ率**などがある。

国際収支（経常収
支）

　◆為替レートは、自国通貨と外国通貨の購買力の比率によって決
　定されるとする理論を購買力平価説という。同一商品の日本で
　の価格とアメリカでの価格を見れば、**円・ドルの**交換比率が**わ**
　かるとする考え方である。購買力平価説はスウェーデンの経済
　学者カッセルによって提唱された。

□**6**
★★
円とドルの為替レートが1ドル＝100円で均衡して
いる当初の状態から、両国の物価指数が次の表のよう
に変化した場合、**購買力平価説**によれば、為替レート
は1ドル＝［　★★　］円に変化する。

123

	当初の物価指数	変化後の物価指数
日本	100	246
アメリカ	100	200

　◆当初の物価指数では、日本で100円のものがアメリカでは1ド
　ルとなる。変化後の物価指数では、日本での246円がアメリカ
　で2ドルとなることから、246÷2＝123ドルとなる。

□**7**
★★
購買力平価説によれば、日本のインフレ率が1％、ア
メリカのインフレ率が3％の場合、円とドルの為替
レートは円［　★★　］・ドル［　★★　］になると予想され
る。

高, 安

□**8**
★★
日本とアメリカで売られている同じスマートフォンが、
当初日本で1台9万円、アメリカで1台900ドルで
販売され、その後、日本で8万円、アメリカで1,000
ドルに価格が変動したとする。このスマートフォンの
価格に**購買力平価説**が成り立つ場合、円とドルとの為
替レートは、当初1ドル＝100円だったのが、1ドル
＝［　★★　］円となり円［　★★　］・ドル［　★★　］となる。

80, 高, 安

　◆80,000円÷1,000＝80円

□**9** 日本の**国際収支の主要項目**(特に経常収支)が □**★★** になると経済的信用が高まり、投機的な円**需要が高ま** **る**ことによって □**★★** になり、日本の**国際収支の主** **要項目**が □**★★** になると、日本の経済的信用が低下 し、円**需要が減退**することで □**★★** になる。
★★

黒字

円高,
赤字,
円安

□**10** 日本の**輸出**が増加すると □**★★** になり、**輸入が増加** すると □**★★** になる。
★★

円高,
円安

◆輸出増加→国際収支(貿易収支)黒字(=お金が流入)→円高
　輸入増加→国際収支(貿易収支)赤字(=お金が流出)→円安

□**11** **日本からの海外旅行者**が増加すると □**★★** になり、 **日本への海外旅行者**が増加すると □**★★** になる。
★★

円安,
円高

◆日本からの海外旅行者増加→国際収支(サービス収支)赤字→円安
　日本への海外旅行者増加→国際収支(サービス収支)黒字→円高

□**12** **日本からの海外投資**が増加すると □**★★** になり、**日** **本への対内投資**が増加すると □**★★** になる。
★★

円安,
円高

◆海外投資増加→国際収支(旧統計)赤字(=お金が流出)→円安
　対内投資増加→国際収支(旧統計)黒字(=お金が流入)→円高

□**13** 日本で □**★★** **金利政策**が行われると、外国人は日本 の銀行に預金する方が得なので、**ドル売り・円買い**を 行って、**円**で**預金**する傾向が強くなり □**★★** になる。
★★

高

円高

□**14** **日米金利格差**が拡大し、**アメリカが**高**金利**、**日本が**低 **金利**となると □**★★★** になる。
★★★

円安

◆日本人は預金金利の高いアメリカに預金する→日本の国際収支
　(旧統計)赤字(=お金が流出)→円安

□**15** **アメリカで**インフレ**が進行**した場合、アメリカ人は安 価な日本商品を買おうとするので、**日本からのアメリ** **カへの輸出**が増加し、日本は □**★★** になる。
★★

円高

◆アメリカでインフレ→割安な日本商品がアメリカに売れる→日 本の輸出増加→日本の国際収支(貿易収支)が黒字→円高

□**16** **円**高になると円の購買力が上がるので、**輸入品は** □**★★** し、**輸入に** □**★★** になるため、**輸入数量**は □**★★** する。
★★

値下がり, 有利,
増加

□**17** **円**安になると円の購買力は下がるので、**輸入品は** □**★★** し、**輸入に** □**★★** になるため、**輸入数量** は □**★★** する。
★★

値上がり, 不利,
減少

329

□**18**
★★
円高になると、ドルで支払う場合、**輸出品は** ★★ するため**輸出が** ★★ となり、輸出数量は ★★ する。

値上がり，
不利，減少

□**19**
★★
円安になると、ドルで支払う場合、**輸出品は** ★★ するため**輸出が** ★★ となり、輸出数量は ★★ する。

値下がり，
有利，増加

◆日本の高度経済成長を可能にした要因の1つとして、固定相場制の下で円安水準に設定されていた為替レート（1ドル＝360円）が輸出に有利に働いたことが挙げられる。1993年には、日本の輸出を抑制しようとしたクリントン大統領の**円高容認**の発言を受け、円の値上がり観測から世界中で投機的な円買いが進み、95年に1ドル＝79円台の**超円高**となった。

□**20**
★★
日本からアメリカに旅行する際に日本人旅行客がとるであろう行動として、円 ★★ のときには、日本国内で購入するよりも、アメリカで購入してきた方が出費を抑えられる商品が ★★ する傾向にある。

高

増加

□**21**
★★
1ドル＝146円であった時、日本の工場でテレビを生産する企業が、自社のテレビをアメリカに輸出して販売した結果、2億ドルを売り上げた。その後、1ドル＝106円になった時、同じく2億ドルの売上を得た場合、円に換算した売上は ★★ 億円減少する。

80

◆1ドル＝146円のとき、2億ドルの売上を円換算すると、2億×146円＝292億円となる。一方、1ドル＝106円のとき、2億ドルの売上を円換算すると、2億×106円＝212億円となる。よって、292億円－212億円＝80億円売上が減少する。

□**22**
★★
貿易摩擦の原因の1つには、**日本の輸出に有利な為替レート**である ★★ が挙げられる。

円安

□**23**
★★
円高になると**国内の物価は** ★★ し、**景気は** ★★ することが多い。

下落，悪化

◆円高→輸入有利・輸出不利→国際収支（貿易収支）赤字基調→国内通貨量減少→デフレ・不況

□**24**
★★
円安になると**国内の物価は** ★★ し、**景気は** ★★ することが多い。

上昇，回復

◆円安→輸入不利・輸出有利→国際収支（貿易収支）黒字基調→国内通貨量増加→インフレ・好況

□**25**
★★★
国内の**インフレ・景気過熱を抑制**する為替政策としては、円 ★★★ ・ドル ★★★ の**外国為替市場介入**を行い、 ★★★ に誘導する。

買い，売り，
円高

◆円高に誘導→輸入有利→輸入数量増加→国際収支（貿易収支）赤字基調→国内通貨量減少→インフレ・景気過熱抑制

□**26** **国内のデフレ・不況を克服**するための為替政策として
★★★ は、円 ★★★ ・ドル ★★★ の**外国為替市場介入**を
行い、★★★ に誘導する。

◆円安に誘導→輸出<u>有利</u>→輸出数量増加→国際収支（貿易収支）<u>黒</u>
<u>字</u>基調→国内通貨量<u>増加</u>→<u>デフレ・不況克服</u>

売り，買い，
円安

□**27** 円高の方向に働く要因として正しい記述を、次の**A**〜
★★ **D**からすべて選べ。

A 海外から来た旅行者が日本国内で使った金額が大
幅に増加した。

B 日本に居住する外国人労働者の母国への送金が大
幅に増加した。

C 日本でコメが不作となり、コメの輸入が大幅に増
加した。

D 日本企業の本社に対する海外からの特許料支払が
大幅に増加した。

A，D

□**28** 100万円の資産を日本またはアメリカで1年間運用
★★ した場合の収益を比較する（円ドル間の両替の手数料
は考慮しない）。日本の金利を2％，アメリカの金利を
5％とし、現在の為替レートを1ドル＝100円とする
と、円で運用の場合、1年後には102万円に、ドルで
運用の場合、100万円を1万ドルに両替し、1年間運
用して ★★ 万ドルを得られる。これを円に両替す
るときの1年後の為替レートが1ドル＝100円よりも
円 ★★ のとき、ドルで運用する方が円で運用する
よりも収益が ★★ くなる。逆に、1年後の為替レー
トが1ドル＝100円よりも円 ★★ のとき，為替差
損が金利差による収益を ★★ 回る場合がある。

1.05

安，
高，
高，
上

◆100万円を日本で運用すると、預金金利が2％なので、100万
円×1.02＝102万円となる。1ドル＝100円の場合，100万
円÷100円＝1万ドルでアメリカに預金できるので、預金金利
5％のアメリカでは1万500ドル（<u>1.05</u>万ドル）となる。500
ドルの利子所得を円で換算すると、1ドル＝100円が、例えば
1ドル＝200円に円<u>安</u>になった場合、500ドル×100＝5万
円が、500ドル×200＝10万円に増加する。しかし、1ドル
＝100円が、1ドル＝80円に円<u>高</u>になった場合は、500ドル
×100＝5万円の利子所得が、500ドル×80＝4万円となり、
利子所得は減少する。したがって、円高が加速すると日本で運
用した場合より収益が下回ることがある（1ドル＝40円超の円
高のケース）。

331

15 戦後の自由貿易体制 (1) ～ IMF 体制

ANSWERS □□□

□■1 国際間の決済や金融取引の基本となる、**各国通貨の基準としての機能**を果たす通貨のことを ★★★ という。

基軸通貨(キー=カレンシー)

□■2 国際通貨基金 (IMF) では、**1945～71年8月まで**アメリカの経済力(国力)を背景に ★★★ を基軸通貨とする ★★★ 制を採用していた。この体制を ★★★ 体制 (旧 IMF 体制) と呼ぶ。

ドル,
固定為替相場, ブレトン=ウッズ

□■3 ブレトン=ウッズ体制 (旧 IMF 体制) 下では、金1オンス= ★★★ ドルの交換性を保証してドルに信用性を与え、1ドル= ★★★ 円をはじめとした**ドルと各国通貨との交換比率を固定する**固定為替相場制 (金・ドル本位制) が採用された。

35,
360

◆金・ドル本位制とは、国際取引の決済手段として利用する通貨が、金またはドルであるという体制の**固定為替相場制**である。ブレトン=ウッズ体制下では平価 (各国通貨間の基準為替相場) の変動幅を上下1%以内に抑えることが義務づけられていた。

□■4 1945年に発足した ★★ は、第二次世界大戦後の復興および開発のために ★★ 融資を行い、**国際通貨であるドルを供給する**ことを目的とする。

国際復興開発銀行(IBRD),
長期

◆ブレトン=ウッズ体制下において、一時的な国際収支の赤字国に対しては国際通貨基金 (IMF) が一定条件を守ることを前提に短期融資を行った。

□■5 国際復興開発銀行 (IBRD) は ★★★ とも呼ばれ、補助機関には ★★★ がある。

世界銀行,
国際開発協会(IDA)

◆国際開発協会 (IDA) は1960年に設立。第二世界銀行ともいう。

□■6 国際通貨基金 (IMF) は、為替の自由化を確立するために、 ★★ 制限の撤廃を IMF 第 ★★ 条に定めている。

為替, 8

□■7 1964年、**日本**は為替制限が認められる IMF ★★ 条国から、制限が認められない IMF ★★ 条国に移行した。

14,
8

◆ IMF 第14条は発展途上国に認められる特例 (為替制限) を、第8条は先進国の原則 (為替自由化義務) を定めている。

□**8** 1960年代以降、**アメリカの国際収支の**赤字**が拡大した**
★★　理由として、**西欧諸国や日本の経済復興**によるアメリ
　　カの ★★ の減少やアメリカ企業の ★★ 化によ
　　る**資本** ★★ **の増加**、西側陣営の拡大を目指す**軍事**
　　援助の増加、**ベトナム戦争**に端を発する ★★ の発
　　生による**輸出の低迷**などが挙げられる。

輸出，多国籍企業，
輸出，
インフレ

□**9** アメリカの**ドル**が国際通貨としての基軸通貨性**を失っ**
★　**た**理由として、そもそも一国の通貨を国際通貨にする
　　ことには矛盾があり、理論上、無理であるとする考え
　　方の ★ 論が挙げられる。

流動性ジレンマ

　◆一国の通貨を国際通貨にするためには、その通貨を世界各国に
　　供給しなければならないため、国際収支は赤字にならなければ
　　ならないが、赤字に陥るとその通貨に対する信用性が**失われて**
　　国際通貨とならなくなってしまうという矛盾がある。

□**10** ドルへの信用低下によって**国際流動性不足**が発生した
★★　ため、1969年に IMF は金・ドルに代わる**第3の通貨**と
　　して ★★ (SDR) を創設した。

特別引出権

　◆特別引出権 (SDR) とは、国際収支 (経常収支) が赤字に陥った
　　IMF 加盟国が、黒字国や外貨準備の豊富な加盟国から**外貨を引**
　　き出して借入できる権利のこと。

□**11** 1971年8月、アメリカの ★★★ 大統領は、ドル防衛
★★★　のために金とドル**の交換性を停止した**ことなどから、
　　事実上 ★★★ は崩壊した。

ニクソン

固定為替相場制

　◆1971年8月15日、ニクソン大統領が発表した新経済政策が世
　　界に衝撃を与えた (ニクソン=ショック)。アメリカが金・ドル本
　　位制**を維持できない**として、ドル防衛のために金・ドル**の交換**
　　を停止、10%の輸入課徴金、賃金・物価の凍結などを行うこと
　　を決めた。こうしてドルに対する信用が崩れたため、**ドルの**基
　　軸通貨性**が失われた**。

□**12** ドル=ショックを受け、日銀は固定為替相場制を維持す
★★　るために、大量の ★★ 買いを決めたことで国内の
　　外貨準備 (外貨準備高) とともにマネーサプライ (通貨
　　供給量) が急増し、日本は ★★ 状態となった。

ドル

インフレ

□**13** 1971年12月に ★★★ 協定により、ドル切り下げに
★★★ よる固定為替相場制への復帰が図られたが、73年に
は各国は ★★★ に移行した。

　◆金公定価格は金1オンス＝35ドルから38ドルに変更され、為
　替レートは1ドル＝360円から308円と、円が16.88%切り上げ
　られた。また、変動幅の拡大も行われ、上下各1%を各2.25%
　に変更した（ワイダー＝バンド方式の採用）。

スミソニアン

変動為替相場制

□**14** 変動為替相場制の下で、ある国の為替レートが上昇（そ
★★ の国の通貨の価値が高くなること）する場合、その国
の要因の1つとして、近隣国への ★★ の増加が考
えられる。

　◆近隣国への輸出が増加すると、自国への対価の支払いのために
　自国通貨の需要が高まり、為替レートは上昇する（その国の通貨
　の価値は高くなる）。

輸出

□**15** 企業は利潤を求めて、直接投資や間接投資などの形で
★★ 市場に資金を投下する。こうした**資金が国境を越えて
いく**ことを、一般に ★★ という。

国際資本移動

□**16** **国際資本移動**において、通貨の為替相場は、資本が流
★★★ 出する国では ★★★ し、流入する国では ★★★ す
る。したがって、国際間の自由な資本移動を実現し、各
国が自発的な金融政策を行う場合、 ★★★ 制の採用
は困難といえる。

下落, 上昇

固定為替相場

□**17** 変動為替相場制への移行は、**1976年**の ★★★ で事後
★★★ 的に追認された。

　◆1973年以降、現在までの国際通貨体制は、キングストン体制
　（**新しいIMF体制**）と呼ばれている。変動為替相場制への移行で
　IMFが解体されたわけではない。

キングストン合意
（キングストン協定）

□**18** 1970年代に起こったニクソン＝ショックと2度の ★★★
★★★ により、日本の高度経済成長は終焉したが、日本の企
業は ★★★ 経営と省エネルギー化の推進で**国際競争
力を高めて**輸出を伸ばし、この不況を乗り切ったこと
から、日本経済の ★★★ 依存度が高まっていった。

石油危機（オイル＝
ショック）

減量

外需（輸出）

□**19** 1973年以降の変動為替相場制では、ある程度の**為替誘
★★ 導**を主要国で話し合い外国為替市場に ★★ を行う
点から ★★ 制と呼ばれる。

協調介入,
管理フロート

□**20** 1985年９月、G5（先進５ヶ国）は**日米貿易摩擦解決の**
★★★ **ために**外国為替市場に協調介入して円 ★★★ 是正＝
円 ★★★ 誘導、ドル ★★★ 是正＝ドル ★★★ 誘
導することを決定した。この合意を ★★★ という。

　　◆プラザ合意以前は１ドル＝240円台であったが、合意後には１
　　ドル＝120円台と約２倍の円高が進行した。円高誘導を行い日
　　本の輸出品をドル払いで値上げすることで輸出に不利な状況を
　　作り出した。一方で、日本で生産される製品の価格が外国製品
　　と比較して割高となるために、**日本企業の対アメリカ向け海外**
　　進出が進み、**現地生産・現地販売**を行う製造業が増加した。な
　　お、現在、日銀が為替レートの安定化のために市場介入する場
　　合は、財務省の**外国為替資金特別会計**の資金を用いている。

安,
高, 高, 安,
プラザ合意

□**21** 1987年２月、G7（先進７ヶ国）はプラザ合意による過
★★ 剰な**円高の行き過ぎを防ぐために**、 ★★ 売り・
★★ 買いの協調介入を決定した。この合意のこと
を ★★ という。

円,
ドル,
ルーブル合意

□**22** 現在、主要先進国が世界経済の安定化を図るために**為**
★★★ **替レートの調整や協調介入、金利調整**などを話し合う
国際会議は**G7（先進７ヶ国** ★★★ ）と呼ばれている。

　　◆1985年に G5（アメリカ、イギリス、西ドイツ（当時）、フラン
　　ス、日本）の財務担当大臣と中央銀行総裁が参加した会議に、86
　　年にはイタリアとカナダが加わり G7 となり、これを指して一般
　　的に財務担当大臣および中央銀行総裁会議とする場合が多い。

財務担当大臣およ
び中央銀行総裁会
議

□**23** **第一次石油危機への対応策**を話し合うため始まった主
★★★ 要国首脳会議は通称 ★★★ と呼ばれ、1975年当初は
西側**６ヶ国**、**76年**には**７ヶ国**で開かれた。

　　◆1997年の**デンバーサミット**でロシアが正式加入して**８ヶ国**に
　　なった。しかし、2014年に**ウクライナ領の**クリミア**半島**を事実
　　上、併合したことへの制裁措置によりロシアが除名され**７ヶ国**
　　となっている。なお、日本では79・86・93年（いずれも東
　　京）、2000年（九州・沖縄）、08年（北海道洞爺湖）、16年
　　（伊勢志摩）、23年（広島）で開催されている（24年はイタリア
　　で開催）。

サミット

□**24** 2008年９月の**リーマン=ショック**に伴う**世界経済危機**
★★ **対策**として、08年11月に新興国などを含めた ★★
サミット（いわゆる金融サミット）が開かれ、世界各国
の**協調的な金融緩和と財政出動**が決定した。

　　◆その後も G20サミットは毎年開催され、国際社会での存在感を
　　増している。2019年には日本で開催（G20大阪サミット）、23
　　年はインドのニューデリーで開催された（24年はブラジルで開
　　催）。

G20

□**25** 2014年、新興国への開発援助を中心業務とする ★★ が創設され、中国が主導権を握るなど、世界経済における**ドルやユーロへの不安感**の中で、中国の通貨である ★★ の存在感が高まっている。

◆同じ2014年には、中国が主導するアジアインフラ投資銀行(AIIB)の設立が決まり、翌15年に発足した。発展途上国やヨーロッパ諸国への融資を行うなど、国際経済における人民元の存在感を強めている。

BRICS 銀行（新開発銀行）

人民元（元）

□**26** 「 ★★ 」とは、2013年に中国の習近平国家主席が打ち出したアジアや中東、ヨーロッパを陸路と海路で結ぶ新しい経済圏構想である。

◆中国は陸路である「シルクロード経済ベルト」と、海路である「21世紀海上シルクロード」の構築を目指して「一帯一路 (The Belt and Road Initiative：BRI)」を提唱している。

一帯一路

16 戦後の自由貿易体制 (2)～GATT から WTO へ

ANSWERS □□□

□**1** 1948年発効の条約である GATT（ ★★★ ）の目的は、**貿易**の自由化を実現することで、 ★★★ **貿易による戦争の再発を防ぐ**点にある。

◆保護**貿易**に基づくブロック経済圏の**形成**が第二次世界大戦を招いたとの反省から、GATT が設立された。

関税及び貿易に関する一般協定,
保護

□**2** 第二次世界大戦後の国際経済体制は、貿易**の自由化を目指す** ★★★ と、貿易の支払手段である**為替の自由化と安定化を目指す** ★★★ によって運営された。

◆この国際経済体制は IMF＝GATT 体制ともいわれる。

GATT,
IMF（国際通貨基金）

□**3** 関税の引き下げによる**貿易**の自由化を目的に1948年に発効した GATT は、**95年**に通商紛争の処理機能が強化された常設機関である ★★★ **に発展**した。

◆第二次世界大戦直後にアメリカは、**国際貿易機関 (ITO)** を創設して関税撤廃を目指すことを提唱したが、理想論に過ぎないとの批判から失敗し、代わって関税**の引き下げ**を行う現実主義に立つ GATT が創設された。

世界貿易機関
（WTO）

□**4** GATT が掲げた**3つの原則**とは「 ★★ 」、「 ★★ 」、「 ★★ 」である。

自由, 無差別,
多角（多角主義）

□**5** GATT の**3つの原則**の1つである自由**の原則**とは、自由貿易体制を確立するための ★★★ の引き下げと ★★★ の撤廃である。

関税,
貿易制限

□**6**
★★
GATT の3つの原則の1つである ★★ の原則では、加盟1ヶ国に与えた**有利な貿易条件は全加盟国に平等**に与えたものとみなす ★★ を設けている。

無差別

最恵国待遇

□**7**
★★
GATT の3つの原則の1つである ★★ の原則とは、貿易上の問題は ★★ によって解決し、二国間の力による解決を排除し、公平性を実現することである。

多角,

ラウンド交渉（多国間交渉）

□**8**
★★★
GATT が、輸入数量制限を撤廃する一方で、輸入品に対する関税の設定による**国内産業の保護**を認めるなど、輸入制限を関税に置き換えることを ★★★ という。

◆ GATT は、関税は認めているが、関税を段階的に引き下げることを目指した。

例外なき関税化

（包括的関税化）

□**9**
★★
例外なき関税化の措置は、日本が従来、輸入数量制限を実施し、輸入量をゼロとして完全自給体制を守ってきた ★★ に対しても適用された。

◆ GATT のウルグアイ=ラウンドで **1993年に決定**され、**99年**から日本はコメについても例外なき関税化を実施している。

コメ

□**10**
★★
同種の**輸入品と国内製品**とを区別せず、国内製品に対する税金や法令上の優遇を輸入品にも認める WTO の「無差別」ルールに基づく原則を ★★ という。

内国民待遇

□**11**
★
ある商品の輸出向け販売が自国国内向け販売の価格より安く行われた場合、輸入国がその商品への関税**を高くして対抗する措置**を ★ といい、そのルールの適切性などについて WTO で議論されている。

アンチダンピング

（反ダンピング）

□**12**
★
多角的貿易交渉として、初めて工業製品に対する関税**の大幅引き下げ**を実現したのは、1960年代に行われた ★ =ラウンドである。

◆**工業製品**の関税が一括方式により**平均35%引き下げ**られた。

ケネディ

□**13**
★★
1970年代の ★★ =ラウンドでは、関税**の引き下げ**以外に、関税以外の貿易障壁である ★★ の国際ルール化などが話し合われた。

東京,

非関税障壁

□**14**
★★
先進国は、発展途上国からの輸入品について、特に関税の**税率を引き下げる**優遇措置を行う ★★ を設けている。この措置は、発展途上国保護の観点から、 ★★ で導入が認められた措置である。

◆一般特恵関税は、無差別の原則の修正である。

一般特恵関税

国連貿易開発会議

（UNCTAD） 337

□15 1986～94年の<u>ウルグアイ=ラウンド</u>では、サービス貿
★★★　　易、 ★★★ のルールづくり、コメなどの農産物市場開
放を焦点に、農産物を含めた輸入品の ★★★ が決ま
る一方で、常設の**多角的な通商紛争処理システム**とし
て ★★★ の設置が決まり、翌95年に <u>GATT</u> から同
機関に発展した。

知的財産権,
例外なき関税化

世界貿易機関
(WTO)

◆<u>世界貿易機関</u>(<u>WTO</u>)の本部は、スイスの**ジュネーヴ**に置かれた。

□16 通商摩擦を解決するための小委員会(パネル)の設置要
★★　　求や、小委員会による報告の採択に際し、GATT 体制
下の理事会では「 ★★ **方式**」による意思決定が行わ
れていたが、WTO ではすべての当事国が拒否しない
限り採択される「 ★★ **方式**」が採用された。

コンセンサス

ネガティブ=コン
センサス

◆ GATT の<u>コンセンサス</u>**方式**は**全会一致制**である。WTO の<u>ネガ
ティブ=コンセンサス</u>**方式**は全会一致の否決がない限り、**1ヶ国
でも賛成すれば議案が成立する**という方式。

□17 自国の**特定産業を保護する緊急の必要**がある場合に認
★★★　　められる**輸入制限措置**を ★★★ という。

セーフガード (緊
急輸入制限)

◆発動する際、特定の国を指名して、その国の特定製品は輸入し
ないとする<u>緊急輸入制限措置</u>を<u>選択的セーフガード</u>といい、<u>ウ
ルグアイ=ラウンド</u>で禁止が決定した。

□18 農産物などを事実上 <u>WTO</u> の枠外に置き、事実上の輸
★　　入制限を行うことを ★ といい、日本はこの方法
によって、従来、コメの輸入制限を行ってきた。

残存輸入制限

◆現在も乳製品などに対して行われている場合がある。

□19 2001年からの<u>ドーハ=ラウンド</u>では、**包括的な貿易自
★★★　　由化**が交渉されているが、加盟国が150ヶ国を超え、
<u>アンチ</u> ★★★ 関税の濫用防止、 ★★★ 上限設定、
★★★ と貿易の共生ルール化などをめぐって、各国
の対立が激しく、現在も妥結していない。

ダンピング, 関税,
環境

◆<u>アンチダンピング</u>関税 (反ダンピング関税) とは、外国製品の**不
当値下げ** (<u>ダンピング</u>) に対抗して、国内販売価格の値下がりを
防ぐために当該輸入品にかける<u>関税</u>のことである。

□20 <u>ドーハ=ラウンド</u>では、高率<u>関税</u>商品ほど<u>税率</u>を大幅に
★　　引き下げる ★ 方式が提唱されている。

階層

◆日本は国内農家の保護のため、輸入農産物には高率の関税を課
し、<u>階層</u>**方式の導入**や**関税上限設定**には反対している。

□**21** ★ ドーハ=ラウンドでは、関税の大幅引き下げが免除される商品を ★ として一部認めることになっているが、どの品目に認めるかをめぐり対立が起こった。

重要品目

◆日本は重要品目を8%と主張したが、WTOでは原則4%とする意見が大勢である。

□**22** ★★★ 社会主義諸国の市場原理導入や新興国の台頭を受けて、2001年に ★★★ 、02年に台湾、07年に ★★★ 、12年に ★★★ がWTOに正式加盟した。

中国, ベトナム, ロシア

□**23** ★★ 中国が世界貿易機関(WTO)に加入したことで、日本など先進諸国が中国製品に課してきた高率の関税は、無差別原則のあらわれである ★★ の適用により、他の加盟国なみの実質的な大幅引き下げとなった。

最恵国待遇

□**24** ★★★ WTOの附属協定の1つで知的財産権のルールを定める ★★★ (知的所有権の貿易関連の側面に関する協定)は、加盟国に最恵国待遇の付与などを義務づけている。

TRIPs協定

□**25** ★★★ ★★★ (自由貿易協定)は、締約国間で財の取引について相互に関税を撤廃して貿易の自由化を実現する協定であり、これに加えて資本移動や労働力移動、その他の経済取引全般にわたって自由化の実現を目指す協定が ★★★ (経済連携協定)である。

FTA

EPA

◆FTA(自由貿易協定)の経済理論の裏づけは比較優位原理である。これによって国際分業が最も効率的に行われるとする考え方である。1994年に北米自由貿易協定(NAFTA)が発効して以来、現在までに世界には300件以上のFTA(自由貿易協定)が締結されている。

□**26** ★★★ WTOの多国間自由貿易交渉が、加盟国の増加により利害対立が複雑化する中で、利害の一致した多国間または二国間で ★★★ (自由貿易協定)を中核とする ★★★ (経済連携協定)を締結する動きが加速している。

FTA, EPA

VII 経済

16 戦後の自由貿易体制(2)〜GATTからWTOへ

☐**27** 日本は経済連携協定（EPA）の交渉をウラン埋蔵量の
★★ 多い ★★ と続けた結果、2015年に発効した。隣国
の ★★ とも交渉を続けることになっていたが、最
大の貿易相手国である ★★ とともに未締結である。

オーストラリア,
韓国,
中国

◆いくつかの国と結んでいる日本の FTA（自由貿易協定）は、実
際にはもっと幅広い約束を含めた EPA（経済連携協定）である。
2024年3月現在、発効または署名済みなのは以下の国・地域との
協定である。シンガポール（2002年）、メキシコ（2005年）、マ
レーシア（2006年）、チリ、タイ（2007年）、インドネシア、ブル
ネイ、フィリピン、ASEAN 全体（2008年）、スイス、ベトナム
（2009年）、インド（2011年）、ペルー（2012年）、オーストラリア
（2015年）、モンゴル（2016年）、環太平洋地域＝CPTPP（2018
年）、EU（2019年）、アメリカ（2020年）、イギリス（2021年）、東
アジア地域＝RCEP（2022年）。なお、アメリカとの**日米貿易協
定**は FTA の名称を用いていないが、実質的には FTA である。

☐**28** 日本にとって EPA（経済連携協定）を締結する**利点**は、
★★ 締約国内で相互の**貿易が拡大**し、 ★★ の輸出先を
確保できることと、 ★★ の輸入先を安定的に確保
できる点にある。一方で、安価な ★★ の輸入によ
る**国内の**食料自給率**の低下**や、安価な外国人労働者の流
入による**雇用機会の喪失**などが懸念される。

工業製品,
資源,
農産物

◆日本が EPA を締結したメキシコ、ブルネイ、インドネシアは**原
油や天然ガスの産出国**である。一方、**アメリカやオーストラリア
は農業国**であり、関税の引き下げにより**安価な輸入農産物が国
内に流入**するため、国内農家の経営を脅かす可能性がある。

☐**29** 2008年より日本は ★★★ （EPA）に基づいて ★★★
★★★ やフィリピンなどの協定相手国から**看護師や介護福祉
士**の候補者を受け入れている。

経済連携協定, イ
ンドネシア

☐**30** 2019年2月発効の ★★ により、人口6億人超、世
★★ 界の GDP の約3割、貿易額の約4割に相当する**世界
最大規模の自由貿易圏**が生まれた。

日本・EU 経済連
携協定（日欧 EPA）

◆農産物や工業製品にかかる関税を日本は約94％、EU は約99％
撤廃する。また、知的財産権保護などの取り決めも共通化する
ことが決められた。

□**31** 世界貿易機関(WTO)の ★★★ =ラウンドが難航する
★★★ 　中、 ★★★ (TPP) の拡大交渉が行われ、太平洋の周
　　辺地域を中心とする12の加盟国間の**例外なき関税撤**
　　廃を目指し、2016年2月に署名され、18年12月30
　　日にアメリカを除く11ヶ国で発効した。

　　◆アメリカのオバマ大統領は「**アジア太平洋自由貿易圏(FTAAP)**」
　　　という構想を掲げていたが、政権が交代し、2017年1月にトラ
　　　ンプ大統領が離脱を表明したため、18年3月にアメリカを除く
　　　「TPP11協定」が署名され、同年12月30日に発効した。これ
　　　は「環太平洋パートナーシップ**に関する包括的及び先進的な協**
　　　定(CPTPP)」と名づけられている。21年2月には、EUを離
　　　脱したイギリスが、同年9月には中国と台湾が、12月にはエク
　　　アドルが、22年8月にはコスタリカ、同年12月にはウルグア
　　　イ、23年5月にはウクライナが CPTPP への加盟を申請した。
　　　23年7月にはイギリスの加入が決まり、12ヶ国に拡大するこ
　　　ととなった。

□**32** 2020年1月1日に発効した ★★ とは、日米間での
★★ 　物産品に関する関税や輸入割当といった制限的な措置
　　を一定期間内に撤廃または軽減することのできる取り
　　決めで、二国間の ★★ (自由貿易協定) にあたる。

　　◆日米貿易協定は、世界のGDPの約3割を占める強力かつ安定的
　　　な自由貿易協定を目指している。アメリカのトランプ大統領は、
　　　以前からの公約通りに TPP から脱退し、日本との貿易交渉を切
　　　り離して行う意向を示していたが、牛肉などの畜産物や農産物
　　　に対する関税の撤廃や削減をする具体的な品目は TPP と同様
　　　である。なお、コメの関税撤廃・削減は除外されている。

17 グローバル化と通貨・金融危機

□**1** 世界各地が国境の壁を越えて密接につながることを
★★★ 　 ★★★ といい、**経済取引が世界的に一体化**する動き
　　のことを経済の ★★★ と呼ぶ。

　　◆グローバリゼーションは、ヒト、モノ (商品)、カネ (資本)、デー
　　　タ (情報) などが大量に国境を越え、経済活動が地球規模に行わ
　　　れるようになったことを指す。経済活動の面で、国境という枠
　　　を越え、消滅させる方向へと進む点でボーダレス化も意味する。

□**2** 1980年代にはアメリカのレーガン大統領がインフレ対
★★★ 　策として ★★★ **政策**を実施したため、世界中の資金
　　がアメリカに預金として流入し、ドル需要が高まりド
　　ル ★★★ が進んだ。

　　◆ドル高が円安を招き、日本の輸出に有利なレート状況を生み出
　　　したことが、日米貿易摩擦の一因となった。

ドーハ,
環太平洋経済連携
協定 (環太平洋
パートナーシップ
協定)

日米貿易協定

FTA

ANSWERS □□□

ボーダレス化,
グローバル化 (グ
ローバリゼーション)

高金利

高

341

□**3** 日米貿易摩擦の一因は、日本側の**集中豪雨型の輸出構**
★★★　造とアメリカ側の ★★★ 赤字にある。

財政

□**4** アメリカの**財政赤字**はアメリカ国内物価の ★★★ を
★★★　招くため、高金利の状態を引き起こし、ドル ★★★ ・
円 ★★★ を誘発する。その結果、日本のアメリカ向
け輸出が伸びて**日米貿易摩擦は激化**する。

上昇,
高,
安

　◆財政赤字は財政支出の拡大を意味するので、アメリカ国内の流
　通貨量が増えてインフレを発生させる。すると、割安な日本
　商品のアメリカ向け輸出が拡大し、**日米貿易摩擦を発生**させる。

□**5** 1980年代にアメリカの**貿易収支**赤字と**財政赤字**がとも
★★★　に巨額となった「 ★★★ の赤字」への対応策として、
1985年9月の ★★★ でドル高是正が**合意**された。

双子,
プラザ合意

□**6** 1997年、 ★★★ の通貨バーツ**の下落**をきっかけとし
★★★　て、アジア各国では投機資金の流出が連鎖的に起こり、
★★★ が発生した。

タイ

アジア通貨危機

　◆1997〜98年にかけて、それまで高度経済成長を続けていたタイ
　やインドネシアなどのバブル景気が崩壊し、さらにはASEAN
　地域に多額の投資を行っていた韓国の通貨ウォンも暴落し、ア
　ジア全体の通貨危機に発展した。

□**7** **1990年代**にアジアなどで起こった通貨危機の原因とし
★★　て、短期的な ★★ を行う金融機関や、多額の資金
を集めて**複数の株式や先物などの金融商品に分散投資**
する ★★ と呼ばれる投資家グループによる投機的
な株式や為替の売買取引が指摘されている。

資金運用

ヘッジファンド

□**8** ★ とは、株式や債券から派生した金融商品で、先
★　物取引やオプション取引がある。

デリバティブ

　◆デリバティブは、少ない資金で大きな取引が可能なため、典型
　的な「ハイリスク・ハイリターン」の金融派生商品といえる。

□**9** 投機を目的とする国際的な資金移動を抑制するために
★★　提案されている、国際的な金融取引に課される税のこ
とを ★★ 税という。

トービン

　◆あらゆる通貨取引に課税することで、投機取引を抑制するため
　の税であり、アメリカの経済学者トービンが提唱した。

□**10**
★★
1990年代以降、97〜98年のアジア通貨危機、98年の ★★ 金融危機、累積債務問題に端を発した99年の ★★ 通貨危機、2001年の ★★ 通貨危機が相次いで発生した。

ロシア,
ブラジル, アルゼンチン

◆1980年代に工業化のための資金を諸外国から借り入れた**ラテンアメリカ諸国**や、外国政府からの借款に依存してきた**アフリカ諸国**で累積債務問題が表面化した。

□**11**
★★★
2007年から翌08年にかけて、アメリカで ★★★ 破綻者が激増したため、**08年9月**にはアメリカの大手証券会社 ★★★ が破綻し、**アメリカの株価暴落が世界中に波及する**というリーマン=ショックが発生した。

サブプライム=ローン
リーマン=ブラザーズ

◆中・低所得者向けの**不動産融資**で、最初の数年間の金利は低いが、一定期間を経過すると金利が一気に跳ね上がるアメリカの融資を一般にサブプライム=ローンと呼ぶ。サブ（sub）とは「**下**」、プライム（prime）とは「**優れた**」という意味。サブプライム=ローンとは優良な借り手よりもランクの低い**信用力の低い人向けの住宅ローン**を指す。

□**12**
★
サブプライム=ローンの原資は、世界中の金融機関や投資家から集めるために ★ 化され、様々な投資信託商品などに混ぜ込まれていたため、その損失は世界中を巻き込むことになり、**世界同時株安**と**世界同時不況**を引き起こす結果となった。

証券

◆アメリカにおける**住宅ローン債権は証券化**され、信用機関による格付けを取得し世界中の金融機関・機関投資家などに販売されていた。

□**13**
★★★
リーマン=ショック後、多くの国の通貨に対して為替レートが円 ★★★ に振れたことが、日本では ★★★ に依存した企業の業績に悪影響を及ぼした。

高, 輸出

◆2008年のリーマン=ショックで、その発端となったアメリカの**ドルが値下がり**、09年にはギリシア財政危機で**ユーロも値下がり**したため、対ドル・対ユーロともに円高が進んだ。

□**14**
★★
中国は世界第1位の**外貨準備高**を原資とする ★★ ファンドを設け、世界中の金融商品に投資するとともに、サブプライム=ローン問題で多額の財政出動を行う必要に迫られたアメリカに融資を行うために大量のアメリカ ★★ を購入した。

政府

国債

◆**中国は輸出の急増**や**外国企業の国内進出**によって多額の外貨が流入した結果、世界第1位の**外貨準備高**を保有し、2023年12月末時点での外貨準備高は**3兆2,380億ドル**となっている。

□15 日本は ★★★ に次いで多くのアメリカ国債を保有し、
★★★ その価格の暴落やドル ★★★ ・円 ★★★ の進行は
日本におけるその資産価値（円表示）を目減りさせる。

中国,
安, 高

□16 2008年上半期に**原油価格**が高騰した原因は、**新興工業**
★★★ **国**である**中国**、**インド**、**ブラジル**などの ★★★ が高
度経済成長を遂げ、石油の需要が急増していることや、
サブプライム=ローン問題によってアメリカ株式の売
却で生じた資金が ★★★ を通じて原油先物市場に大
量に流入したことなどが挙げられる。

BRICS

ヘッジファンド

◆**ブラジル**（Brazil）、**ロシア**（Russia）、**インド**（India）、**中国**
（China）、**南アフリカ**（South Africa）の「BRICS」に加え、**イン
ドネシア**（Indonesia）の6ヶ国で「BRIICS」と表す場合もある。
2023年8月、ブラジル、ロシア、インド、中国、南アフリカの
新興5ヶ国首脳会議で、新たにアルゼンチン、エジプト、イラ
ン、エチオピア、サウジアラビア、アラブ首長国連邦（UAE）の
6ヶ国の加盟が決定し、24年1月にアルゼンチンを除く5ヶ国
が BRICS に加盟した。BRICS は、グローバルサウスと呼ばれ
る新興国や発展途上国の受け皿となる経済圏の形成を目指して
いる。

□17 原油価格の高騰の中、環境にやさしい**代替エネルギー**
★★★ である ★★★ 燃料が注目されたことから、 ★★★
の投機的資金が、その原料となる**先物市場**へと流れ込
んで ★★★ 価格が急騰した。

バイオ, ヘッジ
ファンド
穀物

◆穀物の燃料化によって世界的な**食料価格の高騰や食料不足**が問
題となり、アフリカや中南米の一部では**暴動**が発生した。2008
年5月、日本の横浜で開かれたアフリカ開発会議（TICAD）で、
日本はアフリカ向けの政府開発援助（ODA）を5年間で2倍に増
額することと食料援助を約束した。なお、第6回からこの会議
は3年に1度行われ、22年まで計8回開催されている（25年
は日本で開催予定）。

□18 2009年以降、深刻化したギリシア**財政危機**は、ヨーロッ
★★★ パ全体に波及し、**ポルトガル**、 ★★★ 、**アイルランド**、
★★★ への広がりが金融・財政危機を招いた。

イタリア,
スペイン

◆この5ヶ国は、その頭文字をとって PIIGS（ピッグス）と呼ばれる。

※順不同

□19 グローバリゼーションにおける**世界規模での競争の激**
★★ **化や市場経済化の進展**が貧富の差を拡大させ、先進国
では**競争圧力**にさらされた企業が ★★ **削減**やリス
トラを、政府は国民に課する**社会保障負担金の増加**な
どの**財政再建策**を進めている。それらが国民の生活
や ★★ **の不安定化**と**社会不安**を招いている。

コスト

雇用

□**20** 2016年6月、イギリスは国民投票で ★★★ からの**離**
★★★ **脱を選択**した。 ★★★ や難民によって**雇用や社会福**
祉を奪われているなどと考えた中・低所得者層と、65
歳以上の高齢者（シルバー）層が支持したとされ、グ
ローバリゼーションが進む中で「**置き去りにされた**
人々」の意思が国民投票を通じて表明された。

欧州連合 (EU),
移民

□**21** 2020年末、イギリスは欧州連合（EU）との間で合意し
★★★ た ★★★ を発効させる法案を可決、成立させた。

◆１年間の移行期間を経て、イギリスはこの自由貿易協定（FTA）
の成立により、欧州連合（EU）の単一市場と関税同盟から完全
に離脱した。ただし、2021年以降も、両者の間での貿易は関税
がかけられていない。

自由貿易協定
(FTA)

□**22** 2017年１月に就任したアメリカのトランプ大統領は
★★ 「 ★★ 」（アメリカ第一主義）を掲げ、反グローバリ
ズムに立つ ★★ **主義的な政策**を推し進め、「**強いア**
メリカ」の再生という公約を実行に移した。

◆2020年７月、それまでの北米自由貿易協定（NAFTA）に代わり、
アメリカ・メキシコ・カナダ協定（USMCA）が発効した。自
動車など製品のサプライチェーン（**供給網**）をアメリカ一国に集
中させるなど、トランプ政権の掲げる保護**主義的な政策**が色濃
い協定である。

アメリカ=ファー
スト,
保護

□**23** 2010年代後半、アメリカのトランプ政権が**中国製品に**
★★ **対する関税**について対象品目を拡大し、関税率も徐々
に引き上げたことから、中国もほぼ同等の ★★ 関
税を行うという ★★ が繰り広げられた。

報復,
米中貿易戦争

18 地域経済統合

ANSWERS ☐☐☐

□**1** **地域経済統合**とは、地域主義の動きの中で、 ★★★
★★★ （FTA）や関税同盟などの通商に関する**規制**、投資や人
の移動に関する**制限の撤廃**などにより、地域内の**市場**
経済を統合することを指し、東南アジアの ★★★
（AFTA）、ヨーロッパの ★★★ （EU）などがその代表
例である。

自由貿易協定

ASEAN 自由貿易
地域,
欧州連合

VII 経済
18 地域経済統合

□**2** 1952年に欧州で発足した ★★ と、57年の**ローマ**
★★ **条約**によって設立された欧州経済共同体 (EEC)、欧州
原子力共同体 (EURATOM) の3つの組織が統合し、
67年に ★★ が成立した。

欧州石炭鉄鋼共同
体 (ECSC)

欧州共同体 (EC)

◆欧州共同体 (EC) は、現在の欧州連合 (EU) の母体である。**域
内**の関税を**撤廃**して**域内貿易**の自由化を実施するとともに、域
外からの輸入品については加盟国が**共通**関税を設定するという
関税**同盟**を基本としつつ、域内固定為替相場制である欧州通貨
制度 (EMS) と共通農業政策を実施した。

□**3** 1960年、 ★ に対抗しイギリスの提唱の下で、ノル
★ ウェー、スイスなどが**域内関税を撤廃**して工業製品の
貿易自由化を実現する一方、**域外からの輸入品には各
国で関税を設定**する関税**自主権**を認める ★ を結
成した。

欧州経済共同体
(EEC)

欧州自由貿易連合
(EFTA)

□**4** 1979年に創設された欧州通貨制度 (EMS) では、EC
★ 域内では ★ を基軸通貨とする固定為替相場制を
採用し、域外通貨に対しては加盟各国通貨が同じ率で
変動する ★ 制を採用した。

欧州通貨単位
(ECU)
共同フロート

◆エキュー (ECU) は、現在の統合通貨であるユーロ (EURO) の
母体となっている。

□**5** **1992年末**までに欧州共同体 (EC) では、域内の**ヒト、モ
★★★ ノ、カネ、サービスの移動を自由化**する ★★★ を完
了させた。

市場統合

□**6** 1992年調印、93年発効の ★★★ 条約により欧州共
★★★ 同体 (EC) から発展した ★★★ は、さらに97年調印、
99年発効の ★★★ 条約によって、外交・安全保障
における共通政策の実施に向けて動き出した。

マーストリヒト
(ヨーロッパ連合),
欧州連合 (EU),
アムステルダム

□**7** 欧州共同体 (EC) の原加盟国は、 ★★ 、ドイツ (旧
★★ 西ドイツ)、イタリア、ベネルクス三国 (ベルギー、オ
ランダ、ルクセンブルク) で、73年には ★★ 、ア
イルランド、デンマークが加盟したことで ★★ と
呼ばれた。

フランス

イギリス,
拡大 EC

□**8** 欧州連合（EU）は、経済統合を目指して各国の中央銀
*** 行を統合し、**1998年**にドイツのフランクフルトに
　***　を設立した。翌**99年**には**経済通貨同盟(EMU)**
が成立して通貨も　***　に統合され、**共通の金融・
財政政策**を行っている。

欧州中央銀行
(ECB)、
ユーロ (EURO)

　◆1999〜2002年にかけて**通貨統合**が進められたが、95年までに
　EU に加入した15ヶ国中のユーロ未導入国は、20年に離脱し
　たイギリス（加盟時も一貫して未導入）を除きスウェーデン、デ
　ンマークの2ヶ国のみである。04年以降に EU に加入した東・
　中欧諸国の中でもスロベニア、キプロス、マルタに続き、09年
　にスロバキア、11年にエストニア、14年にラトビア、15年に
　リトアニア、23年にクロアチアが導入し、24年3月までの導
　入国は20ヶ国となる。欧州連合（EU）が実現させた通貨**統合**
　は、各国家の主権を部分的に超国家的な組織に移譲する動きだ
　が、EU 加盟国すべてがユーロを導入しているわけではない。な
　お、ユーロ導入には原則として、単年度の財政赤字が国内総生
　産（GDP）の3％以下であることなどの条件を満たすことが必
　要である。

□**9** 欧州連合の東方拡大を準備するために2001年に調印さ
* れたのは　*　条約である。

ニース

□**10** **2004年**には旧共産主義国など**10ヶ国**が、07年には**ブ
** ルガリア**と**ルーマニア**が、13年には**クロアチア**が欧
州連合（EU）に加盟し、EU の　**　拡大が進んだ。
23年末時点での加盟国数は　**　ヶ国である。

東方、
27

□**11** **2004年**には、欧州連合（EU）の**立法、行政、司法の権
** 限**や EU 大統領**の新設**を定めた　**　が採択された
が、05年に　**　とオランダの**国民投票**でそれぞ
れ批准が否決された。

EU 憲法、
フランス

□**12** 欧州連合（EU）は、**通貨統合と経済政策統合**の後、最
** 終的には　**　を実現させてヨーロッパに**巨大な連
邦制国家を構築**することを目指してきた。

政治統合

　◆統一国家の国名も「欧州連邦」を予定していたが、EU 憲法の制
　定に失敗し、この名称は実現しなかった。

□**13** **大統領制**の導入や外相級ポストの新設、EU からの「脱
** 退条項」などを盛り込んだ「拡大 EU」の基本条約は
　**　条約である。

リスボン

　◆リスボン条約は、**EU 新基本条約**といわれ、2005年に否決された
　EU 憲法に代わる条約である。**07年**に採択されたものの、08年
　6月にはアイルランドが国民投票で条約への加盟を否決し、発効
　が危ぶまれたが、**09年10月に再度の国民投票で可決**され、加
　盟27ヶ国すべてが可決し、**09年12月発効**にこぎつけた。

□**14** EU 憲法が定める **EU 機構の組織図**の空欄 **A ～ D** に
★★ あてはまる適語を答えよ。

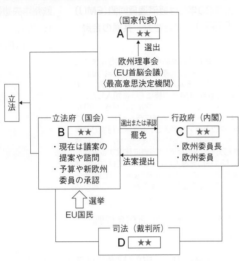

A　EU 大統領
（欧州理事会常任
議長）

B　欧州議会

C　欧州委員会

D　欧州裁判所

◆ EU 大統領（欧州理事会常任議長）は、初代が**ファン＝ロンパイ**
（ベルギー元首相、2009 年 12 月～ 14 年 11 月）、第 2 代が**ドナル
ド＝トゥスク**（ポーランド元首相、2014 年 12 月～ 19 年 11 月）、
第 3 代が**シャルル＝ミシェル**（ベルギー元首相、2019 年 12 月～）
である。

□**15** EU 加盟国の財政運営は**各国の責任**とされているが、
★★ 財政規律を保つために ★★ の幅を一定の枠内に収
める規定がある。

財政赤字

◆単年度あたり財政赤字を対 GDP 比 3％以下、政府債務残高を同
60％以下に抑制するという規定がある。

□**16** 2010 年、 ★★★ で ★★★ が GDP 比で大幅に上方
★★★ 修正されたことなどから、**通貨**ユーロ**の信用力が下が
り急速な**ユーロ**安が進んだ。

ギリシア，財政赤
字

◆ 2009 年 10 月、ギリシアの政権交代で、国の財政赤字が GDP 比
3％を超えていたこと（最終的には 13％超）が明るみに出た。

□**17** 2012 年に設立された ★ は、**財政危機時の緊急融
★ 資**などによって金融の安定化を図ることを目的とした、
ユーロ圏諸国の拠出による基金である。

欧州安定メカニズ
ム（ESM）

□**18** EU 域内の労働力移動の**自由化**で、**大量の労働者**が流
★★★ 入したことなどを受け、国内の雇用や社会保障に対す
る不安が増大する中、**2016年6月**に**イギリス**は**国民投**
票を行い、 ★★★ からの ★★★ 案が僅差で支持さ
れ、20年1月末に正式に実行された。

欧州連合 (EU),
離脱

◆「**イギリスの EU 離脱**」は**ブレグジット**(Brexit)と呼ばれる。離
脱後、協議が重ねられた結果、イギリスと EU との間で自由貿
易協定 (FTA) が合意に達し (2021年発効)、工業品や食品の貿
易にかかる関税は、EU 加盟時と同じくゼロが維持された。

□**19** 1949年発足の ★ は、人権、民主主義、法の支配の
★ 分野で国際社会の基準策定を主導するヨーロッパの国
際機関である。

欧州評議会

◆欧州統合の一環としても位置づけられる欧州評議会は、フラン
スのストラスブールで設立され、加盟国は47ヶ国 (EU 全加盟
国、旧東側諸国、トルコなど)、オブザーバーとしてアメリカや
日本など5ヶ国が参加している。加盟には**欧州人権条約**の批准
が条件とされる。

□**20** **1994年**にアメリカ、カナダ、メキシコの3ヶ国間で発
★★★ 効した ★★★ は、**域内関税を相互に撤廃**して域内貿
易の自由化を主たる目的とした協定であった。

北米自由貿易協定
(NAFTA)

◆アメリカのトランプ政権は、2017年8月に北米自由貿易協定
(NAFTA) の再交渉を開始し、18年9月末に合意に至り、同年
11月末にアメリカ・メキシコ・カナダ協定 (USMCA) として
署名された。3ヶ国間の自由貿易体制は維持されるも、自動車
分野では原産地規則が過度に厳格化されるなど同政権の**保護主**
義的な政策が色濃く反映され、20年7月に発効した。

□**21** 1995年にブラジル、アルゼンチン、ウルグアイ、パラ
★ グアイの4ヶ国が**関税同盟**にあたる ★ を結成し、
後にベネズエラとボリビアが加わった。

南米南部共同市場
(メルコスール)

◆メルコスール**は共同市場の形成**だけでなく、**域内関税撤廃**、域
外共通関税はもとより資本・サービスの自由化、共通貿易政策、
経済協調なども図っている (なお、ベネズエラは2016年に加盟
資格が停止、太平洋に面した APEC 加盟国のチリとペルーは準
加盟国にとどまっている。)。

□**22** **1967年**設立の ★★ は、90年代半ばまでは高度経
★★ 済成長を遂げ、93年には域内関税を撤廃し**貿易の自**
由化を目指す ★★ を発足させた。

東南アジア諸国連
合 (ASEAN)
ASEAN 自由貿
易地域 (AFTA)

◆1967年、インドネシア、マレーシア、フィリピン、シンガポー
ル、タイの5ヶ国で東南アジア諸国連合 (ASEAN) が結成され
た。84年にブルネイ、95年にベトナム、97年にラオスとミャ
ンマー、99年にカンボジアが加盟し、加盟国は10ヶ国となっ
ている (ASEAN10)。

□**23**
★★★
1980年代には韓国、台湾、香港、シンガポールの<u>アジア</u> `★★★` が、90年代には「世界の成長センター」と呼ばれた `★★★` が経済成長を遂げ、2000年代に入ると「21世紀の世界の工場」と呼ばれる `★★★` がアジア地域で高度経済成長を果たしている。

NIES（NIEs、新興工業経済地域）、東南アジア諸国連合（ASEAN）、中国

◆アジア諸国の急速な経済成長には、積極的な**外資の導入**や**安価な労働力**、アメリカや日本などの**巨大な輸出向け市場**の存在などが背景にある。

□**24**
★★★
ASEAN加盟国に日本、 `★★★` 、 `★★★` を加えた「**ASEAN＋3**」による定期会合は、 `★★★` 通貨危機をきっかけに、以後、金融や食料安全保障など域内の諸問題を討議し、協力関係を続けている。

中国，韓国，
※順不同
アジア

□**25**
★★
1989年発足の `★★` では、94年に `★★` 宣言が出され、**域内の自由で開かれた**<u>貿易・投資を達成する</u>目標を定めた。

アジア太平洋経済協力（APEC）、ボゴール

◆発足当初は**アジア・太平洋地域の経済協力**を目指す緩やかな経済協力組織であったが、アメリカの強い要求もあり、1994年の<u>ボゴール宣言</u>で自由貿易地域へと発展した。2023年末現在、オーストラリア、ブルネイ、カナダ、チリ、中国、香港、インドネシア、日本、韓国、マレーシア、メキシコ、ニュージーランド、パプアニューギニア、ペルー、フィリピン、ロシア、シンガポール、台湾、タイ、アメリカ、ベトナムの21ヶ国・地域が加盟し、その**国内総生産（GDP）は世界の約6割**を占める。

□**26**
★
2022年11月、東アジア自由貿易協定（EAFTA）と東アジア包括的経済連携（CEPEA）を統合した<u>東アジア地域包括的経済連携（ `★` ）</u>が発効した。

アールセップ
RCEP

◆<u>東アジア地域包括的経済連携（RCEP）</u>の交渉に参加した国は16ヶ国（ASEAN10、日本、中国、韓国、オーストラリア、ニュージーランド、インド）。「**世界の成長センター**」といわれるアジア太平洋地域における自由貿易の推進を目指すもので、アメリカを除いた形での**アジア独自の連携**を図る交渉として、特に日本は力を入れてきた。2020年11月、日本や中国、韓国など東アジア諸国を中心に**15ヶ国で合意**に達し、正式に署名され、**22年1月に発効**した（インドは不参加）。

□**27**
★
2015年末に発足した<u>ASEAN経済共同体（ `★` ）</u>は、ASEAN加盟国のヒト、モノ、サービスの自由化を目指す東南アジア地域の**経済共同体**である。

AEC

◆<u>ASEAN経済共同体（AEC）</u>は「**EUの東南アジア版**」として注目されているが、通貨統合や関税同盟は目的としていない。なお、2015年にASEAN10は「**ASEAN共同体**」の設立を宣言した。政治・安全保障共同体、<u>ASEAN経済共同体</u>、社会・文化共同体の3つの組織から構成されている。

□28 2022年、アメリカのバイデン大統領は、同国が主導し、
★ 日本やインド、オーストラリアなど14ヶ国が参加す
る新経済圏構想の ★ の発足を宣言した。

インド太平洋経済
枠組み（IPEF）

◆インド太平洋経済枠組み（IPEF：Indo-Pacific Economic
Framework）には、14ヶ国（アメリカ、日本、オーストラリ
ア、ニュージーランド、韓国、ASEAN7ヶ国（インドネシア、
シンガポール、タイ、フィリピン、ベトナム、マレーシア、ブ
ルネイ）、インド、フィジー）が参加し、その国内総生産（GDP）
は世界全体の約4割を占める。貿易協定とは異なり、関税の引
き下げや撤廃は交渉項目とはしない。

□29 地域経済統合は、域内の貿易、投資、労働力の移動を
★★★ ★★★ 化して経済取引を拡大させる一方、域外取引
を事実上制限し、 ★★★ 化する可能性がある。

自由,
保護主義

◆ただし、排他的な保護ブロックとの違いは、現状よりも高い関
税を課すものではなく、今の関税を加盟国が共同して引き下げ、
域外との貿易についても自由化を目指す点であるといえる。

□30 **アフリカ**では、2002年に既存の地域機構が再編され、
★ より高度な統合を目指した ★ が発足した。

アフリカ連合
（AU）

◆前身のアフリカ統一機構（OAU）から移行するため、2000年に
アフリカ連合制定法（アフリカ連合を創設するための条約）が採
択され、02年にアフリカ連合（AU）が正式に発足した。

□31 地域経済統合のレベルを示す次の図中の空欄 A ～ E
★★ にあてはまる語句を、下の語群からそれぞれ選べ。

【語群】 共同市場 経済同盟 関税同盟
完全経済同盟 自由貿易地域

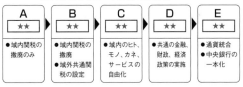

A 自由貿易地域
B 関税同盟
C 共同市場
D 経済同盟
E 完全経済同盟

◆これら5つの段階の後に政治統合がある。世界各地域で進んで
いる地域経済統合のレベルについて、かつてのNAFTAは自由
貿易地域、EUの前身であるECは関税同盟から市場統合を実現
した段階で共同市場となり、現在のEUは完全経済同盟を実現
した上で政治統合、すなわちヨーロッパ社会を1つに包摂する
連邦制国家を目指していたが、EU憲法の不成立によって完全な
る政治統合の実現は困難となった。

VII 経済

18 地域経済統合

19 南北問題

ANSWERS □□□

□**1** 南北問題とは、北半球に多い ★★★ と南半球に多い
★★★
★★★ の**経済格差**のことで、1960年代に問題化した。

先進国,
発展途上国（開発
途上国）

◆発展途上国の多くは、かつては出生率と死亡率がともに高かっ
たが、医療の改善や先進国の支援などにより死亡率、特に乳幼
児の死亡率が低下したため、近年は人口爆発が生じ、貧困、低
い教育水準、食料不足などの諸問題を抱えている。なお、近年、
アフリカやラテンアメリカ、アジアの新興国などを中心とした
発展途上国を指すものとして「グローバルサウス」という呼称も
用いられている。国連は、「G77」と呼ばれる発展途上国と中国
をこれに分類している。一方、経済的に豊かな国々は「グローバ
ルノース」と呼ばれる。

□**2** **南北問題の原因**としては、発展途上国の ★★ 経済
★★
構造や、先進国に対して原材料などの ★★ を安く
輸出する一方、高い工業製品を輸入する ★★ 分業
構造などが挙げられる。

モノカルチャー,
一次産品,
垂直的

□**3** 南北問題の解決には、**発展途上国が工業化して工業製**
★★
品どうしの ★★ **的分業を確立する**とともに、**一次**
産品の価格を安定させ、先進国との間の ★★ 条件
を改善し ★★ を実現することなどが必要である。

水平,
交易,
フェアトレード

◆工業化した発展途上国は**輸出指向型工業**への産業構造の転換を
果たす一方、**経済のグローバル化**が広がることで**国際分業が進**
展し、国際経済における**サプライチェーン（供給網）**を形成して
いった。

□**4** 1961年に設立された ★★★ は、その下部機関として、
★★★
加盟先進諸国の発展途上国に対する**援助の促進と調整**
を図るために ★★★ を設けている。

経済協力開発機構
（OECD）
開発援助委員会
（DAC）

□**5** 1964年、国連に南北問題の解決策を話し合う ★★★
★★★
が設置され、事務局長による ★★★ 報告が出された。

国連貿易開発会議
（UNCTAD）,
プレビッシュ

◆国連貿易開発会議（UNCTAD）第1回会議でのプレビッシュ報
告では、発展途上国からの輸入に対して先進国が関税を撤廃す
るか税率を特別に低く設定する一般特恵関税の実施などが求め
られた。

□**6** プレビッシュ報告は、南北問題解決のスローガンとして「 ★★ 」を掲げるとともに、経済援助目標を先進国の GNP の ★★ %に設定した。
★★

◆「援助より貿易を」というスローガンは、条件付きのひも付き援助（タイド=ローン）よりも、貿易で発生する利益の方が**発展途上国は自由に使える**ため、そちらをまず充実してほしいという要求である。

援助より貿易を,
1

□**7** 1966年発足の ★★★ は、国連による技術協力活動を推進する機関として、65年の国連総会決議に基づき設立された。
★★★

◆国連開発計画（UNDP）の任務は、国連憲章第55条の理念に基づき、1961年から10年ごとに採択されている「**国連開発の10年**」の開発戦略を指針に、発展途上国などにおける**持続可能な開発**について援助することである。

国連開発計画
（UNDP）

□**8** ★★★ とは、発展途上国の経済や社会の発展、国民の福祉向上や民生の安定に協力することを目的に、**政府や政府機関が提供する**資金や技術**協力**などである。
★★★

政府開発援助
（ODA）

□**9** 国連貿易開発会議（UNCTAD）では、後にスローガンが「 ★★ 」となり、政府開発援助（ODA）を GNP（GNI）の ★★ %とする目標が設けられた。
★★

◆なお、GNP（国民総生産）は、最近では GNI（国民総所得）で表示することが多い。日本の ODA は、0.7%**援助目標を達成して**おらず**0.4%程度**である。アメリカは0.2%と極めて低い。この目標を達成しているのは、ルクセンブルク、スウェーデン、ノルウェー、ドイツである（2022年）。

援助も貿易も,
0.7

□**10** 政府開発援助（ODA）は贈与に加え**低利子の**融資も含まれ、その程度を示す指標は ★★ という。
★★

◆贈与は GE100%、貸付金利が高くなるにつれて小さくなる。GE が25%以上の低利融資や贈与を ODA という。

グラント=エレメント（GE）

□**11** 日本が**中国や韓国**に対して行ってきた ODA は、 ★★ の意味を持っている。
★★

戦後補償（戦争責任）

□**12** 日本の ODA は、他の先進国と比べて ★★ 比率が低く、ひも付き**援助**（ ★★ ）が多いことから、質が悪いと批判されることがあった。
★★

◆円借款が多く、**現地の公共事業が日本企業に発注されやすく**、通貨が現地にとどまらないため、経済発展効果が薄いとされる。小泉内閣下では財政再建のために政府開発援助（ODA）**の削減**が決定し、2007年には特に中国向けに円を貸し付ける円借款が中止された。18年度の案件をもって中国向け ODA が終了した。

贈与,
タイド=ローン

□13 日本の ODA について、<u>贈与</u>**比率**は約 ★★ ％で、ア
★★　メリカ（約100％）、ドイツ（約80％）、フランス（約
60％）などと比べて低いが、<u>ひも付き</u>**援助**が多いとの
批判から、近年、日本の ODA の<u>アンタイド</u>**比率**は
約 ★★ ％に改善している（2020年データ）。

40

90

◆<u>アンタイド</u>**比率**とは、ひも付きではない援助の比率のこと。2017
年は、日本が92.3％、アメリカが73.2％、イギリスが100％、
ドイツが98.5％である。なお、日本政府は低い贈与比率につい
て、贈与が発展途上国の自助努力を阻むためと説明している。

□14 日本は、従来より**軍事支出**の多い国、**非民主的**な独裁政
★★　権、**人権保障の不十分な国**、**環境破壊**につながる場合な
どには原則的に <u>ODA</u> を行わない ★★ を掲げてき
たが、2015年にこれらの方針を見直し、<u>人間の安全保障</u>や
自助努力支援の観点から「<u>開発協力大綱</u>」と改称された。

ODA 大綱

□15 日本の <u>ODA</u> の金額は、<u>1991～2000</u>年までは世界第1
★★★　位であったが、<u>01</u>年に ★★★ に抜かれて第2位、<u>06</u>
年には ★★★ に抜かれて第3位、<u>07</u>年には ★★★ 、
<u>フランス</u>に抜かれて第5位になったが、<u>13</u>年には第
4位になり、その後も同様に推移している。

アメリカ，
イギリス，ドイツ

◆日本の <u>ODA</u> 相手国は、インド、バングラデシュ、フィリピン、
イラクなど**アジア諸国が中心**である。近年は、**アフリカへの援
助**も拡大する方針も示されている。

□16 ★★ は、**アジア・太平洋地域の発展途上国の経済
★★　開発に必要な融資**を行うことで、当該国の経済発展に
寄与することを目的に、アメリカや日本などが中心と
なって、1966年に創設した国際開発金融機関である。

アジア開発銀行
（ADB）

□17 2015年12月、<u>中国</u>が提唱・主導する**アジア対象の国
★★　際開発金融機関**である ★★ が発足し、アジア諸国
以外も含む50を超える国が参加した。

アジアインフラ投
資銀行（AIIB）

◆ G7ではイギリス、フランス、ドイツ、イタリア、カナダが参加
している。また、ロシア、インド、ブラジルの <u>BRICS</u> やインド
ネシア、ベトナム、シンガポールなどの <u>ASEAN</u>（東南アジア諸
国連合）10ヶ国、サウジアラビア、クウェート、カタールなど
主な中東の資源国、オーストラリア、ニュージーランド、韓国も
参加したが、**アメリカと日本は発足時の参加を見送った**。アメリ
カやヨーロッパ、日本で主導するアジア向け融資銀行である<u>アジ
ア開発銀行（ADB）</u>が存在すること（1966年設立）、<u>アジアイン
フラ投資銀行（AIIB）</u>の融資基準や経営方針に関する<u>ガバナンス</u>
<u>（統治）</u>が不明確・不透明であることが主な理由である。

□**18** ★ 　 ★ 　市場とは、発展途上国の貧困層や低所得者層
★　　を対象とした市場のことを指す。

BOP

◆ BOP (Bottom of the Pyramid) 市場は、おもに発展途上国に
おける社会的課題の解決を図ることを理念とし、政府開発援助
(ODA) などの国家間支援との関連性があり、官民連携での業務
形態を目指す場合が多い。例えば、水質浄化や公衆衛生、医療
支援、食糧・農業支援、ICT (情報通信技術) による支援などが
挙げられる。

□**19** 次のグラフは、**日本のアジア NIES (新興工業経済地**
★★★ **域)、ASEAN (東南アジア諸国連合) 4ヶ国、中国へ**
の直接投資の推移を示したものである。グラフ中の空
欄 **A ～ C** にあてはまる国または地域名を答えよ。

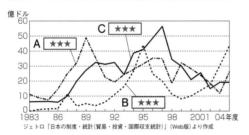

億ドル

ジェトロ「日本の制度・統計(貿易・投資・国際収支統計)」(Web版)より作成

A　アジア NIES

B　中国

C　ASEAN4ヶ国

◆A：アジア NIES は韓国、シンガポール、台湾、香港を指す。
1980年代後半から成長し始め、海外企業の進出が増えている。
B：中国は、1990年代初めから成長し、20年近く年平均実質
10%超の経済成長を遂げている。
C：ASEAN4ヶ国は ASEAN 加盟国のうちインドネシア、タ
イ、フィリピン、マレーシアを指す。**1997～98年に通貨危機に**
見舞われたことから**直接投資が激減**している点から判断する。

□**20** 第二次世界大戦後、復興融資を行ってきた 　★★ 　は、
★★　 現在、発展途上国に対する**低金利での長期資金の貸付**
で当該国の経済発展に寄与している。

国際復興開発銀行
(IBRD)

□**21** 　★ 　は、旧ソ連・東欧諸国に対して長期の投資お
★　　よび貸付を行うことで市場経済への移行を支援する。

欧州復興開発銀行
(EBRD)

□**22** 著しい貧困のために就業の場がなく、人間らしい生活
★★　 ができないために**豊かな他国へ逃れようとする人々**
を 　★★ 　というが、**難民条約の保護対象外**である。

経済難民

□**23** 1973年に ★★★ が原油公式販売価格を約 ★★★ 倍
★★★ に値上げしたことから、第一次石油危機（第一次オイ
ル=ショック）が発生した。

石油輸出国機構
(OPEC), 4

◆原油の値上がりで、**コスト=プッシュ=インフレ（狂乱物価）**と同
時に、原油供給削減により生産量が減少して不況も発生した（イ
ンフレ+不況=スタグフレーション）。

□**24** 第一次石油危機後の1974年に行われた ★★★ で、発
★★★ 展途上国は天然資源に対する恒久主権の確立や**一次産
品の値上げ**を求め、先進国と対等な貿易秩序である
★★★ （NIEO）の樹立を求めた。

国連資源特別総会

新国際経済秩序

□**25** メキシコ、 ★★★ 、アルゼンチンなどの中南米 NIES
★★★ が急成長を遂げていったが、これらの国々は石油危機
（オイル=ショック）が原因で、1980年代に ★★★ 問
題に直面した。

ブラジル

累積債務

□**26** 石油危機（オイル=ショック）による原油価格の値上げで
★★★ 利益を得た産油国と非産油国との格差や、NIES（新興
工業経済地域）と ★★★ との格差を ★★★ という。

LDC (後発発展途
上国), 南南問題

◆ LDC（後発発展途上国）のリストは国連の経済社会理事会に
よって3年ごとに見直されている。

□**27** 1982年、メキシコは莫大な債務を抱えて ★ に
★ 陥った。**支払期限の延期**である ★ や**債務の一部
免除**、**緊急追加融資**などが行われ、現在は債務を現地
企業の株式で返済する債務の株式化が行われた。

デフォルト（債務
不履行）,
リスケジューリン
グ

◆中南米諸国が累積債務を抱えた理由は、1970年代に OPEC 諸国
からのオイルマネーが還流したことと、アメリカがインフレ**対
策として高金利政策**を実施したため利子負担が増えたことなど
が挙げられる。80年代、発展途上国で表面化した累積債務問題
によるデフォルトの危機に際し、**国際通貨基金（IMF）**は**緊縮財
政などの条件**（コンディショナリー）を設けた上で救済に乗り出
した。世界銀行も構造調整融資を提供し、両者が挙げた救済の
条件として発展途上国に構造調整改革を強く求めたが、各国の
事情を顧みない画一的な要求から、かえって経済は混乱した。

□**28** 発展途上国は先進国企業を国内に誘致して輸出加工区
★★★ を創設するために、**その地区の法人税率を低くするこ
とで** ★★★ **を作る**ことがある。

タックス=ヘイブ
ン（租税回避地）

◆グローバリゼーションにおいて、**多国籍企業は**タックス=ヘイブ
ン（租税回避地）と呼ばれる**非課税ないし税率の低い国**に拠点を
置きつつ、金利の低い国から資金を、価格の安い国から原材料や
部品を調達し、これを賃金の安い国で加工した上で、製品を高
く売れる国で販売して、さらに大きな利潤を得るようになった。

□**29** 発展途上国の人々の生産物を適正な価格で継続的に買
★★★　い取り、生産者や労働者の自立などを支援する取り組
みに ★★★ がある。

フェアトレード

□**30** 2000年に国連は1日の収入が1ドル（米ドル）未満とい
★★　　う極度の貧困に苦しむ人々の人口比率を半減させるな
ど8つの目標を掲げた ★★ （MDGs）を採択した。

ミレニアム開発目
標

◆ミレニアム開発目標（MDGs）は、2000年9月の国連で行われた
「ミレニアム・サミット」で「ミレニアム宣言」として採択され、
15年までの目標達成を掲げた。

□**31** 2015年、国連はミレニアム開発目標（MDGs）を引き
★★★　継ぐ形で ★★★ を採択し、世界の**格差や貧困の解消**
に向けたさらなる取り組みを進めている。

持続可能な開発目
標（SDGs）

◆持続可能な開発目標（SDGs）は、貧困の解消、「飢餓をゼロに」、
すべての人に対する質の高い教育、「ジェンダー平等」の実現、
福祉の拡充や地球環境問題への対策としてのクリーン・エネル
ギー、平和と公正など、17の達成すべき目標（ゴール）と、具
体的な169のターゲットから構成され、2016～30年までの期
間をめどに掲げた国際目標である。

持続可能な開発目標（SDGs）概要		
		産業と技術革新の基盤をつくろう
	貧困をなくそう	人や国の不平等をなくそう
	飢餓をゼロに	住み続けられるまちづくりを
	すべての人に健康と福祉を	つくる責任　つかう責任
	質の高い教育をみんなに	気候変動に具体的な対策を
	ジェンダー平等を実現しよう	海の豊かさを守ろう
	安全な水とトイレを世界中に	陸の豊かさも守ろう
	エネルギーをみんなに そしてクリーンに	平和と公正をすべての人に
	働きがいも　経済成長も	パートナーシップで 目標を達成しよう

VII 経済

19 南北問題

20 日本の貿易～現状と国際比較

ANSWERS □□□

□**1** 日本の貿易相手国 (2021年) についての表の空欄 **A ～
★★ I** にあてはまる国名を答えよ。

	輸入	輸出	貿易総額
第1位	A ★★	D ★★	G ★★
第2位	B ★★	E ★★	H ★★
第3位	C ★★	F ★★	I ★★

◆**2007年**、香港を除く中国がアメリカを抜いて貿易総額で世界第
1位となった。近年、日本の輸入先は、第1位が中国、第2位
がアメリカ (2002年〜) となっているが、輸出先はツートップと
なるアメリカと中国がそれぞれ約20%と、年によって順位が入
れ替わっている。

A 中国
B アメリカ
C オーストラリア
D 中国
E アメリカ
F 台湾
G 中国
H アメリカ
I 台湾

□**2** 1980年代後半には、プラザ合意後の**円高**により、海外
★★★ に進出する日本企業が増加し**対米直接投資が急増**した
ため、日米 ★★★ 摩擦が激化した。

投資

□**3** 2001年、★★ 産のネギ、生シイタケ、イグサ (畳表)
★★ に対して**日本が** ★★ を発動したのに対し、中国は
日本製携帯電話などに対して報復 ★★ を課し、**日
中貿易摩擦**が始まった。

中国,
セーフガード (緊
急輸入制限),
関税

◆世界貿易機関 (WTO) は特定国を指定した選択的セーフガード
を禁止しているが、2001年当時、中国が WTO に未加入であっ
たことから、日本は発動を決めた。ただし、同年12月に中国が
WTO に加盟したため、その時点で日本はその措置を中止した。

□**4** 中国の経済成長は米中**貿易摩擦**と日中**貿易摩擦**を激化
★★★ させ、2005年7月には**人民元の** ★★★ が行われた。

切り上げ

◆かつては1ドル=約8.3元であったが、**2005年7月に1ドル=
8.11元**に切り上げられ、以降、順次、人民元の切り上げが行わ
れ、06年5月には1ドル=7元台、**08年4月には6元台**に突
入。24年3月時点では7元台で推移している。

□**5** 日本は、高度経済成長期には**原油を輸入して機械類を
★★ 輸出する** ★★ 貿易を行っていたが、近年の輸入品
の第1位は ★★ である。

加工,
機械類

◆日本は付加価値性の高い工業製品を輸出し、汎用半導体など付加
価値性の低い工業製品を中国やアジア諸国から輸入している。

□**6** 輸入額の GDP（または国民所得）に対する比率を
★★★ ┌─★★★─┐ 、輸出額の GDP に対する比率を ┌─★★★─┐ とい
い、両者の合計である貿易総額の GDP に対する比率
を ┌─★★★─┐ という。

◆各国は、その自然的・地理的条件や天然資源の多寡、産業構造、
国民の所得水準、国際競争力が異なることから、**貿易（輸出また
は輸入）への依存の程度**は異なる。

□**7** 主な貿易国の 1 人あたり貿易依存度を示した次のグラ
★★★ フ中の空欄 **A ～ C** に該当する国名を答えよ。

貿易依存度（2020年）(%)

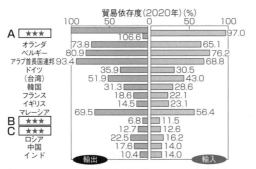

輸入依存度，
輸出依存度
貿易依存度

A　シンガポール

B　アメリカ
C　日本

◆日本とアメリカの**貿易依存度が低い**のは、GDP 額が多いことか
ら分母の数値が大きくなるためである。日本は、2011～15 年
までは貿易収支**赤字**であるが、16 年から貿易収支**黒字**となり、
以後、若干の黒字と赤字を繰り返す状況なので、輸出＜輸入、も
しくは輸出＞輸入でもその差額はアメリカより小さいので **C**。
アメリカは貿易収支の**大幅赤字**国なので、輸出＜輸入でその差
額は日本よりも大きいので **B**。

□**8** 次のグラフは、**日本**、**インド**、**韓国**の、1995年を100
★★ とする**鉱工業生産指数の変化**を示したものである。グ
ラフ中の空欄 **A** ～ **C** にあてはまる国名を答えよ。

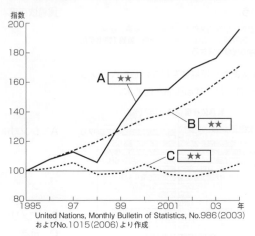

A　韓国

B　インド

C　日本

United Nations, Monthly Bulletin of Statistics, No.986（2003）
およびNo.1015（2006）より作成

◆鉱工業生産指数とは、企業の生産動向を知るための指数のこと
である。日本はすでに工業化を完了していることから **C** である。
1997～98年に低下している **A** は、アジア通貨危機の影響を受
け、ASEANへの投資が大きかった韓国で、通貨である**ウォン
の暴落**が発生していることから判断する。

□**9** 一国の**輸入**品の価格に対して**輸出**品の価格が上昇する
★ と、その国の □★□ **条件**は □★□ になる。　　　　　　交易, 良好

◆交易条件とは、**輸出品1単位で輸入できる単位数の割合**。発展
途上国の交易条件は概して劣悪で**1単位未満**となるが、先進国
の交易条件は概して良好で**1単位以上**となる。

□**10** 1960年代には、□★★□ **製品**が日本からアメリカに対　　繊維
★★ し**集中豪雨的に輸出**され、日米貿易摩擦が問題化した。

□**11** 1980年代には、日米貿易摩擦が激化したが、**日本の貿
★★★ 易収支黒字**額とほぼ同額の**アメリカの貿易収支** □★★★□　　赤字
額が発生していた。

□**12** 2000年代に入り、**アメリカの貿易収支**赤字**は巨額化し**、
★★★ **日本の貿易収支黒字**額を大幅に上回り、アメリカは新
たに □★★★□ などとの**貿易摩擦**が起きている。　　　　　中国

□**13** 世界の輸出貿易に占める主要国の割合を示した次のグ
★★★ ラフ中の空欄 **A** 〜 **D** にあてはまる国名を答えよ。

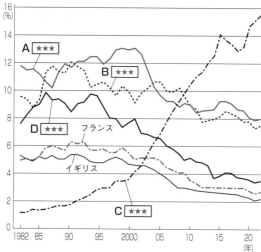

A アメリカ

B ドイツ (旧西
ドイツ)

C 中国

D 日本

◆ C の中国は「**21世紀の世界の工場**」と呼ばれ、2008年の「北京
オリンピック景気」で輸出を増やし、**A** のアメリカと **B** のドイ
ツ (旧西ドイツ) を抜き、09年から世界第1位となっている。
輸入はアメリカに次ぐ世界第2位で、今や中国は「世界の市場」
となっている。日本は輸出・輸入いずれも第4位である。

□**14** ┌──**★★**──┐ とは、国民の生命や財産に対する脅威を取り
★★ 除き、経済や社会生活の安定を維持するために、エネ
ルギーや資源、食料、社会インフラなどの安定供給を
確保するための措置を講じることを指す。

経済安全保障 (経
済セキュリティ)

◆経済安全保障 (経済セキュリティ) とは、経済的手段によって安
全保障の実現を目指すことである。原子力発電所などの重要な
インフラや基幹産業を支える企業や技術を外国資本に支配され
ることで国家の安全保障が脅かされる事態を回避するために、
外国の投資家や企業などによる日本企業への投資を規制するこ
ともその一例である。岸田文雄内閣は、新たに経済安全保障担
当大臣を設け、総理大臣を議長とする「経済安全保障推進会議」
を開催するなど関連する政策の実現に力を入れている。2022年
には経済安全保障推進法が成立した。

VIII

経済分野
ECONOMICS

地球環境と人類の未来

1 人口問題

ANSWERS ☐☐☐

☐**1**
★★★
人口は幾何級数（等比級数）的に増加するが、食糧は
★★★ 級数的にしか増加しないため食糧不足が発生す
るとして、 ★★★ は人口抑制を主張した。

算術（等差），
マルサス

☐**2**
★★★
一般的に人口ピラミッドの形は、**発展途上国**に見られ
る「 ★★★ 型」から、**先進国**に見られる「つり鐘型」
へと移行していく。**人口停滞型**である「つり鐘型」の人
口ピラミッドは、少子高齢化が加速すると徐々に**人口
減少型**の「 ★★★ 型」に近い形状になっていく。

富士山（ピラミッ
ド）

つぼ

　◆日本の人口ピラミッドは「つり鐘型」から「つぼ型」に移行中で
　ある。

富士山型（ピラミッド型）	つり鐘型	つぼ型
▼エチオピア（2004）	▼アメリカ合衆国（2007）	▼日本（2009）
多産多死型 発展途上地域	人口停滞型 先進地域	人口減少型 少子化が見られる先進地域

☐**3**
★★★
第二次世界大戦後、**世界の人口は急増**し、2011年に
は ★★★ 億人に、24年には ★★★ 億人に達してい
る。このように**急激に人口が増加すること**を ★★★
という。

70, 80,
人口爆発

　◆人口爆発はアフリカやアジアなどの発展途上地域で発生してい
　る。国連によると、世界人口は2050年には100億人に達し、
　2100年頃に110億人でピークを迎えると予測されている。

☐**4**
★★
発展途上地域における人口爆発の発生原因には、**子ど
もは多く生まれるが、その多くが死んでいく**という
★★ 型から、**医学の発達や食糧援助**などにより
★★ 型へ移行したことが挙げられる。

多産多死，
多産少死

□**5** 先進地域においては、生活様式（ライフスタイル）の変
★★ 化や女性の高学歴化と社会進出に伴って出生率が低下
する一方、医学の発展により死亡率が低下したことに
よって、★★ 型への移行が進んでいる。

少産少死

□**6** 少子高齢化が進むと少産少死型から ★★ 型に移行
★★ し、人口は減少し始める。

少産多死

◆2004年12月、日本の人口は減少に転じた後、わずかに増加した
が、08年以降は人口減少が続いている。

□**7** 人口の自然増加数（出生数－死亡数）の総人口に対する
★ 比率のことを人口の ★ という。

自然増加率

◆自然増加率は、1,000人あたりの自然増加率（‰＝パーミル）で
表す。出生率、死亡率がいずれも高く、自然増加率が低い人口
転換の第1局面（多産多死型）から、死亡率が低下し始め、かつ
出生率が高い率で維持されることで自然増加率が高まっていく
第2局面（多産少死型）において、その国や地域の人口は急増す
る。その後、死亡率と出生率が急速に低下し、自然増加率が減
速する第3局面を経て、第4局面で死亡率、出生率、自然増加
率がさらに低くなる（少産少死型）。

□**8** 先進地域においては、都市化の進行などによって家族
★★ 形態として ★★ 化が進んだため、高齢者の介護の
他、社会保障や雇用問題も深刻化している。

核家族

◆核家族は、アメリカの文化人類学者マードックが唱えた概念で、
日本では一組の夫婦と未婚の子、または一組の夫婦からなる家
族（夫婦家族）を指す。近年の日本では、都市部を中心に単身世
帯も増えている。特に、高齢者単身世帯の増加が目立ち、社会
的・地域的ケアの必要性が高まっている。

□**9** 出生率は、統計上、1人の女性が15～49歳の間に産む
★★★ 子どもの平均人数を示す ★★★ によって表示される。

合計特殊出生率
（TFR）

◆現在、合計特殊出生率が2.07を下回ると日本の人口は減少する
と推定されている（人口置換水準）。2023年、合計特殊出生率は
1.20と、前年から0.06ポイント下がり過去最低となる。

□**10** 平均寿命が延び、少子化が進行することで65歳以上
★★★ の人口比率を示す ★★★ 比率が高まりつつある社会
を ★★★ 社会、高まった社会を ★★★ 社会と呼ぶ。

老年人口,
高齢化, 高齢

◆合計特殊出生率が低下して少子化が進むと、同時に老年人口比
率が高まり高齢化が進行する。両方の現象を合わせて少子高齢
化というが、両者は表裏一体の関係にある。

□**11** 高齢化が進んでいる原因としては、★★★ の発達、食
★★★ 生活の改善など生活水準が著しく向上したことによる
★★★ の大幅な伸びなどがある。

医療

平均寿命

363

□**12** 生産年齢人口（15～64歳）に対する従属人口（**年少**
★　**人口と老年人口の合計**）の割合が低下し、老年人口が
　　増え始めるまでの一定期間で、生産年齢人口の割合が
　　増えて経済成長が起こることを　★　という。　　　　　人口ボーナス

　　◆人口ボーナスの期間は、**豊富な労働力**が供給され、**消費が活発**に
　　　行われるようになる。また、高齢者が少なくなることで**社会保障**
　　　費が抑制されることもあり、経済成長が起こりやすい。逆に、従
　　　属人口比が上昇し、経済が停滞することを人口オーナスという。

□**13** 次の記述は、**A 地域**と**B 地域**の人口構成の変化につい
★★　て述べたものである。2つの地域と後の1960年と1995
　　年の人口ピラミッドのセット**ア**～**ウ**の組合せとして最　　　A 地域　イ
　　も適当なものは、**A 地域**が　★★　、**B 地域**が　★★　　　B 地域　ウ
　　である。

　　A 地域　大都市近郊の農村であったが、1970年代末か
　　　　　　　ら新興住宅地として開発され、30代のサラ
　　　　　　　リーマン世帯が移り住んで人口が急増した。
　　　　　　　近年は、当時移住してきた人々の加齢などに
　　　　　　　より、人口構成が高齢化することが課題と
　　　　　　　なっている。

　　B 地域　地方の山村での生活条件が厳しいため1960
　　　　　　　年代頃から若者が離村する傾向が進んでい
　　　　　　　たが、その後、一家を挙げて離村するケース
　　　　　　　も続出した。過疎が深刻な地域で、近年は極
　　　　　　　端な高齢化が進行している。

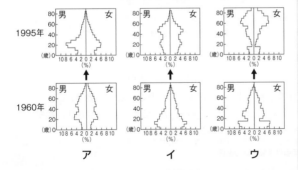

□**14** 世界人口会議の**第1回ブカレスト会議**では、人口問題
★★ の解決には ★★ よりも ★★ が優先されるべき
ことなどが確認された。

◆発展途上国は、経済的に貧しいことから、労働力として子ども
を多く産まざるを得ないと主張した。

人口抑制, 開発
(経済開発)

□**15** 1994年にエジプトの ★★★ で行われた国際人口開発
★★★ 会議では、女性の妊娠および出産への国家政策から女
性を解放する ★★★ (**性と生殖に関する健康と権利**)
が宣言された。

カイロ

リプロダクティブ
=ヘルス / ライツ

□**16** 中国は、「 ★★★ 」という**子どもを1人に限る**ことを
★★★ 奨励する政策を実施してきたが、2015年に廃止した。

◆2022年時点で人口の世界**第1位**は中国 (約14.3億人)、**第2位**は
インド (約14.2億人) であるが、人口抑制策が進んでいないイ
ンドが、23年に人口世界第1位になった。

ひとりっ子政策

□**17** 次の図は、日本、インド、インドネシア、韓国、中国
★★ における1950〜2050年までの人口の年平均伸び率(将
来推計値を含む)を表したものである。図中の **A 〜 C**
にあてはまる国名を答えよ。

VIII 経済
1 人口問題

A 日本
B 中国
C インド

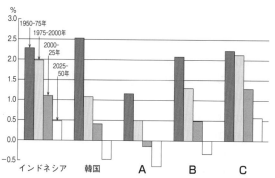

□**18** アメリカの経済学者ボールディングは、地球のことを
★★★ 「 ★★★ 」と呼び、地球の環境維持、資源の効率的利
用の必要性などを訴えた。

◆地球環境は誰もが影響を与え合っており、**生態系の閉鎖性**ゆえ
に、環境悪化は人間にも害を及ぼす。アメリカの細菌学者ルネ=
デュボスは「Think Globally, Act Locally(**地球規模に考え、足
元(地元)から行動せよ**)」という考え方を示し、国際的な視点で
環境問題を考え、身近なところから対策を行うべきだと説いた。

宇宙船地球号

□**19** 科学者も参加した ★★★ は、報告書『 ★★★ 』で、
★★★ 経済成長に伴う人口問題や資源・環境問題を指摘した。

ローマ=クラブ,
成長の限界

□**20** 2005年に人口減少社会に突入した**日本の総人口**は、
★★ 23年の約 ★★ 人から、53年には1億人を下回り、
65年に約 ★★ 人にまで減少すると予測される。

1億2,400万,
8,800万

□**21** 少子高齢化が加速する中で、15〜64歳の ★★ 人
★★ 口が減少し、経済の担い手が減少するおそれから、**外
国人労働者**を活用するため、 ★★ を技能・専門職に
限定している<u>出入国管理及び難民認定法</u>を2018年に改
正し、単純労働などにも交付することにした。

生産年齢

就労ビザ

◆2019年4月に改正法が施行され、法務省の外局として出入国在
留管理庁が設置された。改正法では、人手不足の14業種（建設
業、自動車整備業、介護、宿泊、農業など）については「相当程
度の知識又は経験を必要とする技能を要する業務」に従事する
外国人を**特定技能1号**として最長5年間の在留を、また「熟練し
た技能を要する業務」に従事する外国人を**特定技能2号**として更
新すれば事実上の永住を認めることとした。なお、技能実習と
は異なり、特定技能では受け入れ先の変更が可能となっている。

□**22** 少子高齢化が加速する中で、介護など**福祉に関する人
★★★ 材**を海外から補うために、日本は一部の国々との間で
労働者を受け入れる ★★★ （EPA）を結んでいる。

経済連携協定

□**23** すでに日本の農山村などでは、65歳以上の人口比率
★ が50%を超えて**地域の**<u>コミュニティ</u>**機能**が果たせな
くなった ★ 集落が多数出現し、遠からず ★
集落となる可能性が高い。

限界, 消滅

□**24** 人口減少により、消滅の危機に直面する地方では、**生
★ 活基盤や居住地を一部に集約する**「 ★ 」と呼ばれ
るものを構築することが提起されている。

コンパクトシティ

□**25** **第二次安倍内閣**では、**都市と地方との**<u>格差</u>**を縮小する**た
★★ めに**地方の活力**を高め、新たな産業を創り出す ★★
の担当大臣を新設した。

地方創生

◆<u>地方創生</u>の基本理念などを定める「**まち・ひと・しごと創生法**」
では、"**まち**"を「国民一人一人が夢や希望を持ち、潤いのある
豊かな生活を安心して営める地域社会の形成」、"**ひと**"を「地域
社会を担う個性豊かで多様な人材の確保」、"**しごと**"を「地域に
おける魅力ある多様な就業の機会の創出」としている。

□**26** 地域経済の振興の試みとして、**地元で生産されたもの**
を地元で消費することで消費者と生産者との信頼関係
の構築を目指す　**★★**　の動きや、各地域が自らの力
や発想で特産品を作り出し、**地域おこし（村おこし）**を
目指す「　**★★**　運動」などが行われている。

地産地消

一村一品

2 資源エネルギー問題

□**1** エネルギーの中心は、19世紀初め頃までは薪や木炭
であったが、19世紀初めからは石炭へ、1960年代に
は　**★★**　や液化天然ガスなどの液体燃料へと変化し
た。これを　**★★**　という。

石油,
エネルギー革命
（流体革命）

□**2** **石油や天然ガス**など古い地質時代の動植物が炭化して
形成された　**★★★**　は燃焼により**二酸化炭素（CO₂）**
や　**★★★**　、**窒素酸化物（NOx）**などの大気汚染物質
を排出する。

化石燃料,
硫黄酸化物（SOx）

□**3** ある天然資源の**確認埋蔵量**を現在の年間生産量で割る
ことで**将来、採掘可能な**　**★**　**年数**が計算できる。

　◆採掘技術が向上して確認埋蔵量が増加したり、その資源の年間
　生産量が減少したりすれば、可採年数を増やすことができる。

可採

□**4** 1972年にローマ=クラブは『　**★★★**　』という報告書の
中で、世界人口、工業化、汚染、食糧生産、資源の使
用が現在の伸び率のまま続けば、100年以内に地球上
の　**★★★**　は限界に達すると警鐘を鳴らした。

成長の限界

成長

□**5** 基線から　**★★**　カイリ以内の水域では、**沿岸国に天**
然資源を管轄、開発する権利が認められている。

200

□**6** 1974年、**第一次石油危機対策**として　**★★★**　が開かれ、
原油などの**価格安定**と**先進国と発展途上国間の対等な**
貿易などを目指す新国際経済秩序樹立宣言（　**★★★**　）
が採択された。そこで確認された**天然資源に対する**
★★★　の考え方は　**★★★**　のあらわれといえる。

　◆1962年の国連総会で天然資源に対する恒久主権が決議された。
　天然資源の開発・利用権は保有国にあるとする考え方である。

国連資源特別総会

NIEO宣言

恒久主権, 資源ナ
ショナリズム

□**7** 2度の石油危機の原因となった原油公示価格の引き上
★★ げと原油供給削減は、<u>石油輸出国機構</u>（ ★★ ）とア OPEC,
ラブ石油輸出国機構（ ★★ ）などの**石油カルテルが** OAPEC
行った石油戦略である。

◆1960年に結成された<u>石油輸出国機構（OPEC）</u>は、欧米諸国の国
際石油資本に対抗するための**産油国によるカルテル**の一種で、
原油価格の上げ下げ、生産調整、石油生産の国有化などの共通
政策を掲げている。本部はオーストリアのウィーンにある。

□**8** ★★★ は、<u>石油</u>などの ★★★ と比べて、①エネル 原子力, 化石燃料
★★★ ギーの<u>大量生産</u>ができること、②エネルギー効率が良
く**安定した発電**ができること、③燃料の投入量が少な
く<u>可採年数</u>が長いこと、④燃料コストが安価で市場価
格に左右されにくいことなどの利点がある。

◆日本では、1966年に初の商業用原子力発電所として**東海原子力**
発電所が運転を始めたが、本格的な原子力発電所設置のきっか
けは、70年代の2度の<u>石油危機（オイル=ショック）</u>である。

□**9** **原子力発電**には、①深刻な ★★★ 汚染が生じる危険 放射能,
★★★ 性、②事故による後世代への影響、③ ★★★ の処理・ 放射性廃棄物,
廃棄方法の問題、④核兵器や核兵器開発技術の ★★★ 拡散
の問題などが指摘されている。

◆原子力発電における<u>核分裂</u>は人為的な抑止が困難で、事故が起
こると生命にかかわる重大な<u>放射能汚染</u>を招き、その汚染は数
十年から数百年以上続く。また、事故発生のリスクと廃棄処理
施設の開発・維持コスト、<u>原発</u>建設が核兵器転用・製造の原料
となる<u>プルトニウム</u>の拡散を起こすおそれも指摘されている。

□**10** 原子力発電所で核分裂を起こすために利用される物質
★ として主要なものは ★ であるが、通常は核分裂 ウラン,
反応を起こしやすい<u>濃縮</u> ★ を利用する。 ウラン

□**11** 原子力発電所から排出される ★ は、その処理が 放射性廃棄物
★ 難しく、軍事転用のおそれもある。

□**12** 1955年制定の ★★ 法では、原子力平和利用の三原 原子力基本,
★★ 則として「 ★★ ・ ★★ ・ ★★ 」を基本方針と 民主, 自主, 公開
して掲げている。

□**13** 日本では、<u>石油危機（オイル=ショック）</u>を契機に、**新**
★★ **エネルギーの技術研究開発**を進める ★★ <u>計画</u> サンシャイン
（1974年）、省エネルギー技術の研究開発を進める
★★ <u>計画</u>（1978年）が相次いで始まり、これらは ムーンライト,
368 ★★ <u>計画</u>に統合された。 ニューサンシャイン

□**14** 1979年にアメリカ合衆国で発生した ★★ 島原子力
★★　発電所事故や、86年に旧ソ連の**ウクライナ**で発生し
た ★★ 原子力発電所事故では、事故により原子炉
から多量の放射性物質が大気中に拡散した。

スリーマイル

チョルノービリ
（チェルノブイリ）

□**15** 1995年に福井県敦賀市にある高速 ★★ 炉「 ★★ 」
★★　でナトリウムの火炎事故が発生した。

増殖，もんじゅ

　◆高速増殖炉は、MOX（プルトニウム・ウラン混合酸化物）燃料
　を使用し、消費量以上の燃料を生み出せる原子炉で、**核燃料サイ
　クル計画の一環**であったが、世界的にも事故が多く、ほとんど
　稼働実績がないという問題を抱えていた。1995年の事故後、本
　格的な再稼働を目指していたが、2010年に再び事故が発生した
　ことなどを受け、16年12月に廃炉が正式に決定した。

□**16** 1999年に茨城県 ★★ の核燃料加工会社で起こった
★★　事故は、日本で初めて事故被ばくによる死者を出し
た ★★ 事故である。この ★★ とは、**核分裂の
連鎖反応が一定の割合で持続している状態**をいう。

東海村

臨界，臨界

□**17** 2011年3月11日に発生した東日本大震災によって、東
★★★　京電力の ★★★ 原子力発電所が**電源・冷却機能を喪
失**し、これによって生じた炉心溶融（ ★★★ ）と水素
爆発で多量の放射性物質が外部に放出された。

福島第一，
メルトダウン

　◆国際原子力事象評価尺度（INES）によると、チョルノービリ原
　発事故と同じ最悪のレベル7（深刻な事故）に分類されている。

□**18** 福島第一原子力発電所事故は、原子力発電の ★★
★★　性に対する国民の信頼を失うとともに、原子力発電所
の停止などにより全国規模の ★★ 不足が発生した。

安全

電力

　◆日本では、エネルギー多様化の観点などから火力から原子力発
　電に重心を移してきたが、この事故によって**エネルギー政策は
　ゼロベースで見直された**。一方、福島第一原子力発電所事故後、
　ドイツのメルケル首相は原子力発電所の建設計画を見直す方針
　を示し、2023年4月にはすべての原発の稼働を取り止めて**脱原
　発**を実現した。スイスやイタリアでは**国民投票**によって脱原発
　の方向性が確認された。

□**19** 2012年に**新たな原子力規制体制**として、 ★★ を
★★　 ★★ の外局に設置した。

原子力規制委員会，
環境省

　◆原発を規制する機関を原発推進派とされる経済産業省から切り
　離して環境省の下に置き、規制体制の独立性と強化を図った。

□20 2013年に ★★ は原発に関する新たな ★★ を設
けたが、**第二次安倍内閣**はこれらの基準を満たした原
発は ★★ を認める方針を示した。

原子力規制委員会,
規制基準
再稼働

◆活断層上の設置禁止に関する調整年代を40万年前に拡大、緊急
用制御室の設置、防潮堤の充実、複数の電源確保、ポンプ車分
散配備などがある。2024年1月時点で10基が稼働している。

□21 ★★ 計画とは、原子力発電所の**使用済み核燃料を
再処理**して回収した<u>プルトニウムとウラン</u>を混合した
MOX燃料を、既存の軽水炉で**リサイクル**し燃料の有
効利用を行う計画である。

プルサーマル

◆民主党の鳩山内閣(2009〜10年)は地球温暖化対策の一環とし
て、二酸化炭素をほとんど発生させない<u>原子力発電</u>を重視し、天
然資源に恵まれない日本が推進する核燃料サイクル政策の根幹
として<u>プルサーマル</u>発電の推進を打ち出していたが、事故の危
険性から住民の反対運動が起きた。

□22 ★ 電源とは、昼夜を問わず終日安定して一定量
の電力を供給することができる電源を指す。

ベースロード

◆日本は、2014年の「エネルギー基本計画」で原子力を「重要な<u>ベー
スロード電源</u>」と位置づけ、新安全基準を満たした原発の再稼働
を進め、30年の原子力発電の比率を20〜22%と定めた。

□23 環境保護における経済的手法の1つとして、オランダ
やスウェーデンなどでは、いわゆる ★★★ が導入さ
れ、<u>二酸化炭素</u>**排出量に応じた課税**が行われている。

環境税

◆ヨーロッパで導入されている<u>環境税</u>は**炭素税**とも呼ばれ、<u>汚染
者負担の原則(PPP)</u>を具体化したものである。日本も2012年
に環境税(**地球温暖化対策税**)を導入している。このように二酸
化炭素排出量に応じて、企業や家庭にコストを負担してもらう
仕組みを<u>カーボンプライシング</u>(**炭素の価格づけ**)という。

□24 動植物(特に微生物)などの**生物体を原料**とするエネル
ギー資源を総称して ★★ という。

バイオマス
(生物資源)

◆トウモロコシを原料とした**エタノール**や間伐材を加工した小型
固形燃料なども<u>バイオマス</u>に含まれる。**生物資源を利用しての
発電**を<u>バイオマス発電</u>という。2008年に起こった穀物価格の高
騰は、地球温暖化対策としての**バイオエタノールの生産量の増
加**が一因とされる。

□25 石油や原子力に代わるエネルギー源を一般に ★★
と呼ぶが、これには**太陽光、風力、潮力**などの<u>自然エ
ネルギー</u>や**廃熱利用エネルギー**などを含む。

新エネルギー

◆**代替エネルギー**(**再生可能エネルギー**)の開発により、**持続可能
性(サステナビリティ)の高い低炭素社会の実現**が期待される。

□**26** 日本では、政府が**クリーンエネルギー**を ★★ エネ
★★　ルギーという表現で統一し、 ★★ エネルギー特別
　　　措置法を制定し、この分野の規制緩和を一部進めている。

　◆東日本大震災後の2012年に制定された再生可能エネルギー調達
　　特別措置法（FIT法）では、再生可能エネルギーにより発電され
　　た電力は、家庭によるものだけでなく、民間法人によるものに
　　ついても国が定める期間は指定された価格で買い取ることが電
　　気事業者に義務づけられた（固定価格買取制度）が、22年から
　　見直しが行われて再生可能エネルギー利用促進特別措置法に改
　　正された。これにより、市場価格に連動して補助金が変化し、買
　　取価格が変動するというFIP制度が新たに追加された。

□**27** 再生可能エネルギーとして、 ★★ や**風力**、**バイオマ**
★★　**ス**、火山帯での ★★ 、積雪の氷解エネルギーなど
　　　の利用も試験的に行われている。

　◆発電における原子力の依存度を低下させるためには、当面は天
　　然ガスなど火力発電のウエイトを高め、徐々に再生可能エネル
　　ギーなどへと移行していく必要がある。なお、近年日本近海で
　　メタンハイドレート（メタンガスと水分子が結合してできた氷
　　状の固体物質）が埋蔵されていることが判明している。

□**28** 自然界から直接得られる化石燃料や水力は ★★ エ
★★　ネルギーと呼ばれ、それから作られる電力などは
　　　 ★★ エネルギーと呼ばれる。

　◆原子力発電はウランなどの核燃料を用いて行われるが、ウラン
　　の原子力そのものは自然界から得られるエネルギーであるた
　　め、石炭や石油、天然ガスなどと同じく一次エネルギーとされる。

□**29** 日本近海の海底にも豊富に存在すると推定され、開発
★　　が試みられている新しい資源の1つとして、天然ガス
　　　の原料となるメタンガスが海底下で氷状に固まってい
　　　る ★ がある。

□**30** 従来の電池と異なる ★★ 電池は水素と酸素を化学
★★　反応させて電力を取り出すもので、発電から排出され
　　　るのは水と熱だけであり、 ★★ などを出さないた
　　　め環境への負荷が低い。

□**31** ★★ とは、発電する際に生み出される熱のエネル
★★　ギーを用いて、温水や蒸気を電気と同時に発生させる
　　　電熱供給システムで、近年、省エネルギー強化策の1
　　　つとして導入が進められている。

再生可能,
再生可能

太陽光,
地熱

一次

二次

メタンハイドレート

燃料

二酸化炭素（CO$_2$）

コジェネレーショ
ン（コージェネ
レーション）

□32 「賢い送電網」を意味する ★ とは、情報通信技術
★ (ICT)を駆使して電力の流れを供給側と需要側の双方
から制御することで省エネ化などを図る**無駄のない最
適化された次世代送電網**である。

スマートグリッド
（次世代送電網）

□33 省電力で明るく光る青色の ★ の発明や実用化の
★ 実績により、2014年に中村修二らがノーベル物理学賞
を受賞した。

発光ダイオード
（LED）

□34 次のグラフは、日本の**一次エネルギー**（非加工エネル
★★★ ギー）の供給割合の変化を示したものである。空欄 A
〜 D にあてはまる資源エネルギーを答えよ。

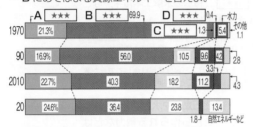

A 石炭
B 石油
C 天然ガス
D 原子力

◆1970年代の2度の石油危機(オイル=ショック)をきっかけに脱石
油が進み、一次エネルギーに占める石油の割合は低下している。
一方、石油の代替エネルギーとして期待された原子力は、2010年
までに11.2%と上昇したが、11年3月の福島第一原子力発電
所事故後、すべての原子力発電所が安全性確認のため一時停止
したため、14年はほぼゼロになった。その後、新たな安全性基
準をクリアした原子力発電所の再稼働が始まったが、発電量は高
まっていない。なお、**一次エネルギー**は非加工エネルギーである
が、電力は加工して発電されているため**二次エネルギー**となる。
ちなみに、二次エネルギーである電力に占める原子力の割合は、
福島第一原子力発電所事故前は約25%（2010年）であったが、
現在（2022年）は約6%となっている。政府は、**第6次エネル
ギー基本計画**を21年に策定し、30年度の電源構成目標として、
原子力を**20〜22%程度**、再生可能エネルギーを**36〜38%程
度**とすることを掲げており、エネルギーミックスの確立方針を
示している。

372

□**35** 次のグラフは主要国における**1人あたりの一次エネル**
★★★ **ギー消費量**を示している（2017年データ）。空欄**A**〜**E**
にはアメリカ、中国、ドイツ、日本、ロシアのいずれ
かがあてはまる。それぞれの国名を答えよ。

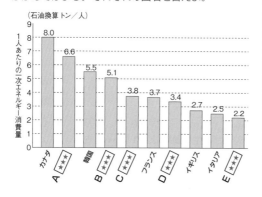

（石油換算トン／人）

1人あたりの一次エネルギー消費量

8.0 カナダ
6.6 **A** ★★★
5.5 韓国
5.1 **B** ★★★
3.8 **C** ★★★
3.7 フランス
3.4 **D** ★★★
2.7 イギリス
2.5 イタリア
2.2 **E** ★★★

A　アメリカ
B　ロシア
C　ドイツ
D　日本
E　中国

◆**A**のアメリカは、エネルギー消費量が世界のおよそ6分の1を
占めている。エネルギー消費量が世界第1位となる**E**の中国は、
人口も世界第1位（アメリカの人口の約4倍）であるため、1人
あたりの消費量に換算すると少なくなる。

□**36** 大規模な核戦争は「　★★　」と呼ばれる**大幅な気温低**
★★ **下**をもたらし、食糧危機を発生させるおそれがある。

核の冬

□**37** 「　★★★　」とは、**将来の世代の欲求を満たしつつ、現**
★★★ **在の世代の欲求も満足させるような開発**のことで、
1992年の国連環境開発会議（環境と開発に関する国連
会議、地球サミット）の報告書に明記され、それをきっ
かけに広く知られるようになった。

持続可能な開発

◆「持続可能な開発」は1992年の国連環境開発会議の基本理念とし
て掲げられた。この理念に基づき、2015年に161ヶ国が参加し
た国連サミットでは、17の国際的な目標と各目標について設定
された169のターゲットからなる持続可能な開発目標（SDGs）
が全会一致で採択された。

□**38** 　★★★　の考え方によれば、現在世代が地球を温暖化
★★★ させたならば、その利益も不利益も引き受けて暮らす
ことになる将来世代に対して、現在世代は**義務**や
　★★★　を負うべきである。

世代間倫理

責任

◆環境倫理の領域において、現在世代は将来世代の生存可能性な
どに対して義務や責任があるとする世代間倫理が重要であると
されている。

□39 資源の循環利用を目指し、資源の浪費を抑制すること
★★★　で、　★★★　への負荷をできる限り低減しようとする
　　　社会を一般に　★★★　という。

環境,
循環型社会 (資源
循環型社会)

3 地球環境問題

ANSWERS □□□

□1 代表的な**地球環境問題**としては、**異常気象**を引き起こ
★★★　す　★★★　、**皮膚ガン**の増加を招く　★★★　の破壊、
　　　森林破壊の原因となる酸性雨がある。

地球温暖化, オゾ
ン層

□2 アメリカの生物学者　★★　は『沈黙の春』で、**DDT**
★★　などの　★★　の使用が、**生体濃縮**により　★★　を
　　　破壊する危険性を指摘した。

レイチェル=カー
ソン,
農薬, 生態系 (エ
コシステム)

□3 1972年は、OECD **環境委員会**で　★★　の国際ルール
★★　化が議論され、同年にローマ=クラブは『　★★　』と
　　　いう**人類の危機レポート**を発表した。

汚染者負担の原則
(PPP),
成長の限界

□4 　★★★　(UNEP) は、**地球環境保全**のための**国際協力**
★★★　を推進する機関で、**1972年**の　★★★　での　★★★　会
　　　議で採択された「　★★★　宣言」および「環境国際行動
　　　計画」に則り設立された。

国連環境計画,
ストックホルム,
国連人間環境,
人間環境

□5 **1972年の国連人間環境会議**では「　★★　のない地球」
★★　というスローガンが掲げられた。

かけがえ

□6 1992年に**ブラジル**の**リオデジャネイロ**で開催された
★★★　「環境と開発に関する国連会議」(通称　★★★　) では、
　　　「　★★★　」という理念が共有された。

地球サミット,
持続可能な開発

　◆「持続可能な開発」とは、次世代のために**再生可能な範囲内で自
　　然資源を利用する**という開発理念で、1987年の「**環境と開発に関
　　する世界委員会**(ブルントラント委員会)」で提起された。地球
　　サミットでは、その基本理念を掲げた「リオ宣言」と、行動計画
　　を定めた「アジェンダ21」が採択され、10年後の2002年には
　　南アフリカのヨハネスブルクで「**持続可能な開発に関する世界
　　首脳会議**(環境・開発サミット)」が開かれた。

□7 　★★★　破壊の原因物質は、スプレーの噴射剤、冷蔵
★★★　庫やクーラーの冷媒、半導体の洗浄剤などに含まれて
　　　いた　★★★　である。

オゾン層

フロンガス(CFC)

□8
★★
1985年、オゾン層**保護**のための ★★ **条約**が採択され、87年にはこの条約により規制される物質を特定する ★★ **議定書**が採択され、89年に発効した。

ウィーン

モントリオール

□9
★★
1989年、**特定**フロンの20世紀中の全廃と**代替**フロンの2020年以降の原則使用禁止が ★★ で定められた。

ヘルシンキ宣言

□10
★★★
気候変動の原因物質は、排出ガスや工場の煤煙中に含まれる**二酸化炭素 (CO₂)** やメタンガス、代替フロンガスなどの ★★★ である。

温室効果ガス

□11
★★★
1992年の地球サミットで、 ★★★ と ★★★ の2つの条約が採択された。

気候変動枠組み条約, 生物多様性条約

※順不同

□12
★★
1992年の地球サミットで採択された ★★ は、**生物資源の保全と利用**および ★★ **資源**から得られる**利益の公正な配分**の実現を目指した条約である。

生物多様性条約, 遺伝

◆生物多様性とは、異なる種の間や同じ種の中に存在する豊かな差異のことを意味し、人類にとって遺伝資源として保全すべき価値のあるものとする概念である。日本は**1992年**に生物多様性条約に署名し、翌93年に締結・批准した (アメリカは未批准)。

□13
★
2010年、生物多様性条約**第10回締約国会議**（COP10）が日本の名古屋で開催され、遺伝資源の利益配分ルールを定めた ★ **議定書**と、20年までに多様性の損失を食い止め、50年までに多様性の回復と自然との共生社会を実現する ★ **ターゲット**を採択した。

名古屋

愛知

◆条約に関する定期的な締約国会議の略称を COP という。

□14
★★★
1997年開催の気候変動枠組み**条約第3回締約国会議**（COP3、京都会議）では、温室効果ガス排出量の先進国の削減数値目標を定めた ★★★ が採択された。

京都議定書

◆2008～12年までに温室効果ガスの年間排出量を先進国全体で約5%、EU 8%、アメリカ7%、日本6%を削減するという目標が設定された。23年には COP28 がアラブ首長国連邦（UAE）で開催された（24年の COP29 はアゼルバイジャンで開催予定）。

□15
★★★
京都会議では、 ★★★ について温室効果ガス削減の数値目標の設定が見送られた。

発展途上国（開発途上国）

◆二酸化炭素（CO₂）排出量が2007年にアメリカを抜き世界第1位になった中国は、京都会議では「発展途上国」として削減義務が課されていなかった。

□**16** 発展途上国が排出量規制に消極的な理由は、自国の
★★★ ┌─★★★─┐ に悪影響を与える懸念などからである。

経済成長

□**17** 1997年の気候変動枠組み条約第3回締約国会議（京都
★★★ 会議、COP3）では、温室効果ガスの排出削減数値目標
の設定に成功して京都議定書が採択されるも、当時の世
界第1位の二酸化炭素（CO_2）排出国の ┌─★★★─┐ が批准
を拒否して発効できない状態が続いたが、2004年に
┌─★★★─┐ が批准し、05年に発効した。

アメリカ

ロシア

◆京都議定書の発効条件は、55ヶ国以上の締結、かつ締結国の
CO_2排出総量が先進国全体の総排出量の55%以上になること
とされた。ロシアの批准で、この2つの条件が充足された。

□**18** 京都議定書では、義務づけられた ┌─★★★─┐ 削減量を超
★★★ える削減を達成した国から、未達成国に**排出権を買い
取り自国の削減分に算入できる**（国際）┌─★★★─┐ という
仕組みなどが**京都メカニズム**として採用された。

温室効果ガス

排出権取引（排出
量取引）

□**19** 2005年に EU が導入した域内 ┌─★★★─┐ 制度は、「┌─★★★─┐
★★★ 方式」を採用し、各事業所に温暖化ガス排出量の上限
を課し、過不足分を取引している。

排出権取引（排出
量取引）,キャップ
=アンド=トレード

□**20** 温室効果ガスの新しい削減方法を先進国どうしで共同
★★ 開発をした場合、両国間で**削減分を**譲渡**し合うこと**を
認める仕組みを ┌─★★─┐ 、発展途上国の温室効果ガス
削減に技術協力をした場合、**協力国の削減分に算入で
きる仕組み**を ┌─★★─┐ （CDM）といい、いずれも京都
メカニズムとして採用された。

共同実施

クリーン開発メカ
ニズム

□**21** ┌─★─┐ （炭素予算）とは、**気候変動**による地球の気温
★ 上昇を一定のレベルに抑える場合に想定される、温室
効果ガスの累積排出量の上限値である。

カーボン=バジェッ
ト

◆この考え方に基づき、過去の排出量と気温上昇率から、今後ど
れくらい排出することができるかをある程度推計できる。

□**22** ┌─★─┐ とは、排出量に見合った二酸化炭素などの温
★ 室効果ガス量を、植林や森林保護といった環境保全活
動で埋め合わせようとする取り組みである。

カーボン=オフセッ
ト

□ **23** 2011年には、気候変動枠組み条約**第17回締約国会議**
★★★ （COP17）が ★★★ のダーバンで開催され、ポスト
★★★ の方向性を示す**ダーバン合意**が採択された。

南アフリカ,
京都議定書

◆2015年までに内容を決め、20年から新たな枠組みを発効させる
ことを前提に京都議定書を延長。日本は中国やインドなど経済
発展の著しい新興国の削減義務のないままの京都議定書の延長
に反対し、13年から20年までの延長分は不参加となった。**15
年12月に採択された**パリ協定により、先進国に課せられていた
削減数値目標は廃止され、発展途上国を含むすべての締約国が、
20年以降の新たな削減数値目標を自ら掲げることになった。

□ **24** 2015年、フランスで開催された気候変動枠組み条約**第
★★★ 21回締約国会議**（COP21）で、世界の平均気温上昇
を産業革命**以前から** ★★★ **度未満に抑える**目標設定
などを内容とした ★★★ **が採択**され、翌16年11月
に発効した。

2,
パリ協定

◆世界の平均気温上昇を2度未満、できれば1.5度未満にするこ
とを定めたが、**CO_2排出量の削減数値目標の設定は行わず**、発
展途上国を含めた**協定を結んだすべての加盟国が自主削減目標**
を立て、5年ごとに見直しをして報告し合うことが決められた。
パリ協定で定められた新たな枠組みは2020年より実施とされ、
主な二酸化炭素（CO_2）排出国である中国やアメリカ、発展途上
国を含む196ヶ国・地域が参加したが、17年6月にアメリカ
のトランプ政権はパリ協定**からの離脱**を表明した（2020年11月
に正式離脱）。しかし、2021年1月に発足したバイデン政権は、
パリ協定へ復帰することを決め、環境対策を後退させる前政権
の政策を見直した。バイデン大統領は、50年までに二酸化炭素
（CO_2）排出量を**実質ゼロ**にする目標を公約に掲げた。

□ **25** 京都議定書と異なり、パリ協定では全締約国が温室効
★★ 果ガス削減に取り組む仕組みを採用するとともに、先
進国に発展途上国向けの資金支援を義務づけるなど
「共通だが ★★ ある ★★ 」という理念に適合す
るルールが用意されている。

差異, 責任

□ **26** 2017年、パリ協定の目標達成のために、イギリスとカ
★ ナダが主導して ★ という国際的な連盟が発足し
た。

脱石炭連盟
（PPCA）

◆脱石炭連盟（The Powering Past Coal Alliance：PPCA）は、
国連気候変動枠組条約第23回締約国会議（COP23）に合わせ
て、パリ協定の掲げる目標達成に向け、石炭火力発電からの脱
却の加速化を目指し、イギリスとカナダの主導で発足した国際
的な連盟である。各国や地方自治体、企業などが組織に加盟し、
加盟団体は政策や投資を通じた石炭による火力発電に頼らない
事業の推進や発電の支援などに取り組む。日本は国として未加
盟だが、2021年に京都市が地方公共団体として日本で初めて加
盟した。

□**27** 世界各国の**二酸化炭素（CO₂）排出量**の割合（％）を示し
★★★ た次のグラフの空欄 **A ～ D** にあてはまる国名を答えよ。

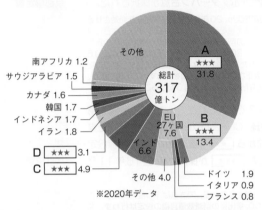

南アフリカ 1.2
サウジアラビア 1.5
カナダ 1.6
韓国 1.7
インドネシア 1.7
イラン 1.8
その他
A ★★★ 31.8
総計 317 億トン
EU 27ヶ国 7.6
B ★★★ 13.4
インド 6.6
D ★★★ 3.1
C ★★★ 4.9
その他 4.0
ドイツ 1.9
イタリア 0.9
フランス 0.8
※2020年データ

A 中国

B アメリカ

C ロシア
D 日本

□**28** 2020年10月、日本の菅内閣は ★★★ 年までに二酸
★★★ 化炭素（CO₂）などの温室効果ガスの排出量と、森林保
護・整備によるその吸収量を相殺して<u>ゼロ</u>で釣り合う
状態とする ★★★ （炭素中立）を目標に掲げた。

2050

カーボン=ニュートラル

□**29** ★ とは、環境問題を解決に導きつつ**経済再生**を
★ 図ることを指す。

◆2020年12月に<u>国連環境計画</u>（<u>UNEP</u>）が発表した報告書では、
「<u>コロナ=ショック</u>」をきっかけとした取り組みで、温室効果ガス
の排出量を30年までに最大25％減らせると推計した。

グリーン=リカバリー

□**30** **脱炭素化を実現**するために、二酸化炭素（CO₂）の排出
★ の少ない天然ガスや再生可能エネルギーに必要な原材
料の需要が増えることなどによって**物価が上昇する現
象**を ★ という。

◆環境への配慮を意味する<u>グリーン</u>（Green）と、物価の上昇を意
味する<u>インフレーション</u>（Inflation）をかけ合わせた造語とし
て、近年、脱炭素化の取り組みがコストを押し上げることなど
によって物価上昇を招く<u>グリーンフレーション</u>（Greenflation）
という現象が注目されている。

グリーンフレーション

□**31** ★★ 〔★★〕（GX）とは、気候変動に影響を及ぼす温室効果 ガスを発生させる化石燃料から**クリーンエネルギー中心の社会に転換**し、経済社会システム全体を変革しようとする取り組みのことである。

◆2023年5月、岸田内閣はグリーントランスフォーメーション（Green Transformation：GX）を推進し脱炭素社会を実現することを目指し、GX推進法とGX脱炭素電源法を成立させた。

グリーントランスフォーメーション

□**32** ★ 国連環境計画（UNEP）と世界気象機関（WMO）によって発足した国際会議である〔★〕は、気候変動に関する科学的知見や社会、経済への影響について意見を集め、対応策を検討している。

◆IPCCは、2007年のノーベル平和賞を**アメリカのゴア元副大統領とともに受賞した**。アメリカに気候変動枠組み条約批准拒否の環境政策を見直すことを迫る政治的意図を持った授賞であった。気候変動が進む中で、23年7月には世界の平均気温が過去最高を記録したことなどから「**地球沸騰化**」ともいわれている。世界気象機関（WMO）は、23年の世界の平均気温が観測史上最も高かったと発表した。

気候変動に関する政府間パネル（IPCC）

□**33** ★★ 1992年の地球サミットから20周年となる2012年に同じブラジルで開催された〔★★〕（リオ＋20）では、持続可能な開発と貧困の撲滅を目指して国際社会で取り組むべき「〔★★〕経済」への移行などが話し合われた。

国連持続可能な開発会議
グリーン

□**34** ★★ 〔★★〕は、**廃棄物の焼却過程などで発生する**化学物質で、体内に取り込まれると**生殖機能の異常や発ガン**といった健康被害を引き起こすことが懸念されている。

◆日本では2000年にダイオキシン類**対策特別措置法**が施行されるなど対策が行われたことで、その排出量は減少した。

ダイオキシン類

□**35** ★★ ダイオキシン類は、生体の**内分泌系をかく乱させるホルモン作用を持つ化学物質**であることから、一般に〔★★〕の1つであるとされる。

◆1996年、アメリカのシーア=コルボーンらが『**奪われし未来**』を出版し、環境ホルモンの**危険性**を指摘した。

環境ホルモン（内分泌かく乱物質）

□**36** ★★ 　★★ は**中皮腫や肺ガンの原因**となる繊維状鉱物で
あり、建築用資材やブレーキパッドなどに用いられた。

アスベスト(石綿)

◆アスベスト(石綿)は、建築現場や工場などで労働者が吸引して
しまうことから、**労働者災害補償(労災補償)**の対象となってい
るが、最近では近隣住民の発病例も増加しつつある。2006年に
は健康被害を受けた患者やその遺族を救済する石綿健康被害救
済法(アスベスト新法)が施行され、14年には最高裁がアスベス
ト被害について**国の行政責任を認め**、被害者の国家賠償請求
を認容する判決を言い渡した。

□**37** ★★ 酸性雨とは**工場の煤煙**や**自動車の排出ガス**に含まれる
　★★ と 　★★ が主な原因物質である、**pH5.6以下
の雨**で、その降雨によって湖沼に生息する動植物や森
林・農作物などへ悪影響を及ぼす。

硫黄酸化物(SOx),
窒素酸化物(NOx)
※順不同

□**38** ★ 1971年にイランで開かれた国際会議において採択され
た 　★ では、水鳥の生息地として国際的に重要な
湿地に生息する動植物の保護を謳っている。

ラムサール条約

◆正式名称は「**特に水鳥の生息地として国際的に重要な湿地に関
する条約**」。日本は1980年に批准した。

□**39** ★★ **大気汚染の越境移動**の問題について、1979年には欧州
諸国を中心として 　★★ が結ばれ、欧州全体での酸
性雨原因物質の排出規制が規定された。

長距離越境大気汚
染条約

□**40** ★ 近年、主に中国の大気汚染の原因の1つとなっている
　★ という微小粒子状物質が日本に飛来し、**越境
汚染**を招いている。

PM2.5

□**41** ★ 1994年には地球砂漠化への対策として 　★ が採択
され、96年に発効した。

砂漠化対処条約

◆日本は1998年に批准した。

□**42** ★ 1972年には放射性物質などの特定の**廃棄物の**海洋投棄
を規制する 　★ が国際海事機関(IMO)で採択さ
れ、75年に発効した。

ロンドン条約(ロン
ドン海洋投棄条約)

◆日本は1980年に批准した。96年には規制を強化する議定書が
採択され、産業廃棄物の海洋投棄が原則禁止となった。

□**43** ★★ 1989年には**有害廃棄物の**越境移動**および処分の規制に
関する** 　★★ が採択され、92年に発効した。

バーゼル条約

◆1993年に批准した日本はバーゼル法を制定し、特定有害廃棄物
の輸出入に際しては経済産業省へ承認申請を行い、環境省は輸
出時には相手国の同意を確認し、輸入時には相手国へ同意を回
答することになっている。

□**44** 2019年、バーゼル条約第14回締約国会議（COP14）
★　では、有害廃棄物に「汚れた　★　ごみ」が追加され、
　　輸出禁止ではないものの輸出には相手国の同意が必要
　　とされ輸出入手続の規制が強化されるなど、21年1
　　月発効となる同条約の附属書が改正された。

プラスチック

　◆2019年6月開催の**G20大阪サミット**では、環境問題として海洋
　　プラスチックごみの削減が主要テーマの1つとして扱われ、使
　　い捨てストローの削減などが提唱された。

□**45** 1973年には**絶滅のおそれのある動植物の種の国際取引**
★★　**を規制する**　★★　が採択され、75年に発効した。

ワシントン条約

　◆日本は1980年に批准し、加入した。

□**46** 1989年のアラスカでのバルディーズ号のタンカー事故
★　による海洋汚染以降、企業倫理に関する　★　が提
　　唱された。

バルディーズの原則

□**47** 次の図は、環境破壊が発生するメカニズムを表したも
★★★　のである。空欄**A〜H**にあてはまる語句を答えよ。

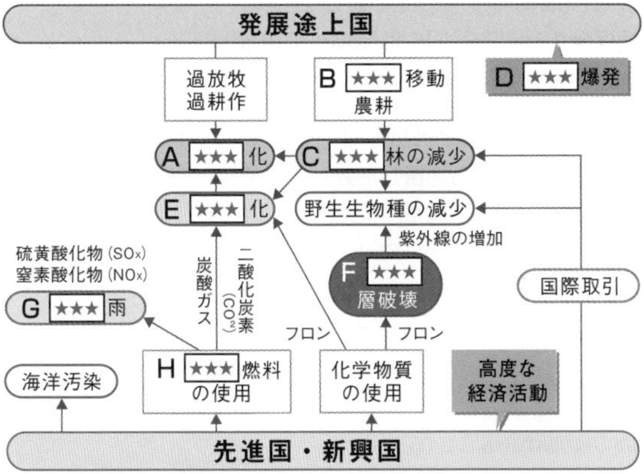

A　砂漠
B　焼畑（やきはた）
C　熱帯（熱帯雨）
D　人口
E　地球温暖
F　オゾン
G　酸性
H　化石

　◆違法かつ不法な大規模な環境や生態系の破壊行為はエコサイド
　　（ecology（環境）と genocide（大量虐殺）との合成語）と呼ば
　　れる。

□ **48** 近年、 ★ と呼ばれる大きさが5mm以下の微小
★　　 なプラスチックが海洋に大量に流出し、食物連鎖を通
じて生態系や人体に悪影響を及ぼすことが懸念されて
いる。

マイクロプラス
チック

◆ 2019年の **G20大阪サミット**では、50年までに海洋プラスチッ
クごみをゼロにする「大阪ブルー・オーシャン・ビジョン」が採
択された。これをきっかけに飲食店などでプラスチック製スト
ローを廃止するような動きが加速した。

□ **49** 1895年にイギリスで設立された民間組織の ★★
★★ は、美しい自然景観や歴史的遺産の保全運動を行って
いて、同様の動きが世界的に広がりを見せている。

ナショナル=トラ
スト

□ **50** 動植物の生態や歴史文化を学びながら、**自然環境や文
★　　 化の保護意識を高める観光のあり方**を ★ という。

エコツーリズム

◆ 2004年に環境省は<u>エコツーリズム憲章</u>を制定し、屋久島の原生
林ツアーや小笠原のホエール・ウォッチング、里山の暮らしを
体験するツアーなどの<u>エコツアー</u>を推進している。

□ **51** 2005年、フランスで憲法の一部となった ★ は、**良
★　　 好な環境の中で生きる国民**の<u>権利</u>を認めるとともに、
<u>国民</u>に対して**環境保全**の<u>義務</u>を、国には**環境への損害
を予防する**<u>義務</u>などを課している。

環境憲章

□ **52** 環境保護に取り組む非営利の組織や団体は ★ と
★　　 呼ばれ、国連などの国際機関とも連携し活動している。

環境 NGO

◆ 世界自然保護基金 (WWF)、国際自然保護連合 (IUCN)、グリー
ンピース、ワールドウォッチ研究所 (WWI) などがある。

□ **53** 近年、 ★★ 中心主義を見直し、自然にもそれ自体の
★★ 価値を認めようとする考え方から、自然の ★★ 権
が主張されるようになった。

人間,
生存

◆ 環境破壊によって動植物が被害を受けることを問題視し、動植
物を原告とする**自然の権利訴訟**も起こされている。

□ **54** 近年、農山村は、ゆっくりと滞在しながら農林業体験
★　　 などを通して地域の生活を知る ★ の機会を提供
する場として、環境保護の観点から注目されている。

グリーン=ツーリズ
ム

□ **55** ★ は、斜面に開墾された階段状の水田のことで、
★　　 独特で良好な景観を保ち、洪水防止にも役立つ。

棚田

□**56** 2000年制定の ★★★ 法が採用する ★★★ (EPR)
★★★ とは、製品の生産者がその廃棄や ★★★ まで責任を
負うとする考え方である。

循環型社会形成推
進基本, 拡大生産
者責任,
リサイクル

□**57** 3つのRとは、 ★★ ＝ごみ削減、 ★★ ＝再利用、
★★ ★★ ＝再資源化を指す。

リデュース (Reduce),
リユース (Reuse),
リサイクル(Recycle)

◆例えば、買い物にマイバッグを持参してレジ袋の無駄を省くことは「リデュース」、洗剤やシャンプーなど詰め替えて容器を再利用することは「リユース」にあたる。なお、環境に悪い商品を拒むリフューズ (Refuse)、壊れたら修理してなるべく長く使い続けるリペア (Repair) を加えて「5つのR」ともいう。

□**58** 1991年施行の再生資源の利用に関する法律が大幅に改
★ 訂され、2001年に ★ 法が施行、リサイクルの推
進を図る大枠が示された。

資源有効利用促進

□**59** ゴミの減量化やリサイクル、循環型社会の実現を図る
★ 手段の1つとして、 ★ 制は商品の販売時にビン
などの容器に預り金を上乗せし、商品を利用後に容器
を販売店に戻すと預り金が返却されるという仕組みで
ある。

デポジット

□**60** 容器包装リサイクル法が1995年に制定され、ビンと
★★ ペットボトルについてメーカーのリサイクルが義務づ
けられ、2000年には ★★ 容器のリサイクルも義務
づけられた。

紙製・プラスチッ
ク製

□**61** 家電リサイクル法が**1998年**に制定、**2001年**に完全施行
★★ され、エアコン、 ★★ 、 ★★ 、洗濯機 (後に冷
凍庫や衣類乾燥機を追加) は販売業者が引き取り、製
造業者には**リサイクルを義務づけ**、消費者は排出時に
収集・リサイクルの料金を負担することになった。

テレビ, 冷蔵庫
※順不同

□**62** 2013年4月に ★★ 法が施行され、デジタルカメラ
★★ や携帯電話、ゲーム機器などの**再資源化**が目指され、
流通量・使用量が少ない ★★ やレアアースと呼ば
れる希少金属を再利用することとなった。

小型家電リサイク
ル
レアメタル

◆レアアース (希土類元素) は中国などに偏在し、中国が貿易交渉のカードとして戦略的に用いる傾向にあることから、日本は供給確保のために市場に存在するレアメタルなどのリサイクルを進めている。

□63 **★★** 法が2002年に制定され、3品目（破砕くず、エ
★★ アバッグ、エアコンの<u>フロンガス</u>）の回収と適正処理
が製造者に義務づけられ、リサイクル費用は購入時に
原則として **★★** の負担となった。

自動車リサイクル

消費者（購入者）

□64 食品メーカーや加工・販売業者に食品の残渣を有効に
★★ 再利用することを義務づけた **★★** 法が2000年に制
定、01年に完全施行された。

食品リサイクル

◆食品の残渣（濾過した後などに残ったかす）は、**肥料**や**家畜用飼
料**、**バイオマスの発電**などに利用される。なお、**国連環境計画**
（UNEP）が公表した「食品廃棄指標報告2024」によると、2022
年に廃棄された食品は1日あたり10.5億トン（10億食以上に
相当する量）で、1兆ドル超の経済損失と推計される。一方で、
世界で8億人近い人たちが十分な食料を得られず飢餓に苦しん
でいるという。先進国を中心に、原材料の生産段階から個人や
世帯などによる消費の過程全体で食料の甚大な無駄が生じてい
る問題は「<u>フードロス</u>」という。

□65 **2000年**にリサイクル商品や環境に配慮した商品を優先
★★★ 的に購入・利用することを**国などの公的機関に義務づ
ける** **★★★** 法が制定された。

グリーン購入

□66 **★★★** とは、**地球環境に及ぼす影響の少ない行動や
★★★ 製品を使用**することが大切だとして、そのような商品
を優先的に購入しようという運動である。

グリーン=コン
シューマリズム
（緑の消費者運動）

□67 2021年制定、翌22年4月施行の **★** 法は、製品
★ の設計から廃棄物の処理まで、<u>プラスチック</u>を用いる
モノの流れのすべてにおいて資源の循環などに取り組
むことを促進するための法律である。

プラスチック資源
循環促進

□68 **★★** とは、自然環境や社会的課題を考慮して行う
★★ 消費活動のことである。

倫理的消費（エシ
カル消費）

◆<u>倫理的消費</u>は、消費者としての自らの選択が、現在と将来の世
代にわたって影響を及ぼし得るものであることを自覚し、**公正
かつ持続可能な社会の形成に参加**していくための方法の1つと
される。具体例には、生産や流通の過程で生じる**環境への負荷
が少ない製品**を購入することや、**輸送エネルギーを削減**し**地産
地消**を推進する観点から地元で生産された農産物を購入するこ
と、発展途上国の生産者や労働者の生活改善につながる同国の
原料や製品を**適正な価格**で継続的に購入することなどがある。

□ 69 人類にとって顕著で普遍的な価値を持つものとして**保**
★★ **護が目指される文化財や自然景観**を ★★ という。

世界遺産

◆世界遺産は、自然遺産、文化遺産、複合遺産に大別される。1972
年、国連教育科学文化機関（UNESCO）総会で採択された世界
遺産条約に基づいて、文化遺産については国際記念物遺跡会議
（ICOMOS）が、自然遺産については国際自然保護連合（IUCN）
が現地調査を行い勧告し、世界遺産委員会で最終決定される。日
本では**自然遺産**として白神山地（青森県、秋田県）、屋久島（鹿
児島県）、知床（北海道）、小笠原諸島（東京都）が、**文化遺産**と
して姫路城（兵庫県）、原爆ドーム（広島県）、石見銀山（島根
県）、富士山（山梨県、静岡県）などが登録され、2015年に「明
治日本の産業革命遺産」（山口県など計8県）、18年に「長崎と
天草地方の潜伏キリシタン関連遺産」（長崎県、熊本県）、19
年に「百舌鳥・古市古墳群」（大阪府）、21年に「奄美大島、徳之
島、沖縄島北部及び西表島」（鹿児島県、沖縄県）、「北海道・北
東北の縄文遺跡群」（北海道など計4県）が加わり、登録件数は
自然遺産5件、文化遺産20件の合計25件となる（24年3月
時点）。これらの遺産の中には原爆ドームのように人類の犯した
過ちにかかわる「**負の世界遺産**」と呼ばれるものもある。

4 現代社会の特質と課題

ANSWERS □□□

VIII 経済

4 現代社会の特質と課題

□ 1 匿名で未組織の多数の人々からなる現代社会を ★★★
★★★ 社会という。

大衆

□ 2 マス=メディアは、その影響力の大きさから「 ★★ 」
★★ とも呼ばれ、不特定多数の人に対して多くの情報を伝達
し、世論の形成とともに「知る権利」を保障する重要な
役割を担っている。

第四の権力

◆マス=メディアは、新聞、テレビなど大勢の人に情報を伝達する
機関のことで、マスコミ（マス=コミュニケーション）とも呼ば
れる。なお、「第一の権力」は立法権（議会、国会）、「第二の権
力」は行政権（内閣）、「第三の権力」は司法権（裁判所）を指す。

□ 3 ★★ はナチス支配下の大衆の社会的性格を分析し、
★★ 自由を獲得した**大衆が孤独感から**自由**を重荷に感じて**
権威に束縛を求めることを著書『 ★★ 』で指摘した。

フロム

自由からの逃走

◆フロムは、人間の自由を束縛から逃れる「〜からの自由」と、あ
る目標を目指す「〜への自由」に分け、自由が心理的な重荷にな
る場合に、人々はファシズムのような全体主義に自らを委ねる
可能性があると指摘した。

□ 4 ★★ は現代人が善悪の判断を自ら行わず、**権威に**
★★ **従うことで自己責任を回避する傾向**を持つことを著書
『 ★★ 的パーソナリティ』の中で指摘した。

アドルノ

権威主義

5 官僚制は、**ピラミッド型**の位階制を基本とする権限系
★ 統である ★ の固定化、自分のなわばりや既得
★ を守ろうとする ★ による**組織の硬直化**
や**権威主義**など問題点も多い。

ヒエラルキー,
権益, セクショナ
リズム (セクト主
義、なわばり主義)

◆近代国家において、官僚制は合理的な組織運営原理であるが、負
の側面として官僚主義に陥りやすいという欠点がある。

6 ドイツの社会学者 ★★ は、 ★★ 性を徹底的に
★★ 追求した**近代**官僚制を特徴とする社会を作り上げた現
代人は、いわば「**鉄の檻**」と化したこの社会の中から逃
れがたく ★★ され、豊かな精神と人間性を欠く存
在に堕する危険があると指摘した。

マックス=ウェー
バー, 合理

管理

7 専門的な科学技術者で、社会の意思決定や政治決定で
★ 重要な影響力を持つ高級技術官僚を ★ と呼ぶ。

テクノクラート

8 現代の大衆社会は、サラリーマンなどの、生産手段を
★★ 持たず生活水準が平均的である ★★ と呼ばれる
人々が社会の中核をなす。彼らの中流意識と大量
★★ 文化は大衆社会の特徴をよく表している。

新中間層

消費

9 近代社会において、大資本家と無産者の間にあって、新
★ たに資本を蓄積していた独立自営農民(ヨーマン)など
の ★ が社会の中核を形成していた。

旧中間層

10 現代社会は、人々の生活様式 (★★) や思考方法が
★★ 画一化、規格化し、労働者もいわば機械の歯車と化す
ようになることで、人間性を喪失し ★★ 化した。

ライフスタイル

没個性

11 普通教育の普及と ★★★ による情報の大量伝達によ
★★★ り、一定の教育水準と情報を有するようになった大衆
が、**上流ではないが下流でもないという自意識を持つ**
ような傾向を一般に ★★★ 意識と呼ぶ。

マス=メディア

中流

◆高度経済成長によって、1970年代には一億総中流という言葉が
一般化したが、近年の格差社会の進行により一億総中流は過去
の話ともいわれている。

12 社会・経済活動において、財やモノ、エネルギーより
★★★ も ★★★ が重要になり、それを即座にやり取りでき
る環境が拡張されていく社会を ★★★ 化社会という。

情報,
情報

◆特に、1990年代以降のパソコンと高性能な OS (オペレーティング
システム) の普及、通信回線の速度向上が情報化社会を急速に
進展させ、現在は高度情報化社会といわれる。

□**13**
★
情報化社会では、マス=メディアが人々に情報を大量伝達し、世論形成に必要な判断資料を提供する反面、**情報操作**や**世論操作**の危険性、営利本位の ★ や扇（せん）動（どう）主義と呼ばれる ★ に陥る可能性がある。

◆コマーシャリズムは**商業主義**ともいう。これに基づいて、マス=メディアの報道にスポンサー（広告主）の意向が反映される場合がある。テレビでは、視聴率を上げるために内容を誇張して**センセーショナルに表現する傾向**がある。一面的な報道で事実と異なる情報が印象化されるおそれもある。

コマーシャリズム，センセーショナリズム

□**14**
★★
★★ とは、**固定的なパターン**により、事実を認識したり理解したりする捉え方および捉えられたイメージのことである。

◆大衆は与えられた情報や報道の評価に同調するステレオタイプな思考を持つために世論操作をされやすく、外部指向型（他人指向型）となりやすい。特に、現在はインターネットなどを介して大量の誤まった情報が瞬時に拡散し、社会や人々が混乱に陥るような状態（インフォデミック）が起こりやすい。

ステレオタイプ

□**15**
★★
メディア=リテラシーを身につけるために理解が必要とされる次のポイント**A**〜**C**と、それらを認識するための活動**ア**〜**エ**との組み合わせで最も適当なものは、**A**が ★★ 、**B**が ★★ 、**C**が ★★ である。

A メディアの提供する情報から感じ取れることは、受け手によって異なる。

B 多くのマス=メディアはビジネスであり、利益を無視できない。

C 取材の対象が同じでも、報道の仕方はメディアによって異なる。

A ウ

B エ

C イ

ア 自分たちが撮影した動画に異なった音楽をつけてみて、印象にどのような違いが生じるかを確認してみる。

イ 同じ事件の記事について、複数の新聞で見出しや取り上げる順序にどのような違いがあるのかを確認してみる。

ウ 友人どうしで同じバラエティー番組を見て、その後、感想にどのような違いがあるのかをお互いに確認してみる。

エ　アニメや特撮番組などでスポンサーの企業が商品
　化している小道具などが多く使われていないかを確
　認してみる。

□**16**　近年、コンピュータなどの使用に伴う精神的苦痛であ
★　　る　★　の発生や仮想現実である　★　が精神に
　及ぼす危険性が指摘されている。

テクノストレス,
バーチャル=リア
リティ

　◆実際の自然環境や人間関係よりも、メディアが提供する世界に
　　現実感を見出すようになり、現実と空想（仮想現実）の境界が不
　　明確になるという指摘がある。

□**17**　青少年がインターネット上に有害情報を閲覧する機会
★　　をできるだけ少なくするために、事業者には　★
　サービスを提供することが義務づけられている。

フィルタリング

□**18**　ビッグデータ処理により検索履歴が分析され、ユー
★　　ザーの趣味・嗜好に合わせた関連情報が優先的に提供
　されることで、異なる視点からの情報が提供されず、自
　身の考えや価値観の泡（バブル）に埋もれて**客観的な判**
　断ができなくなるという　★　を引き起こすおそれ
　がある。

フィルターバブル

　◆インターネットには誤った情報や意図的な嘘、デマが出回りや
　　すく、フィルターバブルに囲まれているとそのことに気づきに
　　くくなる。近年は、偽情報の拡散を防ぐことを目的に非営利団
　　体や報道機関による検証（ファクトチェック）の動きが広がって
　　いる。また、アメリカではフィルターバブルの存在をユーザー
　　に通知し、フィルターされない情報を見る選択肢を提供するこ
　　とをインターネットプラットフォーム側に義務づける法案が提
　　出されている。

□**19**　★★　性というインターネットの特性により、事実
★★　　であるかのような誤った報道（　★★　）が広まりやす
　い。

匿名,
フェイクニュース

　◆ゆえに、ソーシャル=メディアにおいてもメディア=リテラシー
　　がさらに重要な意味を持っている。近年、世界各国ではソーシャ
　　ル=メディアでの公私の区別、フェイクニュースに惑わされない
　　ためのリテラシーなどといった**デジタル=シチズンシップ**の教
　　育の取り組みが行われている。

□**20** 社会のあらゆる領域に ICT(情報通信技術)が浸透する
★★　　ことで抜本的な変革(**★★** (DX))が起こり、生活
　　　様式が向上することが期待されている。

デジタルトランス
フォーメーション

　◆2024年、経済協力開発機構(OECD)が発表した「**デジタル政府
　　指数**」ランキングで、日本は調査対象の33ヶ国中で第31位と、
　　5年前の第5位から大きく順位を下げた。各国が新型コロナウ
　　イルス感染症(COVID-19)の感染拡大を受けてデジタル化を推
　　進する中で、デジタル化に向けた日本の取り組みの遅れがうか
　　がえる。

□**21** 　**★** 　とは、IoT(モノのインターネット)の普及を
★　　　背景に、自動運転やネットワークを通じたデータの送
　　　受信を可能とする「つながる車」の実現など**次世代自動
　　　車**の新たな技術開発の動きである。

ケース
CASE

　◆CASE とは、自動車の次世代の潮流で、4つの英単語の頭文字
　　を組み合わせた造語。オンラインネットワークの中で他の自動
　　車や機器ともつながるコネクテッド化(Connected)、自動運転
　　(Autonomous)、ライドシェアやカーシェアリング(Shared)、
　　電動化(Electric)の頭文字からなる。**二酸化炭素(CO_2)の排
　　出量削減**が期待されるとともに、情報通信産業が参入すること
　　から、**自動車業界の大変革**が予想される。

□**22** 　**★★** 　とは、社会集団が一定の秩序を維持するため
★★　　に設ける**規範や行動基準**のことであり、法や道徳、伝
　　　統や慣習などのことをいう。

社会規範

□**23** 　**★★** 　とは、良心や理性の命令に従って行動するた
★★　　めの規範で、それに違反した場合には良心の呵責や社
　　　会的制裁が伴うのに対して、 **★★** とは、国家などに
　　　よって定められているルールであり、違反した場合に
　　　は刑罰などの外的制裁が伴う社会規範である。

道徳

法律

　◆「法律**は道徳の最小限である**」といわれるように、法律は反道徳
　　的な行為の中でも**刑罰**をもって強制すべき行為などを規制する。

□**24** 社会集団において、生活全般に浸透している日常生活
★★　　の行動基準を **★★** と呼ぶが、これに法的確信が得
　　　られて法的拘束力が付与されたものを **★★** という。

慣習,

慣習法

□**25** 　**★★★** 　とは、様々な文化にそれぞれ違いはあるが優
★★★　　劣はないとし、文化的な多様性を尊重することである。

文化相対主義

□26 自国の文化や価値観を絶対視する ★★★ を克服する
★★★ には、**他国の文化や価値観を尊重**し、少数民族や先住
民などの ★★★ (**少数者**) の文化を理解することで、
それぞれの言語や価値観などを尊重し合い、**異文化理
解**や積極的な共生を図る ★★★ が重要となる。

自民族中心主義
(エスノセントリ
ズム)
マイノリティ
多文化主義(マルチ
カルチュラリズム)

□27 人種差別問題に関して、国際的な人権保障の一環とし
★★★ て、1965年の国連総会で ★★★ 条約が採択された。

人種差別撤廃

◆1969年発効の同条約の締約国は、あらゆる形態の人種差別撤廃
に向けた施策の実現の義務を負う。日本は95年に批准した。

□28 2度の世界大戦を経験した国際社会では、女子(女性)に
★★★ 対する差別の撤廃を目指す ★★★ 条約、児童の権利
を守る ★★★ 条約や人種、宗教、性などによる差別か
らあらゆる人を守る ★★★ 宣言など、すべての人々
が平等に尊重されるための取り組みが行われている。

女子差別撤廃 (女
性差別撤廃),
子どもの権利,
世界人権

□29 かつて、「男は仕事、女は家庭」という ★★★ 分担が
★★★ 一般的であったが、近年は**男女共生の理念に基づく新
たな社会制度の構築**も始まり、育児や介護など**家族責
任**を果たすために一定期間の休業が労働者の ★★★
として法的に男女平等で認められている。

性別役割

権利

◆職場をはじめ組織内に、女性をはじめ多様な人々が活躍できる
場や機会が設けられているようなダイバーシティ (**多様な人材
活用**) が求められている。

□30 性別役割分担を**社会的・文化的**性差 (★★★) に依拠
★★★ するものとして問い直すことは、その不平等によって
不利益を被る人たちを救うだけでなく、 ★★★ 社会
を促進し、社会全体の活性化を促すことにつながる。

ジェンダー

男女共同参画

◆フェミニズムは、「男性らしさ」や「女性らしさ」のイメージを人
為的な構築物とみなし、それらは文化や慣習、社会通念などが暗
に前提としている性差別的な構造であると指摘している。なお、
2024年発表の「**ジェンダーギャップ指数**」で、日本は世界146ヶ
国の中で第118位と、主要7ヶ国 (G7) 中で最下位だった。政
治参加 (第113位) と経済 (第120位) で男女間の格差が大き
く、女性の社会参画が極めて遅れている。

□**31** **無自覚の差別行為**を意味する ┃ ★ ┃ は、出自や属性
★ など自分で選択したり変えたりできないものに対する
否定的なメッセージや態度が、意図せずに誰かを傷つ
けてしまうことである。

◆マイクロアグレッションの例として、育児や介護に関する商品
開発の場面での「女性ならではの発想」や、女性管理職を配置す
る場面での「女性特有の気配り」といった表現は、たとえ差別す
る意図がなかったとしても、「女性は育児や介護に携わるもの」、
「女性は気配りをしなければならない」という**ステレオタイプな
考え方を助長**し、**無意識の偏見**をばらまき、現状の差別的な状
況を追認することで当事者を苦しめることにつながる。

マイクロアグレッ
ション

□**32** ┃ ★★ ┃ とは、女性同性愛者 (Lesbian)、男性同性愛
★★ 者 (Gay)、両性愛者 (Bisexual)、心と体の性が一致
しないトランスジェンダー (Transgender) の頭文字
を組み合わせた、性的少数者の総称である。

◆性的指向や性自認が定まっていないクエスチョニング
(Questioning) またはクイア(Queer) と合わせて「LGBTQ」と
表現することもある。2023年、性的マイノリティに対する理解
を広めるための「LGBT 理解促進法」(「性的指向及びジェンダー
アイデンティティの多様性に関する国民の理解の増進に関する
法律」) が成立した。

LGBT

□**33** 同性間の社会生活上の関係を公認するものの一例とし
★★ て、2015年に東京都渋谷区は条例によって、同性間に
おいても男女の ┃ ★★ ┃ 関係と異ならない程度の実質
を備えた関係にある場合には、当事者の申請に基づき
┃ ★★ ┃ を交付する制度を初めて導入した。

◆性の**多様性**(ダイバーシティ)を尊重すべきであるという考え方
から、日本では地方公共団体が同性カップルに対し結婚に相当
する関係と認める**パートナーシップ証明書**を発行する例が増え
つつある。2022年、東京地裁は同性パートナーと家族になる法
制度が存在しないことは人格的生存に対する重大な脅威、障害
であるとして、現行制度を**憲法第24条**に対する**違憲状態**と判断
した。また、アメリカでは同年12月にバイデン大統領が同性婚
の権利を合法化されたすべての州で保護する**同性婚保護法**に署
名、成立させるなど、権利拡大の動きが起きている。

婚姻

パートナーシップ
証明書

□**34** ┃ ★ ┃ 法では、配偶者などからの暴力の防止および
★ 被害者の保護を図るため、裁判所が被害者からの申立
てにより、加害者に対し、特定の場合に被害者の住居
や勤務先付近を徘徊してはならないと命ずることがで
きると規定している。

ドメスティック・
バイオレンス防止
(DV 防止)

□**35** 現代社会では、従来家族が持っていた様々な機能が企
★★★ 業や学校など**外部の機関に吸収される傾向**にあるが、
これを ★★★ と呼ぶ。

家族機能の外部化

□**36** 子どもたちが結婚後も親と同居を続ける家族の形態を
★★ ★★ と呼び、このうち**核**となる親子が1組である
家族を ★★ と呼ぶ。また、1組の夫婦のみ、また
は夫婦と未婚の子のみからなる家族を ★★ と呼ぶ。

◆複合家族（拡大家族）は、祖父母やおじ、おばまでをも含む大家
族である。

複合家族（拡大家
族）、

直系家族（世代家
族）、

核家族

□**37** かつての日本社会に見られた家（イエ）制度とは、家長
★★★ の統率の下に家族と財産を守り代々受け継いでゆく制
度であるが、**第二次世界大戦後の** ★★★ の改正によ
り廃止された。この結果、 ★★★ が増加していった。

◆加えて、高度経済成長期の**産業化**に伴う**地域間移動の増加**で、都
市部への人口流入が起こり、1組の夫婦のみ、または夫婦と未
婚の子のみからなる核家族化が進んだ。

民法、

核家族

□**38** ★★ 化の進行により、子育ての知恵が若い母親に
★★ うまく継承されず、育児ストレスなどによる ★★
が社会問題化している。

◆児童虐待には、体罰などの暴力的な虐待や性的虐待の他、ネグ
レクトと呼ばれる**育児放棄**も含まれる。

核家族、

児童虐待

□**39** 旧来の家族形態が崩れて ★★ 化が進み、家庭内で
★★ の高齢者介護の負担が増加している。特に、**高齢者が
高齢者を介護する「** ★★ **」**の問題が深刻化している。

◆近年は、核家族の占める割合が頭打ちになる一方で、**単身世帯**
が増加し、特に**高齢者の単身世帯**が急速に増えている。独り暮
らしの高齢者が看取られることなく、また気づかれることなく
孤独死しているケースも多く、地域行政と地域社会との連携が
課題となっている。2021年、菅内閣は一億総活躍担当大臣の下
に**孤独や孤立問題**に関する対策室を設置した。

核家族

老老介護

□**40** 人々が**共同体意識**を持って生活している近隣社会を
★★★ ★★★ と呼ぶが、これは単なる空間的な広がりだけ
ではなく、そこに住む人々の**生活様式**（ ★★★ ）や意
識によって結び付いた**共同体**である。

◆地域社会の機能は、アメリカの社会学者**マッキーバー**らによっ
て分類された。

地域社会（コミュ
ニティ）、

ライフスタイル

□**41** 高度経済成長期に人口が流入した都市部では ★★★ 、
★★★ 人口が流出した地方部では ★★★ が深刻化し、地域
社会の様々な機能が失われていった。

過密 (過密化)、

過疎 (過疎化)

□**42** かつては家族と ★★★ とが密接にかかわり合いなが
★★★ ら生産や教育に携わっていたが、現代の日本では
★★★ の外部化が進んだことで家族は主に安らぎの
場となり、★★★ 住民どうしの連携が弱まった。

地域社会 (コミュ
ニティ)
家族機能、
地域

◆地域社会の崩壊が指摘される中で、地域共同体の共助の機能を
見直す必要性が高まっている。天災の発生や高齢社会の加速化
に対して、地域の防災協力や地域ボランティアが重要となる。

□**43** ★★ 人口とは、移住はしないが、多様な形で地域
★★ とのかかわりを継続的に持つ人々を指す。

関係

◆特に、人口減少や少子高齢化が加速する地方では、地域づくりの
担い手や継承者の不足という課題に直面している。若者を中心
に、地域に新たな変化をもたらす可能性がある関係人口は、こ
れからの地域づくりの人材として期待されている。

□**44** 近年、事故や災害の被害者や社会的・経済的 ★★★ を
★★★ 救済する ★★★ のあり方が議論され、それは保険制
度だけでなく、地域ネットワークや地域コミュニティ
などを活用して社会で援助する仕組みも含まれる。

弱者、
セーフティネット

□**45** 都市が発展し市街地が拡大する際に、虫食い状に開発
★★ が進む現象を ★★ 現象という。

スプロール (スプ
ロール化)

□**46** 都市の拡大とともに、都心部の地価が ★★ するた
★★ め、都市中心部に居住する人が ★★ し、通勤が可
能な近郊に人口が移転することで都市中心部が空洞化
する現象を ★★ 化現象という。

高騰、

減少

ドーナツ

5 生命倫理の課題

ANSWERS ☐☐☐

生命倫理

□**1** 生命科学や医療技術の発展に伴って ★★★ (バイオエ
★★★ シックス)の領域が注目される中で、脳死・臓器移植、
安楽死や尊厳死、遺伝子診断 (着床前診断) などに関し
て ★★★ 権が尊重されるべきだという議論がある。

自己決定

◆自己決定権は、一定の私的な事柄について他者の干渉を受けず
に自ら決定できる新しい権利であり、幸福追求権に根拠を持つ。

□**2**
★★★
自己決定権をめぐる議論の背景には、J.S. ミルの**自由
論**があり、個人の**幸福**の**総計**が社会全体の**幸福**になる
とする ★★★ 主義の立場から、**自らの運命を決定する
ことも尊重されるべきではないか**とする考え方がある。

功利

□**3**
★★★
1997**年**の臓器移植法**制定**以来、臓器移植を行う場合、
★★★ の書面による**意思表示**、 ★★★ **の同意**、経験
のある医師２人以上の ★★★ **認定**が必要であった。

ドナー (提供者),
家族,
脳死

□**4**
★★
2009年の臓器移植法**改正**で、ドナー本人の意思が不明
の場合、 ★★ **の同意のみで臓器の提供が可能と
なった**。臓器提供の意思表示ができないとされる
★★ **歳未満の臓器提供**にも道を開き、子どもの
★★ （臓器を受け取る人）の命を救う可能性を持つ。

家族

15,
レシピエント

◆親族に優先的に臓器を提供できる意思表示も可能になった。

□**5**
★★
生前に**自分の臓器提供に関する意思**を示しておくこと
ができるカードは「 ★★ カード」と呼ばれ、2009**年**
の臓器移植法**改正**により、臓器を「提供しない」という
意思を表示することが大きな意味を持つようになった。

臓器提供意思表示
（ドナー）

□**6**
★★★
薬を投与してもらうなどして本人の意思に基づいて死
を選択することを ★★★ （積極的安楽死）、延命装置
を取りはずして人間としての尊厳を守りつつ自然死を
迎えることを ★★★ （消極的安楽死）という。

安楽死

尊厳死

◆近年、リヴィング=ウィルにより、意識があるうちに延命措置を
不要とする**意思表示**をし、尊厳死を迎えようという人が増えて
いる。なお、日本では、末期（終末期）の患者が**耐えがたい苦痛**
からのがれるために、医師による致死薬の投与など直接死に至
らしめる処置を受ける権利を定めた安楽死**法は存在しない**が、
オランダやベルギーなどでは、2000年頃に制定されている。

□**7**
★★★
緩和ケアは、 ★★★ （ターミナル=ケア）に限定される
ものではなく、治療の過程で生じる様々な苦痛を和ら
げようとするアプローチであり、緩和ケアが改善しよ
うとしている ★★★ （QOL）には、患者本人だけでな
く、患者を取り巻く家族についても含まれる。

末期医療（終末期
医療）

クオリティ=オブ=
ライフ（生命の質）

◆ QOL に対して、命を救うことを優先する医療のあり方は SOL
（Sanctity of Life、生命の尊厳）と呼ばれる。SOL は、医者
が命を救う決定を下してあげるという、医療における伝統的な
パターナリズム（父権主義）の考え方に立つものであった。

□**8** **★★★** **★★★** とは、患者が医師から症状や治療法について **十分な** **★★★** を受け、それを**理解**し、**★★★** した上で**治療方針を自ら選ぶ**ことである。

◆インフォームド=コンセントは、必要な情報を知り、その情報に基づいて自己決定を行う患者の権利を尊重することであり、医師と患者の関係を平等なものへと転換することが原則となる。

インフォームド=コンセント, 説明, 同意

□**9** **★** 生殖技術の進歩により、従来は不可能とされた **★** 受精や **★** 出産で子どもが誕生するケースが増えている一方で、胎児の異常について遺伝的なものも含めて妊娠初期に判定できる **★** の結果を受けて **★** を選択する人もいる。

◆様々な事情で妊娠することができない場合、別の女性に**代理母**として妊娠、出産してもらうことを代理出産(代理懐胎)という。また、出生前診断には、妊婦のお腹に針を刺して羊水を採取する**羊水検査**、母体の血清中のたんぱく質から診断する**血清マーカー検査**、超音波画像機器による**超音波検査**などがある。このように生殖技術が進歩する一方で、このことが「**命の選別**」につながるのではないかという指摘もある。

体外, 代理

出生前診断, 人工妊娠中絶

□**10** **★★** **★★** は、受精卵の遺伝子を調べることにより、子どもの重篤な遺伝性疾患の有無や発症の確率を事前に予測できるという利点がある反面、優生思想**につながる危険性**がある。

◆着床前診断の技術が進んだ結果、受精卵の段階で遺伝病のリスクなどを知ることができるようになった。しかし、この診断結果が出産の判断材料にされるようになると、**生きるに値する生命とそうでない生命を区別する**優生思想につながってしまう。

着床前診断

□**11** **★★** ヒトゲノムの DNA の塩基配列すべてを読み取ることを目標にした **★★** が、国際的な共同プロジェクトとして行われた。1997年には国連教育科学文化機関(UNESCO)で「**ヒトゲノムと人権に関する世界宣言**」が採択され、人間のクローンの作成が禁止された。

◆ヒトゲノムとは人間(ヒト)の持つすべての遺伝情報のこと。遺伝情報は究極のプライバシーといわれるように、慎重な取り扱いが求められる。

ヒトゲノム計画

□**12** **★★** 1990年代後半、クローン**羊の** **★★** が誕生し、ほ乳類の体細胞クローンの作成が可能であると知られるようになった。この技術を応用すれば、**★★** のない移植用 **★★** の作成が可能になるという主張もある。

ドリー

拒絶反応, 臓器

□13 クローン技術の人への応用は、人の尊厳の保持、生命
★
や身体の安全確保などに影響を与えるおそれがあるこ
とから、　★　法によって制限されている。

クローン技術規制

□14 　★★　によって個人の将来の病気のかかりやすさを
★★
予測することで、例えば、就職や保険加入、結婚の場面
で差別を生む危険性がある。

遺伝子診断

◆遺伝子診断は、深刻な病気を未然に防ぐなどの有益な用途もあ
り得るが、就職や民間の保険加入、結婚などの人生における重
要な場面で著しい不利益を強いられる事態も起こり得る。

□15 　★　とは、ある遺伝子を様々な方法で生体細胞内
★
に取り入れることで、先天性の遺伝性疾患やがん、感
染症などの治療を行う医療技術である。

遺伝子治療

□16 再生医療のもととなる細胞を　★★★　というが、その
★★★
中の　★★★　には、不妊治療で使われなくなった受精
卵を壊して利用するという倫理的問題や、他人の細胞
であるため移植の際に拒絶反応が起こるリスクがある。

万能細胞,
ES 細胞 (胚性幹
細胞、ヒト ES 細
胞)

□17 様々な臓器になり得る ES 細胞と同程度の万能性を持
★★★
つ　★★★　は、人間の細胞を用いて、傷ついた臓器や
失われた皮膚を新たに作り出す　★★★　医療を飛躍的
に進歩させる可能性がある。

iPS 細胞,
再生

◆iPS (アイピーエス：induced Pluripotent Stem cell、人工
多能性幹細胞) を命名し、その研究を行う京都大学の山中伸弥教
授は、2012年10月にノーベル生理学・医学賞を受賞した。万能
細胞の1つである iPS (アイピーエス) 細胞は、受精卵ではなく
その人自身の体細胞を用いるため、産まれてくる命を奪うとい
う倫理上の問題や移植時の拒絶反応を軽減できる。

□18 日本では、トウモロコシなどいくつかの作物に関し
★★
て、　★★　作物の輸入が許可されている。

遺伝子組み換え

◆遺伝子組み換え食品の取り扱いについては、品目ごとに法律で
定められている。食物の安全性は長年摂取しなければ確認でき
ないため、遺伝子組み換え食品が人体にどのような影響を及ぼ
していくのか注視しなければならない。生態系に及ぼす影響な
どバイオハザード (有害な生物による災害) も懸念されている。

経済分野
ECONOMICS
労働・社会保障

1 労働運動の歴史

□**1** 18世紀末から19世紀後半までのイギリスの労働運動の歴史について、次の空欄 **A** ～ **F** にあてはまる適語を答えよ。
★

年号	出来事	主な内容
1799	**A** ☐ ★ 法制定	労働組合運動を規制
1811	**B** ☐ ★ 運動 (機械打ち壊し運動)	世界初の<u>労働運動</u>。熟練工中心
33	**C** ☐ ★ 法制定	世界初の<u>労働者保護立法</u>
37 (38)	**D** ☐ ★ 運動	男子労働者の<u>普通選挙権</u>要求運動
68	**E** ☐ ★ 結成	19世紀型の **F** ☐ ★ 別労働組合。 <u>熟練工中心</u>

A 団結禁止
B ラッダイト
C 工場 (一般工場)
D チャーティスト
E 労働組合会議 (TUC)
F 職業

□**2** 1864年、**労働者階級の解放と国際的団結**を目指す ☐ ★ **がイギリスのロンドン**で結成された。
★

第一インターナショナル (国際労働者協会)

□**3** 1889年、国際的な**社会主義組織の樹立**を目指す ☐ ★ **がフランスのパリ**で結成された。
★

第二インターナショナル

□**4** 1919年、**国際共産主義の確立**を目指す ☐ ★ **がソ連のモスクワ**で結成された。
★

第三インターナショナル (コミンテルン)

□**5** ヨーロッパでは19世紀に**熟練工中心の** ☐ ★ 別労働組合が結成されたが、20世紀になると**不熟練工を含めた** ☐ ★ 別労働組合が結成された。日本では、正社員を中心とした ☐ ★ 別労働組合が一般的である。
★

職業

産業,
企業

397

□**6** 19世紀後半以降のアメリカの労働運動の歴史につ
★ いて、次の空欄 **A** 〜 **H** にあてはまる適語を答えよ。

年号	出来事	主な内容
1869	**A** ★ 結成	アメリカ労働組合の起源
86	**B** ★ 結成	19世紀型の **C** ★ 別労働組合。熟練工中心
1935	**D** ★ 法制定	世界恐慌下の **E** ★ 政策の一環
38	**F** ★ 結成	20世紀型の **G** ★ 別労働組合
47	**H** ★ 法制定	**D** ★ 法を修正、労働組合運動の激化防止
55	**B** ★ ・ **F** ★ 合同	労働組合運動の穏健化

A 労働騎士団
B アメリカ労働総同盟 (AFL)
C 職業
D ワグナー
E ニュー=ディール
F 産業別労働組合会議 (CIO)
G 産業
H タフト=ハートレー

□**7** 1919年、ヴェルサイユ条約に基づき、**労働条件の改善**
★★ を目的とした条約作成などを行う ★★ (ILO) が**国際連盟の主要機関**として設立された。

◆現在、ILO (International Labour Organization) は**国連の専門機関**として活動している。

国際労働機関

□**8** ILO が定める条約のうち、日本が批准した主なものに
★★ ついて、次の空欄 **A** 〜 **E** にあてはまる適語を答えよ。

号数	主な内容	採択年
2	失業	1919年
26	最低 **A** ★★ 決定制度	1928年
87	結社の自由および **B** ★★ 権保護	1948年
98	**B** ★★ 権および団体交渉権	1949年
100	同一 **C** ★★	1951年
102	**D** ★★ の最低基準	1952年
156	**E** ★★ 的責任を有する労働者	1981年

A 賃金
B 団結
C 報酬 (賃金)
D 社会保障
E 家族

◆ILO は、**条約と勧告**という形で**国際的な最低労働基準**を定め、加盟国の批准手続を経て、その効力が発生する。2023年現在、191号までの条約が設けられ、その内容に基づき批准国は国内法を整備する。例えば、1995年に156号を批准した日本は、育児休業法を改正し、99年に育児・介護休業法を制定した。

□ **9** 1944年のILO総会で、社会保障を拡張することがILO
★　の義務であるという [★] が採択された。

◆所得保障、医療保障、雇用保障に関する勧告が出された。

フィラデルフィア
宣言

□ **10** 第二次世界大戦前の日本の労働運動の歴史について、
★　次の空欄 A ～ H にあてはまる適語を答えよ。

年号	出来事	主な内容
1897	A [★] 結成 →その下で初の労働 組合 B [★] 結成	日清戦争後、高野房太郎らが組合を 求めて結成
1900	C [★] 法制定	集会・結社の規制
11	D [★] 法制定	日本初の労働者保護立法（16年施行）
12	E [★] 結成	鈴木文治らが結成した穏健的組合 （F [★] 主義）
25	G [★] 法制定	民主主義、社会主義運動を弾圧
38	国家総動員法制定	戦時体制
40	H [★] への統合	政党・組合を解散し、戦争遂行の労 務提供機関に

A　労働組合期成会

B　鉄工組合

C　治安警察

D　工場

E　友愛会
F　労使協調

G　治安維持

H　大日本産業報
　国会

□ **11** 第二次世界大戦直後から復興期にかけての日本の労働
★★　運動の歴史について、次の空欄 A ～ H にあてはまる
適語を答えよ。

年号	出来事	主な内容
1945	A [★★] 法制定 （1949年改正）	←三大経済民主化の一環 　＝ D [★★] の承認
46	B [★★] 法制定 （1949、52年改正）	「労働三法」
47	C [★★] 法制定	
	E [★★] 中止命令	GHQ が全国スト中止を命令
48	F [★★] 公布	公務員の争議権剥奪
53	スト規制法制定	電気・石炭事業の争議行為制限
59	G [★★] 法制定	賃金の H [★★] 水準を設定

A　労働組合

B　労働関係調整

C　労働基準
D　労働組合
E　2・1ゼネスト
F　政令201号

G　最低賃金

H　最低

◆第二次世界大戦後の労働組合運動は、1950年結成の日本労働組合
総評議会（総評）と、64年結成の日本労働組合総同盟（同盟）が全
国中央団体（ナショナル＝センター）の二大勢力となり、これらが
80年代に解散して日本労働組合総連合会（連合）に再編された。

2 労働三法

□**1** 日本国憲法は、第 ★★★ 条で勤労の権利を定めると
★★★ ともに、**第28条**で団結権・団体交渉権・ ★★★ のい
わゆる労働三権を保障している。これらの権利は総称
して労働基本権と呼ばれる。

27,
団体行動権（争議
権）

□**2** いわゆる**労働三法**を、制定年代の早い順に並べると、
★★★ ★★★ 法、 ★★★ 法、 ★★★ 法となる。

◆成立はそれぞれ1945年、46年、47年である。

労働組合，労働関
係調整，労働基準

□**3** **労働基準法**の目的は、**労働条件の** ★★★ **を設定**する
★★★ ことで労働者に**人たるに値する生活**、つまり ★★★
を保障することである。

◆労働基準法では労働者の最低年齢を満15歳と定めている。

最低基準,
生存権

□**4** **労働基準法**は、憲法**第27条**2項の「賃金、 ★★ 、休
★★ 息その他の勤労条件に関する基準は、法律でこれを定
める」との規定を根拠とする法規であり、労働者保護
法の基本をなすものである。

就業時間

□**5** **労働条件の7つの原則**とは、労働条件の最低基準の遵
★★ 守、 ★★ の原則、均等待遇の原則、 ★★ の原
則、強制労働の禁止、中間搾取の禁止、公民権行使の
保障である。

労使対等，男女同
一賃金 ※順不同

□**6** **労働基準法**によると、使用者は労働者の国籍・ ★★ ・
★★ 社会的身分を理由に**労働条件**で**差別的取り扱い**をして
はならない。

信条

□**7** **労働基準法**は、使用者に対して労働者が女性であるこ
★★★ とを理由に ★★★ で**差別的取り扱い**をすることを**禁
止**している。

賃金

□**8** **労働基準法**に規定されている**最低基準よりも不利な条**
★★ **件を定めた就業規則**、使用者と労働組合間の ★★ 、
使用者と労働者間の ★★ は**無効**である。

労働協約,
労働契約

◆労働基準法に規定されている**最低基準に違反した**労働契約は無
効であるが、その意味は契約全体を無効とするのではなく、**法
律に違反した部分のみを無効**と扱って法律の基準に従うものと
する（**部分無効の論理**）。

□ **9** 最低賃金は □ ★★ □ 法で定められており、決定方式と
★★ しては**労働協約の地域拡張方式**と □ ★★ □ がある。

最低賃金,
審議会方式

◆最低賃金については労働基準法ではなく、特別法である最低賃金法に定められている。審議会方式は、**厚生労働大臣もしくは知事が審議会の意見を聞いて最低賃金を決定する方法**で、多く採用されている。なお、フルタイム労働者だけでなく**パートタイム労働者も**最低賃金法の適用を受ける。

□ **10** □ ★★ □ 法は国民経済の健全な発展に寄与すること、
★★ 労働力の質的向上や事業の公正な競争の確保に資する
ことなどを目的とし、最低賃金の決定にあたっては、
□ ★★ □ との整合性も配慮される。

最低賃金

生活保護

□ **11** 労働時間には上限があり、1日 □ ★★★ □ 時間、週 □ ★★★ □
★★★ 時間以内と決められている。

8, 40

◆週40時間労働制は、1987年の労働基準法改正で規定され、猶予期間を経て、97年にはすべての作業所で完全実施された。なお、それ以前は週48時間労働制であった。

□ **12** **労働基準法**では、法定 □ ★★★ □ 労働に対して割増賃金
★★★ の支払やそれに代わる休暇の付与が行われないことは
違法とされている。

時間外

□ **13** 1日の**始業・終業時間を労働者が弾力的に設定**できる
★★★ □ ★★★ □ 制と、1週間、1ヶ月、1年間の合計で**法定労働時
間を超えない範囲で自由に労働時間を設定**できるとす
る □ ★★★ □ 制が導入されている。

フレックス=タイム

変形労働時間

◆フレックス=タイム制や変形労働時間制は、効率的な労働を可能にし、**労働時間短縮を実現する**目的で1987年の改正労基法で導入された。

□ **14** □ ★★ □ 制とは、労働時間の算定が難しい業務を対象
★★ に、労働時間の管理を □ ★★ □ に委ね、実際の労働時
間にかかわりなく労使協定で合意された時間だけ働い
たとみなし、その時間分の賃金を支払う制度である。

裁量労働（みなし
労働時間),
労働者

◆仕事を労働時間に換算する裁量労働（みなし労働時間）制が専門職からホワイトカラー労働者の企画や立案などにも拡大され、SOHO (Small Office Home Office) という**在宅勤務体制やリモート勤務体制**を支援している。

□ **15** **労働基準法**では、一定の条件下で、使用者が定めた休
★★★ 日とは別に、□ ★★★ □ を与えることを定めている。

年次有給休暇

□ **16** 年次有給休暇とは □ ★★ □ 以上継続勤務した労働者に
★★ **年間で最低** □ ★★ □ **日から最高** □ ★★ □ **日まで**の休暇
を与えるものである。

6ヶ月,
10, 20

IX
経済

2
労働三法

401

□**17** 労働基準法は、**賃金支払5原則を規定**しており、**賃金**
★★ は ★★ で、 ★★ 、月1回以上、一定の期日に、
全額を支払うことになっている。

通貨, 直接

◆賃金を現物支給すること、分割払いすることは禁止されている。

□**18** **労働基準法が遵守**されているかどうかを監視し、立ち
★★ 入り検査も行うために各地に ★★ が置かれている。

労働基準監督署

□**19** 常時10人以上の従業員を使用する使用者は、労働基
★★ 準法の規定により ★★ を作成し、所轄の労働基準
監督署に届出なければならない。

就業規則

◆厚生労働省は「モデル就業規則」を公開し、各事業所の実状に応
じた就業規則の作成・届出を促している。

□**20** 1947年制定の ★★ 法では、原則として営利のため
★★ の職業紹介を禁じていたが、85年の ★★ 法制定
に伴い改正され、 ★★ と呼ばれる公共職業安定所
以外に民間企業も職業紹介事業を行えるようになった。

職業安定,
労働者派遣(労働
者派遣事業),
ハローワーク

□**21** 時間外労働や休日労働を行わせるには、「 ★★★ 協
★★★ 定」と呼ばれる**労働組合または労働者の過半数を代表
する者との書面による労使協定**が必要である。

三六

◆労働基準法第36条に規定されていることから、サンロクまたは
サブロク協定という。時間外労働や休日労働には、**25~50%**
の**割増賃金を支払う**ことになっている。使用者による時間外労
働の強制を減らし、労働時間の短縮を実現するのが狙いである。

□**22** 労働基準法は、満 ★★ 歳未満の児童の雇用を原則
★★ 的に禁止している。また、未成年者の ★★ を親権
者や後見人が代わって締結することも禁止されている。

15,
労働契約

□**23** 1985年の ★★★ 条約の批准に伴い、労働基準法が改
★★★ 正され ★★★ の保護規定の一部が削除された。

女子差別撤廃(女
性差別撤廃),
女子

□**24** 1986年に ★★★ 法が施行され、募集・ ★★★ ・配
★★★ 置・昇進・降格・教育訓練・退職の勧奨・解雇・ ★★★ の
更新などにおける性差別の**防止**が規定された。

男女雇用機会均等,
採用,
労働契約

□**25** 従来、女子労働者については ★★★ **労働の規制**や
★★★ ★★★ の禁止が定められていたが、**1997年**の労働基
準法**改正**(99年施行)でこれらが撤廃されて**男子労働
者と原則的に対等**となった。

時間外,
深夜業(深夜労働)

□26 **1997年**の労働基準法改正に伴い男女雇用機会均等法も
★★★ 改正（99年施行）され、女子労働者差別の禁止が**事業
主の ★★★ 規定から ★★★ 規定に高められ、違反
企業名の公表**という制裁が科されるようになった。

努力義務，禁止義
務

□27 **2006年改正（07年施行）**の男女雇用機会均等法では、
★★★ 雇用条件に転勤や残業、身長や体重など合理的な理由
のない事項を付する ★★★ 差別**を禁止**し、**男性も含
めた ★★★ 防止措置を講じる義務**を事業主に課した。

◆2016年の男女雇用機会均等法改正では、妊娠・出産などを理由
　としたハラスメント**の防止措置を講じる**ことを事業主に義務づ
　けた。

間接，
セクシュアル=ハ
ラスメント

□28 **2020年6月、改正労働施策総合推進法**（ ★★ 防止
★★ 法）が施行され、大企業を対象に、職場において雇用管
理上、必要な防止措置を講じることが義務づけられた。

◆2022年4月からは中小企業にも適用された。

パワーハラスメン
ト（パワハラ）

□29 労働基準法は、女子労働者のみ認められる**母性保護規
★★★ 定**として ★★★ **休暇**と ★★★ **休暇**を定めているが、
子どもを持つ労働者の ★★★ **休業**については別の法
律を定め、**女子のみならず男子**労働者にも認めている。

◆産前休暇は原則6週、産後休暇は原則8週。育児については、育
　児休業法が1991年に制定され、男女ともに休業請求権を認めた。

生理，産前産後，
※順不同

育児

□30 **2015年**、 ★★ 法**が制定・施行され、翌16年より
★★ 301人以上**の労働者を雇用する会社は、女性が働きや
すい雇用環境づくりについて、**一般事業主行動計画**の
策定や届出、外部公表の実施が義務づけられた。

◆2022年4月より労働者101人以上の事業主に義務の対象が拡大
　された。

女性活躍推進

□31 **2018年**、政治分野における ★★ 法**が制定・施行さ
★★ れ、各政党ではできる限り男女の候補者数が均等**にな
るように努めることが定められた。

◆この法律は、同じ目的で2000年にフランスで制定された**パリテ
　法**にならい「**日本版パリテ法**」とも呼ばれる。なお、2023年時点
　での国会議員に占める女性の割合は、衆議院で10.0%、参議院
　で26.0%である。

男女共同参画推進

□32 **長期不況**の中で、企業による**リストラが不当解雇**とい
★★ う形で行われたことから、**2007年**制定の労働契約法で
「客観的に**合理的な理由**を欠き、 ★★ **上相当である
と認められない」解雇は無効**であると明記された。

社会通念

□33 1945年制定の労働組合法の目的は、労働者の団結権を
★★ 認めて　★★　の原則を確立し、　★★　による労働
者の地位向上を目指すことである。

労使対等，団体交渉

□34 労働組合法は、労働組合と使用者との間で　★★　を
★★ 結んで労働条件の向上を図ることを認めている。

労働協約

□35 労働者の**争議行為**にはストライキ（**同盟罷業**）、サボ
★★★ タージュ（**怠業**）、　★★★　があり、対抗手段として使
用者側には　★★★　がある。

ピケッティング，ロックアウト

□36 労働組合の**正当な争議行為**については、**刑事上および
★★ 民事上の**　★★　が認められている。

免責

□37 労働組合法は、労働者の正当な団体行動としての行為
★ が犯罪として処罰されることなく、また、使用者から
　★　を請求されることもないと規定している。

損害賠償

□38 使用者が労働組合の　★★★　権を侵害することや、労
★★★ 働組合運動を妨害することを　★★★　といい、労働組
合法はこれを**禁止**している。

団結，
不当労働行為

◆例えば、学生アルバイトの労働問題を１つのきっかけに、ブラックバイトユニオンが結成されるなど、**非正規雇用の労働者も労働組合を結成する権利**がある。また、使用者は正当な理由がなければ**労働組合との団体交渉を拒む**ことはできない。

□39 **不当労働行為**の具体例として、労働組合の結成や加入
★★★ しようとしたことを理由に雇用上、**不利益な扱い**をすること、労働組合に加入しないことを労働条件とする　★★★　を結ぶこと、労働組合に**経費援助**をすることなどがある。

黄犬契約

◆黄犬契約という言葉は、労働者に認められている権利を自ら放棄する態度を臆病で卑屈な黄色い犬（イエロー・ドッグ）にたとえたところに由来するといわれる。

□40 労働協約において従業員資格と労働組合員資格とを関
★★ 連づけて、**労働組合員の雇用確保と労働組合の組織強
化を図る制度**のことを　★★　という。

ショップ制

□41 労働組合の加入者だけが**採用**され、除名や脱退などで
★★ 労働組合員の資格を失った者は**解雇**される**ショップ制**
を　★★　という。

クローズド＝ショップ

□**42** 企業に採用された後、一定期間内に労働組合に加入し
★★ なければならず、労働組合を除名・脱退したら解雇さ
れるショップ制を ★★ というが、日本では実際に
は除名されても解雇に至らない ★★ が多い。

ユニオン=ショップ,
尻抜けユニオン

□**43** 労働組合員資格と雇用資格が無関係である**ショップ制**
★★ を ★★ という。

オープン=ショップ

□**44** 日本の労働組合組織率は**低下傾向**にあり、1970年には
★★ 35%だったが、近年は ★★ %を下回っている。

20

□**45** 労働関係調整法は、**労働争議の ★★★ と解決**を目的
★★★ としている。

予防

□**46** 労働組合法に基づき設置されている ★★★ は、労働
★★★ 関係調整法に則り、労働に関する審査や**労働争議の調
整**などを行う機関であり、使用者**委員**・労働者**委員**・
公益**委員**で構成される。

労働委員会

◆国の機関である中央労働委員会と、都道府県の機関である都道
府県労働委員会(地方労働委員会)が設置されている。

□**47** 労働関係調整法では、労働争議の調整は ★★ →調
★★ 停→ ★★ の順序で行うことが原則とされる。

<ruby>斡旋<rt>あっせん</rt></ruby>,
仲裁

◆労働委員会における労働争議の調整のうち、斡旋は、斡旋案な
どを参考にしながら**当事者の自主的解決**を導くのに対して、調
停は調停案を作成して当事者に**受諾を勧告**し、仲裁による仲裁
裁定は労働協約と同じく法的拘束力を持つものである。

□**48** 使用者に不当労働行為があれば、労働者ないし労働組
★★ 合は原則として**都道府県労働委員会**に ★★ 年以内
に救済を申し入れる。同委員会は ★★ の後、申立
てが事実であると認定すれば、使用者に対して命令(救
済命令)を発するが、使用者がこの命令に不服があれ
ば、再審査を中央労働委員会に申立てを行うか、取消を
求める ★★ を裁判所に提訴できる。

1,
調査・審問

行政訴訟(取消訴
訟)

◆不当労働行為に対しては、裁判所による救済(民事訴訟)も可能
であるが、労使間の法的関係、ないし権利義務を確定すること
を目的とするために判決まで長い期間を要するので、通常は権
利関係を暫定的に定める仮処分の制度が利用される。

□**49** 不当解雇や賃金未払いなどの労働者個人と使用者との
★★ **労働紛争を安価で迅速に解決する簡易な方法**として、
2006年より ★★ 制度が導入された。

労働審判

□**50** 労働審判法に基づく審理は、裁判官1人と労働関係に
★　関する専門的な知識経験を有する者2人から構成され
る　★　で行われる。

労働審判委員会

◆労働審判の審理は、合計3人の労働審判員からなる労働審判委員会で行われたのち、調停などを経て最終的な判断が下される。これに不服の場合には訴訟となる。

□**51** 公務員の　★★★　は一律禁止とされ、特に警察官、消
★★★　防官、刑務官、自衛官、海上保安庁職員は　★★★　す
べてが禁止されている。

争議権,
労働三権

□**52** 政令201号事件で、最高裁は公務員の団体行動権を一
★★　律に禁止する公務員関連法の規定を　★★　とする判
決を下した。その根拠として、公務員を憲法第15条
2項が「　★★　」と規定していることを挙げている。

合憲

全体の奉仕者

◆その他の合憲の理由に、①比較衡量論＝団体行動権を認めて得られる利益（公務員の待遇が改善）＜失われる利益（国民全体の利益）、②代償措置論＝人事院による公正な給与査定の実施、③議会制民主主義論＝公務員の給与などは国会の予算議決によって決定され、国民の代表者である議員によって構成される国会（議会）が認めていることなどがある。

□**53** 公益事業で争議行為が行われる場合、　★★　日前ま
★★　でに厚生労働大臣や知事などに通知することが必要で
あり、抜き打ちストは認められていない。

10

□**54** 公益事業などの争議行為で国民経済や国民生活に重大
★★　な影響を及ぼすおそれがある場合、内閣総理大臣が争
議行為を　★★　日間禁止する決定のことを　★★
という。

50, 緊急調整

◆1953年制定のスト規制法は、国民の生活と安全を保護する観点から、電気事業や石炭鉱業について、発電所や変電所のスイッチを切って送電を停止することや、炭坑労働の保安を害する争議行為を禁止している。

□**55** 次の図は、1995～2021年の日本における労働組合に関
★★★ する統計の推移を示している。空欄**A**～**D**にあてはま
る語句を、下の語群からそれぞれ番号で答えよ。

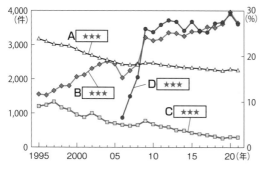

A ①

B ④

C ②

D ③

【語群】①労働組合組織率　②労働争議件数
　　　　③労働審判件数（地方裁判所の新規受理分）
　　　　④労働訴訟件数（地方裁判所の新規受理分）

3 現代日本の労働問題

ANSWERS ☐☐☐

□**1** ┃ ★★ ┃制とは、新規卒業者は採用されたら**定年まで1**
★★ **つの会社で働き続ける**という**雇用慣行**であるが、1990
年代以降、不況下の ┃ ★★ ┃ により崩壊しつつある。

終身雇用

リストラ

□**2** ┃ ★★ ┃制とは、**勤続年数に応じて昇給する賃金形態**
★★ であり、┃ ★★ ┃制をバックアップするとともに社員
の会社への帰属意識を高める効果を持つ。

年功序列型賃金,
終身雇用

　◆これらに企業別労働組合を含めた日本独自の三大雇用慣行は、社
　員の**企業への帰属意識**を高め、企業内の**技術習熟と世代間の技術
　伝承**を促し、高度経済成長を下支えした。

□**3** 近年、年功序列型賃金制が崩れ、職務の重要度に基づ
★★ く ┃ ★★ ┃や職務遂行能力に基づく ┃ ★★ ┃を導入す
る企業や、仕事の実績を査定して賃金を決める ┃ ★★ ┃
を導入する企業や団体が増えている。

職務給, 職能給,
成果主義

IX 経済

3 現代日本の労働問題

□**4** ★ 　　★　　とは、企業が人材を採用する際に職務内容を明確に定義して雇用契約を結び、労働時間ではなく職務や役割で評価する雇用システムのことである。

ジョブ型雇用

> ◆ジョブ型雇用は、企業側が戦略上重要な人材を採用しやすく、実際の職務と処遇が大きく連動する点がメリットといえる。一方で、好条件の企業に優秀な人材が流出しやすくなるなどのデメリットがある。

□**5** ★ 　　★　　とは、職務や勤務地などを限定せずに雇用契約を結ぶもので、転勤や異動、ジョブローテーションを繰り返しながら、長期的に人材を育成することを特徴とする雇用システムのことである。

メンバーシップ型雇用

> ◆メンバーシップ型雇用は、正社員として採用した従業員を定年まで雇用し続ける終身雇用や、年齢や勤続年数に応じて、役職や賃金を上げる年功序列を前提とした日本独自のシステムで「日本型雇用」とも呼ばれる。

□**6** ★★★ 日本では、労働組合は企業ごとに作られる 　★★★ 　が一般的であるが、**労使協調になりやすく使用者の意のままになりがちである**ことから 　★★★ 　と呼ばれる。

企業別労働組合

御用組合

> ◆日本の労働組合は産業別労働組合ではなく企業別労働組合が当たり前とされ、ストライキは基本的に企業単位で行われる。そのため、このような組織形態が労働者の交渉力を弱くしているという指摘がある。

□**7** ★ 現在、日本の労働組合の全国中央団体（ナショナルセンター）として存在するのは、日本労働組合総連合会（ 　★　 ）と全国労働組合総連合（ 　★　 ）である。

連合，全労連

> ◆日本的労使関係では、企業別労働組合が活動の中心となっているが、1955年頃から本格化した産業別に賃金などの労働条件について共同して使用者と交渉を行う「春闘」も大きな特徴の1つである。

□**8** ★★★ **雇用の流動化**が進む日本では、若者にもパート、アルバイト、派遣などの 　★★★ 　が増加し、**25歳未満の年齢層では被用者の5割**に達している。

非正社員（非正規雇用者）

> ◆近年、主にインターネット上のプラットフォームを通じて単発の仕事を請け負うギグワーカー（Gig worker）と呼ばれる自由に働く仕事のスタイルが広まっている。例えば、通信販売や料理宅配サービスの配達、ライドシェアの運転、プロジェクト単位のソフトやプログラム開発などの仕事をフリーランスで請け負うが、発注企業とは雇用契約を結ばず、社会保険の適用なども受けられないことなどから**不安定な労働形態**といえる。

▢ 9 ★★★
正社員として就職せずに**短期アルバイトなど**で生計を立てている15〜34歳の若者を ★★★ という。「フリー・アルバイター」を略した造語で、★★★ 景気の時代に、ある求人情報誌に登場したことから一般化した言葉であるが、★★★ 労働者と比べ、職務経験を蓄積し技術・技能を向上する機会は概して少ない。

フリーター，
平成 (バブル)

正規

◆フリーターは**2003年**に217万人とピークを迎えた後、景気回復に伴い減少に転じ、**08年**には170万人となるも、リーマンショック後の不況などから再び増加し、11年は184万人となった（22年は132万人）。フリーターは企業・組織に縛られずに自由に自らの夢を実現するためにアルバイトで生計を立てる人という積極的なイメージで語られた面もあったが、非正規労働者として雇用の不安にさらされている。

▢ 10 ★★★
近年、**仕事に就かず**学校教育も ★★★ も受けていない ★★★ (Not in Education, Employment or ★★★) と呼ばれる15〜34歳の若者が増加している。

職業訓練，
ニート，
Training

▢ 11 ★
2011年に開始された**求職者支援制度**により、月 ★ 万円の生活支援金を受給しながら、無料の職業訓練を受けられるようになった。

10

◆雇用保険に未加入であったり、失業給付の受給期間が終了したりしたために離職中の給付金を受給できない求職者に対する支援策の1つである。

▢ 12 ★★★
完全失業率とは ★★★ に占める ★★★ の割合のことであり、各国の経済状況を示す指標の1つである。

労働力人口，完全
失業者

◆労働力人口とは、満15歳以上で働く能力と意思のある者（就業者（従業者＋休業者）＋完全失業者）で、定型的に働く能力と意思のない非労働力人口（学生や主婦、高齢者など）を除く。完全失業者とは、労働力人口のうち、調査週間中に求職活動を行ったが仕事に就けていない者である。

▢ 13 ★★★
一般に、**完全失業率**は、

$$完全失業率(\%) = \frac{完全失業者数}{\boxed{★★★}人口} \times 100 =$$

労働力

$$\frac{完全失業者数}{就業者数＋完全失業者数} \times 100 \quad で計算される。$$

Ⅸ 経済

3

現代日本の労働問題

□**14**
★★
主要国の完全失業率(年平均)を示した折れ線グラフの
空欄 **A** ～ **C** の空欄にあてはまる国を**日本**、**アメリカ**、
イギリスからそれぞれ選べ。

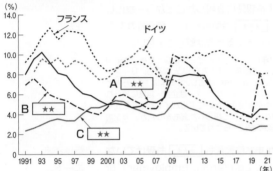

A　イギリス

B　アメリカ

C　日本

◆日本は、かつて低失業国であり、オイル=ショック以降、1980～
90年代前半の完全失業率は**2%台**にとどまっていたが、「失われ
た10年」の間に上昇し始めて、**2001～03年に5%台**となり、そ
の後、景気回復により低下していることから**C**。イギリス、ア
メリカの失業率は90年代、IT景気により低下したが、アメリ
カは01年9月の同時多発テロで再び消費不況となって失業率が
上昇したことから、**B**がアメリカ、**A**がイギリス。従来アメリ
カは日本よりも完全失業率が高かったが、90年代後半から00
年代初頭にかけては逆の状況が生じた。しかし、08年のリーマ
ン=ショックにより大量の失業者が発生し、完全失業率は急上昇
した。その後、グラフ中の各国の失業率は、景気回復とそのた
めの施策(日本のアベノミクスなど)により雇用状況の改善が見
られ低下傾向にあったが、20年のコロナ=ショックで再び悪化、
上昇に転じ、日本は年平均2.8%を記録した。なお、22年は
2.6%と若干低下した。

□**15**
★★
日本は、オイル=ショック以降、1980年代の**完全失業**
率は ★★ %台にとどまっていたが、**長期不況の影**
響で2001～03年と09年には ★★ %台に達した。

2,

5

◆完全失業率は、2002年には5.5%と最悪の記録を示し、09年も
リーマン=ショックによる雇用状況の悪化で5.1%に上昇した。
特に、**若年者の失業率が高く**、00年代初頭に10%を超えた。

□**16**
★★★
求人と求職の ★★★ を解消するには、**教育や技能の**
訓練などの対策が必要である。

ミスマッチ

□**17**
★★
正社員と非正社員の間で待遇上の差異が生じないよう
にするためには、正社員の長時間 ★★ を是正し、す
べての人が**仕事と生活の均衡**(★★)がとれる環境
を形成することが望まれる。

労働,

ワーク・ライフ・
バランス

□ **18** 公共職業安定所(ハローワーク)で仕事を探している人
★★★ の数 (★★★) に対する仕事の件数 (有効求人数) の
割合を ★★★ という。

有効求職者数,
有効求人倍率

□ **19** 日本の有効求人倍率は、**バブル期**には ★★ **倍を超**
★★ **えていたが**、1993〜2005年では ★★ **倍を下回り**、
08〜13年は再び ★★ **倍を下回った**。

1,

1,

1

□ **20** アベノミクスによって**雇用状況は改善**し、2014年以降、
★★★ **完全失業率**は低下傾向となり、**有効求人倍率**は ★★★
倍を上回るようになった。19年の完全失業率 (年平
均) は ★★★ **%台**を記録した。

1

2

◆2019年の完全失業率 (年平均) は2.4%となった。また、有効求
人倍率は1.60倍と過去3番目の高水準を記録するも、リーマン
=ショック後の09年以来、10年ぶりに減少に転じた。しかし、
20年のコロナ=ショックにより、年平均の完全失業率は2.8%、
有効求人倍率は1.18倍と雇用状況が悪化した。

□ **21** **1987年**の労働基準法改正で労働時間は週 ★★ **時間**
★★ から段階的に短縮し、93年改正では週 ★★ **時間**
労働制を実現している。

48,

40

□ **22** 総量が決まっている仕事に対して、労働者1人あたり
★★ の ★★ **を短縮**し、**雇用を創出**して失業率**の上昇を**
防ぐ方法を ★★ という。

労働時間,

ワークシェアリング

◆ワークシェアリングはドイツ、フランス、オランダなどで導入
され、失業率上昇を抑制している。

□ **23** 2018年に ★★ **法**が制定、翌19年に施行され、時
★★ 間外労働の**罰則つき上限**を原則月45時間、年360時
間までと定め、勤務終了から次の勤務時間までに一定
の休息時間を確保する ★★ **制度**を導入するように
促した。

働き方改革関連

勤務間インターバル

◆これらの施策は、労働者のワーク・ライフ・バランスを図ること
に役立ち、労働者保護につながるものといえる。なお、罰則つき
時間外労働は、臨時的な特別の事情がある場合、単月で100時
間未満 (休日労働を含む)、複数月で平均80時間 (同)、年720
時間を限度とすることが求められている。

□**24** 「 ★★ 問題」とは、 ★★ 改革関連法に基づき、
★★ 2024年4月以降、**自動車運転業務や建設業などにおけ**
る年間時間外労働時間の上限が960時間に制限され
ることで生じる様々な問題のことを指す。

2024年, 働き方

◆「2024年問題」は、自動車運転業務を営む運送・物流会社の利益
を減少させ、トラックドライバーの給与の減少とそれに伴う離
職など、物流産業に大きな影響を与えることが指摘されている。
従業員の労働時間を減らす一方で、業務を合理化し企業の利益
を維持していくことが求められる。

□**25** 高度の専門知識などを有し、職務の範囲が明確で一定
★ の年収要件を満たす労働者を対象に、年間104日以上
の休日確保措置などを講ずることで法定労働時間や休
憩、休日、深夜の割増賃金に関する規定を適用しない
★ 制度が、働き方改革関連法により導入された。

高度プロフェッ
ショナル

◆高度プロフェッショナル制度は、かつては**ホワイトカラー・エグ
ゼンプション**(労働時間規定の適用免除)として導入案があった
が、結局、サービス残業や風呂敷残業(持ち帰り残業)をフリー
に認めることになり労働者に不利となるという批判から、その
導入が見送られてきた。

□**26** リストラや業績の悪化によって雇用が維持しづらく
★ なった企業が、働き手の不足する企業や業態へ一定期間、
その従業員が働きに出向くことを ★ という。

雇用シェアリング

◆特に、2020年の新型コロナウイルス感染症(COVID-19)の感
染拡大による影響で大きく経営が悪化した業種の企業が、雇用
シェアリングに取り組むケースが出ている。

□**27** **働き方改革**の取り組みや**リモートワークの普及**の中で、
★ 仕事と休暇を組み合わせた ★ と呼ばれる仕事の
形態に注目が集まっている。

ワーケーション

◆ワーケーションは、仕事(ワーク)と休暇(バケーション)を組み
合わせた造語で、リゾート地や保養所で仕事や研修を行うこと
や、出張時に休暇を組み合わせて観光することなどを指す。**地
方創生、観光資源の有効活用**などへの好影響が期待されている。

□**28** 2020年12月、 ★ 法が成立し、新たな働き方を形
★ づくる組織となる「 ★ 」が法的に位置づけられた。

労働者協同組合
(労働者協組),

◆「協同労働」は、労働者が自ら出資し、事業の運営などに意見を
反映でき、組合員自らが事業に従事することを基本とする組織
で、「ワーカーズコープ」などと呼ばれている。労働者協同組合
法が根拠法となることで、従来のNPO法人や企業組合よりも
財務基盤が整い、幅広い事業が行えるようになる。

協同労働

□ **29** 次のグラフは、**日本**、**アメリカ**、**ドイツ**の労働者1人
★★ あたりの**年間総実労働時間**（2020年）を示したもので
ある。空欄 **A ～ C** にあてはまる国名を答えよ。

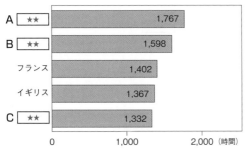

A ★★ 1,767

B ★★ 1,598

フランス 1,402

イギリス 1,367

C ★★ 1,332

0　　　　1,000　　　　2,000（時間）

A　アメリカ

B　日本

C　ドイツ

◆1987年の<u>労働基準法</u>改正前の日本の年間総実労働時間は約
2,100時間と長かったことから時短が進んだが、ドイツやフラ
ンスには及ばない。なお、この統計はパートタイム労働者を含
めたもので、日本の正規労働者の勤務時間は横ばいである。

□ **30** <u>労働者派遣法</u>は、当初は派遣対象事業を秘書や通訳な
★★ ど16の**専門職**に限定していたが、**小泉政権下**の<u>2004</u>
年改正で**製造業**などに拡大するとともに、**専門職では**
派遣期間の上限を撤廃、その他の職業では**1年から**
　★★ **年**に延長した。

3

◆しかし、2004年以降、<u>製造業</u>で「正社員切り」が続発し、**派遣労**
働者に切り換えられていった。<u>労働者派遣法</u>改正は、かえって
労働者間の格差を生み出したという批判がある。**15年**の<u>労働者</u>
<u>派遣法</u>**改正**では、「専門26業務」と呼ばれる<u>専門職</u>に認められ
ていた期間を定めない派遣労働を撤廃し、**派遣期間を最長3年**
とした。一方、同一業務については人を入れ替えれば永続的に
派遣労働者を就業させることが可能になった。また、3年を超
える派遣労働者に対する「雇用安定措置」として、派遣元企業は
派遣先企業に正社員化を働きかけ、それが実現できない場合は
他の企業を紹介するか、自ら雇用しなければならないとした。

□ **31** <u>労働者派遣法</u>は、　★　年を超えて派遣が継続され
★ ている者に、**正社員になることを要求する権利**を与え
ており、違反事業主には**企業名公表**という社会制裁が
科される。

3

□ **32** <u>派遣労働者</u>の**雇用関係**は　★　企業**との間**に存在し、
★ **指揮命令関係**は　★　企業**との間**で発生する。

派遣元,
派遣先

◆なお、一定の条件を満たす有期契約労働者は、無期契約に雇用
条件を転換する権利が保障されている。

IX 経済

3 現代日本の労働問題

413

□33 雇用者(役員を除く)に占める就業形態を示した次のグ
★★ ラフ中の空欄 **A ～ C** に該当する就業形態を、「**正規雇用者**」「**パート、アルバイト**」「**派遣社員、契約社員、嘱託**」からそれぞれ選べ。

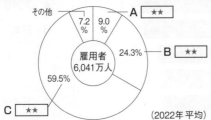

A 派遣社員、契約
社員、嘱託

B パート、アル
バイト

C 正規雇用者

□34 次のグラフは、日本における正規雇用者数と非正規雇
★★★ 用者数(平均)の男女別推移を示したものである。正規
の職員と従業員を**正規雇用者**、パート、アルバイト、派
遣社員、契約社員などを**非正規雇用者**とした場合、図
中の**空欄A～D**にあてはまるものをそれぞれ答えよ。

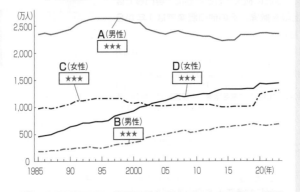

A 正規雇用者

B 非正規雇用者
C 正規雇用者
D 非正規雇用者

□35 非正規雇用者の格差是正を目的として、**2008年に**改正
★★ ★★ 法が施行され、正社員なみに働く者に対する
賃金などの**労働待遇差別が禁止**された。

パートタイム労働

◆この法改正により、**パートタイマーや派遣社員を正社員化する**
企業が現れた。さらに、2015年の法改正では**正社員との差別的
扱いを禁止**するパートタイム労働者の対象の拡大、雇用管理の
改善措置規定に**違反する事業主の公表**が定められた。

□**36** 働き過ぎによって死に至る ★★ に対して、**労働者** **災害補償保険（労災保険）**が支払われるようになった。

★★

◆働き過ぎによる自殺や精神疾患、メンタルヘルス障がいにも因果関係が立証されれば労災が認定されたケースがある。また、通勤中の事故や病気、怪我にも労災が適用される。

過労死

□**37** 職場の IT 化により、眼精疲労や頭痛などの症状に悩ま

★ される ★ 症候群など新たな職業病が増えている。

◆近年は、**働き方改革**や**感染症対策**などで自宅などからのリモートワークが増え、眼精疲労だけでなく、心身全体の不調に陥るケースも増えている。

VDT (Visual
Display
Terminals)

□**38** **バブル崩壊以後の長期不況**とグローバル化**における国**

★★★ **際競争力強化**から、多くの企業は労働コスト削減のために、★★★ 労働者やパートタイマーなどを含む ★★★ 労働者を大量に採用してきた。

派遣,
非正規(非正規雇用)

□**39** 2008 年 9 月に ★★★ が起こり、その年末には「**派遣**

★★★ **切り**」や契約期間の終了に伴って派遣を打ち切る「 ★★★ 」が発生した結果、失業率が上昇し、所得に大きな差が生じる ★★★ 社会の出現が問題化した。

◆2020 年からのコロナ=ショックでは、解雇や雇い止めとなった人が 23 年 3 月末時点で累計 14 万人を超えたと発表された。累計で最も多い業種は製造業で飲食業、小売業と続く。

リーマン=ショック

雇い止め,

格差

□**40** 雇用**の不安定化**は国民皆保険・皆 ★★★ 制度を根底

★★★ **から揺るがす**もので、例えば低賃金の ★★★ 雇用者の増大は年金保険料の未納**者の増加**や、将来の年金**受給が不能**となることでの ★★★ が懸念される。

年金,

非正規

貧困

□**41** 正規**雇用の縮小**と非正規**雇用の拡大**、派遣**事業の職種**

★★ **拡大**などによって、たとえフルタイムで働いたとしても**最低生活水準を維持する収入が得られない** ★★ と呼ばれる低所得層が増大した。

ワーキング・プア

□**42** 2020 年 4 月、正規雇用と非正規雇用の不合理な待遇格

★★ 差を是正する「同一 ★★ ・同一 ★★ 」が**大企業に対して適用**された。

◆働き方改革関連法で、非正規雇用労働者の待遇改善のために「同一労働・同一賃金」が明記された。企業は、非正規雇用者に対し、正規雇用者と同等の各種手当の支給や福利厚生を行うことになるが、その一方で、人件費の増大という経営負担が発生することになる。2021 年 4 月からは**中小企業にも適用**されている。

労働, 賃金

□**43** 低所得者層の教育・訓練機会の拡大策として、政府は
★ 「　★　支援総合プラン」や「成長力底上げ戦略」を
まとめ、「職業能力プログラム」の充実を図った。 　　　再チャレンジ

◆このような職業訓練などによる**就労機会の創出**や**就労支援**を行
うことを積極的労働市場政策という。

□**44** 　★　が事業主体となり、**若者に職業体験などの**
★ **サービスを提供し、若者の能力向上や就業促進を図る** 　　　都道府県
ために、就職支援サービスを1ヶ所でまとめて受けら
れる**ワンストップサービスセンター**を　★　という。 　　　ジョブカフェ

◆ジョブカフェの他にも、若年者が正規雇用者として就職できる
ように支援する制度としてトライアル雇用助成金などがある。
また、国から委託を受けた**民間の職業訓練校**が、若年失業者を
対象に学校での職業訓練と企業での実習を並行して行うシステ
ムをデュアルシステムという。

□**45** 少子高齢化と若年労働力人口の減少は、特に中小企業に
★ とって、経営者の高齢化や後継者の不足による　★　 　　　廃業,
や事業縮小、それまで培われた　★　継承が難しく 　　　技能
なるなどの影響が予想される。

□**46** 少子高齢化と労働力人口の減少を受け、2004年に**高年**
★★ **齢者の雇用促進**を図る　★★　法が改正された。 　　　高年齢者雇用安定

◆65歳までの雇用確保措置として、①定年年齢の引き上げ、②再
雇用などの継続雇用制度の導入、③定年制の廃止、のいずれか
を選択する義務を事業主に課した。2012年改正では継続雇用制
度は希望者全員が対象とされた。20年には70歳まで就業機会
を確保することを企業の努力義務とする改正高年齢者雇用安定
法が成立（2021年4月施行）し、高齢者の就労機会と雇用環境の
整備を進めることで一億総活躍社会の実現を目指す。

□**47** **地方出身者**が大学進学などのために**都市部に居住した**
★ 後、就職の際には**出身地へ戻ること**を　★　、出身 　　　Ｕターン,
地に戻る途中の地方都市に居住することを　★　、 　　　Ｊターン
また一方で、都市部出身者が地方の生活を求めて地方
に就職・移住することを　★　という。 　　　Ｉターン

□**48** 　★　は、大学生などが**就業体験**することで職業意 　　　インターンシップ
★ 識を高めていくことを目的の1つとして行われている。

□**49** 　★　とは、職場で実務経験を積み重ねながら仕事 　　　OJT（On the
★ に必要な技能を身につけることを指す。 　　　Job Training）

□50 近年、企業を中心に取り組みが行われている ┃ ★ ┃
★ とは**学び直し**を意味し、社会人がある職業に求められ
る技能や知識の習得を行い、スキルアップを図ること
を指す。

リスキリング

◆2022年10月、岸田首相は所信表明演説で個人の<u>リスキリング</u>
の支援に5年間で1兆円を投じることを表明した。「AI時代」を
迎える中での企業の<u>デジタルトランスフォーメーション（DX）</u>
に関する人材育成、育児・介護休業での学び直し支援、高齢者
の技能訓練など<u>リスキリング</u>の対象は多岐にわたり、国として
どのような方向に力を入れるのか検討が求められている。

□51 1999年に ┃ ★★★ ┃ 法が成立し、**性別**による**差別的扱い**
★★★ **の解消**に向けた動きがあった一方で、男女の ┃ ★★★ ┃
<u>格差</u>の存在や<u>管理職</u>に就く女性の割合の低さなどが依
然として指摘されている。

男女共同参画社会
基本,
賃金

◆政府は、2030年までに女性管理職を<u>30%</u>とする目標を掲げてい
るが、達成は程遠い状況にある。

□52 次のグラフは、**日本における女子労働者の労働力人口**
★★ **の世代別割合**を示したものである。グラフを参照し、こ
れに関する文中の空欄にあてはまる適語を答えよ。

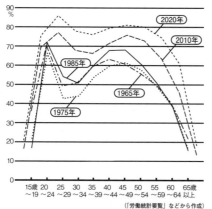

（『労働統計要覧』などから作成）

Ⅸ 経済

3 現代日本の労働問題

男性に比べ女性は、結婚や育児を理由に仕事を辞める
者の割合が依然高いが、子どもが成長するにつれて、
┃ ★★ ┃ 労働者として再就業する者が多い。このような
女子労働者の労働力人口の世代別割合を示したグラフ
を一般に ┃ ★★ ┃ カーブという。このようなカーブに
なる原因は、女子労働者は20代で ┃ ★★ ┃ や ┃ ★★ ┃

パートタイム

M字,
結婚, 出産

によって**離職する者が多い**一方、30代後半から**再び就職する者が増加**することにある。しかし、2020年のグラフを見ると、このカーブが台形に近づき、カーブのくぼみは緩やかになりつつある。 **★★** 法の施行といった子育て支援の整備などにより、出産による離職が減少していると思われる。結婚時期が遅くなっていることや未婚のまま働き続ける者も増えている。

育児・介護休業

◆育児・介護休業法は、**育児**のための休業を原則として子どもが満1歳まで（保育所に入所できない場合などは**最長満2歳**まで）、また**介護**のための休業を最大93日認めている。

□**53** 次の図は、諸外国の管理的職業従事者に占める女性の
★★　割合を示している（アメリカは2022年、その他の国は2021年データ）。この図を参考にしつつ、内閣府『男女共同参画白書』によれば、2022年の日本のその割合は **★★** %（小数点第1位を四捨五入）である。

13

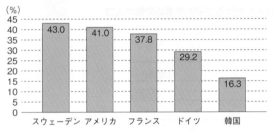

□**54** **★★★** 法は、乳幼児を養育する保護者が一定期間仕
★★★　事を休むことを認めるよう**事業主**に求めているが、特に **★★★** はこの制度をほとんど利用せず、制度活用のための意識の変化や就労環境の整備が課題である。

育児・介護休業

父親

◆2009年の育児・介護休業法改正で、育児休業を子どもの父と母が同時または交代で取得する場合、2人合計で1年プラス2ヶ月の、子どもが1歳2ヶ月まで育児休業を可能とする「パパ・ママ育休プラス」が導入され、**取得率の低い**父親**の育児休業取得の促進**を図っている。なお、22年度の男性の育児休暇取得率は**17.13%**で、過去最高を記録し増加傾向にあるが、政府の掲げる「25年度に50%」の目標とは大きく離れている。

□ **55** 2014年10月、最高裁は妊娠した女性職員に対する**降**
★★★ **格処分**について、本人の承諾がないような**降格は原則**
として ___★★★___ **法に違反**するという初の判断を示した。

男女雇用機会均等

◆女性は、結婚や妊娠、子育てを理由とした職場で差別的な待遇
（**マタニティハラスメント**など）を受けることがある。性別役割
分担の見直しが求められる昨今、女性を支援する措置など、女
性が働きやすい環境の整備が必要である。

□ **56** 1993年、**外国人**に日本で働きながら技能などを修得し、
★ その国の人材育成に寄与することを目指す ___★___ が
創設されたが、単純労働の労働力不足を補うために**低**
賃金・長時間労働を強いる実態も表面化している。

外国人技能実習制
度

◆なお、2007年に雇用対策法、地域雇用開発促進法が改正され、外
国人の適正な雇用管理を図るため、入職と離職など**雇用状況の**
届出が義務づけられた。さらに、17年には禁止行為等を定めた
技能実習法が施行されたが、依然として劣悪な労働条件や労働
環境が改善されない事態が存在する。

□ **57** 2018年12月に改正 ___★★___ **及び難民認定法**が成立、
★★ 19年4月に施行され、従来、日系の者を除いて認め
られなかった単純労働を行う ___★★___ の入国を一定の
条件で認め、その受け入れ拡大に対応するために**法務**
省の外局として ___★★___ が新設された。

出入国管理

外国人

出入国在留管理庁

◆日常会話など一定の日本語能力試験に合格し、一定の技能が認め
られる資格（**特定技能1号**）を与えられた外国人は、運輸、宿
泊、外食、介護、農業など人手不足14業種に就労するための入
国とともに、最長1年ごとの更新で最大5年までの在留期間が認
められるようになった。さらに高度な日本語能力と技能が認めら
れる資格（**特定技能2号**）を与えられた外国人は、最長3年ごと
の更新で本人が望めば日本での永住が可能となり、家族の帯同
も認められる。2023年末時点で、計12分野で約21万人が働
く。また、この改正法の施行と同時に、従来の入国管理局を廃
止し、その業務を引き継ぐ形で出入国在留管理庁が発足した。

4 社会保障の歴史

ANSWERS □□□

□ **1** **生活困窮者を救済**することを一般に ___★★___ 政策とい
★★ うが、これを**公費**で行うことを ___★★___ といい、**生活**
困窮に陥ることを前もって防止するための様々な**社会**
保険制度の整備は、一般に ___★★___ 政策という。

救貧,
公的扶助

防貧

◆世界初の公的扶助は、**1601年**に制定された**イギリスのエリザベ**
ス救貧法である。救貧税を基金とし、働けない高齢者や障がい
者には金銭を支給し、働く能力のある貧困者には強制的に労働
させた。

□**2** 疾病、老齢、労働災害、失業、介護に備えて国が運営
★★ する**拠出制の危険分散システム**を ★★ という。

社会保険

□**3** 世界初の社会保険制度は、**19世紀後半のドイツの宰**
★★ **相** ★★ による ★★ **政策**において実施された。

ビスマルク, アメ
とムチ

　◆アメは**社会保険制度**(1883年制定の**疾病保険法**)、ムチは**社会主**
　義者鎮圧法(1878年制定)である。

□**4** イギリスの ★★ **夫妻**は、**資本主義の弊害を除去す**
★★ るためには、**利潤の公平な再分配**の必要性を説き、国
家の責任で国民としての**最低限度の生活**を保障する基
準となる**国民的最低限**(★★)を提唱した。

ウェッブ

ナショナル=ミニマム

□**5** 全国民に対して**国民的最低限**(ナショナル=ミニマム)
★★★ を保障するための福祉政策全体を ★★★ という。

社会保障

　◆社会保障法を初めて制定した国はアメリカ、完備された社会保
　障法は1938年に初めてニュージーランドで制定された。アメリ
　カでは、**ニュー=ディール政策**の一環として、35年に「社会保
　障」という語を用いた最初の法律が制定された。

□**6** **イギリス**では ★★★ **報告**で「 ★★★ 」というスロー
★★★ ガンが掲げられ、**包括的な社会保障制度**が確立した。

ベバリッジ(ビバリッジ),
ゆりかごから墓場
まで

　◆1942年、経済学者ベバリッジがまとめたもので、全国民に対し
　て**国民的最低限**(ナショナル=ミニマム)を保障することを社会
　保障の目的とすることを報告した。

□**7** ★★★ という言葉は、一般に社会保障政策を通じて
★★★ **国民に最低限の生活を保障する**とともに、**完全雇用の**
実現を政策目標にする国家体制を指している。

福祉国家(積極国
家)

　◆福祉国家政策の根本理念は、所得、健康、住宅、教育の最低基
　準を、あらゆる国民に対して社会権として保障することである。

□**8** 1980年代には、イギリスの ★★★ **首相**、アメリカの
★★★ ★★★ **大統領**などの政権が福祉**国家を見直す**新自由
主義(ネオ=リベラリズム)的な政策を実施し、法人税
減税や ★★★ を進めた。

サッチャー,
レーガン

規制緩和

□**9** 1990年代には、「第三の道」と呼ばれる政策を掲げた**イ**
★★★ **ギリス**のブレア**首相**、**ドイツ**のシュレーダー**首相**など
ヨーロッパの中道左派政権が、 ★★★ を進める一方
で、失業の増大に対しては ★★★ **訓練などの公的プ**
ログラムの充実を目指した。

規制緩和,
職業

□**10** 2010年、アメリカのオバマ政権は、全国民を対象とす
★★　る**医療保険制度**（**国民皆保険**、通称 ★★ ）の関連法
　　　案を成立させ、低所得者にも民間保険に入りやすい公
　　　的補助の制度づくりを行った。

オバマ=ケア

　　◆従来、アメリカでは公的医療保険制度として、連邦政府と州が
　　　資金を拠出する低所得者対象のメディケイドと、65歳以上の高
　　　齢者と障がい者を対象に連邦政府が運営するメディケアがある
　　　が、**生活自助の原則**から民間の保険を利用する者が多く、その
　　　社会保険料も高いため、全国民が対象の**医療保険がない**ことが
　　　懸案であった。しかし、続くトランプ政権は医療保険の加入義
　　　務というオバマ=ケアに反対し、制度の無効化を図ろうとした。
　　　2021年に発足したバイデン政権は、再び医療保険制度の拡充に
　　　取り組む姿勢を示した。

□**11** 福祉先進国である**スウェーデン**では、社会保障の財源
★★★　は ★★★ **負担が中心**で、被保険者本人の負担は極め
　　　て少ないが、その財源は**国民の** ★★★ である。

公費，
租税

□**12** **イギリス型社会保障**は、同額の保険料を支払って同額
★　の給付を受ける ★ の平等型制度である。

均一拠出・均一給付

　　◆ただし、**低所得者**にとっては負担が重く感じられる一方、**高所
　　　得者**にとっては給付が少ないと感じるという問題がある。

□**13** **フランスやイタリア**などの**大陸型社会保障**においては、
★　財源は ★ **負担が中心**であり、 ★ **別の社会
　　　保険制度**が作られている。

事業主，職業

　　◆所得比例型の拠出と給付を行うため給付に格差が生じやすい。

□**14** **日本やドイツ**などの**社会保障における財源負担**は本人、
★　事業主、公費の ★ 型である。

三者均等

□**15** 一般に、国民所得に占める「**租税＋社会保障負担金**」の
★★★　**割合**を ★★★ という。

国民負担率

5 日本の社会保障 (1)~特徴と課題

ANSWERS ☐☐☐

□**1** 日本の**公的扶助**の起源は、極貧者だけを対象とした
★　1874年の ★ という国家的救済制度である。

じゅっきゅう
恤救規則

　　◆以後、制度の拡充を図る議論が行われたが、当時は「怠け者が増
　　　える」など反対論が多かった。

IX
経済

5
日本の社会保障(1)〜特徴と課題

□2 憲法**第25条**は「すべて国民は、 ★★★ で文化的な ★★★ の生活を営む権利を有する」、続く2項で「国は、すべての生活部面について、社会福祉、社会保障及び公衆衛生の向上及び増進に努めなければならない」と定め、 ★★★ 国家の理念を明らかにしている。

健康,
最低限度

福祉(積極)

◆日本国憲法下において、社会保障を受けることは**国民の権利**である。しかし、具体的な社会保障の内容は、**国の裁量に任されている**と考えられ、憲法**第25条**は<u>プログラム規定</u>や法的権利説などで解釈され、<u>生存権の保障</u>は<u>生活保護法</u>、健康保険法、児童福祉法などによって具体化されている。

□3 日本の<u>社会保障</u>には、**保険料を支払った人を対象とする** ★★★ 、**社会的弱者を支援する** ★★★ 、<u>公的扶助</u>、<u>公衆衛生</u>の4つがある。

社会保険,社会福祉

□4 日本の社会保障には4つの柱となる制度(**社会福祉、公的扶助、社会保険、公衆衛生**)がある。その内容を説明した記述**A**~**D**の空欄にあてはまる制度をそれぞれ答えよ。

A ★★★ :生活困窮者に最低限の生活を保障するための制度で、費用はすべて<u>租税</u>によって賄われる無拠出制の<u>公助</u>のシステムである。

A 公的扶助

B ★★★ :児童や心身障害者などへ施設・サービスなどを提供する制度で、費用は主として<u>租税</u>によって賄われる無拠出制のシステムである。

B 社会福祉

C ★★★ :感染症などの予防接種や食品の安全性の管理など、国民の健康を維持するための制度で、費用はすべて<u>租税</u>によって賄われる無拠出制のシステムである。

C 公衆衛生

D ★★★ :高齢者に介護サービスを提供したり、失業時に所得を保障したりする制度で、費用は主として拠出金と<u>租税</u>によって賄われる危険分散型の<u>共助</u>のシステムである。

D 社会保険

□5 1947年に ★★ 法が制定され、日本の社会保険制度が整備され、その後に雇用福祉事業・能力開発を加え、74年に ★★ 法に改められた。

失業保険

雇用保険

□**6** ★★ ★★ は、失業などの際に給付が得られる保険制度
であり、国、★★ 、被保険者の三者が分担して資金
を拠出している。

雇用保険,
事業主

□**7** 国は雇用保険に加入するための雇用見込み期間を短縮
★ し、2010年から ★ ヶ月以上と改め、より多くの
非正規雇用者が雇用保険に加入できるようにした。

1

◆従来まで雇用保険に加入する資格の1つが「雇用が見込まれる期
間が1年以上」とされ、雇用契約期間の短い非正規雇用者は雇用
保険に加入しておらず、不況で失業した非正規雇用者が失業給
付を受給できなかったケースが少なくなかった。

□**8** 高度経済成長期の**1958年**に、自営業者などを対象に加
★★★ える ★★★ 法が制定 (**1959年**施行) され、**全国民が医
療保険に加入する**という ★★★ が始まった。

国民健康保険,
国民皆保険

◆1961年には、すべての市町村や特別区に国民健康保険の実施が
義務づけられたことで国民皆保険が実現した。

□**9** 高度経済成長期の**1959年**に、自営業者などを対象とす
★★★ る ★★★ 法が制定 (**1961年**施行) され、**全国民が老齢
年金に加入する**という ★★★ が確立した。

国民年金,
国民皆年金

□**10** 1985年には ★★★ 法が改正され、**20歳以上の全国
★★★ 民**が共通の ★★★ に加入し、**民間被用者**はさらに
★★★ 、**公務員**は当時の共済年金に加入するという
2階建ての年金制度となった。

国民年金,
基礎年金,
厚生年金

◆国民年金は20歳以上60歳未満の全国民 (学生も含む) が加入
し保険料を支払う義務があることから、一般に基礎年金と呼ば
れる。これに加えて、1991年より自営業者にも任意加入の2階
建て年金制度である国民年金基金が導入された。

□**11** **基礎年金**に**民間被用者**や**公務員**などの**妻も独自名義**で
★ **加入**することになったため、妻も独自の年金が受給可
能となり ★ 権が確立された。

婦人年金

□**12** ★★ 年金の導入当初は**年金制度の一元化**と呼ばれ
★★ たが、**20歳以上の全国民を加入**させるとともに、**国
からの** ★★ をこの部分に集中させることで**全国民
に公平な給付**を行うことが目指された。

基礎

補助金

◆国庫負担金は基礎年金財源の3分の1となっていたが、2009年
より2分の1に引き上げられた。

□ **13** 2015年10月に**被用者年金の一元化**が行われ、**公務員**
★★★ の ★★★ は、**民間被用者**が加入する ★★★ に統合
された。

共済年金, 厚生年金

□ **14** 現在、年金給付は原則 ★★★ 歳からとなっているが、
★★★ 支給開始年齢を本人の希望で遅らせることもできる。

65

　　◆年金受給資格は、保険料支払期間が25年以上とされていたが、現在は10年以上の者に与えられる。支払期間が短ければ年金受給はそれに応じて減額される。

□ **15** 高齢化が進行する中、年金受給者が増加しているため、
★★ **年金の** ★★ **者**や ★★ **者**が増加すると、年金制度自体が維持できなくなるおそれがある。

未加入, 未納
※順不同

□ **16** 年金積立金管理運用独立行政法人（ ★ ）とは、厚
★ 生年金と国民年金の積立金を管理・運用する、世界最大規模の年金ファンドである。

GPIF

　　◆2006年発足の厚生労働省所管の独立行政法人で、国民が支払った年金保険料を運用し、基金を増やしている。その運用資産は約160兆円である。2020年4月より国内株式25%、外国株式25%、国内債券25%、外国債券25%の割合で運用しているが、株式というリスク性資産の割合が高すぎるとの指摘もある。

□ **17** ★★ とは、会社が従業員の老後のために設ける任
★★ 意加入の私的年金で、会社が従業員に代わって運用する確定給付と、従業員自らが運用する確定拠出がある。

企業年金

　　◆企業年金と合わせて、現在の日本の年金制度は**3階建て**といわれる。1階部分の国民年金（基礎年金）、2階部分の厚生年金という公的年金の上に、任意に加入する個人型確定拠出年金（iDeCo、イデコ）などとともに企業年金が3階部分にあたる。**確定拠出年金**は、年金拠出者が拠出金を運用する年金コースを自ら選択し、その運用実績に応じて年金が付加給付されるもので、**日本版401K**と呼ばれる。将来の「備え」となる一方で、資産運用に失敗するなどのリスクが伴う。

□ **18** 1974年の ★★★ 法の制定により、失業者の生活保障
★★★ に加え、雇用改善事業などが行われることになった。

雇用保険

　　◆1947年制定の**失業保険法**が雇用保険法に発展した。

□ **19** 1983年の ★★★ 法の施行により、当時無料であった
★★★ **老人医療に一部自己負担が導入**された。

老人保健

□ **20** 日本の<u>医療保険</u>は、**自営業者が加入する** ★★★ 、民
★★★ 間被用者が加入する ★★★ 、公務員などが加入する
★★★ に分かれており、いずれも**医療費の本人負担
割合**は<u>原則</u> ★★★ 割となっている。

◆サラリーマンや公務員が加入する<u>健康保険</u>と<u>共済保険</u>における
医療費の**本人負担割合**は、当初の0割が、1984年より1割、97
年より2割、2003年より3割に引き上げられてきた。自営業者
が加入する<u>国民健康保険</u>は、もともと3割負担である。なお、公
務員などが加入する<u>共済組合</u>の短期部門が医療保険、長期部門
が年金保険となっていたが、現在、<u>共済年金</u>は厚生年金に一元
化されている。

国民健康保険,
健康保険,
共済保険,
3

□ **21** 民間被用者が**業務上で傷病に至った場合の社会保険制**
★★ **度として** ★★ があるが、その**保険料**は ★★ の
みが負担することになっている。

◆<u>労働者災害補償保険（労災保険）</u>は職務との因果関係が認定され
れば適用されることがある。近年の事例では、<u>アスベスト（石
綿）</u>の被害について<u>労災</u>適用が認定されている。

労働者災害補償保
険（労災保険）,事
業主（雇い主、雇
用主、使用者）

□ **22** ★★★ は、生活困窮者に対して ★★★ の生活を保
★★★ 障する制度であり、公費によって賄われる。

公的扶助, 最低限
度

□ **23** **公的扶助**は、1950年制定の ★★ 法に基づいて<u>生活</u>、
★★ <u>医療</u>、教育、住宅、出産、生業、葬祭と ★★ の8
つの扶助が認められている。

生活保護,
介護

□ **24** 下のグラフで示す生活保護給付費の割合について、空
★★ 欄 **A** 〜 **C** にあてはまる語句を答えよ。

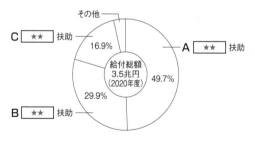

その他

C ★★ 扶助 16.9%

A ★★ 扶助

給付総額
3.5兆円
（2020年度）

49.7%

29.9%

B ★★ 扶助

A 医療

B 生活
C 住宅

□**25** 生活保護の中では医療扶助と ★★ 扶助が多いが、
★★ 生活保護の支給には**資力調査(ミーンズ・テスト)**を行
い、資産があればそれをまず用いる ★★ の原理が
採用され、 ★★ の原則に則り、世帯構成員の所得合
計が生活保護基準額に足りない分を扶助する。

生活

補足性,
基準及び程度

◆2008年頃より、都市部を中心に、生活保護基準が最低賃金で働
いた場合の収入よりも高くなるという逆転現象が問題とされ、
数年にわたって最低賃金が大幅に引き上げられた。

□**26** ★★ とは、経済・社会の進展とともに希薄化した
★★ **相互扶助を補うための仕組み**のことで、生活者の不安
を和らげ安心や安全を確保するものである。

セーフティネット

◆例えば、失業者に職業を紹介し所得を保障する取り組みはセー
フティネットの1つであり、**積極的労働市場政策**となる。

□**27** 生活保護法は生活、教育、住宅などに関する**8種類の**
★★★ **扶助**を定め、**憲法第25条**に規定されている国民の
★★★ **権**を具体化する重要な社会保障法の1つであ
り、日本における**最後の** ★★★ として機能すること
が期待されている。

生存,
セーフティネット

◆2023年12月時点の生活保護受給者数は約202万人、約165
万世帯となっている。**格差社会と少子高齢化**が進む中で、特に
高齢者、単身世帯の受給者が増えている。

□**28** 生活保護の給付をめぐる ★★★ **訴訟**に関して、1967
★★★ 年の最高裁判決では憲法**第25条**の解釈として ★★★
説の考え方が採用された。

朝日,
プログラム規定

◆プログラム規定説とは、国に対して憲法第25条の定める生存権
の保障を努力**目標として定めたもの**であり、国民が裁判を通じ
て直接、具体的な救済を請求できる権利として規定されたもの
ではないとする説である。

□**29** 2013年に制定された ★ **法**は、生活保護に至って
★ いない**生活困窮者**に対する「**第2の**セーフティネット」
として位置づけられている。

生活困窮者自立支
援

◆生活保護に至る前の自立支援を目的に、個人に合わせた支援プ
ランを作成し、支援を行う窓口体制が整備された。

□**30** 格差の拡大に対し、**政府が全国民に無条件で一定額の**
★ **最低所得を保障する** ★ の導入が唱えられている。

ベーシック=イン
カム(基礎所得保
障)

◆もともとは**トマス=ペイン**が『農民の正義』(1797年刊)で提唱し
た考え方で、18世紀末からヨーロッパで議論されている。「基
本所得」ともいう。国が国民すべてに**無条件で生活に最低限必要
となる現金を支給する**政策である。

□ **31**
★★★
次のグラフは、日本の**国庫支出金**に占める各費目のうち、「**義務教育**」「**生活保護**」「**公共事業**」の金額の変化を示したものである。グラフ中の空欄**A**～**C**にあてはまる費目をそれぞれ答えよ。

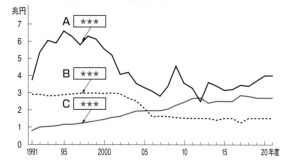

A　公共事業

B　義務教育

C　生活保護

□ **32**
★★
高齢者、母子家庭、障がい者など ★★ のある者に**各種サービスを公費で提供**することを ★★ という。

ハンディキャップ,
社会福祉

□ **33**
★
福祉六法とは ★ 法、身体障害者福祉法、知的障害者福祉法、老人福祉法、 ★ 法、生活保護法である。

児童福祉,
母子及び父子並びに寡婦福祉
※順不同

　◆**福祉事務所**は、社会福祉法に基づき都道府県や市などに設置され、生活保護など**福祉六法**の定める保護を行う行政機関である。

□ **34**
★★
日本の社会保障は、社会 ★★ が偏重されており、社会 ★★ が立ち遅れている。

保険,
福祉

□ **35**
★
★ とは、安全に食べられるのに包装の破損や印字ミス、過剰在庫などの理由で流通させることができない食品を企業などから寄贈され、必要としている福祉施設や団体、困窮世帯などに無償で提供する NPOを中心とした活動のことである。

フードバンク

　◆フードバンクは、困窮者への支援活動であるとともに、近年の食品の原材料価格の高騰の中で、コスト削減を通じて価格高騰の抑制につながる取り組みといえる。なお、フードバンクなどから提供された食品を配布する場所・活動を**フードパントリー**という。ホームレスなど生活困窮者の自立を支援する企業として「**ビッグイシュー**」などの活動も注目されている。

□ **36**
★
医療や食品の管理、上下水道の整備、廃棄物の処理など、国民の健康増進、疾病予防、**生活の質**（QOL）を向上させるための社会保障は ★ であり、その費用のすべては ★ で賄われる。

公衆衛生,
公費（租税）

□**37** **感染症対策**は、社会保障の内の公衆衛生に属するが、
★ 1994年の**保健所法改正**で制定された ★ 法に基づ
き、保健所や地域保健センターが中心となり業務を行う。

地域保健

□**38** 医療、看護、福祉、公衆衛生、交通や通信、物流やエ
★ ネルギーなど、社会で必要不可欠とされる労働に従事
する者を総称して ★ という。

エッセンシャル=
ワーカー

　◆エッセンシャルとは「**不可欠な**」という意味。新型コロナウイル
　ス感染症（COVID-19）の感染者が急増し、治療や看護にあたる
　医療現場の「崩壊」が懸念された中、社会を支える労働者の重要
　性がますます高まっている。一方で、その労働に見合う待遇に
　は職種によって差があり、その是正が求められている。

□**39** ★ とは、本来大人が担うとされる家事全般や、病
★ 気や障がいなどのある家族らの**世話や介護、サポート
などを日常的に行う18歳未満の子ども**のことを指し、
その重い負担と困難な状況に対する公的な支援の必要
性が指摘されている。

ヤングケアラー
（若年介護者）

□**40** 民法第7条に規定されている「 ★ 」の制度は、認
★ 知症や知的障がいなどにより判断能力が不十分な状態
である人を保護・支援するためのもので、この制度を
利用して裁判所により「 ★ 」を選任してもらうこ
とができる。

後見

成年後見人

　◆例えば、本人または成年後見人は、本人が行った不利益な契約
　などを後から取り消すことができる。なお、成年後見制度には、
　判断能力の程度に応じて「後見」「保佐」「補助」の3つの類型が
　ある。

□**41** 高度経済成長後、「**成長より ★★★** 」のスローガンの
★★★ 下、**老人医療費**の無料化や年金への ★★★ 制導入な
どが行われた**1973年**は ★★★ と呼ばれる。

福祉,
物価スライド,
福祉元年

□**42** 近年は、**高齢者などが不便なく利用できる** ★★★ の
★★★ 設備が整備され、**誰にでも使いやすい** ★★★ に配慮
した商品が実用化されている。

バリアフリー,
ユニバーサルデザ
イン

□**43** 2006年、公共施設において**高齢者や障がい者などに配
★★ 慮した建設や意匠を義務づけた** ★★ **法と公共交通
機関にも同様の義務づけを行う** ★★ **法**が統合され、
★★ **法**となった。

ハートビル,
交通バリアフリー,
バリアフリー新

　◆バリアフリー新法とは、「高齢者・障害者等の移動等の円滑化の
　促進に関する法律」の通称である。

□**44** **★** **★** とは、**バリアフリーの拡充**などによって、高齢や障がいなどの有無にかかわらず、誰もが気兼ねなく旅行できることを意味する。

◆2012年、政府はユニバーサルツーリズムに取り組む旅行業者の拡大を促す「観光立国推進基本計画」を策定し、その取り組みに力を入れている。

ユニバーサルツーリズム

□**45** **★★★** **高齢者**や**障がい者**を施設や制度で隔離し保護する形を改め、他の人々と**共生して日常生活を送ることができるよう生活の諸条件を整える**考え方を **★★★** と呼ぶ。

◆ボランティア活動を通じて高齢者や障がい者と触れ合うことも、高齢者や障がい者から見れば、**ともに生きること**（共生）を意味する点でノーマライゼーションの具体的方法といえる。このように社会から隔離したり排除したりするのではなく、社会の中でともに支え、助け合いながら生きていこうとする考え方をソーシャルインクルージョン（**社会的包容力、社会的包摂**）という。

ノーマライゼーション

□**46** **★★** 高齢者福祉政策について、かつては **★★** 福祉が中心であったが、現在は **★★** 福祉が重視されている。

施設,
在宅

□**47** **★** 2011年に障害者基本法が改正され、障がい者に対する **★** 規定を追加するとともに、国・地方に障がい者の自立と **★** の支援などのための施策を総合的かつ計画的に実施する責務を課した。

◆障害者基本法の制定により、国や地方公共団体には障がい者の自立や社会参加支援、優先雇用の施策が、国民には差別禁止、共生社会を作る努力義務が課されている。

差別禁止,
社会参加

□**48** **★★** 障がい者の自立を支援する **★★** 法は、**小泉内閣**下の2005年に制定、06年に施行されたが、障がい者によるサービス費用の **★★** 割を一律本人負担としたことから重い障がいを持つ者ほど重い負担金額を支払うという **★★** 性が生じることから、**12年に ★★** 法と改称された。

障害者自立支援

1

逆進, 障害者総合支援

□**49** **★★** 2006年に採択された障害者権利条約の批准に向け、障がいを理由とする差別の解消を目指す **★★** 法が13年に成立、16年に施行された。

◆ノーマライゼーションの考え方に基づき、障がい者に「**合理的配慮**」を行うことなどを通じて**共生社会の実現**を目指している。障害者差別解消法の改正により、2024年4月から障がいのある人への合理的配慮の提供が企業や店舗などの事業者に義務づけられた。

障害者差別解消

□ **50** 1960年制定の ★★★ 法は、公的機関や民間企業など
★★★ に**法定雇用率**（最低2.3%）以上の障がい者を雇用する
義務を課す。

◆また、従業員43.5人以上を雇用している事業主は、障がい者を
1人以上を雇用することが義務づけられている。しかし、現実
には法定雇用率を満たさない場合に支払われなければならない
納付金が障がい者雇用の代わりとなってしまい、**法定雇用率に
達していない**場合が多い。

障害者雇用促進
（身体障害者雇用
促進）

□ **51** 日本の社会保障給付費について、次のグラフは「**医療**」
★★★ 「**年金**」「**福祉その他**」の部門別推移を表している。空欄
A ～ C にあてはまるものをそれぞれ答えよ。

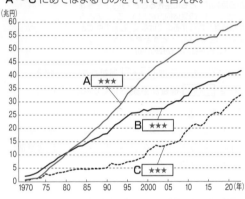

A　年金

B　医療

C　福祉その他

◆2023年度予算の社会保障給付費は、3つの部門で約134兆円に
達している。高齢化が加速する中で、部門別に見ると A の「年
金」の給付割合が約45%と最も大きく、B の「医療」も高齢者
医療によって増加傾向にある。

□**52** 次のグラフは、日本の経済や労働・社会保障に関する
★★★ 統計をそれぞれ示している。空欄**A**～**D**にあてはまる
語句を下の語群からそれぞれ番号で答えよ。

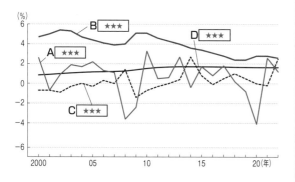

A ①
B ③

C ②
D ④

【語群】①実質経済成長率（年度データ）
②消費者物価変化率（2020年を基準にした消費
者物価指数の変化率）
③完全失業率（年データ）
④生活保護率（1万人あたりの生活保護を受け
ている人の割合。年平均）

◆**A**の①実質経済成長率がマイナスやそれに近づいた時期は、08
年のリーマン゠ショック、11年の東日本大震災、14年の消費税
増税（5→8％）、20年のコロナ゠ショックなどがある。景気の
悪化と停滞は、**B**の③完全失業率の上昇につながる。**C**の②消
費者物価変化率は、第二次安倍政権によるデフレ脱却を目指し
た経済政策「アベノミクス」以降、上昇傾向を示し、近年の物価
高も影響している。「アベノミクス景気」で**A**と**C**は上昇に転じ
るも、**D**の④生活保護率は横ばいであることから、生活の困窮
化がうかがえる（**格差社会**）。

6 日本の社会保障 (2)〜少子高齢化対策

ANSWERS □□□

□**1** 総人口に占める65歳以上人口の割合（高齢化率、老年
★★★ 人口比率）が7%超の社会を ★★★ 、同じく14%超
を ★★★ という。

高齢化社会，
高齢社会

◆日本は1970年に7%、94年に14%、2007年には超高齢社会の
指標となる21%を超えた。21年には老年人口比率が29%を
超え、ハイスピードで高齢化が進んでいる。

☐2 日本の**高齢化率**（老年人口比率）は、23年9月時点で
★★★ ┃ ★★★ ┃%を記録し、**世界第1位の超高齢社会**が進行
している。

　　29.1

　◆2023年9月時点で、65歳以上の人口は総人口の29.1%（約
　　3,623万人）と過去最多を更新した。

☐3 日本は、65歳以上の高齢者の人口割合について、**2030**
★★★ **年に** ┃ ★★★ ┃**%を超え、70年には** ┃ ★★★ ┃**%近くに達**
すると予測されている。

　　30, 40

　◆『令和5年度高齢社会白書』によると、2070年に老年人口比率は
　　38.7%に達し、日本の総人口は8,700万人に減少するとされ
　　る。

☐4 75歳以上の高齢者は ┃ ★★★ ┃と呼ばれ、2023年9月
★★★ 時点で全人口の16.1%（2,005万人）となっている。

　　後期高齢者

☐5 日本の**平均寿命**は、2023年時点で**男性** ┃ ★★ ┃ **歳台、女**
★★ **性が** ┃ ★★ ┃ **歳台**である。

　　81,
　　87

　◆男性81.09歳、女性87.14歳で、女性は世界第1位、男性は世界
　　第5位となる平均寿命である。

☐6 **1人の女性が生涯のうちに出産する子どもの平均人数**
★★★ を ┃ ★★★ ┃といい、日本では**2005年に** ┃ ★★★ ┃と最低
を記録した後、わずかに上昇に転じて15年に1.45と
なったが、以後は下がり続け、22年は1.26に、23
年は1.20と過去最低を更新した。

　　合計特殊出生率
　　(TFR),
　　1.26

　◆生まれた子どもの数である出生者数も、23年は72万人程度に
　　減少している。

☐7 日本は、**2004年をピークに**人口が ┃ ★★★ ┃に転じ、少
★★★ 産少死型から少産多死型の人口動態を示している。

　　減少

　◆2023年9月1日時点の人口推計で、外国人を含む日本の総人口
　　は前年同月比62万人減の1億2,435万人となり、**人口減少社**
　　会が進んでいる。

☐8 「 ┃ ★★ ┃ **年問題**」とは、**急速な少子高齢化**によって、
★★ この頃に65歳以上の高齢者の割合が約 ┃ ★★ ┃ %に
達することで、現役世代の ┃ ★★ ┃ 人程度で高齢者1
人を支え、年金、医療、介護の負担が極めて大きくな
る時代の到来を指す。

　　2040,
　　35,
　　1.5

　◆少子高齢化の影響は、**都市部よりも地方において顕著**である。高
　　齢かつ単身の世帯が増える中で、特に高齢化率の高い地方の高
　　齢者の生活支援が課題となる。例えば、移動手段が限られるこ
　　とから「買い物難民」になる単身高齢者の増加が予測される。

□**9** 次の図は、日本、アメリカ、イギリス、スウェーデン、
★★　ドイツ、フランスの**国民負担率**と**高齢化率**（2020年）を
　　示したものである。図中の空欄**A**〜**C**にあてはまる国
　　名を答えよ。

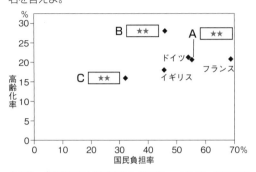

A　スウェーデン
B　日本

C　アメリカ

◆世界一の福祉国家と呼ばれた**A**のスウェーデンは、かつては
　70%を超える**高負担**の国であったが、近年は経済停滞で国民負
　担率を引き下げており、フランスの方が高い。空欄の3ヶ国で
　は**C**のアメリカ、**B**の日本が低いが、アメリカは生活自助、経
　済成長重視の考え方が強く、可処分所得を減らさないために国
　民負担率が著しく低い。日本は45%前後と他国と比べて低負担
　ではあるものの、**急速な**少子高齢化**のために増加が予想**される。

□**10** 次の図は、2021年の**合計特殊出生率**と30〜34歳の
★★★　**女性の労働力率**を示したものである。空欄**A**〜**D**には、
　　韓国、スウェーデン、日本、フランスのいずれかがあ
　　てはまる。それぞれの国名を答えよ。

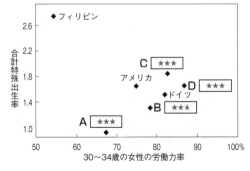

A　韓国
B　日本
C　フランス
D　スウェーデン

◆ **A**の韓国の合計特殊出生率は**B**の日本よりも低く、2022年の
　0.78は OECD 加盟国中で最下位となっている。北欧の**D**ス
　ウェーデンは女性の社会進出が進んでおり、女性の労働力率が
　かなり高い。

IX
経済

6
日本の社会保障(2)〜少子高齢化対策

433

□11 次のグラフは主要国における高齢化率について、高齢
★★★ 化社会となる7%から、高齢社会となる14%に到達
する時期と期間を表している（推定を含む）。空欄A～
Dにはイギリス、韓国、スウェーデン、日本のいずれ
かがあてはまる。それぞれの国名を答えよ。

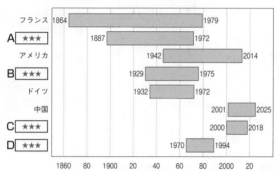

A　スウェーデン

B　イギリス

C　韓国

D　日本

◆経済成長が著しい国ほど、高齢化のスピードが速くなる傾向に
ある。Cの韓国は、Dの日本以上の速さで高齢化し、中国も同
じように急速な高齢化が進んでいくことが予想される。

□12 老人医療費は1973年以来、　★★　法に基づき　★★　
★★ 化されてきたが、現在は**一部自己負担制**になっている。

老人福祉，無料

□13 1983年に老人の医療費自己負担制を開始した　★★　
★★ 法が、2002年に改正され、**定額負担制**から**原則1割負
担**の　★★　制に改められた。

老人保健

定率負担

◆定額負担制とは、月あたり**上限○○○円負担**とするもの。定率負
担制はかかった**医療費の一定割合**を本人が自己負担するもの。
高額医療を受ける患者にとって、定率負担制は自己負担金が多
くなる。なお、**現役なみの所得がある高齢者**は2002年改正で**2
割負担**、06年改正で**3割負担**、14年4月から70歳以上75歳
未満の自己負担割合は現役なみ所得者が**3割負担**、その他は**2
割負担**となった。

□14 2008年4月には、　★★　歳以上の者を対象とする医
★★ 療保険制度が分離されて　★★　が開始した。

75,

後期高齢者医療制
度

◆75歳以上の後期高齢者の**医療費自己負担**は導入当初1割であっ
たが、現在は所得に応じて**1～3割負担**となっている。

□**15** 1997年に高齢者の介護を社会全体で支え合う制度について定めた ★★★ 法が制定され、2000年には**老人性の要介護**状態に至った場合に備えた**社会保険**である ★★★ 制度が導入された。

介護保険

介護保険

◆ドイツの制度をモデルに、これまでの家族から地域や社会という外部へと介護が開かれる制度である。ゆえに、家族の介護に対して金銭的対価が支給されることではなく、介護サービスが給付される。しかし、現実には介護レベルに応じた自己負担金が発生する。

□**16** 日本の介護保険制度は、満 ★★ 歳以上の全国民から保険料を徴収することになっており、保険の**運営主体**は ★★ である。

40

市区町村

◆介護保険の財源には、満40歳以上の全国民から徴収する**保険料**とともに**租税**、利用者から徴収する原則1割（所得に応じて1～3割）の**負担料**があてられる。

□**17** 日本の**介護保険**の財源は、50%が**被保険者**の介護保険料、50%が ★★ となっており、後者を国と地方が折半で負担している。

公費

◆**被保険者**50%、公費50%（内訳としては国が25%、都道府県が12.5%、市区町村が12.5%）。

□**18** 介護サービスの利用は、 ★★★ 認定を前提とし、導入当初は費用の ★★★ 割、2023年現在は所得に応じて1割から ★★★ 割が利用者負担である。

要介護,
1,
3

◆2014年、**医療介護総合確保推進法**が成立し、15年から被介護者の本人自己負担率が引き上げられ一定所得（年金収入であれば合計年280万円）以上の者は**2割負担**とされた。さらに18年からは「340万円以上、**3割負担**」とする法改正が行われた。

□**19** 2005年の ★★★ 法**改正**によって、介護施設における居住費用や食費は**全額** ★★★ 負担となった。

介護保険,
自己

◆また、介護に関して被介護者のケアから要介護にならない予防的観点へと重点が置かれるようになった。

□**20** 日本の介護保険は、介護サービスの形態を**導入当初**は要 ★★ レベルと要 ★★ 5レベルの**6段階**に、2005年改正で要 ★★ 1・2レベルと要 ★★ 5レベルの**7段階**に区分したが、その認定はケアマネジャーなどによる一次判定の後、 ★★ が行う。

支援, 介護,
支援, 介護

介護認定審査会

◆認定に対する**不服申立て**は介護保険審査会に行うことができる。

□**21** 介護保険法が定める被保険者は、要介護となる際に介
★　護サービスの提供を受ける対象者となる第 ★ 号
　　保険者と、特定の病気にかかった場合に限り対象者と
　　なる第 ★ 号保険者があり、それぞれの開始年齢
　　は、前者が65歳、後者が ★ 歳である。

1

2,
40

□**22** 公的年金制度は世代間の ★★ によって支えられて
★★　おり、保険料を支払う人と年金を受け取る人のバラン
　　スが崩れて公的年金の財政を圧迫し、年金財源が事実
　　上破綻している現在、 ★★ と ★★ の適正化を
　　図るために、**年金の給付開始年齢を遅らせる措置や給
　　付額を削減**するなどの制度の見直しが行われている。

連帯

給付, 負担
※順不同

　◆2020年、**年金制度改正法**が成立し、22年4月より公的年金受
　　給開始年齢を本人の意思により75歳まで繰り下げることが可
　　能となった。その場合、年金給付額は増額されることになる。

□**23** 現役労働者世帯の年金負担軽減のためには ★★★ の
★★★　給付と ★★★ の適正化を図る必要性から、2004年の
　　年金改革関連法改正で、17年まで年金**保険料の段階
　　的** ★★★ 、年金**給付額の段階的** ★★★ が決定した。

年金,
負担

引き上げ, 引き下げ

□**24** 老齢年金には**自ら支払った保険料が年金として給付さ
★★　れる** ★★ 方式と、**現役労働者が支払った保険料で
　　現在の老人年金を支給する** ★★ 方式がある。

積立,
賦課

□**25** 年金の ★★ 方式とは、高齢者世代に支給する年金
★★　を、その世代が**過去に支払った保険料とその** ★★ 益
　　で賄う方式であり、保険給付の原資が ★★ 変動の
　　影響を受けやすいという問題がある。

積立,
運用,
物価

　◆積立方式は、実質的には国による強制積立預金であるから、イ
　　ンフレ(物価上昇)が発生すると通貨の購買力(実質価値)が低
　　下してしまう。すなわち、インフレ抵抗力がないのが欠点とい
　　える。また、世代間の所得再分配が果たされず、社会保障の理
　　想型とはいえない。

□**26** 年金の ★★ 方式とは、高齢者世代に支給する年金
★★　を、**現役世代が支払った保険料で賄う方式**だが、保険
　　給付の原資が少子高齢化など ★★ の変化に影響さ
　　れ、**現役労働世代の負担が重くなる**問題がある。

賦課

人口構造

　◆賦課方式は、世代間の所得再分配が行われる点で社会保障の理
　　想型といえる。インフレが発生した場合も、賃金が上がるので年
　　金保険料を値上げすれば、年金給付額を増やすことができ、イ
　　ンフレ抵抗力があるという利点がある。

□27 現在の日本の年金制度では、年金財源の調達方式とし
★★★ て、**自らの年金保険料に公費を付加して給付する**とい
う ★★★ 方式を採用している。

◆従来、日本の年金財源の調達方式は<u>修正積立方式</u>と呼ばれてき
たが、2009年から国民（基礎）年金への国庫負担の割合が<u>3分の</u>
<u>1から2分の1</u>に引き上げられ<u>修正賦課方式</u>と呼ばれている。

修正賦課

□28 2015年、公的年金の給付水準を経済情勢や人口減少や
★ 平均余命などの人口動態を勘案して**自動的に調整**す
る ★ が初めて適用された。

マクロ経済スライド

□29 国民年金保険の**未加入者と未納者**が、加入対象者の約
★★ <u>4割</u>を占めていることから、<u>保険料</u>**負担中心方式を税**
負担中心方式にする代わりに、**国民（基礎）年金の国庫**
負担の割合が3分の1から ★★ **に引き上げられた。**

◆<u>消費税率の引き上げ</u>を条件に、基礎年金の財源に投入される**国**
庫負担割合の引き上げが公約化された。

2分の1

□30 ★★★ **化**などによって一人暮らしの高齢者が増加す
★★★ る中、現在の ★★★ 省は1989年、特別養護老人ホー
ムなどの施設整備やホームヘルパー養成による在宅看
護や在宅介護の推進を掲げた ★★★ を策定した。

◆正式には「**高齢者保健福祉推進10ヵ年戦略**」と呼ばれる。

核家族,
厚生労働

ゴールドプラン

□31 <u>ゴールドプラン</u>は、急速に進む<u>高齢化</u>に対応するため、
★★ 1994年には<u>ゴールドプラン</u>を全面的に改定した ★★
に、99年には ★★ に発展し、介護サービスの基
盤整備と生活支援対策の充実が図られた。

新ゴールドプラン,
ゴールドプラン21

□32 1994年に政府が策定した保育所の量的拡大などの**子育**
★★★ **て支援に関する一連の施策**を ★★★ と呼び、**99年**
には ★★★ に発展した。

エンゼルプラン,
新エンゼルプラン

□33 2003年に<u>少子化社会対策関連法</u>として、育児休暇取得
★★ 率を高めるなど雇用環境の整備について具体的な行動
計画の策定を国および地方公共団体と企業に求める
★★ **法**、<u>内閣府</u>に**少子化社会対策会議**を設置する
★★ **法**などが制定された。

次世代育成支援対
策推進,
少子化社会対策基本

□34 少子化対策の一環として、|　★★　| の施設の充実や認　　保育所,
★★ 可保育所の定員拡大を図り、|　★★　| の問題を解消す　　待機児童
ることが目指されている。

　◆2023年9月、こども家庭庁は待機児童が同年4月1日時点で
　2,680人と発表した。1994年の調査開始以降最少で、保育所の
　整備が進んだことや小学校就学前の子どもの数が減ったことが
　要因と見られる。保育現場での事故や負担などを軽減する配置
　基準の改善（保育士の増員）などの質的向上が今後の課題とな
　る。なお、待機児童の約6割が、首都圏や近畿圏、その他政令
　市などの都市部に集中している。

□35 |　★　| は、都道府県知事の認定を受けて**就学前の子**　　認定こども園
★ どもに幼児教育と保育の両方を提供し、地域の子育て
支援事業を行う施設である。

　◆認可幼稚園と認可保育所が連携する「**幼保連携型**」、認可幼稚園
　が保育所的機能を兼ね備える「**幼稚園型**」、認可保育所が幼稚園
　的機能を兼ね備える「**保育所型**」、認可外施設が認定こども園と
　して運用される「**地方裁量型**」など地域の実状に応じたタイプが
　認められている。なお、保育所と認定こども園の所管官庁は、
　2023年4月発足のこども家庭庁に移管された。

□36 育児・介護休業法によって、介護を必要とする家族を
★★★ 持つ労働者に対して、介護休業および勤務時間の短縮
が保障される期間は |　★★★　| と定められている。　　93日

　◆介護休業法施行当初は**3ヶ月**となっていたが現在は93日であ
　る。一方、育児休暇は育児休業法施行当初は満1歳までとなっ
　ていたが、現在は保育所へ入所できない場合は**最長満2歳**まで
　となっている。

□37 **少子化対策**の施策として、2006年の |　★★　| 法改正で、　児童手当,
★★ 第一子・第二子は月額5,000円が3歳以降 |　★★　| 修了　小学校
前まで支給されることになっていた。

　◆児童手当法は、1971年の制定当初は5歳未満の第三子から月額
　3,000円支給とされていたが、順次拡大されてきた。

□38 2009年成立の民主党政権下で児童手当が中学生まで支
★ 給されることに伴い、|　★　| に改称されたが、後の自　　子ども手当
民党政権下で元の名称に戻された。

　◆子ども手当では、所得に関係なく**子ども1人あたり原則13,000**
　円が支給されたが、元の児童手当への改称とともに所得制限も
　復活した。2012年以降、児童1人あたりの支給額は、月額で3
　歳未満が15,000円、3歳～小学校修了前が10,000円（第三子以降
　は15,000円）、中学生が10,000円で、児童の養育者の所得が所得
　制限限度額以上、所得上限限度額未満の場合は、特例給付とし
　て月額一律5,000円が支給されている。

□39 2009年に成立した民主党政権下で**国公立の高等学校の授業料の** ★★ **化**が実施され、私立についても補助金が支給されることになった。

無償

□40 2019年に成立した**改正子ども・子育て支援法**により、同年10月の ★★ **率の引き上げ分**を財源として、3〜5歳までの子どもに関する幼稚園、保育所、認定こども園などの**利用料を** ★★ **化**した。

消費税

無償

◆2019年10月の消費税率10%への引き上げに伴って、**全世代型社会保障**を実現するため、3〜5歳までのすべての子どもと住民税非課税世帯の0〜2歳児の幼稚園、保育園、認定こども園などの利用料をはじめとした幼児教育、保育の無償化が開始された。20年4月からは、住民税非課税世帯の学生などを対象に**高等教育（大学など）の**無償化も始まった。

□41 2023年4月、**子ども政策の"司令塔"**と位置づけられる ★★ が発足し、厚生労働省と内閣府に分かれていた子育て支援や虐待対策などを一元的に担う。

こども家庭庁

◆こども家庭庁には、内閣府から少子化対策や子どもの貧困対策などの事務が移され、厚労省からは保育や虐待防止などの業務が移管される。教育分野は文部科学省が引き続き所管し、幼稚園と保育所の制度を統合する「**幼保一元化**」は導入が見送られた。

□42 2022年6月、こども家庭庁設置関連法とともに、子どもの権利の保障を明記した ★★ 法が成立した。

こども基本

□43 **岸田文雄**内閣は、**次元の異なる少子化対策（異次元の少子化対策）**を提唱し、 ★★ の**倍増・延長**を行い、世帯の ★★ も撤廃する方針を示した。

児童手当,
所得制限

◆児童手当は、中学生までの支給を高校生相当の18歳まで原則毎月10,000円、第三子以降30,000円の支給とした。その財源は当面「**子ども特例債**」で調達し、本格的な議論は先送りされた。

□44 2026年度からの制度開始に向け、こども家庭庁は少子化対策の財源として公的医療保険の医療保険料に上乗せし、国民1人当たり平均450円を徴収するという ★ の負担額を試算した。

子ども・子育て支援金

◆子ども・子育て支援金制度は2026年度から始まり、初年度は6,000億円、27年度は8,000億円、28年度以降は1兆円規模で徴収されることが予定されている。この制度をはじめ、児童手当の拡充や育児休業給付などの少子化対策を盛り込んだ改正子ども・子育て支援法が24年に成立した。

●2025年度「大学入学共通テスト」実施日：2025年1月18・19日

教科	グループ	出題科目	出題方法 （出題範囲、出題科目選択の方法等）	試験時間（配点）
国語		『国語』	・『現代の国語』及び『言語文化』を出題範囲とし、近代以降の文章から古典（古文、漢文）を出題する。	90分（200点） ※1
地理歴史 公民		『地理総合、地理探究』 『歴史総合、日本史探究』→(b) 『歴史総合、世界史探究』 『公共、倫理』 『公共、政治・経済』 『地理総合、歴史総合、公共』 →(a) (a)：必履修科目を組み合わせた出題科目 (b)：必履修科目と選択科目を組み合わせた出題科目	・左記出題科目の6科目のうちから最大2科目を選択し、解答する。 ・(a)の『地理総合、歴史総合、公共』は、「地理総合」、「歴史総合」及び「公共」の3つを出題範囲とし、そのうち2つを選択解答する（配点は各50点）。 ・2科目を選択する場合、以下の組合せを選択することはできない。 <u>(b)のうちから2科目を選択する場合</u> 『公共、倫理』と『公共、政治・経済』の組合せを選択することはできない。 <u>(b)のうちから1科目及び(a)を選択する場合</u> (b)については、(a)で選択解答するものと同一名称を含む科目を選択することはできない。※2 ・受験する科目数は出願時に申し出ること。	1科目選択 60分（100点） 2科目選択 130分 ※3 （うち解答時間120分） （200点）
数学	①	『数学Ⅰ、数学A』 『数学Ⅰ』	・左記出題科目の2科目のうちから1科目を選択し、解答する。 ・『数学A』については、図形の性質、場合の数と確率の2項目に対応した出題とし、全てを解答する。	70分（100点）
	②	『数学Ⅱ、数学B、数学C』	・『数学B』及び『数学C』については、数列（数学B）、統計的な推測（数学B）、ベクトル（数学C）及び平面上の曲線と複素数平面（数学C）の4項目に対応した出題とし、4項目のうち3項目の内容の問題を選択解答する。	70分（100点）
理科		『物理基礎、化学基礎、生物基礎、地学基礎』 『物理』 『化学』 『生物』 『地学』	・左記出題科目の5科目のうちから最大2科目を選択し、解答する。 ・『物理基礎、化学基礎、生物基礎、地学基礎』は、「物理基礎」、「化学基礎」、「生物基礎」及び「地学基礎」の4つを出題範囲とし、そのうち2つを選択解答する（配点は各50点）。 ・受験する科目数は出願時に申し出ること。	1科目選択 60分（100点） 2科目選択 130分 ※3 （うち解答時間120分） （200点）
外国語		『英語』 『ドイツ語』 『フランス語』 『中国語』 『韓国語』	・左記出題科目の5科目のうちから1科目を選択し、解答する。 ・『英語』は『英語コミュニケーションⅠ』、『英語コミュニケーションⅡ』及び『論理・表現Ⅰ』を出題範囲とし、【リーディング】及び【リスニング】を出題する。受験者は、原則としてその両方を受験する。その他の科目については、『英語』に準ずる出題範囲とし、【筆記】を出題する。 ・科目選択に当たり、『ドイツ語』、『フランス語』、『中国語』及び『韓国語』の問題冊子の配付を希望する場合は、出願時に申し出ること。	『英語』 【リーディング】 80分（100点） 【リスニング】 60分 ※4 （うち解答時間30分） （100点） 『ドイツ語』『フランス語』 『中国語』『韓国語』 【筆記】 80分（200点）
情報		『情報Ⅰ』		60分（100点）

※1 『国語』の分野別の大問数及び配点は、近代以降の文章が3問110点、古典が2問90点（古文・漢文各45点）とする。
※2 地理歴史及び公民で2科目を選択する受験者が、(b)のうちから1科目及び(a)を選択する場合において、選択可能な組合せは以下のとおり。
　　・(b)のうちから『地理総合、地理探究』を選択する場合、(a)では「歴史総合」及び「公共」の組合せ
　　・(b)のうちから『歴史総合、日本史探究』又は『歴史総合、世界史探究』を選択する場合、(a)では「地理総合」及び「公共」の組合せ
　　・(b)のうちから『公共、倫理』又は『公共、政治・経済』を選択する場合、(a)では「地理総合」及び「歴史総合」の組合せ
※3 地理歴史及び公民並びに理科の試験時間において2科目を選択する場合は、解答順に第1解答科目及び第2解答科目に区分し各60分間で解答を行うが、第1解答科目及び第2解答科目の間に答案回収等を行うために必要な時間を加えた時間を試験時間とする。
※4 【リスニング】は、音声問題を用い30分間で解答を行うが、解答開始前に受験者に配付したICプレーヤーの作動確認・音量調節を受験者本人が行うために必要な時間を加えた時間を試験時間とする。なお、『英語』以外の外国語を受験した場合、【リスニング】を受験することはできない。

「公民」は、時事にかかわる事項に日々接することで学習が進みます。知らないことが出たら教科書や資料集にあたり、基本知識や理論（制度・仕組み）と結び付けるようにしましょう。特に、国際分野は、地図帳や地図サイト、地図アプリを参照し、地理的な情報を頭に入れた上で、どのようなことが原因や理由になっているのかを考えながら学習するといいでしょう。年4回実施の東進「共通テスト本番レベル模試」は、入試本番の出題を想定した形式と内容になっています。学習の進み具合を測る「ものさし」として、試験の予行演習として、ぜひ受験しましょう（QRコードからアクセス！）。

特別付録

索 引

INDEX

この索引には、本書の「正解」およびその用語を補う文字や用語を中心に、「見出し語」としてまとめた「重要頻出用語」が五十音順に整理されています（数字や日常用語などは一部省略または掲載していません。なお、この「見出し語」はその意味や意図に応じて該当ページの表現や表記から改変している場合があります。また、カッコ書きで掲載されている別称や別解となる語句は割愛している場合があります）。

※用語の右側にある数字は、「正解」と本文などで赤文字になっている箇所について、各節（テーマ）の初出となる主な掲載ページ数を挙げています。同じ節あるいは見開きページ内で同じ用語が重複している場合、原則として初出のページ数を掲載しています。

MEMO

大学受験　一問一答シリーズ

政治・経済一問一答【完全版】 4th edition

発行日：2024 年 7 月 1 日　初版発行
　　　　2024 年 9 月 9 日　第 2 版発行

著　　者：**清水雅博**
発行者：**永瀬昭幸**
発行所：**株式会社ナガセ**
　　　　〒180-0003　東京都武蔵野市吉祥寺南町 1-29-2
　　　　出版事業部（東進ブックス）
　　　　TEL：0422-70-7456／FAX：0422-70-7457
　　　　www.toshin.com/books（東進 WEB 書店）
　　　　※本書を含む東進ブックスの最新情報は、東進 WEB 書店をご覧ください。

編集担当：**倉野英樹**

編集協力：新谷圭子　清水健壮　深澤美貴　Nogy-Z
カバーデザイン：LIGHTNING
本文デザイン：東進ブックス編集部
本文イラスト：近藤恵子
DTP・印刷・製本：三美印刷株式会社

合格の秘訣1 全国屈指の実力講師陣

東進の実力講師陣 数多くのベストセラー参考書を執筆!!

東進ハイスクール・ 東進衛星予備校では、 そうそうたる講師陣が君を熱く指導する!

本気で実力をつけたいと思うなら、やはり根本から理解させてくれる一流講師の授業を受けることが大切です。東進の講師は、日本全国から選りすぐられた大学受験のプロフェッショナル。何万人もの受験生を志望校合格へ導いてきたエキスパート達です。

英語

本物の英語力をとことん楽しく!日本の英語教育をリードするMr.4Skills。

安河内 哲也先生
[英語]

100万人を魅了した予備校界のカリスマ。抱腹絶倒の名講義を見逃すな!

今井 宏先生
[英語]

爆笑と感動の世界へようこそ。「スーパー速読法」で難解な長文も速読即解!

渡辺 勝彦先生
[英語]

雑誌『TIME』やベストセラーの翻訳も手掛け、英語界でその名を馳せる実力講師。

宮崎 尊先生
[英語]

いつのまにか英語を得意科目にしてしまう、情熱あふれる絶品授業!

大岩 秀樹先生
[英語]

全世界の上位5%(PassA)に輝く、世界基準のスーパー実力講師!

武藤 一也先生
[英語]

関西の実力講師が、全国の東進生に「わかる」感動を伝授。

慎 一之先生
[英語]

数学

数学を本質から理解し、あらゆる問題に対応できる力を与える珠玉の名講義!

志田 晶先生
[数学]

論理力と思考力を鍛え、問題解決力を養成。多数の東大合格者を輩出!

青木 純二先生
[数学]

「ワカル」を「デキル」に変える新しい数学が、君の思考力を刺激し、数学のイメージを覆す!

松田 聡平先生
[数学]

明快かつ緻密な講義が、君の「自立した数学力」を養成する!

寺田 英智先生
[数学]

付録 **1**

WEBで体験

東進ドットコムで授業を体験できます！
実力講師陣の詳しい紹介や、各教科の学習アドバイスも読めます。
www.toshin.com/teacher/

国語

「脱・字面読み」トレーニングで、「読む力」を根本から改革する！
輿水 淳一先生
[現代文]

明快な構造板書と豊富な具体例で必ず君を納得させる！「本物」を伝える現代文の新説。
西原 剛先生
[現代文]

東大・難関大志望者から絶大な信頼を得る本質の指導を追究。
栗原 隆先生
[古文]

ビジュアル解説で古文を簡単明快に解き明かす実力講師。
富井 健二先生
[古文]

縦横無尽な知識に裏打ちされた立体的な授業に、グングン引き込まれる！
三羽 邦美先生
[古文・漢文]

幅広い教養と明解な具体例を駆使した緩急自在の講義。漢文が身近になる！
寺師 貴憲先生
[漢文]

小論文、総合型、学校推薦型選抜のスペシャリストが、君の学問センスを磨き、執筆プロセスを直伝！
正司 光範先生
[小論文]

文章で自分を表現できれば、受験も人生も成功できますよ。「笑顔と努力」で合格を！
石関 直子先生
[小論文]

理科

正しい道具の使い方で、難問が驚くほどシンプルに見えてくる！
宮内 舞子先生
[物理]

化学現象を疑い化学全体を見通す"伝説の講義"は東大理三合格者も絶賛。
鎌田 真彰先生
[化学]

「なぜ」をとことん追究し「規則性」「法則性」が見えてくる大人気の授業！
立脇 香奈先生
[化学]

「いきもの」をこよなく愛する心が君の探究心を引き出す！生物の達人。
飯田 高明先生
[生物]

地歴公民

歴史の本質に迫る授業と、入試頻出の「表解板書」で圧倒的な信頼を得る！
金谷 俊一郎先生
[日本史]

つねに生徒と同じ目線に立って、入試問題に対する的確な思考法を教えてくれる。
井之上 勇先生
[日本史]

"受験世界史に荒巻あり"と言われる超実力人気講師！世界史の醍醐味を。
荒巻 豊志先生
[世界史]

世界史を「暗記」科目だなんて言わせない。正しく理解すれば必ず伸びることを一緒に体感しよう。
加藤 和樹先生
[世界史]

どんな複雑な歴史も難問も、シンプルな解説で本質から徹底理解できる。
清水 裕子先生
[世界史]

わかりやすい図解と統計の説明に定評。
山岡 信幸先生
[地理]

政治と経済のメカニズムを論理的に解明しながら、入試頻出ポイントを明解に示す。
清水 雅博先生
[公民]

「今」を知ることは「未来」の扉を開くこと。受験に留まらず、目標を高く、そして強く持て！
執行 康弘先生
[公民]

※書籍画像は2024年3月末時点のものです。

付録 **2**

合格の秘訣② ココが違う 東進の指導

01 人にしかできないやる気を引き出す指導

夢と志は志望校合格への原動力!

夢・志を育む指導

東進では、将来を考えるイベントを毎月実施しています。夢・志は大学受験のその先を見据える、学習のモチベーションとなります。仲間とワクワクしながら将来の夢・志を考え、さらに志を言葉で表現していく機会を提供します。

一人ひとりを大切に君を個別にサポート

担任指導

東進が持つ豊富なデータに基づき君だけの合格設計図をともに考えます。熱誠指導でどんな時でも君のやる気を引き出します。

受験は団体戦!仲間と努力を楽しめる

チーム制

東進ではチームミーティングを実施しています。週に1度学習の進捗報告や将来の夢・目標について語り合う場です。一人じゃないから楽しく頑張れます。

現役合格者の声

東京大学 文科一類
中村 誠雄くん
東京都 私立 駒場東邦高校卒

林修先生の現代文記述・論述トレーニングは非常に良質で、大いに受講する価値があると感じました。また、担任指導やチームミーティングは心の支えでした。現状を共有者、話せる相手がいることは、東進ならではで、受験という本来孤独な闘いにおける強みだと思います。

02 人間には不可能なことをAIが可能に

学力×志望校 一人ひとりに最適な演習をAIが提案!

AI演習

東進のAI演習講座は2017年から開講していて、のべ100万人以上の卒業生の、200億題にもおよぶ学習履歴や成績、合否等のビッグデータと、各大学入試を徹底的に分析した結果等の教務情報をもとに年々その精度が上がっています。2024年には全学年にAI演習講座が開講します。

■AI演習講座ラインアップ

高3生 苦手克服&得点力を徹底強化!
「志望校別単元ジャンル演習講座」
「第一志望校対策演習講座」
「最難関4大学特別演習講座」

高2生 大学入試の定石を身につける!
「個人別定石問題演習講座」

高1生 素早く、深く基礎を理解!
「個人別基礎定着問題演習講座」 **2024年夏 新規開講**

現役合格者の声

千葉大学 医学部医学科
寺嶋 怜旺くん
千葉県立 船橋高校卒

高1の春に入学しました。野球部と両立しながら早くから勉強をする習慣がついていたことは僕が合格した要因の一つです。「志望校別単元ジャンル演習講座」は、AIが僕の苦手を分析して、最適な問題演習セットを提示してくれるため、集中的に弱点を克服することができました。

03 本当に学力を伸ばすこだわり

楽しい！わかりやすい！そんな講師が勢揃い

実力講師陣

わかりやすいのは当たり前！おもしろくてやる気の出る授業を約束します。1・5倍速×集中受講の高速学習。そして、12レベルに細分化された授業を組み合わせ、スモールステップで学力を伸ばす君だけのカリキュラムをつくります。

英単語1800語を最短1週間で修得！

高速マスター

基礎・基本を短期間で一気に身につける「高速マスター基礎力養成講座」を設置しています。オンラインで楽しく効率よく取り組めます。

本番レベル・スピード返却 学力を伸ばす模試

東進模試

常に本番レベルの厳正実施。合格のために何をすべきかを点数でわかります。WEBを活用し、最短中3日の成績表スピード返却を実施しています。

パーフェクトマスターのしくみ

合格したら次の講座へステップアップ

授業 知識・概念の**修得**	確認テスト 知識・概念の**定着**	講座修了判定テスト 知識・概念の**定着**

毎授業後に確認テスト　　最後の講の確認テストに合格したら挑戦！

現役合格者の声

早稲田大学 基幹理工学部

津行 陽奈さん
神奈川県 私立 横浜翠嵐高校卒

私が受験において大切だと感じたのは、長期的な積み重ねです。基礎をつけるために「高速マスター基礎力養成講座」や授業後の「確認テスト」を満点にすること、模試の復習などを積み重ねていくことでどんどん合格に近づき合格することができたと思っています。

ついに登場！

君の高校の進度に合わせて学習し、定期テストで高得点を取る！

高等学校対応コース

目指せ！「定期テスト」
20点アップ！
「先取り」で学校の
勉強がよくわかる！

楽しく、集中が続く、授業の流れ

1.導入

授業の冒頭では、講師と担任助手の先生が今回扱う内容を紹介します。

2.授業

約15分の授業でポイントをわかりやすく伝えます。要点はテロップでも表示されるので、ポイントがよくわかります。

3.まとめ

授業が終わったら、次は確認テスト。その前に、授業のポイントをおさらいします。

学力を伸ばす模試

本番を想定した「厳正実施」
統一実施日の「厳正実施」で、実際の入試と同じレベル・形式・試験範囲の「本番レベル」模試。
相対評価に加え、絶対評価で学力の伸びを具体的な点数で把握できます。

12大学のべ42回の「大学別模試」の実施
予備校界随一のラインアップで志望校に特化した"学力の精密検査"として活用できます(同日・直近日体験受験を含む)。

単元・ジャンル別の学力分析
対策すべき単元・ジャンルを一覧で明示。学習の優先順位がつけられます。

最短中5日で成績表返却 WEBでは最短中3日で成績を確認できます。※マーク型の模試のみ

合格指導解説授業 模試受験後に合格指導解説授業を実施。重要ポイントが手に取るようにわかります。

2024年度
東進模試 ラインアップ

共通テスト対策
■ 共通テスト本番レベル模試　全4回
■ 全国統一高校生テスト（全学年統一部門）（高2生部門）（高1生部門）　全2回

同日体験受験
■ 共通テスト同日体験受験　全1回

記述・難関大対策
■ 早慶上理・難関国公立大模試　全5回
■ 全国有名国公私大模試　全5回
■ 医学部82大学判定テスト　全2回

基礎学力チェック
■ 高校レベル記述模試（高2）（高1）　全2回
■ 大学合格基礎力判定テスト　全4回
■ 全国統一中学生テスト（全学年統一部門）（中2生部門）（中1生部門）　全2回
■ 中学学力判定テスト（中2生）（中1生）　全4回

※ 2024年度に実施予定の模試は、今後の状況により変更する場合があります。
最新の情報はホームページでご確認ください。

大学別対策
■ 東大本番レベル模試　全4回
■ 高2東大本番レベル模試　全4回
■ 京大本番レベル模試　全4回
■ 北大本番レベル模試　全2回
■ 東北大本番レベル模試　全2回
■ 名大本番レベル模試　全3回
■ 阪大本番レベル模試　全3回
■ 九大本番レベル模試　全3回
■ 東工大本番レベル模試［第1回］
　東京科学大本番レベル模試［第2回］　全2回
■ 一橋大本番レベル模試　全2回
■ 神戸大本番レベル模試　全2回
■ 千葉大本番レベル模試　全1回
■ 広島大本番レベル模試　全1回

同日体験受験
■ 東大入試同日体験受験　全1回
■ 東北大入試同日体験受験　全1回
■ 名大入試同日体験受験　全1回

直近日体験受験　各1回
| 京大入試 直近日体験受験 | 北大入試 直近日体験受験 | 阪大入試 直近日体験受験 |
| 九大入試 直近日体験受験 | 東京科学大入試 直近日体験受験 | 一橋大入試 直近日体験受験 |

2024年 東進現役合格実績
受験を突破する力は未来を切り拓く力!

現役生のみ! 講習生を含みます

東大 現役合格実績日本一 ※1 6年連続800名超!

※1 2023年東大現役合格実績をホームページ・パンフレット・チラシ等で公表している予備校の中で最大(2023年 JDnet調べ)。

東大 834 名

文科一類	118名	理科一類	300名
文科二類	115名	理科二類	121名
文科三類	113名	理科三類	42名
学校推薦型選抜	25名		

現役合格者の36.5%が東進生!
東京大学 現役合格 おめでとう!!

東進現役占有率
834 / 2,284
36.5%
全現役合格者に占める東進生の割合
2024年の東大全体の現役合格者は2,284名。東進の現役合格者は834名。東進生の占有率は36.5%。過去現役合格者の2.8人に1人が東進生です。

学校推薦型選抜も東進!
東大 25名
学校推薦型選抜現役合格者の27.7%が東進生! 推薦入試における東進現役占有率 27.7%

法学部	4名	工学部	8名
経済学部	1名	理学部	4名
文学部	1名	薬学部	2名
教育学部	1名	医学部医学科	1名
教養学部	3名		

■京大 493名 昨対+21名
493名 史上最高! ※2 現役生のみ! 講習生を含みます '22 '23 '24

総合人間学部	23名	医学部人間健康科学科	20名
文学部	37名	薬学部	14名
教育学部	10名	工学部	161名
法学部	56名	農学部	43名
経済学部	49名	特色入試(上記に含む)	24名
理学部	52名		
医学部医学科	28名		

■早慶 5,980名 昨対+239名
5,980名 史上最高! ※2 現役生のみ! 講習生を含みます '22 '23 '24

早稲田大	3,582名	慶應義塾大	2,398名
政治経済学部	472名	法学部	290名
法学部	354名	経済学部	368名
商学部	297名	商学部	487名
文化構想学部	276名	理工学部	576名
理工3学部	752名	医学部	30名
他	1,431名	他	638名

医学部医学科 1,800名 昨対+9名

1,800名 史上最高! ※2 現役生のみ! 講習生を含みます '22 '23 '24

国公立医・医	1,033名 防衛医科大学校を含む
私立医・医	767名 史上最高!

■国公立医・医 1,033名 防衛医科大学校を含む

東大	43名	名古屋大	28名	筑波大	21名	横浜市立大	14名	神戸大	30名
京都大	22名	大阪大	15名	千葉大	22名	浜松医科大	19名	その他	
北海道大	18名	九州大	23名	東京医科歯科大	21名	大阪公立大	13名	国公立医・医	700名
東北大	28名								

■私立医・医 767名 昨対+40名 史上最高!

自治医科大	31名	慶應義塾大	30名	東京慈恵会医科大	49名	その他	
国際医療福祉大	80名	順天堂大	52名	日本医科大	42名	私立医・医	443名

■旧七帝大 +東工大・一橋大・神戸大 4,599名

東京大	834名	東北大	389名	九州大	487名	一橋大	219名
京都大	493名	名古屋大	379名	東京工業大	219名	神戸大	483名
北海道大	450名	大阪大	646名				

■上理明青立法中 21,018名

上智大	1,605名	青山学院大	2,154名	法政大	3,833名
東京理科大	2,892名	立教大	2,730名	中央大	2,855名
明治大	4,949名				

■国公立大 16,320名
※2 史上最高。東進のこれまでの実績の中で最大。

国公立 総合・学校推薦型選抜も東進!
旧七帝大 +東工大・一橋大・神戸大 434名

東京大	25名	大阪大	57名
京都大	24名	九州大	36名
北海道大	24名	東京工業大	30名
東北大	119名	一橋大	6名
名古屋大	65名	神戸大	42名

国公立医・医 319名
国公立大学の総合型・学校推薦型選抜の合格実績は、指定校推薦を除く、早稲田塾を含まない東進ハイスクール・東進衛星予備校の現役生のみの合同実績です。

関関同立 13,491名

関西学院大	3,139名	同志社大	3,099名	立命館大	4,477名
関西大	2,776名				

日東駒専 9,582名

日本大	3,560名	東洋大	3,575名	駒澤大	1,070名	専修大	1,377名

産近甲龍 6,085名

京都産業大	614名	近畿大	3,686名	甲南大	669名	龍谷大	1,116名

ウェブサイトでもっと詳しく 東進 Q検索

各大学の合格実績は、東進ネットワーク(東進ハイスクール、東進衛星予備校、早稲田塾)の現役生のみ、高3在籍者のみの合同実績です。一人で複数合格した場合は、それぞれの合格者数に計上しています。

覚えておきたい物価・景気メカニズム

▶物価と景気の因果関係に着目せよ！ どのような対策が有効か？

物価・景気の発生メカニズム

国内流通貨幣量 増加 → 国民所得 → 有効需要

拡大	超過需要	企業は商品を値上げ	インフレ発生
	企業は供給拡大	市場取引拡大	好況
縮小	超過供給（需要減少）	企業は商品を値下げ	デフレ発生
	企業は供給縮小	市場取引縮小	不況

国内流通貨幣量 減少

物価・景気対策メカニズム

インフレ・景気過熱対策　（原因）流通通貨量の増加

対策　流通通貨量を減少させること

▶金融政策	①公定歩合（金利）引き上げ
金融引き締め	②支払準備率引き上げ
	③公開市場操作＝売りオペレーション

▶財政政策	①【歳入】増税
黒字財政	②【歳出】財政支出縮小

▶貿易為替政策	円高誘導
輸入促進	輸入有利な為替レートに誘導　【例】ドル売り・円買い介入

デフレ・不況対策　（原因）流通通貨量の減少

対策　流通通貨量を増加させること

▶金融政策	①公定歩合（金利）引き下げ
金融緩和	②支払準備率引き下げ
	③公開市場操作＝買いオペレーション

▶財政政策	①【歳入】減税
赤字財政	②【歳出】財政支出拡大

▶貿易為替政策	円安誘導
輸出促進	輸出有利な為替レートに誘導　【例】円売り・ドル買い介入